Advertising Psychology

广 告 学

余小梅 主编

广告心理学

ZHEJIANG UNIVERSITY PRESS
浙江大学出版社

图书在版编目（CIP）数据

广告心理学 / 余小梅主编. —杭州:浙江大学出版社，
2008.12(2022.8 重印)
ISBN 978-7-308-06294-7

Ⅰ.广… Ⅱ.余… Ⅲ.广告心理学 Ⅳ.F713.80

中国版本图书馆 CIP 数据核字（2008）第 159660 号

广告心理学

余小梅　主编

责任编辑	曾　熙
封面设计	俞亚彤
出版发行	浙江大学出版社
	（杭州市天目山路 148 号　邮政编码 310007）
	（网址:http://www.zjupress.com）
排　　版	杭州青翊图文设计有限公司
印　　刷	广东虎彩云印刷有限公司绍兴分公司
开　　本	787mm×1092mm　1/16
印　　张	24
字　　数	410 千
版 印 次	2008 年 12 月第 1 版　2022 年 8 月第 7 次印刷
书　　号	ISBN 978-7-308-06294-7
定　　价	59.00 元

浙江大学出版社市场运营中心联系方式:0571－88925591;http://zjdxcbs.tmall.com

目　录

第一部分　广告心理学概述

003　**第一章　绪论**
003　　第一节　广告心理学的研究范畴
011　　第二节　广告心理学的发展
024　　第三节　广告心理学的研究方法
033　　第四节　广告心理学原理的应用原则

第二部分　广告传者心理研究

037　**第二章　广告主的观念变化**
038　　第一节　广告主的受众观念
044　　第二节　广告主的经营观念
061　　第三节　广告主的媒介观念
065　**第三章　广告人的心理素质**
066　　第一节　广告人心理素质概述
074　　第二节　广告人的沟通能力
086　　第三节　广告人创意的心理特征

目 录

第三部分　广告作品心理研究

第四章　广告作品的心理效应　103
　第一节　广告作品定位与诉求心理　103
　第二节　广告作品表现的心理效应　117

第四部分　广告受众心理研究

第五章　广告成功与注意心理　143
　第一节　广告成功的心理基础　143
　第二节　广告吸引受众注意的策略　149
第六章　认知规律与理解心理　172
　第一节　广告受众的认知因素　172
　第二节　广告受众的接收心理　179
　第三节　广告受众的理解与记忆　193
第七章　态度变化与说服心理　209
　第一节　广告受众的态度　210
　第二节　广告对受众态度变化的影响　221
　第三节　广告说服的心理策略　232
第八章　购买行为与决策心理　245
　第一节　消费者的购买行为与决策心理　245
　第二节　广告对购买行为与决策心理的影响　255

目 录

第五部分　广告媒介心理研究

277　**第九章　广告媒介的心理功能**
277　　第一节　广告媒介概述
280　　第二节　广播与电视广告的心理功能分析
293　　第三节　报刊广告的心理功能分析
300　　第四节　网络广告的心理功能分析
307　　第五节　其他广告媒介的心理功能分析

第六部分　广告环境心理研究

319　**第十章　广告环境的心理影响**
319　　第一节　广告环境的变化
328　　第二节　广告环境变化影响受众观念

第七部分　广告效果心理研究

343　**第十一章　广告效果测评的心理指标**
343　　第一节　广告效果测评
363　　第二节　广告效果测评的主要心理指标

375　**主要参考文献**
379　**后　记**

第一部分

广告心理学概述

　　成功的广告传播必然是对心理学原理自觉或不自觉地应用。广告心理学的研究致力于广告传播活动中的各种心理现象及规律,例如,如何准确把握广告受众的需求与心理特点? 这是广告定位和诉求的关键因素。如何正确运用受众从接收广告信息到发生购买行为的各种心理活动规律? 这是确保广告达到良好效果的核心要素。因而,无论是现在的还是未来的广告从业人员,学习广告心理学,都有助于其在工作和学习中更好地把握我们可以控制的因素,使广告效果更接近我们的期望。

第一章
绪 论

第一节 广告心理学的研究范畴

一、广告心理学的研究对象

广告心理学是心理学的一个分支。心理学的研究一方面是从理论上探讨人的心理发生、发展的一般规律,另一方面是在各种实践领域中应用和探讨这些规律,由此出现了许多分支。将心理学的普遍原理应用于广告活动中,探讨构成广告活动主体的人在此过程中的心理现象及规律,就有了广告心理学。

从学科所涉及的领域来说,广告心理学是广告学和心理学的交叉学科,同时也融入了传播学、社会学、营销学等多门学科的理论以及实践,它主要是探索参与广告传播活动的人的心理以及在这个活动中表现出来的心理现象及其规律。有学者把广告心理学定义为"说服大众购买商品和劳务,为促使其购买行为,而研究其心理和行为的学问。"①此定义从营销消费的角度出发,将研究对象界定在消费者的心理和行为上。亦有研究者从广告活动的视角认为广告心理学就是"研究广告活动中有关信息传递、说服购买心理规律的一门学科"。② 心理学家马谋超则认为"广告心理学是心理学的一个分支,它的研究对象是消费者与广告活动相互作用过程中产生的心理现象以及存在的心理活动规律"。③

如果从传播活动的范畴看,广告即是一种较为特殊的传播活动。在此框架下我们认为,广告心理学的研究对象是参与广告传播的人在广告活动中的心理现象及其存在的心理规律。由此而知其中的关键词是广告活动、广告参与者、心理现象,主要研究点是这三者的交互作用所产生的规律。

(一)广告和广告参与者

本书中探讨的参与广告传播活动的人主要是指广告传者(广告主、广告人)和广告受众(广告对象)。

1. 广告

(1)广告的内涵

"在英文中,人们通常用'Advertising'指称广告。这个英文单词来源于拉丁文的'Advertere',意思是'引起大众对某件事物的注意,并诱导于一定的方向所使用的一种手段'。另外一个在英文中与'广告'相对应的词是'Advertisement'。'Advertisement'一词出现于 1665 年前后,被用在《圣经》上,代表注意和警示之意。到了 17 世纪 60 年代它被频繁使用在商业信息的标题上,特别是那些商店的广告上。一般认为,'Advertisement'指的是独立的广告作品,尤其是印刷广告,而'Advertising'指的是完整的广告活动。"④我国现在所使用的"广告"一词是一个翻译的词汇,是个舶来品。

随着时代的发展,对广告的定义在以后各个阶段也有着不同含义和侧重点。从较早(1894 年)认为广告是推销手段,到进一步提出如何平衡广告主和消费者的需求与利益,以及运用广告的策略性等问题,进而发展到关注广告的社会责任,如"1926 年,我国著名报学史专家戈公振在研究中国报学史过程

---

① 朱智贤主编.心理学大词典.北京:北京师范大学出版社 1989 年版,第 256 页。
② 车文博主编.心理咨询百科全书.吉林:吉林人民出版社 1991 年版,第 58 页。
③ 马谋超主审,王詠、管益杰编著.现代广告心理学.北京:首都经济贸易出版社 2005 年版,第 2 页。
④ 丁俊杰、康瑾著.现代广告通论.北京:中国传媒大学出版社 2007 年版,第 2 页。

中,提出对广告的看法:'广告为商业发展之史乘,亦即文化进步之纪录。人类生活,因科学之发明日趋繁密美满,而广告即有促进人生和指导人生之功能。故广告不仅为工商推销产品之一种手段,实负有宣传文化与教育群众之使命也'。"[①]到了1932年,"美国专业广告杂志《广告时代》公开向社会征求广告定义,得票最多的入选定义是:广告由广告主支付费用,通过印刷、书写、口述或图画等,公开表现有关个人、商品、劳务或运动等讯息,用以达到影响并促成销售、使用、投票或赞同的目的。""1948年,美国营销协会下属的定义委员会为广告下了定义,在1963年等年份又作了几次修改,形成了迄今为止影响较大的广告定义:广告是由可确认的广告主,对其观念、商品或服务所做之任何方式的付款的非人员的陈述与推广。"[②]

我国学者陈培爱认为,广告是指一种由广告主付出某种代价的,经过传播媒介将经过科学提炼和艺术加工的特定信息传达给目标受众,以达到改变或强化人们观念和行为的目的的、公开的、非面对面的信息传播活动。[③]

由以上几种界定可以看出,对广告内涵的认识在不同时期各有表述,但无本质区别。因此,得出广告应具有的基本特征:

第一,广告应有明确的广告主。

广告主通常是指付钱来宣传一项产品、一个观念或服务的机构或个人。在早期广告代理制未出现的时候,常常是商家个人(即广告主)自己制作广告,并找媒体发布。随着商业经济的发展,社会分工越来越细,广告代理业应运而生,因而现代广告中,广告主特指那些为发布广告信息付钱的机构或个人,也被称为广告客户。

第二,广告是非人员的信息传播活动。[④]

"非人员"的传播是广告与人员销售的最大区别。广告借助传播媒介与消费者沟通,无论通过哪种传播媒介。广告信息的传播者和接受者之间都不直接面对面;人员销售则有销售人员面对面地向消费者提示和说明商品,并劝服其购买。因此,广告是借助媒介的非人际传播活动,通常情况下广告是通过大众媒介进行传播的。随着技术的发展,新的广告媒介形式被不断地创造出来,一方面赋予了广告更大的延展性和传播空间,另一方面也让广告制

---

① 丁俊杰、康瑾著.现代广告通论.北京:中国传媒大学出版社2007年版,第5页。
② 同上。
③ 陈培爱主编.广告学概论.北京:高等教育出版社2004年版,第6页。
④ 丁俊杰、康瑾著.现代广告通论.北京:中国传媒大学出版社2007年版,第4页。

作呈现出多种形式。目前,最常见的广告媒介有报刊、电视、广播、网络等,亦包括一些新媒体形式如手机短信广告、博客广告等等。

第三,广告传播具有目的性,是为了有效地影响广告对象的心理,最终是为了促发其购买行为。

广告具有多层次的目的,但最核心的目的是为了让所要传达的信息有效地到达所要传播的广告对象,并且对广告对象的心理产生预期的影响效果。其传播原则是引起广告对象的注意与认知,促发并满足其兴趣和欲望,达到接受与认同。它具有针对性地促进行为的鼓动力和感染力,从这个角度来看,广告具有说服性的目的。

(2)广告活动的一般流程

一般来说,一个广告的形成从前期的市场调研开始,这是整个广告活动的基础,它包括对广告主背景资料的搜集与分析、产品分析、市场分析、消费者分析等等。其中,产品分析包括产品的功能特性、使用价值、品牌、生命周期、附加心理价值以及同类产品或类似产品的相关资料;市场分析则包括对现存市场、潜力市场、未来市场预测等分析,通过分析现有市场的占有率情况,找出潜在的市场空间,并通过一系列的统计分析、经济信息等来预测未来的市场发展方向。

在上述一系列的资料收集和分析的基础上,根据整体的营销计划来确定广告策略。对具体某个广告进行定位策划,确定特定的广告对象、广告的内容以及广告的投放媒介等,即广告对谁说、说什么和在哪里说。之后,再来展开具体的广告表现形式的设计,即广告怎么说。确定用什么样的形式来表达广告信息,制作并完成广告成品。在广告正式投放市场的前后都可以进行不同目的的广告效果评估,发现问题并及时反馈到各个环节进行修正。

总结整个广告活动的流程得出,广告传播是通过信息的流动作用于人的心理,影响广告对象心理的变化,进而达到促进销售的目的。贯穿这个过程的核心是人,确切地说,广告的核心要素是参与者的心理活动。例如,在广告活动中广告主的想法与目的、广告人的理念与能力、广告对象的需求和认知等等,都是人的心理因素。虽然广告媒介和广告信息本身是"非人"的因素,但人却是二者作用的起始与终端。例如,在确定媒介投放时,要分析不同广告媒介接收对象的心理特点,以及广告对象对不同媒介的接触心理等;对于广告信息而言,它在广告传者和广告受者之间流动,以人为起点,以人为终点,更以广告对象的心理变化为目的。广告信息依靠广告传者掌控其内容与形式而达到目的。即,在整个广告活动中广告传者对广告信息的控制关键有两点:一是确定广告"说什么",即广告信息的表达内容;二是把握广告"怎么说",即广告信息的表达形式。如何掌控这两点呢?我们发现有两个因素是至关重要的,一是要准确分析广告对象的需求和心理特点,这样才能使广告信息有针对性,定位准确,把握好"说什么"。二是要了解广告对象的心理活动规律,使广告信息表达的形式符合这些规律,才能做好"怎么说"。有效力的广告活动是这些因素的完好统一。了解与把握广告活动中参与者的心理变化及规律,正是广告心理学所要研究的主要内容。

2. 广告主

广告主是广告传播活动中的重要组成部分,如果一个广告缺少广告主,那么这个广告也不可能称之为广告了,前文曾指出:广告主是指付钱来宣传一项产品、一个观念或服务的机构或个人。在现代广告中,广告主特指那些为发布广告信息付钱的机构或个人,也被称为广告客户。《中华人民共和国广告法》第2条规定,广告主是指为了推销商品或者提供服务,自行或者委托他人设计、制作、发布广告的法人、其他组织或个人。在广告代理制兴起后,广告的制作、发布等基本是委托专业的广告公司来做了,而广告主在整个广告运作中实际上扮演着发起者、决策者和经济支付者的角色。因为广告主是具体广告活动的经济支付者,其目的是通过这种投资获得更大的利益收效。所以广告主的要求、思想观念和经营心理都会影响广告本身。

如果说广告人和广告受众的相互作用和影响更多的是体现在广告制作和实施等微观的环节上,那么广告主和广告人之间的合作和互动将直接影响对整个广告活动宏观上的把握。广告主对广告活动的认识以及其经营理念不仅关系到公司内部广告计划的实施和制作,也将直接影响与广告代理公司合作关系的顺利开展。想象一下,如果如今的广告主仍然抱着"一个广告能够救活一个企业"的观念,夸大广告的效果,将企业的希望全部寄托在一个广告上,两者对广告的最终效果与期待存在着巨大的落差,那么势必和广告代理公司发生矛盾,影响整个广告活动的顺利进行。

此外,如果能够把握广告主对广告代理公司的选择机制、对广告的经营理念,对媒介的选择等心理活动的规律,也会非常有利于广告人对广告活动的决策,最终两者之间的良好沟通会使广告活动形成一个良性的循环,促进广告传播活动的顺利展开,所以广告主对广告的认识以及其对广告的经营理念也是我们要重点研究的对象之一。

3. 广告人

到底哪些人被称为广告人呢？

在 20 世纪，美国总统罗斯福的一句名言让大众对广告业保持着高昂的热情，他说："广告极大地改变了美国人民的生活。来世，如果我不做总统，一定选择做一名广告人。"但是对"广告人"这个学术术语到目前为止也没有一个统一的定义，美国的詹姆斯·韦伯写的《怎样成为广告人》一书中这样论述广告人："即使到现在，'广告人'这个术语并没有严格的定义。它包括了从前胸到后背装上广告牌在街上行走活动的广告人到世界上最大广告代理公司的总经理。'广告人'泛指一切从事替广告主购买广告版面、时间，替媒体所有人销售广告以及在广告代理公司及其他处所作广告服务的各色人等。但给'真正的广告人'所下的定义是：具有知识、技术、经验及洞察力，能为广告主建议，最好使用广告完成他们的目的，并能有效地去执行，使广告能达成这些目的的人。"

因此，我们所说的广告人并非泛指所有在广告业工作的人。通常情况下，我们所指的广告人是指在广告代理公司广告运营、运作、设计、制作等工作的专业人才。广告的创作和实施都是由广告人来完成的，他们的心理活动和行为对广告是否有效起着重要作用。

广告业的快速发展和市场的需求带来了广告从业人群的细分化与专业化，按照广告人所从事的专业工作内容，广告人大致可以分为五种类型：广告调查人才、广告策划人才、广告文案写作人才、广告设计制作人才、广告经营管理人才。他们的工作性质与工作范围各不相同，但其工作内容又彼此相连，缺一不可，否则就意味着完整广告活动过程的中断。当然，这并不意味着广告业不需要综合型人才，只是这类全能型人才非常难得。

研究广告人在这一系列过程中的心理活动和规律，有利于让广告人提高工作效率，增强创作能力，开发创意思维，进而制作出更优秀和有效的广告作品，更好地为整个广告传播活动服务。

4. 广告受众

广告受众一词是从广告传播的角度相对广告传者（信息传播者包括广告主和广告人）而言，泛指广告信息接收者。传者和受众只是相对的概念，随着现代媒介的发展，反馈和传播的渠道以及技术手段增多，传播的模式已经颠覆从前的单向,而变为双向甚至多向互动沟通了。虽然如此,但从信息流动的过程看仍存在一个信息流向的问题,因此仍可区分为信息传播者与信息接收者。从广告学角度看,广告受众指在广告传播活动中某个特定广告的目标对象,即广告对象。从市场营销的角度看,广告受众可泛指在消费领域中的消费者。因而,对"广告受众"、"广告对象"、"消费者"这三个概念的描述,因不同学科研究角度有所侧重。但在特定的时空下它们指的是相同的一群人,在本书中没有严格区分使用。

广告的核心目的是影响广告受众的心理活动,使之产生所期望的效果。因而,对广告受众的心理研究成为广告心理学研究的重心。

(二)广告传播中的心理现象

人的心理现象是非常复杂、奇妙的,恩格斯曾把它誉为"地球上最美的花朵"。它指人在心理活动中所具有的特征性现象,它时刻存在于人的一切活动之中。唯物论的观点认为,人的心理现象实质是人脑对客观事物能动的反映。心理现象包括心理过程、个性心理和心理状态三个方面。其中心理过程包括人的感觉、知觉、记忆、想象、思维这些认知过程,以及情绪与情感过程和意志过程;个性心理包括个性倾向性(需要、动机、兴趣、价值观等)和个性心理特征;心理状态则有觉醒状态和非觉醒状态(详见图1-1)。

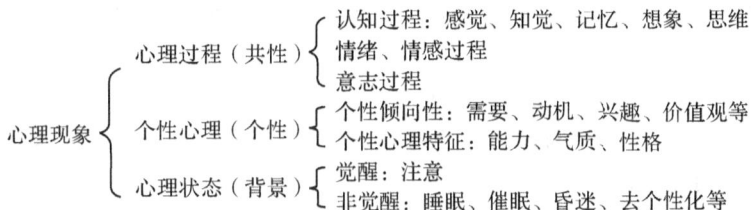

```
                    ┌ 心理过程（共性）┤ 认知过程：感觉、知觉、记忆、想象、思维
                    │                  ┤ 情绪、情感过程
                    │                  └ 意志过程
心理现象 ┤ 个性心理（个性）┤ 个性倾向性：需要、动机、兴趣、价值观等
                    │                  └ 个性心理特征：能力、气质、性格
                    └ 心理状态（背景）┤ 觉醒：注意
                                       └ 非觉醒：睡眠、催眠、昏迷、去个性化等
```

图 1-1

心理过程研究心理现象的共性层面,着重点放在人所普遍存在的共有特性上;而个性心理恰恰体现了每个个体心理活动的选择倾向与特色,它研究个体活动的心理动力和个性特征;心理状态则研究心理活动的背景状态,心理活动总是在一定状态下发生的,例如觉醒状态或睡眠状态等,它们体现着人的心理激活程度和脑功能的活动水平。心理现象的各个方面不是孤立的,而是彼此相互联系,共同存在于统一的心理活动中的。

在心理过程中,认知过程、情感与情感过程以及意志过程之间是相互关联、密不可分的。心理过程研究了人心理活动的共同规律,比如,什么样的广告形式更容易让人理解与记忆。一般来说,这其中的心理原理是共通的,大脑的工作机制是相同的。但是我们也会注意到即使面对同样的一个广告,由于人们的需求与兴趣等方面的区别,不同的人选择接受的内容不同,产生的反应也会不同,个性心理即探讨了每个个体心理活动的特色。而人在不同的背景状态下,其心理活动是不同的,处于重度疲劳状态下与处在注意力集中状态下接收同一则广告信息,其效果是完全不同的。

(三)广告心理学的研究领域

广告心理学主要探讨广告活动、广告参与者、心理现象的交互作用所产生的规律。我们认为它具体的研究领域主要有如下几个方面:

(1)对广告传者的心理现象分析。如:广告主在整个广告传播活动中的心理,主要包括广告主的受众观念、经营观念以及媒介观念等等,这些观念影响着广告活动本身,以及整个广告市场的开拓和发展;广告人在广告制作过程中的心理现象,包括广告人的心理素质、创意的心理特征等等。

(2)对广告作品的心理分析。如:广告诉求的心理依据即受众的需求,只有深入了解广告受众的心理需求才能做好广告定位;广告的构成要素产生的心理影响,广告表现的心理规律等。

(3)对广告受众的心理现象研究。这是广告心理学研究的重点。包括广告受众对广告的接收与接受、认知加工、情感与审美体验、态度倾向与说服策略以及决策购买等方方面面的心理规律。

(4)研究广告媒介与广告环境的心理功能与影响,合理地把握媒体投放,积极地利用环境优势。

(5)对广告效果的心理测评。广告主以付费的方式去展开一项广告活动,必然要求以经济的原则来衡量投入和产出,同时,广告作为社会文化传播的一个重要组成部分,也必然要求对社会文化进步产生积极的影响,这些都需要我们用科学的方式来考察广告效果,其中至关重要的是广告效果测评的心理指标。

二、广告心理学的研究意义与任务

(一)广告心理学研究的现实意义

研究广告心理学可以更好地满足广告受众的需求,提高广告传播者的经济效益与社会效益。广告主投放广告,目的是十分明确的,就是为了传播有关商品、服务和思想观点的信息,并能够获得预期的受众反应,使其能够顺利地接受这种信息,最终将思想观念转化为购买行动。这种行动对于营利性企业来说,是利润预期,对非营利企业来说,也达到了传播其思想观点的目的。好的广告是多方受益的,除了广告传者受益,同时也能使广告受众在广告活动中获得信息、满足需求、愉悦情致等。而成功的广告,必须建立在对广告过程心理规律的准确把握与灵活应用的基础上。

从广告本身所承担的文化功能出发,研究广告传播活动中的心理现象以及规律,有利于传播合理的消费观,更自觉地宣扬社会主义所提倡的伦理道德和价值观,有利于建设良好的社会文化氛围。广告是一个时代、一个社会的影子,同时也是市场经济的晴雨表,它刺激但也创造着消费需求。当然,它所宣扬的观点也会极大地影响广告的受众,这就要求广告传播承担其道德和文化教育的功能,更好地为社会文化建设服务。

(二)广告心理学的研究任务

广告心理学的研究任务主要包括两个方面,第一是理论构建,在实践中不断地丰富广告心理学的理论,使其逐渐成为一门具有相对完整体系和内容的学科,同时还可以充实其母体学科心理学和广告学的研究;第二是实践应用,不断地把心理学的理论与原理应用于广告的实践活动中,并在实践中发现广告活动本身特有的心理现象和规律,用于指导广告实践活动,不仅为广告的具体运作提供指导和理论依据,也可以为培养广告从业者提供训练和指导。

第二节 广告心理学的发展

一、广告心理学产生的环境

广告是商品经济的产物,在人类社会发展到商品交换之后,人们便开始了广告活动。由此看来,广告已有了数千年的历史,在这漫长的广告发展过程中,随着社会生产力的提高和传播技术的革命,为了有效地招揽顾客,广告者不断地进行摸索,试图采用新的广告形式和技术来改进说服的技巧。在中国古代的诗词歌谣中,我们也可以找到一些踪迹,如"酒店门前七尺布,过来过往寻主顾"(《元曲选·后庭花》),"西风酒旗市,细雨菊花天"(宋·欧阳修),[①]到后来出土的隋唐时代的刘家功夫针印刷广告牌,到近代的最早刊登商业广告的《查世俗每月统纪传》,这些广告技法的运用和传播技巧的提升,说明了广告者在说服过程中对广告活动中的心理现象及其规律的总结。

但广告心理学真正作为一门独立的学科产生,是具有深厚的理论背景和社会条件的。

(一)广告心理学产生的理论背景

广告心理学理论体系的产生是在广告学和心理学研究成果的基础上,又借鉴了许多其他学科如市场营销学和传播学的基本原理和方法。它们对广告心理学诞生与发展的影响简述如下。

1. 现代心理学研究成果与理论流派的影响

心理学的历史可以追溯到古希腊柏拉图、亚里士多德时代。而现代心理学真正诞生的标志是 1879 年德国心理学家威廉·冯特在莱比锡大学创建了第一个专门的心理学实验室,对感觉、知觉、注意、联想和情感开展系统的实验研究,创办了刊登心理学实验成果的杂志《哲学研究》,出版了第一部科学心理学专著《生理心理学纲要》。自此,心理学从以前思辨性质的研究转到实验心理学的道路上。19 世纪末到 20 世纪初,随着心理学家对心理学内容、方法和研究目的提出了不同的看法,由此产生了不同的学说和流派。根据研究者们不同的理论以及各自对心理学课题的实验与研究,主要可以分为七种学派和思潮,以冯特为代表的构造心理学,分析以感觉、意象和感情为基本元素的意识经验;以美国心理学家詹姆士为代表的机能心理学家,强调意识的作用和功能;以美国华生为代表的行为主义心理学,研究可以观察和测量的行为和刺激—反应之间的关系;以德国心理学家魏特墨首创的格式塔心理学,研究整体的知觉和行为;奥地利精神病医生弗洛伊德创立的精神分析理论,用潜意识等概念来解释人的行为的内在动力、个体心理发展历程和个体的人格结构;以美国心理学家马斯洛为代表的人本主义心理学,以人的需求为核心研究心理活动各个层面的问题;以及现代心理学的新思潮认知心理学,着重来探讨人们对知识的获得、存贮、提取和运用过程。

现代心理学的发展趋势逐渐与社会生活中的各个领域相结合,从而产生

---

① 丁俊杰、康瑾著.现代广告通论.北京:中国传媒大学出版社 2007 年版,第 43 页。

了以应用为目的的心理学分支学科,广告心理学就是其中的一个重要分支,广告心理学中对广告受众的注意、认知、情感、需求等的研究都来源于现代心理学的研究成果,可以说,没有现代心理学的发展,广告心理学的诞生也无从谈起。

2. 现代营销学理论观念的启发

营销(Marketing)是企业经营活动的重要组成部分,美国著名的管理学家彼得·德鲁克更是认为,"营销比销售的范围更广一些,它绝对不是一种专门的活动。营销涉及整个企业。从营销的最终结果的观点来看,即从顾客的观点来看,营销是经营的全部"。① 随着企业经营理念的变迁,对营销的界定也在不断地发生变化。2004 年,美国的市场营销协会指出,营销是一种企业职能以及一系列创造、沟通、传递顾客价值,并以使得组织和利害关系共同受益的方式管理顾客关系的过程。市场营销学最初作为应用经济学的一个分支,注重分销渠道的研究,之后偏向管理学科,致力于销售量研究。菲利普·科勒特指出:"市场营销学是一门建设在经济科学、行为科学、现代管理科学理论基础上的应用学科",②研究以满足消费者需求为中心的企业市场营销活动以及规律性。市场营销学中有两部分涉及广告心理学的研究范畴,一是消费者市场及其购买行为;二是作为市场营销重要环节的广告活动。

市场营销学从 20 世纪初诞生发展到现在,经历了多种理论观念的变化。目前,主流的观点是由舒尔茨提出的整合营销传播(Integrated Marketing Communication),此理论的发源地——美国西北大学梅迪尔新闻学院研究组将其定义为:整合营销传播把品牌等与企业的所有接触点作为信息传达的渠道,以直接营销消费者的购买行为作为目标,是从消费者出发,运用所有手段进行有力的传播的过程。③ 这个理论体系的核心是以消费者为中心,追求传播合作效应。其中的许多观念启发了广告心理学的研究思路。

3. 现代传播学基本原理的作用

传播学是 20 世纪出现的一门交叉学科,是研究社会信息系统及其运行规律的科学,其研究范围很广泛,但是其核心内容可以概括为传播五要素的研究,即传播者、信息、传播媒介、受众、传播效果,还有传播过程的反馈。其中

---

① 彼得·德鲁克.管理实践.上海:上海译文出版社 1999 年版,第 43 页。
② 舒咏平主编.广告心理学教程.北京:北京大学出版社 2004 年版,第 35 页。
③ 丁俊杰、康瑾著.现代广告通论.北京:中国传媒大学出版社 2007 年版,第 22 页。

大众传播是传播学最重要的研究部分,它是指专业化的媒介组织运用先进的传播技术和产业化手段,以社会一般大众为对象而进行的大规模的信息生产和传播活动。[①] 广告即是一种典型的大众传播形式,遵循大众传播过程基本原理。鉴于此,我们将广告活动纳入传播学的框架下来展开研究。传播学中成熟的传播理念和原则都可以应用到广告传播活动中,而对大众传播过程的理解有助于我们更好地研究广告活动。在传播学研究中关于传播模式的研究、对传播中反馈的研究等都成为广告心理学的理论基础。

(二)广告心理学出现的社会条件

1. 市场经济的发展

日本学者中山静指出:"广告不是社会制造的,而是自然产生的。"广告起源最直接最重要的动因就是人们在商品交易和其他商业活动中产生了更广泛地告知信息的需求。

现代广告的发源地美国在 19 世纪上半叶开始兴起工业化的浪潮,城市逐步形成并扩大,生产规模也逐渐扩大,一些现代化企业迅速发展起来,随着交通和通讯基础的完成,为生产厂家提供运输原材料和制成品提供了可靠、周密和全天候的服务。另一方面,随着距离的增远,区域之间的沟通和交流也变得越来越急切了,商家的竞争也变得越来越激烈了,由原来的商品稀缺时代进入了产品同质化、过剩时代,大量的商品需要通过某种渠道使消费者熟悉,广告因此得到了很大的发展。广告发展起来后,其注重效果的视角必然将重心转移到对消费者心理的关注上,这就是最初的广告心理学的萌芽了。市场经济的发展催生了广告的诞生,同时也是广告心理学作为一门学科出现的社会条件之一。

2. 大众媒介的兴盛

广告作为一个传播活动,当然离不开传播的中介,也就是我们要讨论的媒介,大众媒介的发展大致经历过符号媒介、印刷媒介、电子媒介三个发展阶段。

在人类创造出大众媒介之前,人类已经使用语言、文字及其他非语言符号传播了许多年。11 世纪,我国的毕昇发明了活字印刷术。再到 1445 年,德国人古登堡发明了金属活字印刷术,引起了欧洲传播领域的革命性变革,催

[①] 郭庆光.传播学教程.北京:中国人民大学出版社 1999 年版,第 111 页。

生了西方的报纸。17 世纪初,在德国出现了世界上最早的报纸 Starssbvry,此后在英国、法国、丹麦等国,许多报纸相继而生并不断发展。1650 年,英国的《新闻周刊》刊登了一则悬赏广告,以找回 12 匹被盗的马,被公认是世界上第一条报纸广告。报纸广告的出现,为广告的发展提供了一次飞跃机会。报纸直到如今仍然是广告的重要媒介之一。

19 世纪萌发了媒介上的一次革命,出现了纪录影像的照相技术和电影。20世纪出现的广播、电视预示着人类开始进入了电子媒介的时代,同时也让广告的发展空前兴盛起来,广告开始进入了真正的大众传播时代。而今,技术的力量更是带来了网络的迅猛发展,出现了各种各样的新的媒体形式,比如手机短信广告、博客广告等等,这些又为广告的发展提供了崭新的发展空间。

一方面媒介越来越大众化,另一个方面,由于受众的需求较之从前更加个性化,媒介因而变得越来越细分化。这些变化更是增加了对广告受众的心理特点的研究,广告人需要准确地把握不同媒介的特点包括其受众的特性,在此基础上再来制定合理的广告传播策略,使其符合或引发广告受众的需求。

3. 消费需求与观念的变化

我国古人曾经说过,"仓廪实而知礼节,衣食足而知耻辱",说的是人在满足了最基本的物质需求后会去追求更高层次的精神活动。在从前商品贫乏的年代,人们对物质的要求并不高,更多的是满足基本的需求。待到市场经济发展起来后,一方面人们可支配货币增多,在最低层次的要求满足后,有能力追求更高层次的物质生活了。同时,社会可提供的商品种类极大地丰盛起来,消费者的选择也日益多元化。在这样一个消费品种类繁多的环境下,可以提供产品信息和消费选择的广告也得到了极大的发展。

在众多商品和服务中,必然要在其中分出优劣,这时就突显出了品牌的价值了。除了产品的标识外,品牌本身远远超过了这个品牌自身的意义,它变成了与某一"群体"相关联的一种标志符号,成为人群表露自我个性的方式。如百事可乐,从简单的止渴进而转移为一个人的自我认同感,代表着年轻的一个群体,品牌已经逐渐成为人们生活风尚和标志社会阶层的重要符号,这种符号与人们的购买力、文化品位、家庭教育、职业分工直接联系,可以说,消费观念的变化和广告是相辅相成的,人们品牌观念的主要来源和塑造者就是广告,广告对普及人们的品牌观念和提升其品牌素养起着重要作用。

与此同时,个性的多元化也带来了消费观念的多元化,在此趋势下,更加突显了对广告受众心理研究的重要性,只有更清楚地了解不同群体的心理特征、消费情感需求,才能更好地传播广告。

二、广告心理学的发展历程

(一)广告心理学研究的初始阶段

鉴于广告心理学是一门交叉性学科的特性,它的诞生和发展都伴随着母体学科的发展:广告学和心理学。这两门学科的发展直接影响到广告心理学成为一门独立的学科。

在印刷术发明之前,世界各地的广告形式长期保持着初始的状态,它们或借助手写、酒旗、招牌,或借助人声和其他肢体语言,广告的传播手段虽然丰富,但其传播面却受到了极大的限制。印刷术革命性地催生了报纸的产生和发展,同时也促进了广告业的发展,此后,随着技术的革新和经济的发展,现代广告开始在一些工业化进程较快的国家如美国等繁荣昌盛起来。广告学科的确立和发展为广告心理学的确立提供了理论上的借鉴和学科框架。

从早先的口头广告到如今利用大众媒介进行广告宣传,在广告形式和传播工具运用技法上的演变和创新,都意味着广告主对顾客心理和传播工具有了新的认识,实质上都包含着广告主对广告心理现象的探索。但这些实践活动都是自发的,缺乏可靠的科学理论指导。真正地将广告和心理学结合起来,是在19世纪末科学的现代心理学诞生之后。

从1879年冯特在莱比锡建立了世界上第一个心理学实验室,心理学宣告脱离哲学而成为独立的科学。这不仅给广告心理的研究提供了方法上的指导,更因为广告的社会影响力引起了心理学研究者的注意,他们开始采用心理学的理论和方法来对广告中的心理现象展开探讨。

1895年,还在美国明尼苏达多大学心理实验室任教的 H. 盖尔教授对广告中的消费者心理活动产生了极大的兴趣,率先采用问卷调查法,探索消费者对广告以及广告商品的态度和看法。[①] 经过几年的调查和研究,1900年 H. 盖尔出版了《广告心理学》(*On the Psychology of Advertising*)一书。一般认为盖尔的这些研究是广告心理学最早的研究,但是盖尔的研究工作因为种种原因,没有被广泛地推广,因而没能产生足够大的影响。直至1901年美国西

---

① Frank G. Coolsen, *Pioneers in the Development of Advertising*, Journal of Marketing, Vol. 12, No. 1 (Jul., 1947), pp. 80—86.

北大学的心理学家斯科特（Walter Dill Scott）在芝加哥的一次集会上，首次提出要把现代广告活动和广告工作的实践发展为科学，得到了当时与会者的热烈支持。在随后的两年里，斯科特连续发表了12篇有关广告心理学的文章，并把它汇聚成一本书于1903出版，名为《广告原理》(*The Theory of Advertising*)。通常认为此书的出版标志着广告心理学的诞生。1908年，斯科特在系统研究广告实践活动经验的基础上，又撰写出版了《广告心理学》(*The Psychology of Advertising*)一书，他认为，广告是通过设计、文案、图片和实物等诸多媒介针对消费者进行心理诉求的一种方法，他运用心理学的基本原理分析了消费者接受广告的心理特性，包括对消费者接受广告的习惯、消费者行为的多样性、对广告尺寸大小的注意度、铁路广告的无意识影响等等，还较早地探讨了广告中的道德问题。[①]

到了20世纪二三十年代，随着无线电广播事业的发展，广播广告也得到了很大的发展，广告心理学在有关消费者对广告的记忆方面有了较深入的研究，对如何使广告引起人的注意这一问题上也有了更多的认识。

(二)广告心理学研究的发展阶段

1. 研究内容的深入与拓展

这一阶段现代传播学的形成、现代营销学的发展使得广告心理学研究的内容更加丰富，从最初的广告受众的接受心理，到涉及整个广告运动过程所有主体的心理现象都纳入其中。

广告心理学的研究发展同营销观念的转变密切相关，早期的研究都是处在以生产者为中心的市场经济背景下，因此研究的目的也多服务于买方市场。第二次世界大战后，随着商品经济的迅猛发展和市场竞争的日益剧烈，市场营销观念也开始从以生产者为中心转变到以消费者为中心，美国学者舒尔茨（Don E. Schultz)用两句话概括了这种营销观念的转变，即，从"请消费者注意"到"请注意消费者"。于是，在买方市场下，消费者的行为开始受到广告研究者和心理学家的重视，美国许多商业机构都开始了对消费者行为的研究。

研究者借助心理学、经济学、社会学等学科的研究成果，总结出影响消费者决策的一系列因素。其中间接因素是社会文化因素，如家庭、社会阶层、文

---

① Walter Dill Scott, *The Psychology of Advertising*, 1921 Small, Maynard & Company, pp. 1～4.

化等等。在这些因素中,有许多也要借助广告来传播,比如文化的象征性、群体的归属感。而直接因素则来自于营销者的刺激,广告是直接影响因素中的一项。此外,消费者在进行决策的时候,要受到个体因素的影响,包括个体的认知能力、动机、人格特征等等,这些成为此阶段广告心理学研究的重点内容。

在 20 世纪 40 年代后,出于对销售的关注,商业调查者与心理学家开展了消费者深层动机的研究,并取得了很多的成就,其中比较有代表性的是关于速溶咖啡行销障碍的深层动机研究。在美国 20 世纪 40 年代,当速溶咖啡被研制成功,最初上市时,其广告定位为宣传速溶咖啡省时省力的方便性,然而广告效果不尽如人意,市场销量平平。这令广告主和广告人迷惑不解,不明原因。而此时,心理学家运用投射法挖掘到了消费者不愿意购买此产品的深层原因。原来在当时的社会背景下,人们普遍认为家庭主妇应该是勤劳持家的。作为消费者的家庭主妇们十分担心,如果购买速溶咖啡会令别人对自己产生"只图自己省力"、"懒惰"等不良印象。后来广告改变了原来的定位,将诉求点转变为突出表现速溶咖啡的新鲜美味,从而避免与社会评价标准产生矛盾,使这些家庭主妇能够心安理得地购买,速溶咖啡得以迅速推广。对这些涉及消费者购买动机的广告主题或广告诉求问题的研究,大大地丰富了广告心理学的知识。有关消费者的消费决策和消费行为的研究,日后也成为广告心理学的重要研究领域。

与此同时,心理学界正处于从行为主义心理学过渡到认知心理学的时代,以华生、斯金纳为代表的行为主义心理学家围绕着刺激与反应的问题展开了大量的研究。各种心理学流派的理论得以在广告活动中应用,并在实践中得到检验。另外,以霍夫兰(Hovland)为代表的一批心理学家在关于态度转变等方面取得了丰硕的成果。这些研究成果被应用在广告心理学中关于广告受众的态度转变研究中,大大地促进了广告心理学的发展。20 世纪 50 年代人本主义心理学的需要层次理论,为广告心理学中消费者需要的研究提供了基础。

20 世纪 60 年代以后,在西方国家,由于经济快速发展,技术不断革新,广告业在这一时期也愈加繁荣起来。在这种背景下,对广告活动的科学化要求也日益提高,为广告活动提供科学决策和理论指导的广告心理学也越来越受到了人们的关注和重视。在这一阶段,心理学本身也发生了重大的变化,产生了一种新的心理学研究视角:认知心理学。认知心理学以其旺盛生命力在很短的时间内取代了传统的行为主义心理学的地位,迅速地渗透到心理学的各个研究领域。

20 世纪 80 年代初,广告心理学除了继续重视对信息源的特点进行研究外,在说服领域对说服和态度改变过程的研究也取得了进展。美国俄亥俄州立大学著名心理学家佩蒂(R. E. Pettuy)和卡西奥波(J. T. Cacioppo)提出的精细加工可能性模型(ELM)是这一时期影响较大的理论。

广告心理学在研究内容上的不断丰富还表现为:关于品牌与广告的研究,关于广告中跨文化心理的研究,关于各种新兴媒体广告心理的研究;关于广告对儿童心理影响的研究;关于解释学对广告与消费新解读的研究;关于广告传者心理的研究等等。

2. 研究团体与研究刊物的增多

一些涉及广告心理学专业的研究团体与专业杂志相继出现并不断增加。如,美国有两个主要运用广告心理学进行消费者研究的团体:消费者研究协会(Association for Consumer Research,ACR)和消费者心理协会(Society for Consumer Psychology)。英国涉及广告心理学研究的重要组织是世界广告研究中心(World Advertising Research Center,WARC)。

消费者市场研究协会(ACR)是一个全球性协会,旨在进行消费者研究,为学界、业界和政府人员提供学术信息交流的机会。它始创于 1969 年俄亥俄州立大学。1970 年,在麻省大学召开了第一次会议,此后,年会成为惯例。协会早期成员 80% 来自于学术界,尤其是市场营销学、心理学、家庭经济学和经济学领域。约 15% 的成员来自于商业企业的雇员和经理,主要是消费品营销组织、市场营销研究分公司和广告公司。约 5% 的成员来自于政府机构和非营利性组织。[①] 近年来,成员主要来自学术界,鲜有政府和工商界人士。此协会与其他专业协会共同主办了一个跨学科的杂志《消费者研究》(*Journal of Consumer Research*,JCR),其刊登的论文涉及心理学、经济学、工商和市场营销等方面的研究,也有来自人类学家、后现代和批判理论家的论述。

消费者心理协会(Society for Consumer Psychology)是美国心理协会 23 分会(American Psychological Associations Division 23),旨在培养该领域的学术研究、学科发展和行业实践。该分会的主要研究领域是:作为商品和服务的消费者的人们的个体和社会的心理规律,它面向心理学家和其他盈利和

---

① 来自消费者市场研究协会官方网站介绍,http://www.acrwebsite.org/topic.asp? artid=21.

非盈利的市场营销、广告、传播、消费者行为和相关领域的消费者研究人员。其出版的刊物是《消费者心理学》(*Journal of Consumer Psychology*，JCP)，为季刊，通常以刊登主流心理学的文章为主，代表了心理学、市场营销学、广告学、传播学、消费者行为学和其他相关领域的研究者的兴趣。除了出版刊物以外，协会每年举办一次小型春季年会。① 在雅典工商管理实验室(Athens Laboratory of Business Administration，ALBA)的北美工商管理类排名中，《消费者研究》名列第二，《消费者心理》位居第六。

英国的世界广告研究中心(World Advertising Research Center，WARC)是一个综合性的组织，主要提供营销、广告、媒体和研究社区的信息。它是一个独立的组织，与全世界贸易协会和工业体系密切联系，包括广告研究基金会、广告从业者研究院、AC 尼尔森等，所以它有着极为丰富的信息资源。英国的世界广告研究中心出版了一系列广告作品，有的是获得英国广告业者研究院(Institute of Practitioner in Advertising，IPA)"广告效果奖"(Advertising Effectiveness Awards)的广告运动案例研究，以及美国纽约美国营销协会(New York American Marketing Association)给年度最有效的广告运动颁发艾菲奖(EFFIE Awards)的案例，这都是广告心理学研究的案例来源。

其他刊登广告心理学和消费者研究的杂志主要有：《广告的当前问题研究》(*Current Issue and Research in Advertising*)，1992 年后改为《广告的当前问题研究杂志》(*Journal of Current Issue and Research in Advertising*)；《广告》(*Journal of Advertising*)；《广告研究》(*Journal of Advertising Research*)；《国际广告》(*International Journal of Advertising*)；《国际儿童广告与营销》(*International Journal of Advertising to Children*)；《国际市场营销》(*International Journal of Marketing*)；《国际市场营销研究》(*International Journal of Research in Marketing*)；《市场营销》(*Journal of Marketing*)；《市场营销学研究》(*Journal of Marketing Research*)；《营销学研究》(*Journal of the Academy of Marketing Sciences*)；《欧洲市场营销》(*European Journal of Marketing*)；《欧洲消费者研究前沿》(*European Advances in Consumers Research*)；《商业研究》(*Journal of Business Research*)；《经济心理学》(*Journal of Economic psychology*)；《心理学与市场营销》(*Psychology and Marketing*)。

---

① 来自消费者心理协会官方网站介绍，http://www.apa.org/about/division/div23.html.

3. 研究技术与方法的多样

广告心理学在研究的技术手段与方法上不断吸纳并借鉴其他相关学科的研究方法。现代的广告心理学不仅继承了传统的研究方法,而且采用了一些新方法,如内容分析法等。对于传统的研究方法也在技术上作了新的改进和更新,采用了很多现代电子技术设备,如录音录像设备、眼动记录仪、心电图、脑电波分析仪、速示器等等。再有,由于新媒体广告(如网络广告等)的出现与发展,广告心理学在研究方法与技术上也在进行着相应的改变与创新。此外,研究数据结果的分析水平也随着计算机技术和统计学的发展有了明显的提高。

(三)广告心理学研究在我国的发展

我国较早的论述广告心理学的文章是:1919 年 8 月 1 日在《建设》杂志上发表的孙科的文章"广告心理学概论"。该文较为系统地描述了如何"使阅者对于广告所说之事物发起需求欲望之心"。文中论述了广告要达到"劝导阅者之意向"的用意,"惟视其能否履行以下四级之工夫。一是注意之提起;二是注意之把握;三是印象之深入;四是反应之激起",并细致地描绘了"各级工夫履行之方法"。

我国改革开放后,由于市场经济的发展,广告业得以迅速发展,这期间出版的关于广告心理学的著作大量增多。我们试图从已发表著作来梳理广告心理学研究在我国发展的概况。

1. 出版的关于广告心理学的主要著作

我们通过常规途径搜集了相关的广告心理学著作,由于种种原因可能挂一漏万。查到的书目罗列如下:

杨中芳著.广告的心理原理——说服的精髓.昆明:云南人民出版社 1988 年版。

方宏进著.广告心理学.长沙:湖南文艺出版社 1988 年版。

马谋超著.广告心理学基础.北京:北京师范大学出版社 1992 年版。

计维斌著.广告心理.北京:中国经济出版社 1995 年版。

王新玲著.广告心理学.北京:改革出版社 1996 年版。

佘小梅著.广告心理学导论.北京:北京广播学院出版社 1997 年版。

尤建新、陆云帆、谢莉香.广告心理学.北京:中国建筑工业出版社 1997 年版。

马建青主编.现代广告心理学.杭州:浙江大学出版社1997年版。

黄合水著.广告心理学.上海:东方出版中心1998年版。

杨中芳著.广告的心理原理——广告背后的心理历程.北京:中国轻工业出版社1999年版。

马谋超、陆跃祥著.广告与消费心理学.北京:人民教育出版社2000年版。

王淳菲、赵凌河著.广告心理学.沈阳:辽宁师范大学出版社2002年版。

马谋超著.广告心理.北京:中国物价出版社2002年版。

江波著.广告心理新论——现代广告运作中的攻心战略.广东:暨南大学出版社2002年版。

黄希庭主编.广告心理学.上海:华东师范大学出版社2002年版。

余小梅著.广告心理学.北京:北京广播学院出版社2003年版。

丁家永编著.广告心理学——理论与策划.广东:暨南大学出版社2003年版。

王怀明、王詠著.马谋超主审.广告心理学——广告活动中心理奥秘的透视.长沙:中南大学出版社2003年版。

王怀明著.广告心理学.济南:山东大学出版社2004年版。

舒咏平主编.广告心理学教程.北京:北京大学出版社2004年版。

王詠、管益杰编著.现代广告心理学.北京:首都经济贸易大学出版社2005年版。

黄合水著.广告心理学.北京:高等教育出版社2005年版。

许春珍主编.广告心理学——当代广告学系列丛书.合肥:合肥工业大学出版社2005年版。

此外,还有一些国外广告心理学的经典著作被翻译出版。例如:

[日]井关十二郎著.唐开斌译.广告心理学.北京:商务印书馆1925年版。

[日]仁科贞文著.广告心理.北京:中国友谊出版公司1991年版。

[日]田中洋,丸堰吉人著.新广告心理.朝阳堂文化事业股份有限公司1993年版。

[澳]马克斯·萨瑟兰著.瞿秀芳、鹿建光译.广告与消费者心理.北京:世界知识出版社2002年版。

[美]斯科特著.李旭大译.广告心理学.北京:中国发展出版社2004年版。

2. 发表的广告心理学研究的论文

在 CNKI 中国学术期刊数据库中,查询 1999—2007 年所有发表在期刊上与广告与消费心理相关的文章共达 163 篇,其中,直接涵盖广告心理学之名的有 53 篇,与消费心理相关的达 110 篇。其内容分布广告活动中,广告媒介、广告人、消费者等方面,其中有关网络广告心理的篇章有 7 篇,关于眼动仪分析法在广告心理学中的应用有 3 篇,这两方面都在一定程度上体现了广告心理学发展的新趋势。新媒体的出现扩大了广告心理学的研究范畴;将心理学仪器应用到广告心理学的研究中,从侧重生理的角度丰富了广告心理学研究的内容。这些研究成果丰富了广告心理学的研究,促进了广告心理学作为一门学科走向成熟。

3. 广告心理学学科教育的发展状况

目前,广告心理学作为一门学科的发展,和广告学的发展是紧密相连的,其课程的开设直接依附于各高校开设的广告学专业。在我国高校广告学专业中有许多把广告心理学课程作为专业基础课,因此,从我国高校广告学专业的发展可间接地推测广告心理学学科教育的发展状况。

1983—1992 年,这 10 年可以说是中国广告教育发展的探索期。全国只有厦门大学、北京广播学院等 6 所高校开办广告专业,1999 年之后,设有广告专业的学校飞跃至 2003 年底的 144 所。同时由于审批权的下放,在各省教委备案的广告专业,加上电大、夜大、远程、民办等多种形式的广告专业,已在全国各地区兴办。在 2003 年 11 月由中国传媒大学广告学院张树庭教授主持的 2003 年广告教育调查中,我们可以得到以下有关广告心理学学科教育的数据:在"来自院校兼职老师所授的必修课中,提及'广告心理学'的频次为 2($n=39$),占 5.1%,提及'消费者心理行为'的频次为 2($n=39$),占 5.1%。在教材使用状况上,指出缺乏'广告心理学'的频次是 3($n=38$),占 8.9%;在计划编写的教材中,'广告心理学'的频次是 4($n=78$),占 5.1%。"①

《2003 年广告教育调查数据报告》在校生卷中,"学生希望学校开设的广告专业基础课为影视编辑、广告心理学、视听语言学习与鉴赏,多媒体制作等等"②。数据显示,广告心理学在高校的广告学专业教育中越来越受到重视。

---

① 张树庭著.广告教育定位与品牌塑造.北京:中国传媒大学出版社 2005 年版,第 28 页。
② 同上。

第三节　广告心理学的研究方法

一、广告心理学的研究取向

研究方法对于科学研究是否真实地揭示事物规律起着至关重要的作用。广告心理学作为一门应用心理学,其研究取向取决于作为主要理论基础的母体学科——心理学的研究取向。也可以说心理学的研究取向为广告心理学的研究提供了一个总体的理论框架。

西方现代心理学主要有两种研究取向:科学主义(自然科学)研究取向和人文主义(人本主义)研究取向。所谓科学主义研究取向是指"西方主流心理学一直沿袭自然科学的传统,力图构建物理主义心理学的理论模式,亦即坚持客观实验的心理学研究范式"。这种研究取向把研究对象局限于心理现象的自然特征方面,采取自然科学的研究方法,依赖于实证和数据,试图建立一门像物理学那样具有客观性和精密性相统一的心理学学科。人文主义研究取向拥护心理学的社会科学观和主观经验范式的研究取向,它以人文科学为本位,以现象学—存在主义和解释学为哲学基础,亦即坚持文化科学的心理学观和主观经验范式的人文主义研究取向。[①]

广告心理学的研究取向受现代心理学的影响,又由于广告心理学偏重于实践应用的性质,因而采用的是人文主义、科学主义并重的研究取向。在研究方法上坚持多元性与互补性相结合的原则。

二、广告心理学的主要研究方法

广告心理学的研究既采用心理学的一些研究方法,也吸收了传播学以及其他社会学科的研究方法。在广告活动中,主要应用的有以下几种方法。

(一)观察法

1. 观察法的定义

观察法是指研究者根据一定的研究目的、研究提纲或观察表,在自然存在的条件下,用自己的感官和辅助工具去直接观察研究对象,从而获得资料

---

① 转引自刘京林主编.新闻心理学原理.北京:中国广播电视出版社 2004 年版,第 21 页。

的一种方法。在广告心理学的研究中,主要是指在被观察者不觉察的状态下,有规律地记录其外部表现行为,如表情、谈话、动作等等,以此来推断其心理活动的方法。

观察的类型很多,依观察者是否参与被观察对象的活动,可分为参与观察与非参与观察;依对观察对象控制性强弱或观察提纲的详细程度,可分为结构性观察与非结构性观察;按是否具有连贯性,可分为连续性观察和非连续性观察;依观察地点和组织条件,可分为自然观察和实验观察等。

观察法的理论基础源于行为主义流派。行为主义认为,人的心理活动都表现在其外部的行为上,因此可以通过观察其外部的行为来推测其心理活动。在广告中常用这种方法收集资料,例如,有计划有目的地观察行人对橱窗广告的各种行为反应,以便帮助判断广告受注意的程度以及人们言谈中对它的评价。由于这种方法观察者只能用来推测证明,环境中的其他因素却无法控制,因而,它对广告效果的测量和对消费者购买行为的观察分析也不尽全面,常常和其他的方法一起应用,以获得更加全面准确的数据。例如,它也常和焦点小组访谈方法结合使用,在实验室的情况下观察被试的种种反应。

2. 观察法的特点

(1)观察是在自然存在的条件下发生的

所谓"自然存在的条件",是指对观察对象不加控制、不加干预、不影响其常态。在这种情况下,获得资料会更加真实、直接,可以在一定程度上减少研究中的"霍桑效应"的发生,即避免人为的参与所带来的影响。

(2)有目的性、有计划性、有选择性

观察行为的发生不是盲目的,在观察前就要做好精心准备,确定好观察的项目与指标。在观察中应尽量排除外界无关刺激的干扰,这样的观察才能获得预期的成效。

(3)观察者可以借助一定的工具

除了观察者的各种感觉器官,如眼、耳、喉、舌、皮肤等,还可以借助各种器具。在广告活动中,不仅是对人的观察,还有对商品的观察。广告人既要以自身的器官去了解商品的特性,从中体会作为消费者对商品的认识。还可借助一些现代化的仪器和装置进行观察,如望远镜、显微镜、照相机、摄像机、眼动仪、录音机等等,以弥补人体器官的某些不足。

3. 观察法的步骤

在广告活动中,可对消费者的某种消费活动进行连续完整的观察与记录;还可根据一定的标准选取被观察对象的某些个别心理活动和行为表现,进行观察和记录;或选择在特定的时间内观察和记录来搜集资料。一个完整的观察法主要包括以下几个步骤:

(1)明确问题,选择观察对象,并且制订观察计划

在观察计划中要规定明确的观察目的、重点、范围以及要搜集的材料、观察的次数、每次观察的时间、采用的仪器、制作哪些表格以及填写的要求等等。

(2)做好观察准备

观察准备的主要工作有:确定观察的项目和指标;选择观察途径和方法;观察取样;设计观察表格及记录方法和其他准备,包括仪器、人员培训、分工及应变措施等。

为了便于观察记录和观察材料的整理,项目设计应符合如下要求:①每个项目均是研究所需要的指标;②项目数以 10 个以下为好,并按其逻辑顺序排列;③项目的答案应是确定的,排除那些对不同的观察者可能会作出不同解释的推断性词语。

设计观察表格时,要规定观察材料的记录方法。记录观察材料,一般有三种方法:评等法,即对观察对象所表现的特征按所属等级,在表格中画圈或做其他记号。频数记录法,即以符号"√"记录对象某项行为出现的次数。连续记录法,即利用录音机、录像机等把整个过程加以记录。

(3)按照计划进入现场实施观察并做好记录

进入现场要注意两点,第一是选好观察位置,有较好的角度和光线以保证观察有效、全面、精确;第二是不惊扰观察对象或与观察对象打成一片。如果间接观察、非参与性观察,最好不让观察对象知道。如果是直接观察、参与性观察,要与观察对象建立和谐良好的关系,以免被观察者产生戒备心理。

(4)整理与分析观察资料,提出观点并撰写研究报告

根据对观察资料的整理和分析研究,提出自己的认识,并加以理论的论证,最后撰写成研究报告。往往仅借助自然观察法不能完成对一个课题的系统研究,通过观察所收集的资料常常要与其他研究方法所获得的信息融为一体之后,才能提出观点并加以阐述。

4. 观察法的优劣

(1)观察法的优势

观察法可以得到现场真实直接的材料,在研究对象不配合的情况下,可用观察法搜集资料。对观察者来说,运用方便,可以随时随地采用,可以保持观察现象的自然状态,不加人为干涉,可直接取得第一手的资料,可以不妨碍被观察一方的正常生活或正常的发展过程,因此也不会产生不良后果等等。对于被观察者来说,不受其文化、理解能力的限制。此方法可以结合其他方法进行,如在实验法中,为了降低被试者的顾虑,可用单向透视玻璃等技术手段进行观察,使被试者感到轻松自然。

(2)观察法的劣势

观察法由于是在自然条件下发生的,所以一方面要受到环境过程中许多不可预知的因素的影响,无法控制;另一方面,它的主观性较强,最后的观察结果在很大程度上受限于观察者的水平。作为观察者的人,凭借感官会使观察范围和观察精度受到局限,这就需要训练观察员和增加观察仪器,耗费更长的周期。而最终观察者对所获材料的解释,也往往容易受观察水平的局限而带上主观色彩。

为此,在运用观察法时,除了尽力提高观察法的功能,如灵活移动观察位置、转换观察背景、延长观察时间以及增加观察次数等等,以改善观察结果外,还要结合统计方法,对多次观察数据进行科学处理,以提高信度和效度。

(二)访谈法

1. 访谈法的定义

访谈法是通过研究者与被研究者的直接接触、直接交谈的方式来收集资料的一种研究方法。这种方法与其他方法相比,有其独特的重要功能,比如与观察法相比,访谈可以直接了解到受访者的思想、心理、观念等深层内容;与问卷法相比,访谈可以直接询问受访者本人对研究问题的看法,并提供机会让他们用自己的语言和概念来表达他们的观点,具有较好的灵活性和适应性。其最大的特点是,在整个访谈过程中,访问者和被访问者是相互影响、相互作用的过程。而不像观察法那样由观察者单方面来进行观察活动。访谈法按一定的原则来编制访谈计划。

根据访谈结构的控制程度,访谈可分为封闭型、半开放型、开放型。根据访谈规模,访谈又分为个别访谈与集体访谈两种类型。

2. 访谈的技巧

由于访谈主要是通过口头交谈的形式进行的,所以对访谈员的要求较高。其中,最重要的是要掌握一定的谈话技巧,大概要注意如下几点:

(1)谈话要遵循共同的标准程序,避免只凭主观印象,或谈话者和调查对象之间毫无目的、漫无边际的交谈。关键是要准备好谈话计划,包括关键问题的准确措辞以及对谈话对象所做回答的分类方法。也就是说要事先做好如下准备:①谈话进行的方式;②提问的措辞及其说明;③必要时的备用方案;④规定对调查对象所作回答的记录和分类方法。

(2)访谈前尽可能收集有关被访者的材料,对其经历、个性、地位、职业、专长、兴趣等有所了解;要分析被访者能否提供有价值的材料;要考虑如何取得被访者的信任和合作。另外,在访谈时要掌握好发问的技术,善于洞察被访者的心理变化,善于随机应变,巧妙使用直接法——开门见山、间接法等。

(3)关于访谈所提问题,要简单明白,易于回答;提问的方式、用词的选择、问题的范围要适合被访者的知识水平和习惯;谈话内容要及时记录,记录也可以用类似下列表格整理谈话材料。

(4)研究者要做好访谈过程中的心理调查。如,为了使被访者留下良好的印象,要善于沟通,消除误会隔阂,形成互相信任融洽的合作关系。研究者还要注意自己的行为举止,其中关键是以诚相待、热情、谦虚、有礼貌。有时访谈的失败正是在于沟通不够。

一般来说,访谈法也常用在集体访谈(小组访谈)中,用在广告策划时的资料收集和广告效果的测评中,集体访谈除了上述的技巧外,还需要注意以下几点:

首先,要选择好对象。参加调查会的人数不要太多,一般参加人数以 6 至 12 人为宜;参加成员要有代表性、典型性;参加者在学历、经验、家庭背景等各方面情况尽可能相近。事先要了解一下与会者的个人问题,避免触及个人隐私而造成被动局面。

第二,拟订好问题。问题设计要具体,如有可能,可事先发给每人发言讨论提纲,让他们事先做好准备,并约定好开会时间和地点。临开会前应追发一个通知。

第三,要创造一个畅所欲言的气氛。座谈会要按计划进行,目的明确,中心议题要集中。视具体情况 ,也可根据调查课题的需要临时提出提纲上没有的问题,让与会者作答。重要的是要创造一个畅所欲言的气氛。讨论中若发生争执,如果争执有利于课题的深入,支持争执下去;如果争执与结论无关,要及时引导到问题中心上来。主持人一般不参加争论,以免堵塞与会者的思路。主持人应以谦虚平等的态度,诙谐亲切的语言,争取与会者的合作。

3. 访谈法的优劣

访谈法的优势:非常容易和方便可行,引导深入交谈可获得可靠有效的资料;适用范围广;团体访谈,不仅节省时间,而且与会者可放松心情,作较周密的思考后回答问题,相互启发影响,有利于促进问题的深入。

访谈法的劣势:对调查人员的要求非常高;样本小,需要较多的人力、物力和时间,应用上受到一定限制;另外,无法控制被试受主试的种种影响(如角色特点、表情态度、交往方式等),受访谈环境以及双方情绪的限制;获取的资料不易量化,所以访谈法一般在调查对象较少的情况下采用,且常与问卷法、测验等结合使用。

(三)实验法

实验法是心理学中常用的一种普遍方法,这种方法主要用于探索心理现象之间是否存在着因果关系,是探讨广告心理学机制,揭示广告心理活动规律的一种重要研究方法。

1. 实验法的定义

实验方法是指人们根据一定的科学研究目的,利用科学仪器设备,在人为控制或模拟的特定条件下,排除各种干扰,对研究对象进行观察的方法。在实验中,研究者可以控制住一些干扰或无关因素,使另一些因素发生有序的变化,而后观察在不同条件下受试者所产生的心理变化。

实验中由研究者控制的因素,通常称为自变量或独立变量。研究者在不同实验条件下所观察到或测量到的心理活动和行为,称为因变量。例如,在探讨影响户外广告效果因素的研究中,户外广告的设置位置、色彩等因素就是实验中的自变量,而研究者通过调查获得的关于户外广告的记忆成绩则为因变量。在采用实验法的研究中,为了明确自变量和因变量之间的关系,研究者必须对其他可能对观测结果产生影响的因素加以控制,尽量使得观测条件之间仅仅存在着自变量水平之间的差异,而不存在其他情况的不同。

实验法一般分为控制实验法(室内实验法)和自然实验法(室外实验法)。控制实验法是在实验室条件下借助专门的实验设备,对实验条件严格加以控制的条件下进行的,它适合微观的、探索因果关系的研究。自然实验法是在自然条件下进行的,它是在实际生活情境中,由实验者创造或改变某些条件,以引起被试者某些心理活动进行研究的方法。

2. 实验法的步骤

第一步是提出假设。第二步是简化众多的影响因素,选择具有重要影响的因素,确立其中一对为自变量和因变量。第三步是控制、实验,将选出来的研究对象分为"控制组"和"实验组",两组人数相同,特征相似。给实验组提供的是简化并确定的自变量,给控制组提供的则是普通的、非研究所用的自变量。第四步是统计、分析,将实验中所得到的变量数据进行记录、统计。从中得出某些结论,以此结论对假设进行检验。

3. 实验法的优劣

控制实验法的优势在于控制条件比较容易实现,研究者可以主动控制实验因素,而且实验本身具有严密的逻辑性。其劣势在于这些实验都是人为制造出来的,实验情境简单化了,其发现经人演绎,因此现实中的许多复杂因素都被忽略了,其结论必然带有误差。对于受试者而言,清楚地知道自己在接受实验,这种实验意识可能会对实验结果产生干扰,影响结果的客观性。

自然实验法是在自然条件下发生的,但在这种情况下,研究者也对实验条件进行了控制,但这种控制不是人为地创造条件,而是适当地自然选择条件。其优势在于受试者一般不清楚自己在接受实验,使其摆脱了实验紧张的状态而处于比较自然的状态中,实验结果会比较符合客观实际。其劣势也在于控制或选择不同的实验条件很困难,对于其他干扰因素往往无法加以严格控制,这些问题使其在实际运用中受到一定的限制。

(四)内容分析法

作为一种实证方法,内容分析法实际是与具有一定客观性的调查程序联系在一起的。美国学者贝雷尔森在 1952 年曾为内容分析法下过这样一个定义:"内容分析法,是一种对明示的传播内容进行客观的、系统的、定量的描述。"[1]是传播学研究中的一种重要方法,其实质就是对第二手资料或(案头资料)进行分析以揭示其中隐含的规律的方法。在广告心理学中,它常用于广告活动心理策略运用和民族心理差异的研究。例如,可以用来比较同一广告

---

[1]　Beleson，B,*Content Analysis in Communication*，Research，Free Press，1952.

在不同国家播出的效果。此外,此法也常常和其他方法结合起来,用来探讨广告作品的各种构成要素与广告效果的关系等。

内容分析法有以下三个特点:第一是客观性,必须要有明确的客观原则,保证不同的分析者分析同一素材能够得出相同的结论。第二是系统性,讯息内容或类型的取舍选择要有首尾一致的标准,防止分析者仅支持自己见解的材料。第三是普遍性,内容分析研究将讯息属性和传播者以及受传者的特征联系起来,其目的是为了获得具有科学价值和理论意义的结果,而不是纯粹的"描述性"信息。

内容分析法的步骤:(1)确定所分析的问题。(2)内容抽样,确定分析对象。(3)确定分析类目与分析单元。分析类目表是根据研究的需要预先制定好的进行内容分析的工具,它由类目和分析单元两部分组成。类目——根据研究假设的需要,对内容进行分类的项目;分析单元——内容分析时进行评判的最小单位。(4)对编码员进行训练,让他们掌握内容分析标准和编码过程,评判记录,取得量化结果。(5)信度分析。信度分析是指两个以上参与内容分析的研究者对相同类目判断的一致性,一致性愈高,内容分析结果的可信度也愈高;一致性愈低,则内容分析结果的可信度愈低。(6)对数据统计分析和结论描述。

(五)投射法

投射法是心理学中常用的一种方法,心理学认为个人会把自己的思想、态度、愿望、情绪或特征,尤其是人的深层动机等,不自觉地反应于外界的事物或他人,而我们可以通过这种对外界事物和他人的反应来推断个人的心理特征。

比较常用的投射测验法有:联想法,通常要求被试者说出某种刺激(如字词、墨迹)所引起的联想,一般指首先引起的联想;构造法,要求被试者编造或创造一些东西如故事、图画等;完成法,要求被试者完成某种材料,如语句完成法;选择或排列法,要求被试者依据某种原则对刺激材料进行选择或予以排列;表露法,要求被试者利用某种媒介自由地表露他的心理状态。在实际应用中各种方式的界限不是绝对的,应综合掌握、灵活使用。

投射法在广告心理学中主要应用与探讨消费者的潜在动机和情感。消费者接受一个可以用多种方法加以解释的模糊刺激,在其反应时会把自己隐藏起来的需要、期望、担忧情绪等投射到对这些客观刺激的解释上。

例如,由调查员先说出某个常用字眼或商品名称,然后让消费者说出由此字词会联想到什么词,以此了解到消费者对商品的潜在需求和购买动机。这个方法可以不限制消费者,让其自由联系;也可给出一定的范围,在这个范围内选择。还有的是以漫画形式进行的。在被试者面前展现一幅消费者在进行消费的活动的漫画,要求被试者根据漫画编制一个故事,调查者通过对故事的分析可以推测被试者的动机。

投射法的优劣:投射法的最大优点在于主试者的意图目的藏而不露,这样创造了一个比较客观的外界条件,使测试的结果比较真实。它真实性强,比较客观,心理活动了解得比较深入。它的缺点是记分和解释比较困难,对主试的理论修养和专业技术要求较高,需要有经过专门培训的主试(参见第十一章)。

(六)量表法

在广告心理学中通过利用心理量表可以获得消费者对广告的态度,也可以获得有关广告效果的层次和级别。如,可以通过对消费者态度的测量来评估广告活动的具体效果。态度测量既可以了解消费者的原有态度,也可以知晓消费者态度的改变。常用到的量表有瑟斯顿量表、利克特量表、语义差异量表(详细方法见第十一章)。

(七)调查法

调查法是社会科学的重要研究方法之一。采用调查法进行广告心理学研究时,研究者要事先拟定好调查问题(即编好问卷,因而也称问卷调查法),然后通过适当的方法让受调查者表达自己对某种观点或事物的态度或意见。这种方法适宜了解人们对广告活动的看法与意见、消费观念与动机以及广告活动对消费者产生的心理影响等。此方法的优点是:问卷通常都是通过用相同的问题和采用标准化的回答方式让被试者填写,因而内容客观统一、便于进行计算机统计分析,方便高效;匿名性较强,回答真实;可以在较短的时间收回大量问卷,节省时间、人力与经费。此方法的缺点:大多数调查都是抽样调查,如果抽样不合理,样本没有代表性,则所做的统计分析与推论就会出现问题;问卷编制比较复杂;由于问卷的问题与回答方式固定,因而不够灵活,难以保证适应每个被试者(参见第十一章)。

第四节　广告心理学原理的应用原则

广告心理学是一门心理学的应用学科，作为一门独立的学科而言，它仍然显得不太成熟，更多的还是将心理学的研究成果应用于广告实践。学习广告心理学的最终目的是要学会用一种心理学的视角来看问题和从事广告活动，把学习到的广告心理学知识变成自己解决问题时的思路与工具，灵活运用。学习和应用广告心理学应当注意遵循以下几个基本原则。

一、系统性原则

系统性原则在广告心理学的应用中主要体现在两个方面。

首先，参与广告传播活动的人在广告活动中的心理现象是一个复杂的系统，在研究探索其规律时应遵循系统性原则。虽然，现代心理学借鉴了自然科学的研究方法，在研究中把各类心理学现象分开而述，但实际上，所有的心理现象是统一在一起发生作用的，决不可割裂而定。因而，在分析具体的广告实际问题时要有整体系统的观念。例如，在广告中，不能只考虑如何吸引广告对象的注意而不考虑广告对象是否能够理解、记住并接受；也不能只考虑广告的记忆度，而不估计广告所引起的情感体验是否符合广告对象的需求等因素。因而在广告实践中，用心理学这种微观性的视角去指导时，系统的眼光是必备的。

其次，从广告传播活动的角度来看，整合市场营销传播的观念要求我们遵循系统性的原则。广告只是整个营销系统的一个重要因素，并不是营销的唯一手段。在我国商品经济早期一个广告救活一个厂家的"神话"已不可能再发生了。要想使广告发挥其作用，必须从整个营销的宏观视角出发，考虑广告与其他营销手段之间的关系和配合等因素。

只有在具备这种全盘的思维方式和统一的整体过程之上，把握广告活动中的心理变化规律，才能使广告发挥更好的效果。

二、特定性原则

特定性原则是指在应用广告心理学的规则和效应时，要注意到其适用范围。这些规律和理论的使用都是有一定的前提条件的，不是一成不变的，不可盲目使用。当前提条件发生变化时，这些规律也会发生相应的变化。这是因为人在生理上和心理上具有适应性,即在一定的范围内,随外界情况的变化而有相应的变化。因而,在广告心理学的学习与应用中应遵循特定性原则。首先要分清楚这些规律和理论是在什么时空条件下产生的,再根据具体的应用情况,举一反三,根据现有的特定条件具体运用。

在市场细分化的年代,有效的广告遵循一定的特定性原则,即针对特定的广告对象,选择特定的时间、地点,传播特定的内容,并且满足其特定的需求和目的。广告还需要依据特定广告对象的具体心理规律表现出来。只有把握了广告传播中这些特定的具体元素,才可能使广告具有有效性。

三、教化性原则

教化性原则指广告在传播活动中的社会教育功能。广告传播对人们的价值观念(尤其是儿童)和社会风尚都存在着潜移默化的影响,因而应承担树立文明风尚、弘扬中华民族优秀文化传统和道德理念的社会责任。惟其如此,才能多方得益。广告因此能够获得良好的社会效益,广告受众更加愿意接受广告所传递的观念,广告主和广告公司也就更可能获得经济效益。

无论西方的国家,还是东方的国家;无论是在发达国家还是在发展中国家,广告由于其强力渗透性、重复性和运用大众媒介的特性等,都使其成为现代社会提供信息、改变态度乃至支配行为的有效工具。正如,尼尔·M.阿普斯莱顿(Neil M. Aplerstein)在《日常生活中的广告》中所说,广告是蒙在社会之墙上的壁纸,在我们每日的生活和梦境之中。也正是由于广告在现代社会中如此强大的影响力,所以,要求广告在实现经济利益的同时,必须同时发挥其社会教育的功能,在广告传播中广告的元素(例如广告传播的某种观念、广告运用的画面、音乐等)不应违反广告传播地区的广告受众所共有的文化道德理念。我们在广告实践中,应牢记广告所承担的社会教育功能,做到经济利益和社会责任的统一。

第二部分

广告传者心理研究

　　本部分对广告传者的心理作出分析,包括第二章和第三章。本书中的广告传者包括广告主和广告人,从传统意义上看他们是广告传播活动的起始环节。他们的心理活动必然影响整个广告活动的效果。

　　广告主是具体广告活动的经济支付者,其主要目的是通过这种投资获得更大的利益收效。所以广告主的受众观念、经营观念与媒介观念的变化很大程度上影响着广告活动,也影响着广告业的发展。观念是行为的先导,观念是时代的体现。第二章分析了随着时代的变化,广告主的观念产生的变化以及对广告活动的影响。

　　广告人是广告活动的制作与执行者,他们的心理素质直接影响着广告作品的成效,同时也关系着广告业的发展。因而,研究广告人的心理素质,既有利于获得好的广告效果,更有利于培养与选拔优秀的广告人才。第三章依据我国广告业的现状,阐述了广告人应具备的心理素质。

第二章
广告主的观念变化

观念是人类支配行为的主观意识。观念的变化与所处的客观环境关系密切。本章分析广告主观念的变化与广告活动的相互影响。

随着商品经济的产生和发展，在从"以生产者为中心"转变为"以消费者为中心"的变化过程中，广告主的受众观、经营观和媒介观也相应地发生着改变。同时，广告主观念的变化不仅影响着广告活动本身的成效，也影响着广告业的发展。

回顾 20 世纪世界经济的发展趋势，早期企业渐渐将自己的注意力从最初的"产品制造"转移到"面向市场"上，此时期的生产者把受众看作无差别个体的组合，忽略受众的不同需求，即以生产为中心，向外推销自己已经生产出来的产品。生产者往往选择收视率或收听率最高的媒体，希望更多的受众能够注意到自己的产品。因此，在这一时期，广告的经营目的是短期的，是以推销为主要内容的。到了 20 世纪 50 年代后期，随着第三次科技革命的发展，劳动生产率空前提高，产品数量剧增，市场供过于求的矛盾加剧。于是，生产者的产品或服务要适合消费者的需求与欲望，以及企业应创造性地适应动态的市场等观点应运而生。美国市场学家温德尔·史密斯（Wendell R. Smith）提出了基于消费者需求、动机、购买行为的多元性和差异性,把某一产品的市场整体划分为若干消费者群的市场分类过程,即"市场细分",消费者的地位逐渐加强。科技的不断发展促使了生产技术的可复制性,即便是在细分市场,暂时领先的企业仍然面临被后起之秀效仿与超越的危险。如何能够在消费者心中占领重要的位置,成为企业追求的目标。到了20世纪60年代末,"市场定位"理论应运而生。市场定位的实质是使本企业与其他企业严格区分开来,使消费者明显感觉和认识到这种差别,从而在其心目中占有特殊的位置。消费者在市场交易中愈来愈占据了主导地位,他们的需求决定了生产,而市场成为生产过程的起点而不仅仅是终点。

市场环境的变化和这些新的理论观点,促使广告主的认识发生了重大的变革。当沿用旧有的广告原则——对受众群不加区分而只是推销产品,已经不能再打动受众(即消费者)时,广告主开始意识到,一方面,广告活动如同生产一样也需要以受众的需要与欲望为前提,广告活动的核心移向了受众。另一方面,产品在受众心目中的难以取代的地位,是企业与受众在长期的互动中形成的。广告开始作为塑造和传播品牌的工具被使用。在广告主的受众观、经营观改变的同时,伴随着科技革命带来了丰富甚至过剩的媒介资源,广告主对广告媒介的观念也发生了变化。他们选择媒介的标准不再是广泛的覆盖面,而是精准的覆盖,要以多样的形式达到更加准确的覆盖范围。

虽然我国的经济发展无论在时间上还是在形态上都有其特殊性,但总趋势也是从以生产者为中心渐变为以消费者为中心的。由于环境的影响,我国广告业在20世纪70年代末复苏,其后发展迅速。

第一节　广告主的受众观念

广告主的受众观念是指广告主对受众在广告活动中的地位与特征的认识。这些认识是随着时代的变化而改变的,同时,这些观念的变化也影响着广告活动的成效。

一、受挑战的传统认识

(一)旧消费时代的受众特征

从世界经济发展的角度看,有学者将20世纪50年代末以前的时期,称之为旧消费时代。旧消费时代中,由企业决定生产带来的产品单一,以及由经济危机造成的生产过剩,是这一时期市场的主要特点。在这样的市场环境下,居于主导地位的广告主期望最有效率地推销产品,而处于被动位置的广告受众(消费者),则具有参与性低、缺少选择、理性决策、针对性低、忠诚度高等特征。

1. 参与性低

参与性是指产品交易的双方对交易过程的支配情况。在旧消费时代,作为广告主的生产者支配、决定着交易过程的每一个重要方面。从价格支付到选择可行的分销渠道,从广告经营的目的到媒介选择,都是广告主从自身考虑的结果。而作为交易另一方的消费者,并未主动参与到交易各环节的制定过程中。因此,旧消费时代被称作"对交易过程丧失支配权的旧消费者占主体地位的时代"[①]。

2. 缺少选择

选择性是与商品种类的多样性、适用性联系在一起的。根据消费者不同的需求、使用目的以及年龄、性别等人口特征设计生产的商品,就具有很强的选择性。在生产者决定生产的时代,生产者总认为自己生产的就是消费者需要的。这一时期的商品单一,消费者选择性低。

时代背景局限了生产者的思维,大规模生产所带来的低成本,使得他们还没有意识到通过挖掘多样的需求、开发细分市场,可以创造出新的财富,而只是一味地关注生产力的提高,他们追求的是通过进一步压缩生产成本的方式以扩大收益。因此,有许多诉求相似的广告。

3. 理性决策

此阶段,广告主更乐于把受众看做是理性的经济人。广告主认为旧消费时代中的广告受众,当唤起其对产品或服务的需求后,他们在购买产品或服务时,大多基于理性的评估标准。广告受众从广告中获取产品价格、折扣等信息,使用"成本/效用"关系,反复比较多个同类产品,希望能以最低的支出追求最高的效用。同时,他们还会经过诸如家庭成员间的讨论、广泛征询意见及与商家讨价还价等一系列复杂的偏重理性的决策过程。

---

① 孔磊.论新消费者时代广告的变革与对策,《科教文汇》杂志,2006 年第 1 期,第 119 页。

4.针对性低

在旧消费时代,广告主发布的广告信息通过传统媒介流向广告受众,受众是广告信息的被动接收者。而且广告受众可以说是"懒惰"的,总是按照习惯进行购买。

传统媒介具有传播范围广、信息流通量大但缺乏针对性的特点。一方面,广告信息虽然拥有大量的受众,但却可能因为其不是目标受众而降低了广告的有效性;另一方面,广告信息容易淹没在其他信息中,不能引起受众的注意。因此,广告主总是希望通过重复传播、大量传播等广告方式,使自己的产品或服务引起受众注意,唤起他们的购买行为,并逐渐形成为受众的购买习惯。

5.忠诚度高

因为受众喜欢根据已经形成的购买习惯进行购买,所以广告主的产品或服务一旦被受众使用并获得他们的认可,就会拥有一群忠诚、可靠的老主顾。

(二)传统的广告模式

广告主根据以上的旧消费时代的受众特征,构建出特定的广告模式,即广告主发送广告信息传递至受众。有些广告主会做一些调查,获取受众的反馈意见,对广告进行评估以测评广告效果。因此,在广告主与广告受众间就形成了一个"单向半闭合系统",其中广告主处于支配地位,而受众只是一个信息的接收者或广告评估的调查对象,处于被支配地位。

在旧消费时代,广告主把受众当作其产品或服务的消费者、购买者,广告主的广告目标就是推销产品或服务,因此也产生了相应的观念和广告策略,比较典型的是 4Ps 理论(营销组合理论)和 USP 理论(独特销售主张)。

4Ps 理论认为影响企业营销活动效果的因素有两个:一是企业所面临的外部环境,比如政治、法律、经济、人文、地理等,这是企业不可控制的因素;另一个是企业可以控制的,如产品(Product)、定价(Price)、分销(Place)、促销(Promotion)等营销因素。如果一个营销组合中产品、价格、分销策略和促销策略都是适合的,则是一个成功的营销组合,企业的营销目标也就能实现。4Ps 理论的观念始终站在广告主的角度,忽略了受众在生产交易过程中的主动性。

USP(Unique Selling Proposition)是基于产品独特性的一种理论。随着产品与服务品种的日益增多,同类产品竞争加剧,单靠一般化、模式化的广告创意和表现已不能引起受众的注意和兴趣,必须力求详细介绍产品的独有特点,指出产品之间的差异,以增强广告销售的效果。它在突出产品或服务"独特性"以及促进销售上作出了重大的贡献,但也存在着历史的局限性。首先,它是"从生产者的角度出发,以生产者为中心,以推销为直接目的"[①]的。其次,USP 理论的广告以产品特性为重心,很少考虑到传播对象本身。因此容易使广告主与受众的利益需求发生错位,最终成为广告主的自说自话。第三,产品或服务的"独特性"容易被其他企业所复制,USP 理论只关注了短期功效。

这些理论都在一定条件下取得了重要的成效,但随着市场环境的变化,广告主仅仅依靠在"生产导向"阶段的旧观念已不再适宜新时代,广告主为谋求发展必须在受挑战的传统受众认识上改变观念。

二、变革后的新兴观念

(一)新消费时代的受众特征

一方面,社会包容性的增强带来了追求个性的消费文化,媒介及信息的丰富改变了广告受众的从属地位,产品服务的多样性削减了广告受众的忠诚度,受众的需求及特征也发生了变化。另一方面,企业需要从生产力的竞争中走出一条新路。因此,作为广告主的企业对消费者进行了再认识,并重新研究了"生产型消费者导向"的受众特征。"生产型消费者导向"的时代也被称为"新消费者时代",在这个阶段中消费者具备了强大经济实力和影响力,他们的偏好不但影响着企业的生产过程,还支配着交易过程。

1. 参与性高

首先,作为广告主的企业必须先深入了解广告目标受众,并根据其需求来发布广告信息;其次,目标受众为购买所耗费的时间、体力和精力,以及购买风险和他们能够承受的心理价格,直接影响了企业对产品或服务的定价;第三,企业在制订分销策略时,什么才是消费者最方便的购物渠道,什么才是广告受众接收或寻求信息最便捷的渠道,成为企业考虑的重点。

2. 缺少时间和精力

可口可乐公司前营销部经理 Seigio Zyman 指出:"铺天盖地的广告已经

---

① 张金海、程明、李如意. 从过去走向未来:USP 理论解析与透视. http://journal. whu. edu. cn/research/read_research. php? id=334.

不能打动大众消费者。技术进步给人们带来了比过去多得多的选择,同时给予了消费者自我决策的民主权利。"在新消费时代,受众不再缺少选择,而是不得不面对泛滥的广告信息,承受着信息所带来的感官压力。而追求快捷、便利的消费观,使得受众也很难再像以前那样筛选、比较相关信息。因此受众对广告的态度由最初的盲从转向了回避,而受众的注意力及信任度成为广告主争夺的稀缺资源。

3. 感性决策

当受众拥有充足的时间与精力,在需要与动机的引导下,他们会全面系统地对信息及产品进行反复比较,找出强有力的论据以说服自己接收信息、购买产品;当受众缺乏足够的时间、精力及注意力时,他们较少去关注论据的有力程度,更多的则是运用广告信息的外周线索等感性的评估标准,比如广告的视觉形象、广告代言人的吸引力及权威性等指标。由此,受众实现了购买决策过程的简单化。

另外,追求个性的消费文化不仅强调需求的个性化,同时也强调购买行为的个性化。因此,受众在进行购买决策时偏重个人意愿,而较少采用家庭讨论或征求意见等决策手段。

4. 针对性高

在新消费时代,由于媒介技术的发展及媒介使用的普及,受众掌握了丰富的信息及信息来源。他们不再只依靠传统的大众媒介,而是在其基础上广泛使用具有即时、双向等特征的新传播载体。考虑到受众有限的注意度,广告主在发布广告信息时更讲求针对性。他们会选择目标受众习惯或喜欢的媒介作为载体,以引起目标受众注意并适于他们理解记忆的方式来制作和传播信息,尽量使自己的广告信息从传播噪音中独立出来,吸引住受众的注意,成为其寻求或接收信息的首选。

5. 忠诚度低

一方面,企业间的竞争使受众对产品或服务的选择性得以加大,受众总是游走在多个同类选择中,以找出最符合自己需求的产品或服务。另一方面,追求个性的消费文化让受众对表达出新锐特点的广告信息更加敏感。在流行趋势的指引下,受众总是不断变换着自己对产品服务以及购买方式的偏好。因此,对于企业来说,必须随时调整产品或服务以及广告信息和其发布形式,以期跟上受众不断更新的需求。

(二)革新的广告模式

认识到受众在新消费时代的特征变化,广告主所推行的广告模式也随之变化。其中,受众的主动性与参与性得到了极大重视。受众不再是传统广告模式中单向沟通的一端,不再是被动的信息接收者,而是更多地实现了与广告主的双向沟通。

在革新的广告模式里,广告主一面通过广告发布其产品和服务的相关信息,同时,还主动谋求与受众的对话,通过调查与互动式营销等活动获取目标受众的需求与偏好,并根据他们对广告的反馈,及时调整广告策略。这些互动式营销活动包括企业邀请受众免费体验产品或服务,以及企业以会员制的形式将受众集中起来,增进会员与企业、会员间的互相交流等等。广告主与受众间形成的不再是"单向半闭合系统",而是一个"双向沟通系统"。在这个广告传播系统中,广告主和受众同时扮演了信息发送和接收的角色,实现了双方的互动。

在此阶段,广告主熟悉的传统广告策略受到挑战。美国的罗伯特·劳特朋(Robert F. Lauterborn)提出了取代 4Ps 理论的 4Cs 理论,即"把产品(Product)先搁到一边,赶紧研究消费者的需要与欲求(Consumer wants and needs);不要再卖你所能制造的产品,而要卖某人确定想购买的产品;暂时忘掉定价策略(Price)吧,快去了解消费者要满足其欲求所需付出的成本(Cost);忘掉通路策略(Place),应当思考如何给消费者方便(Convnience)以购得商品;最后请忘掉销售促进(Promotion),正确的新词汇是沟通(Communications)。"[1]

另外,由于竞争者可以迅速复制各种创新产品,产品的生命周期变得越来越短,USP 理论也已显得不太适应新的消费时代。广告主所要考虑的不仅是向受众介绍一种独特的产品或服务,而是向他们"传递一种独特的价值主张,给受众一个消费的价值理由和依托"[2],这就是 UVP 法则(独特价值主张)。这一法则是与受众站在一起,帮助他们寻找消费的理由,将广告主传达的价值主张与受众自身需求联系起来。另外,UVP 法则(独特价值主张)改变了对产品独特性的追逐,将重点放在了企业品牌这一无法复制的独特价值理念上,更多地运用感性的"外周线索"赢得受众的注意度与信任度,同时也表

---

① 沸石.4C 理论与实践.http://cq.focus.cn/msgview/1761/17031401.html.
② 孔磊.论新消费者时代广告的变革与对策.科教文汇杂志,2006 年第 1 期,第 119 页。

明了广告主向品牌经营的转型。

第二节 广告主的经营观念

广告主观念的变化不仅表现在对受众的认识上,还表现在对经营的理解上。

一、广告主形成品牌经营观

所谓品牌,按照美国市场营销协会的定义,是指名称、专有名词、标记、标志、设计或者将上述综合,用于识别一个销售商的产品或者服务,并且将其与同其竞争的商品、服务区分开来。[①] 品牌是企业及其所提供的商品或服务的综合标识,一个品牌能表达出属性、利益、价值、文化、个性、使用者等含义。从心理学意义上看,品牌的实质是与产品概念对接的人群的情感。企业所塑造的产品品牌应该是该产品对应的消费者的情感价值的具体体现。只有当企业生产出的产品所表现出的品牌元素符合消费者的需求并被消费者情感认同时,品牌的价值才会产生。因此,品牌蕴涵了消费者的信任、喜爱等情感,体现了企业及其商品或服务的品质和声誉。广告主已经认识到,品牌无论是对其自身还是受众,都包含了丰富的价值与意义。品牌经营理念已成为广告主打动受众、维持发展、拓宽市场的重要武器。

(一)品牌的作用

1. 品牌对受众的作用

(1)缩短交易过程

新消费时代的受众不是缺少选择而是选择过多,不是信息闭塞而是信息充分。他们有限的时间与精力要求他们使用一种快捷的评判方式,迅速地从海量的广告信息中挑选出符合自己需求偏好的产品与服务。若品牌正好拥有良好的口碑和富有个性的文化等优势,那么它就能帮助受众省下交易过程中产品服务的评判环节,为受众降低时间成本。

(2)消除决策后的不协调

面对两个及两个以上的产品或服务信息,受众需要作出决策,他们经常

---

① 丁俊杰,康瑾.现代广告通论(第 2 版).北京:中国传媒大学出版社 2007 年版,第 205 页。

会挣扎于几个同样诱人的利益与机会。在好不容易认可了其中某一产品或服务的信息,有了购买行动后,他们可能还会感到某种认知不协调。如受众可能会想到自己拒绝的产品或服务的优点和自己所选择产品的劣势。因此,受众通常会通过"过高评价自己的选择而贬低放弃的选择"[①]来减少这种不协调带来的不良感受。而强势品牌所涵盖的优越品质和"消费者为中心"的服务,为受众避免艰难的决策与消除决策后不协调提供了可能。品牌不仅"免除了他们的疑虑和后顾之忧,还会带来荣耀感"[②]。

(3)帮助构建自我

产品与服务及其广告信息除了为受众提供基本的使用功能外,还具有一定的心理功能。受众可以根据品牌具有的地位、蕴涵的文化来积极地塑造自我概念,通过拥有某一品牌的产品与服务将构建的某种自我概念传达给他人。

一方面,受众将品牌的象征意义与自我概念联系起来。自我概念包括"我是什么样子"的自我图式和"我可能会成为什么样子"的可能的自我[③]。当受众认可品牌中包含的概念时,他们就会觉得"我就是这个广告描述的这类人,我具有这个品牌传递出的气质";或者认为"这就是理想的我,这就是未来的我",从而帮助形成清晰的自我概念,并与该品牌产生情感共鸣。另一方面,受众还把品牌作为对外表明自己社会地位、身份等级的标志,对外构建积极的个人形象。

2.品牌对企业的作用

(1)降低成本

企业可以通过与受众建立品牌偏好,从而有效地降低广告宣传费用,特别是在企业推出新产品想获得认可时,品牌可以帮助企业迅速实现目标。有研究发现,赢得一个新客户所花的成本是保持一个既有客户成本的六倍。品牌在受众心目中形成的良好印象就是新产品品质的有力保证,品牌形象就是新产品的免费广告,削减了企业开发新产品的成本。另外,从企业的分销层面上看,强势品牌不缺乏消费者,因此企业在确定分销渠道、选择分销商及零售商时,更具有讨价还价的能力,使整个营销环节的成本降到最低。

---

① [美]戴维·迈尔斯著.侯玉波、乐国安、张智勇等译.社会心理学(第8版).北京:人民邮电出版社2006年版,第113页。

② 余阳明、朱纪达、肖俊崧.品牌传播学.上海:上海交通大学出版社2005年版,第41页。

③ [美]戴维·迈尔斯著.侯玉波、乐国安、张智勇等译.社会心理学(第8版).北京:人民邮电出版社2006年版,第30页。

（2）保证市场占有率

营销实践表明：在同类产品中，知名度最高的品牌往往是市场上的领先品牌，即市场占有率最高的品牌。以手机为例，由《中国消费者报》与搜狐网手机售后服务监测中心合作开展的 2006 年手机售后服务调查显示：强势品牌手机基本垄断市场，在消费者心目中具有极高的品牌影响力。[①]

（3）形成与竞争对手的差异

随着技术的进步，产品的使用功能很容易被竞争对手所复制。然而品牌的独特性是"融多种差别化利益于一体的，是企业综合实力和素质的反映"[②]，其他竞争者难以模仿。首先，品牌在注册后就成为企业的特有资源，其他企业是不得擅自仿冒和使用的。其次，品牌涵盖了产品或服务的品质与性能、企业文化与风格等多个层面，这是其他竞争者无法一一复制的。

（二）整合营销观

品牌无论是对企业还是受众都具有重要的价值。基于品牌能够统帅产品服务、企业自身情况及受众认可等诸多内容，将"品牌"作为传播对象，成为企业营销的必然趋势。而结合了广告、公共关系等各种传播及营销形式，将分散的信息加以整合，最后统一传播给受众的营销思想——"整合营销传播"，便应运而生了。另外，发生在传播形态、媒体环境及营销手段等领域的变化，也为整合营销传播的萌生与实施提供了良好的契机。

整合营销传播（Integrated Marketing Communication：IMC）也被称作"speak with one voice"（用同一声音说），它是指"为了与直接利害关系者如消费者、投资者、竞争者和员工等，及间接利害关系者如政府、社会团体、大众媒介和社区等进行有效沟通，企业选择、决定符合企业实情的各种传播手段和方法的优先次序，再通过计划、调整、控制等管理过程，有效地、阶段性地整合诸多企业传播活动"。[③] 整合营销传播的核心是消费者处于中心地位，并设立关于消费者各个方面的资料库，如他们的人口统计和心理统计特征、需求及偏好、购买行为与经历、使用行为与习惯等，以此为基础全面深刻地了解消费者，从而与他们建立稳固的关系。同时，企业也建立其他利害相关者的档案资料库。整合营销传播以建立消费者和品牌之间的关系为核心目的，以各种

[①] 参见 http://zhidao.baidu.com/question/6818795.html.
[②] 余阳明、朱纪达、肖俊崧.品牌传播学.上海：上海交通大学出版社 2005 年版，第 44 页。
[③] ［韩］申光龙.整合营销传播 IMC.IT 经理世界杂志，1999 年第 2 期，第 40 页。

媒体整合运用传递"同一种声音"的信息为手段。把广告、公关、新闻、促销、直销等一切传播活动和营销活动进行统一重组形成传播回路,其目的就是为了让利害相关者可以从不同的信息渠道获取对该品牌统一且完整的信息。

从广告主角度出发,首先,整合营销传播合理安排了传播手段及其顺序,使得上面提到的各种利害关系者对信息的理解更容易;其次,整合各种对外宣传、对内沟通的传播及营销工具,使品牌的诉求更具一致性,传播效果得到最大化;第三,通过对信息资源的统一配置及合理使用,减少了多余的营销费用,提高了资源的利用率。

整合营销传播使品牌价值得到很好的体现和释放。于是,广告主纷纷形成整合营销观。整合营销观包含三个核心价值观念:首先,整合营销的实质是以传播与营销为手段为"品牌"服务。因此,在传统经营观中只作为推销商品手段的广告,其职能也随之发生了相应的扩大。第二,"建立并长期维持与利害关系者的良好关系"指出品牌的经营是一项长期任务,作为广告主的企业在找准品牌核心价值后,需要花费一定的时间去建立品牌在利害相关者心目中的价值,并需要持之以恒地维护它。第三,"全面整合优势资源"强调企业在选择投资者、分销商及大众媒介时,要充分认清各自优劣势,找出适合自己的合作者。在与他们合作时,要尽可能使各方优势得到发挥,实现强强联手的"多赢"局面。

伴随着营销战略的转变,广告主的广告职能观、广告效果观以及与广告公司的合作观也发生了相应的变化。

二、广告主转变广告职能观

(一)广告是产品促销的手段

在旧消费时代,广告主做广告的目的相对简单,就是发布产品服务信息,促进销售,扩大市场占有率。因而,广告是广告主进行产品促销的重要手段。

1. 广告对受众的职能

第一,信息功能是广告最根本的职能之一。受众通过广告可以获取关于产品服务性能、质量、用途的丰富信息,以及受众最为关心的维修、保养、安装等售后服务信息。对于受众来说,广告在告知、解疑及指导等方面具有积极的作用。

第二,广告信息还能刺激、诱导受众的需求。有的时候,受众对于一个产品或服务的需求只是一种潜在的状态。而结合了视听刺激的广告,往往能够为受众营造出身临其境的感觉,从而激发受众现实购买的欲望。

第三,广告能改变受众的态度,进而影响其消费观念和消费行为。人们的消费观念和消费行为是学习的结果,受众在广告里观察到广告主刻意描绘的生活状态及消费观念,从而获得新的行为模式。而广告人物从使用商品或服务中得到的内在价值与外在的社会价值,又替代性地强化了受众学习的结果。

第四,广告帮助受众进行消费决策。广告所提供的信息,是受众进行消费决策的重要依据。当产品或服务间区别不大时,广告本身的品质及广告人物的权威性、可信性就影响着受众的选择。

2. 广告对广告主的职能

正是由于广告具有传达销售信息,并激发、引导受众产生实际的购买行为的功能,因此广告在推销产品及服务上起着十分重要的作用。

首先,广告不仅对受众具有信息功能,同时还向广告主传递着信息。通过广告,广告主能及时知晓其他竞争者在产品及服务上的特色,以及他们的销售方式,帮助广告主制定出有利的应对措施。其次,广告维持并扩大着现有市场占有率。再次,广告还有助于相对积压的商品的销售。由于空间与时间原因形成的相对积压在商品销售中非常常见。在某地积压滞销的商品,可能对于另外的地区却是稀缺货源。在这种情况下,广告能迅速沟通供求关系,加速商品流通及销售,以缓解这种积压。

(二)广告是品牌传播的利器

如果说在旧消费时代,广告主投放广告更多传递的是产品或服务本身的信息,那么进入新消费时代的广告主,则逐渐把目光更多地投向了企业更抽象的无形资产——"品牌"的宣传塑造上,寄希望于"品牌价值"而不仅是商品特性。广告与促销、公关等传播和营销手段一起为品牌服务,而广告则在提高品牌知名度、忠诚度、塑造品牌形象及个性等方面发挥着强大的作用。

1. 广告树立品牌知名度(参见第六章)

(1)提高受众的品牌识别能力

品牌知名度分为三个层次,"品牌识别"是最低层次,它是以提示记忆为基础,识别出以前听说过的品牌名或品牌标识物。通过广告有针对性地、频率较高地宣传,就会很快地让目标受众对品牌从知晓发展到熟悉。当再次出现该品牌时,受众能够从提示中找到该品牌。为提高受众对品牌的识别,广告在制作上通常使用图像及色彩来表现品牌的标志、包装等信息,目的是方便他们对品牌的认识和熟悉。对于新消费时代的受众,时间与精力的缺乏使得他们在挑选、购买产品或服务,特别是低价值的日用品时,不愿意再作反复对比信息等深度评估,而趋向于选择熟悉的品牌。所以尽管品牌识别是品牌知名度的最低水平,但在受众选购品牌时却至关重要。

(2)促进受众的品牌回想能力

品牌知名度的第二个层次便是"品牌回想"。与"品牌识别"的不同之处在于,在不向受众提供品牌名称的条件下,受众回忆某服务、产品大类的品牌时能够说出该品牌的名称。

在受众决定购买时,他们会先选择一组需考虑的品牌作为备选组,而品牌回想就成为品牌进入备选组的关键。被受众想到的品牌往往占据优势,而不具有"品牌回想"的品牌则失去了被购买的机会。因此,如何能让受众在作出购买决策之前回想起该品牌,是企业需要解决的问题。而广告利用受众的记忆原理,具有促进受众品牌回想的能力。

(3)利于受众将品牌铭记在心

品牌知名度的最高层次就是"品牌名存在于顾客的记忆深处,即在'非提示记忆'时,该品牌是顾客回忆起服务、产品大类的第一品牌名"。[①]这就意味着该品牌在受众心目中的地位已高于其他品牌。如果企业拥有了这样的主导品牌,就标志着企业强有力的竞争实力。企业若想使受众在某类产品中能够第一个回忆起自己的品牌,品牌自身就应当具有受众认可的独特性和实力。广告在此可为企业作出贡献,广告在充分了解受众特征、需求及影响他们决策的因素后,就能有针对性地传播信息,使品牌进入受众的记忆深处。

2. 广告塑造品牌忠诚度

在为品牌服务的新消费时代,广告的着眼点是通过影响受众的态度,与受众建立忠诚而持久的联系。帕列托的研究指出,品牌销量符合"二八定律",即80%的品牌销量由20%的忠诚顾客所消费。品牌忠诚度每提高一个百分点,就会导致该品牌利润的大幅度增长。而对强势品牌的调查也显示,"广告所带来的销售量增加中,只有30%来自新的顾客,剩下70%的增量仍旧来自于现有的顾客。"[②]广告主使用广告的主要目的之一是巩固已经存在的品

---

① 谢泗薪、李荣.服务品牌战略管理与忠诚度的提升.企业研究杂志,2006年第3期,第21页。
② 余阳明、朱纪达、肖俊崧.品牌传播学.上海:上海交通大学出版社2005年版,第99页。

牌与受众间的关系,使受众变得更加忠诚。当广告、新闻及公关等传播手段与人员促销、卖场促销等营销手段实现有机结合时,就能促使受众品牌忠诚的形成与巩固(详见第七章)。

3. 广告构建品牌个性

品牌个性理论(Theory of Brand Character)认为,品牌个性使产品、服务与受众建立起某种联系,以此顺利地进入受众的生活中,并在其心里创造出某种印象和地位,使得品牌本身变成一个具有意义的个体。品牌与人一样,必须具备独特、明确的个性,才能令人印象深刻,才能在众多竞争者中脱颖而出。

品牌个性并不是企业孤立创造出来并强行传递给受众的,而是在充分了解受众的需求及个性特征的基础上,通过以广告为代表的一系列传播、营销手段去表现这一品牌个性,并最终由受众自己体会、总结出来的。广告在整个的品牌个性构建中,不仅仅是创造、传递品牌个性信息的工具,同时也映射出受众的心理需求及个性特征,是将品牌个性贴近受众个性,品牌价值符合受众需求的工具。

除了在构建品牌个性之前需要了解受众特性外,作为广告主的企业还有必要掌握品牌个性的特征,因为品牌个性特征同样也影响着广告活动对品牌个性的塑造和传播。

(1)品牌个性的内在稳定性

广告之父大卫·奥格威认为像可口可乐这类品牌之所以取得成功,很大部分的原因在于他们塑造了一个协调一致的品牌个性,并持之以恒地在广告中推广。而"市场上的广告95%在创作时是缺乏长远打算,仓促推出的。年复一年,始终没有为产品树立具体的形象"。[①] 可见,保持品牌个性的稳定性是关键所在。

对于受众来说,如果品牌个性没有内在的稳定性,而是经常性地变动,那么一方面,受众要想辨别甚至掌握品牌的个性就变得十分困难,更不要说从品牌个性中发现与受众自己个性相契合的地方了。另一方面,繁杂多变的品牌个性也会增加受众处理信息的负担。受众没有充足的精力随着品牌个性的变动来重新认识品牌,因此他们往往会放弃这种品牌。相反,稳定的品牌

---

① 余阳明、朱纪达、肖俊崧.品牌传播学.上海:上海交通大学出版社2005年版,第102页。

个性能够更持久地占据受众的心理。因此,作为广告主的企业在维持品牌个性的稳定性上,应当注意以下三个方面。首先,企业需要清晰地认识到坚持品牌个性的重要性,站在受众的角度为品牌挑选出核心价值,围绕这一核心价值,运用以广告为代表的整合营销手段去构建品牌个性。其次,广告主应当在选定广告公司后,注重与其长期合作。因为不同的广告公司对品牌个性的塑造会提出各自不同的看法及主张,对构建品牌个性的广告的具体表现形式也会有不同的理解及做法。频繁地更换广告公司必然会导致品牌个性的频繁变动,从而不利于形成稳定的品牌个性。再次,在操作层面,广告主应使自己品牌的广告形成一定的风格,并使品牌所有后续的广告都遵循这一风格,一以贯之。

(2)品牌个性的外在一致性

品牌个性必须是受众能够感知并且能够理解的,它应当与目标受众的个性相契合。一方面,受众在进行购买决策时,会不自觉地将自己的需求偏好及个性特征投射到品牌的选择中。穿什么衣服、开什么车、喝什么饮料,这些个人的取向都会透露出受众是讲求实惠的保守派还是追求新异的新新人类。品牌为受众提供了表现自己生活方式、兴趣爱好以及个人追求的途径,给每个人提供了向外界展示自我和个性的机会。正是品牌个性的这种外在一致性,才使得受众在这个多元化的社会里,找到了自己的生活态度及消费个性。在产品服务本身满足了受众物质需求的同时,品牌个性的外在一致性也使得受众的心理需求得到满足。因此,只有在品牌个性与受众个性相一致的情况下,才能长久地实现品牌的价值。另一方面,企业倡导的主张和拥有的品牌个性就负载在品牌中,通过以广告活动为代表的整合营销手段,使品牌个性得到演绎和传播。那么企业想要表达的品牌个性自然成为广告活动及其他营销活动规划的基准。

(3)品牌个性的差异性

大卫·奥格威指出"最终决定品牌市场地位的是品牌个性,而不是产品间微不足道的差异"。产品差异性是吸引受众注意、影响受众认知和决策的重要因素之一。没有差异性,一个品牌很难在市场上脱颖而出。基于品牌个性建立起来的差异,能够深入受众意识中,成为品牌竞争中最重要、最牢固的优势之一(参见第六章第二节)。

例如,宝洁公司就突出地塑造了其系列产品的品牌个性。单看洗发用品,在"宝洁"这个母品牌下拥有"飘柔"、"海飞丝"、"潘婷"、"伊卡璐"等多个子品牌,但是它们却各自取得了成功。其成功运作的原因就在于宝洁注重各个子品牌个性的差异。它根据各子品牌产品功能上的特点和针对不同受众的利益需求,提炼出单一、独特的广告诉求点,突出各子品牌间明显的差异性,并将这些差异通过广告明白无误地传达给受众,从而实现了子品牌间的区别。"飘柔"突出"飘逸柔顺","海飞丝"的品牌个性在于去头屑——"头屑去无踪,秀发更出众",而潘婷则强调"营养头发,更健康更亮泽"。

4. 广告建立品牌联想

品牌联想是指受众想到某一品牌时联想到的所有内容,如感觉、经验、评价、品牌定位等。品牌联想可以说是多种多样的,概括起来可分为产品类别联想、产品特征联想、产品用途联想、产品使用者联想、相对价格联想、企业联想、竞争者联想、人物联想、符号联想及个性联想等。而这些联想可能来自于受众在日常生活中的各个层面,如受众自己的使用经验、朋友的口耳相传、广告信息以及市面上的各种营销方式等。

品牌联想强调品牌在受众心中的意义,因此品牌联想没有一个固定的模式与思路,而是随受众接触该产品的信息渠道、方式、感受以及他们的年龄层次和文化水平等多方因素的不同而有所区别。也就是说对于一个品牌的联想,每个人都会带有强烈的自我意识。

虽然品牌联想具有不固定、发散的特点,但那并不意味着企业就任由受众去联想。品牌的名称、产品的性能、包装、价格、销售渠道、广告、产品服务及企业形象等都能影响受众的品牌联想。因此,企业在一个品牌营造过程中制定的广告宣传方案,以及结合定价、推广促销等营销举措,就会对受众的品牌联想起到一定的导向作用,并在很大程度上影响受众的联想空间。

另外,在新消费时代,产品的实用价值已远远不能满足受众深层次的需求。人们对诸如"表达个性"、"释放内在需求"等产品附加心理价值的追求,使企业除了注重提升产品或服务品质外,有了更多的能动空间。企业可以通过以广告为代表的传播、营销手段去积极主动地为受众先行描绘出品牌所体现的附加心理价值,帮助他们形成初步的联想。所以说,广告是建立受众品牌联想的工具之一。

(1)构建品牌联想的前提

对受众全面、深入的了解是广告主运用广告构建品牌联想的前提。一方面,广告主为避免品牌主张与受众的品牌联想发生错位而白白浪费掉巨大的广告宣传费用,在运用广告去引导受众建立积极的品牌联想之前,必须充分了解受众的内心需求和认知过程。另一方面,广告主还要了解受众已建立的品牌联想。因为不只是广告塑造受众的品牌联想,反过来受众已形成的品牌联想也制约着企业的广告活动等品牌经营行为,具有一定的诊断与规范作用。就某个品牌而言,如果受众对其产生的联想是积极正面的,那就说明该品牌的广告活动等手段的运用是积极有效的,企业应以此巩固和加深受众的品牌联想。而如果受众对该品牌产生了消极负面的联想,这就表明该品牌的广告或其他品牌经营活动存在一定的问题,或是一致性不够,或是不了解受众的文化背景,或是错误估计了受众的理解能力等等。此时,广告主应及时做出调整。

(2)用广告构建品牌联想的方式

①品牌故事。品牌故事就是将品牌的内涵、文化、定位、价值、历史等故事化的一个过程,以实现用品牌故事推动营销的目的。传达品牌故事的广告往往突出情感因素,以表现该品牌历史发源、特殊背景或创造品牌的智慧与力量为主(详见第八章第二节)。

②品牌代言人。品牌代言人是指为企业或组织的赢利性或公益性目标而进行信息传播服务的特殊人员。有品牌代言人的广告,向受众提供了将代言人所拥有的特性与品牌特性相连接的可能。当受众面对不熟悉的品牌,或是新品牌时,品牌代言人就成为受众认知品牌、形成品牌联想的简便途径。对于缺乏时间与精力的新消费时代的受众,则更倾向于将对代言人的印象迁移于品牌,因此他们很自然地就将代言人代表的意义及拥有的价值赋予品牌本身。品牌代言人可以分为两类,除了大家熟知的某领域的名人、专家和权威所代表的高信度型代言人外,还有由普通人物或卡通形象等组成的一类代言人,即低可信度型代言人。高可信度型代言人对于受众来说,具有一定公信力、影响力及传播力,能够以极强的说服力与号召力来传播品牌价值与品牌内涵。而低可信度型代言人虽然公众影响力较低,但他(它)们来自于受众身边的各个领域,是广大普通受众的代表或熟悉的对象。低可信度型代言人起到了还原生活现实的作用,它以这种平凡的诉求方式拉近与受众的心理距离,从而达到告知与说服的目的(参见第四章和第七章)。

③美好的情感。广告可以通过转移受众对美好事物的积极情感,形成对品牌的好感(详见第八章)。

三、广告主调整广告效果观

广义的广告效果包括广告的心理效果、经济效果和社会效果(参见第十一章)。而广告主更关心广告的经济效益,即广告传播促进产品销售的增加程度,也就是广告带来的销售效果。广告主一般倾向于把符合自己愿望的,切实起到促销效果的广告,称作有效广告。事实上,这种广告的效果观是狭隘的、不够客观与科学的。按照不同的划分标准,广告效果也有不同的分类,比如根据广告活动的运行周期,可以划分为长期与短期效果;根据广告产品所处的不同的生命周期阶段,可以分为引入期效果、成长期效果、成熟期效果和衰退期效果。

下面以我国为例,考察广告主在对待广告效果的观念上发生的变化。

(一)从短期效果到长期效果的转变

1. 追逐短期效果

在旧消费时代,广告主常常产生一种急功近利的心理,一味追求广告的短期效果。他们希望广告在第一天播出后就能有立竿见影的效果,第二天销量就会很大幅度地提高。但是广告效果具有时间的推移性、效果的复合性、累积性及两面性等特征,在广告主对广告效果缺乏深刻、正确的认识时,他们追求短期利益的广告效果观往往会指导他们采取一些短视的广告策略。有些急于求成的广告主通常会作出被称作"营销近视"的反应。一种反应就是中断广告投放。另一种反应表现为变更广告主题。在广告传播了一段时间后,广告主发现没有达到预期的广告效果,于是在未经深入科学的调查研究情况下就开始频繁地更换广告主题,甚至不断变更与其合作的广告公司,以期给受众带来全新的印象。殊不知这样的广告策略却使得受众很难对广告和产品形成一个稳定的认知。只有在相当长的时期里,始终如一地向受众传递一个主题,才能吸引受众的注意力,增强其记忆度。因此,广告主对广告效果的反思一定要在科学的调查与测评的基础上进行。

2. 放眼长期效果

(1)广告对受众的作用是个多阶段的过程,更多地体现在广告的心理效果上。站在受众的角度就会发现,他们对于广告的反应并不是"刺激—反应"式的,而是一个拥有了多个层级心理影响的过程。如 AIDA 模型(发展为AIDMA 模式)、DAGMAR 模式(效果层级模式)、六阶梯模型和创新与扩散理论(Diffusion of Innovations Theory)等(其中 AIDMA 模式、DAGMAR 模式和六阶梯模型,详见第十一章第一节)。而创新与扩散理论认为,受众接受一个新观念、新事物或新产品至少要经过"知晓"、"劝服"、"决定"和"确定"四个环节。首先,受众通过广告知道有某个新品牌或新产品存在,对其功能有所了解;然后,受众对该品牌或新产品形成赞成或反对的态度;接着,受众进一步思考、讨论和寻求相关信息,并决定是否购买该品牌产品;最后,受众会寻求与自己决定相关的补充信息。

对广告主来说,认识到受众对广告的反应并非即时,广告对销售的影响并非立即有效,这并不能否定广告对销售的推动作用。相反,反应过程的每一个阶段都可以作为广告传播过程的一个具体目标,因而广告效果,尤其是心理效果也是分层级的。

(2)广告不是决定销售直接、唯一的原因

站在广告主的角度来说,广告最重要的目的就是引导受众建立积极肯定的态度,并协助诱发对广告主有利的行为。广告虽然使受众形成了对某产品或服务的肯定态度,但是"在任何场合下,引导我们作出反应的不仅仅是我们内在的态度,同时还有我们面对的情境"[1]。

在宏观情境中,比如经济走势、人口变迁、政治事件及季节气候等因素的变化,这是广告主完全无法控制的,但却会在广告效果之外影响产品与服务的销售。另外,竞争者的行动也是众多变数之一。竞争者对产品或服务本身的改进,对价格的调整以及他们的广告活动和促销手段,都会作用于受众,最终影响广告主的销售。在一些微观的、具体的情境中,比如受众虽然非常认同甲品牌的饮料,对它持肯定的态度,但当他口渴时,如果现场只有乙品牌的同类饮料,他还是会购买乙品牌饮料。这种状况中,广告效果与购买行为就分离了,情境成为很有效的决定因素,但受众的态度却能够影响受众总体的、通常的或较长一段时间内的购买行为。因而,广告主应该弱化对广告短期效果的关注,放眼广告的长期效益。如同大卫·奥格威在 1955 年美国广告代理协会上的讲话所指出的那样:"速卖、强卖的广告形式已成为过去,广告应该是为了构建品牌形象而进行的长期投资。"

---

① [美]戴维·迈尔斯著.侯玉波、乐国安、张智勇等译.社会心理学(第 8 版).北京:人民邮电出版社 2006 年版,第 100 页。

(二)品牌各市场周期的广告效果及策略

品牌的广告应具有稳定性,而不能想当然地变更。这并不是说品牌的广告必须一成不变,相反,而是应当根据企业内外具体状况,在品牌核心价值不变的情况下作出适当调整。比如在品牌生命周期的各个阶段,由于目标不同,广告主对广告的要求就会不同,希望广告达到的效果也有所区别。

1. 引入期广告效果及相应策略

在品牌或产品的引入阶段,由于品牌或产品刚进入市场,受众对新品牌的特点,对新产品的用途、性能和品质知之甚少,所以在这一时期,要做的是"创牌",而广告则"以诱发受众兴趣,迅速提高新品牌、新产品的知名度为目的"。[①] 判断广告效果的标准也相应定为:建立和提升品牌或产品的知名度。

在引入期,广告主往往投入巨资,采用强大的宣传攻势进行"地毯式轰炸",从而迅速树立产品品牌的形象,使受众对产品品牌有所认知。要想使自己的品牌、产品为受众所知,广告必须能够引起他们的注意(详见第五章)。当受众的注意力被广告及品牌所吸引后,就会进一步对品牌、产品有所知晓,产生明确的品牌印象,并被激发出购买动机。对品牌自身来说,知名度的建立与提升可促使品牌尽快从引入期发展到成长期。

2. 成长期广告效果及相应策略

进入成长期,在前期广告大力宣传的作用下,品牌已逐渐被受众所接受。此时品牌的销售量呈上升趋势,同时也引来竞争者争抢市场份额,同类产品大量涌入。这一阶段的广告目标以"保牌"为主,积极树立品牌形象,在巩固已有市场的基础上扩大潜在市场。而此时的广告效果,则通过"广告是否提升了受众对品牌品质的认知度,受众是否给予品牌积极、正面的品牌联想"来评估。在这一时期,广告的诉求通常放在产品品质的特点上,它既是受众最为关心的利益点,也是竞争力的体现。此外,广告主往往采用强调品牌差异的差别化广告,突出自己品牌品质的独特性。

另外,广告主更加注重广告的创意水平、制作水平及媒介选择。因为有新意、有内涵、制作精良并在有影响力的媒体发布的"高品质"广告,能够激发受众产生积极、正面的情绪,从而使受众对广告或媒体的好感转移到产品品牌上。"高品质"的广告也促使受众对品牌品质形成积极的联想,认为"拥有

---

① 吴敏、秦书华.关于广告策略与广告效果的几点研究.兰州学刊杂志,1997年第4期,第30页。

高品质广告的企业,其实力必然雄厚"。

3. 成熟期广告效果及相应策略

当品牌进入成熟期,市场的供求已达到饱和状态,产品的潜在需求也随之减小,并且逐步变为"老产品"。这一时期广告的目标就是稳住已经形成的顾客群,维持市场份额,并为新产品的引入做好准备。在这一时期,"受众是否形成品牌忠诚度"成为评价广告效果的标准。

要使受众稳定在某品牌周围,要想他们成为该品牌的忠实客户,广告需注重与受众的情感沟通。广告首先应让受众认识到自己对该品牌是满意的,接着让受众认识到他们把品牌当作自己生活、工作中不可缺少的朋友,他们"对品牌有一种情感的依附"[1]。在此基础上,让受众形成购买、使用该品牌的荣誉感,从而建立起对品牌高层次的忠诚度。

另外,为了方便新产品投入市场,广告策略也应有所调整,即逐步减少老产品广告,同时也扩大新产品广告,使受众对新老产品产生联系,以此将老产品建立起来的良好形象转移到新产品上。

4. 衰退期广告效果及相应策略

由于曝光率不高、形象老化或者不能及时、准确面对竞争者行为等等原因,品牌开始走向衰退。为挽救品牌,这一时期的广告目标锁定在减缓销售量的下降和复兴品牌上。

在改进广告之前,广告主必须认清广告传播失败的原因。若是广告曝光率不够,或者被淹没在众多广告之中,那么广告主就应加大广告的播出频率或在能引起受众注意的时间、空间放置广告。若是广告诉求错位,那么广告主应深入了解目标受众的需求及偏好,及时更换。若是受到竞争者广告的干扰,那么广告主应挖掘出自己品牌独一无二的核心价值,传递给受众。而如果该品牌已经推出替代性的新产品并拥有了一定量的顾客,而且老产品已无潜力可挖,此时,广告主宜果断终止老产品的广告,全力投入新产品广告活动中。

四、广告主重建营销合作观

广告主转变的经营观念也包括了广告主与广告公司的合作观。由于在不同时期里整个市场大环境和广告业发展的不同,广告主对广告公司的认识

---

[1] 余阳明、朱纪达、肖俊崧.品牌传播学.上海:上海交通大学出版社 2005 年版,第 208 页。

也有所区别。相应地,广告主与广告公司的关系也从开始的不信任转变成了积极的合作。

(一)广告主对广告公司:缺乏信任

1. 缺乏信任的原因

在旧消费时代,广告主对广告业普遍存在一种信任危机,这跟当时我国广告业发展的不成熟紧密相关。

(1)广告理论欠缺本土化过程。我国的广告业从几近空白发展成为一个引人注目的行业,仅仅用了二十多年的时间。当时我国的广告业缺乏维持它继续壮大的理论支持,可以用"营养不良"来形容。在当时的广告业,那些被广告人所津津乐道的广告理论,很大部分是来自西方、中国台湾和香港的广告理论,而本土化的理论却少之又少。并且在外来理论的运用上,当时的广告业存在着较为严重的"吸收消化不良"、"借鉴生搬硬套"等现象。

(2)广告行业欠缺规范。在 20 世纪 90 年代,我国的广告业曾经历过一段十分兴盛的时期。在这个企业决定生产的时期里,由于受众缺少选择、信息闭塞等原因,他们对广告的依赖性较高。企业也逐渐认识到广告的作用,开始寻找广告公司。广告业偏低的进入门槛也使得广告公司如雨后春笋般大量出现。广告公司间出现竞争,企业与广告公司的关系也转变为被服务与服务的关系。随着技术水平的提升和产品服务的多样化,受众的个性需求得到重视,他们信息灵通且偏好多变。广告业的竞争也日趋紧张并呈现出无序的状态。一方面,广告公司为赢得客户,常常是对广告效果过度承诺,留下了言而无信的印象。另一方面,一部分广告公司为逐利而不顾受众、广告主的利益,以不正当的手段进行恶性竞争,从而导致广告行业的社会形象整体下降。在许多受众眼中,广告充满了不实信息,并且不断鼓吹以使人上当;而广告主也不再迷信广告,不再信任广告公司,开始慎用广告及慎选广告公司。

(3)广告公司缺乏专业性。广告公司从广义上说是指为广告主全面代理广告业务,向广告主提供以市场调查为基础、广告策划为主导、创意为中心、媒体发布为手段,同时辅以其他促销手段的全面性服务的机构。而在当时,我国的大多数广告公司规模较小、欠缺专业性,主要经营媒介代理的业务。

2. 缺乏信任的表现

由于本土化广告理论研究的滞后、广告行规的不完善以及广告公司操作的混乱等种种原因,有些广告主对广告公司持有一种不放心、不信任的态度。

具体表现在以下几个方面。

（1）少用或不用广告公司。有的企业认为自己完全有能力承担广告公司的职能，没有必要再聘请广告公司来为企业服务，因此，广告主纷纷成立自己的广告公司，来运作本企业产品与服务的广告宣传，以期尽量降低成本。

（2）急功近利。广告主对广告公司的不信任还表现在用"快速有效"来检验广告公司的能力。广告主在选定好广告公司之后，他们总希望广告一经投放，销量就立即上升。而一旦期望落空，他们就认为广告是不成功的，并将原因归结到广告公司身上，迅速更换广告公司。广告主对自己的过度保护似乎并未获得好处，相反，频繁更换广告公司导致了广告传播上的差异，造成与受众沟通的障碍以及广告费的浪费。

（3）过度干预。广告主在将企业的广告业务交由广告公司之前，其头脑中可能已经形成对广告的一幅图景，他们会有自己偏好的广告主题、广告名人、广告媒介等。所以，若广告公司所交的提案没有采纳他们的想法，广告主往往要求按照自己原有想法对广告提案进行修改，为使广告作品投其广告主之所好，广告公司不得不以广告主的喜好与习惯为重心，而最应该深入研究的目标受众的需求偏好则被排到了次要位置。

在广告业发展逐步健全和广告主经营观念不断更新的同时，广告主也在寻找着与广告公司合作的出路。

（二）广告主与广告公司：拍档与双赢

1. 新型合作观的形成

（1）"拍档"与"双赢"的合作观

随着市场经济不断发展成熟，相关法律法规的不断健全，行业从内部进行自我约束，广告管理日趋规范，广告理论研究不断深入，广告行业得到了长足的进步，广告公司也朝着更加全方位、立体化、综合性的方向发展。

伴随品牌经营时代的到来，整合营销观的形成，广告主对广告公司的态度也发生了相应的转变。广告主越来越认识到广告公司在市场调查、媒体发布等多方面的优势，并充分利用对方的优势为自己的品牌建设服务。在实际的业务中，企业也逐渐发现自己经营广告公司并不会为企业节省多少成本。他们面对着一个全新的行业，不仅所投入的时间与经费并不比与广告公司合作所付出的少，还分散了企业经营管理内部事务的精力。而且与专业广告公司竞争时，企业往往还发现自己存在名气不够响亮、信息不够灵通、关系网狭小等竞争劣势。

因此,企业需要专业的团队来帮助自己打理在品牌经营下的包括广告创意、受众调查、媒介投放、包装设计、店面陈设、促销活动等一系列事务。

广告主不再仅仅要求广告公司做一个单纯的广告,而是将整个营销的多个组成部分交给广告公司执行,由此,广告主便把广告公司纳入到自己的利益共同体中,广告主与广告公司站在了一起。对于广告主而言,这样的合作方式不仅节省了消耗在广告等营销活动上的时间与精力,而且还能借助广告公司这个平台获取更客观与及时的信息。而对于广告公司来说,不仅他们在进行广告等营销活动的策划和执行时,自主性得到增强,而且在品牌经营统帅下的合作,为他们赢得了更加稳定的客户。同样,也借助广告主的有利资源,延伸、拓展了自己的客户群。

因此,广告主与广告公司之间不再是简单的"服务与被服务"的关系,而结成了"拍档"与"双赢"的关系。

(2)多样的合作形式

广告主与广告公司的合作形式主要有两种,即一体化合作和多元化合作。①一体化合作,是指广告主与一家综合性的广告公司成为合作拍档,进行全面的合作。②与一体化合作相对的多元化合作则是指广告主选择多家专业性广告公司,这些专业性广告公司围绕广告主的品牌经营这一核心,充分发挥自己的特长与优势,以取得整体作业效果的最优化。

2. 新型合作观的具体运用

广告主在选择广告公司进行合作之前,首先应当设置出完整的营销规划,明确广告在整个营销活动中的位置及与其他手段的配合等情况。在这个营销规划的基础上,广告主再进一步建立自己广告活动的目标框架,即与广告公司合作是为了解决什么问题,是选择进行一体化合作还是多元化合作,然后有目的地寻求广告公司。

对于选择何种规模的广告公司,广告主最重要的是认清自己的实力,量力而行。然后,考察广告公司,对其有一个综合性的评定。具体而言,第一,广告主需要了解广告公司以往的合作经历和他们作品的表现,另外还需要对广告公司内部的团队结构有所了解,初步判断广告公司的执行力。第二,广告主听取广告公司的自我陈述,加深对广告公司的了解。当然,广告主还应根据客观信息作出判定。那就是来自其他客户对广告公司的评价,以及广告行业中其他同业者对该公司的评价。第三,广告主需要进一步考察广告公司的营销理念是否与自己所持有的一致。这样做是为了在以后的合作中,双方能更好地沟通和理解。第四,广告主需要了解广告公司的价格标准和办事作风等。因此,在建立合作关系之前弄清楚广告公司的作风是十分必要的。

广告主与广告公司"拍档"、"双赢"关系是平等互惠的,因此也是双选的结果。不仅仅是广告主单方面考察广告公司,广告公司也能通过对广告主表现的评价来选择是否合作。另外,广告主应主动向广告公司说明自己的目的意图、策略计划、项目性质以及风格喜好,这有助于广告公司根据自身实力来考虑是否合作,也有助于广告公司制定出符合广告主需求的备选方案。

第三节　广告主的媒介观念

一、媒介投放观念的革新

除了市场环境的变化,媒介环境也发生的很大变化。以往,媒介资源少,竞争小,受众处于信息匮乏的媒介环境中。如今,媒介资源丰富,竞争日趋激烈,受众接触信息的渠道和接触的信息量日益增多。这些对广告主提出了更高的要求,即媒介投放应该更具效率。媒介投放策略已成为企业战略的一部分,越来越趋于科学化和理性化(参看第十章)。以我国为例,广告主在品牌经营理念的指导下,媒介投放观念也经历了革新,从一味"迷信中央媒体、讲究覆盖面广",演变成"努力贴近受众、讲究到达准确"。

(一)看重"覆盖面广"

覆盖面指的是"媒体在传递广告信息时所覆盖的区域以及发挥作用和影响的范围,即传播媒体所能到达广告对象的程度"[①]。中央级媒体的传播范围是全国性的,因此在理论上,他们拥有相对宽泛的覆盖面,他们的受众也相对较多。

在企业决定生产的时代,广告主忽略了受众与受众之间在个性特征、需求偏好的差别,只专注于自己的生产,他们广告宣传的目标就是要将自己的产品或服务快速地推销出去。因此,在那个"企业推动销售",而非"顾客拉动销售"的时代,媒介"覆盖面广"的特性成为广告主所迫切需要的。因此,许多广告主比较"迷信"中央级媒体。

---

① 陈亮.智略:广告媒介投放实施方法.北京:机械工业出版社 2006 年版,第 36 页。

随着市场竞争的加剧、受众需求的分化、新媒介的普及,广告主不得不重新认识各种媒介的特性、目标受众的视听习惯,在从"企业决定生产"转变成"消费者为中心"的观念的同时,也重新建立起了媒介投放观,积极寻求与企业营销目标相一致的投放方式。

(二)讲究"到达准确"

时代发展,消费者已成为决定企业生产的中心因素,按照他们的需求偏好、个性特征以及年龄、性别、职业、地区等等人口特征,分为不同的消费群体。产品与服务也随之进行了细分,以适应不同群体的需要。企业在考虑到自己的实力、营销战略目标和面对的环境后,瞄准细分化的市场专心经营。此时,媒体也从"大众"走向细分化的"分众",因而,广告主越来越重视广告是否能够精准地到达其目标受众群。

1. *广告主对媒体选择的指标层面的认知*(参见第九章)

(1)只考虑媒体覆盖面的局限性。覆盖面宽泛的媒体在告知广告信息上的确存在一定的优势,但同时也可能会有这样的困扰:广告信息的接收者并非是广告主关注的目标受众。这些非目标受众的信息接收者可能并不属于广告商品或服务的消费群体,因此,即便他们接收了这些广告信息也难以进一步对产品或服务产生兴趣。比如,轮胎广告,而信息接收者是小学生;加湿器广告,信息接收者是南方潮湿地区的受众等等。因此,"重要的是媒体传播范围的分布及分布范围内的主要对象"[①]。

广告主在进行广告媒体的选择时,应当重点考察目标消费群体的分布范围、媒介使用习惯等因素,挑选出他们习惯使用、经常接触的媒体,再将这些备选媒体的覆盖面与目标消费群分布进行比较,看这两者是否一致、是否吻合。若两者完全相符,这是最理想的状态;若媒体覆盖面大且包含了目标消费群的范围,虽然选择这种媒体进行广告投放可以有效地影响到目标受众,但同时也造成了一定的资源浪费;若媒体覆盖面比目标消费群范围小但具有交叉,这样的媒体只能是影响到部分目标受众,而其余的目标受众还需要依靠投放别的媒体来补充、配合;若媒体覆盖面完全不重合于目标消费群,这种媒体就应当放弃。

由此可见,目标受众的重要性越发突显。覆盖面是广告主在进行媒介选

---

① 陈亮.智略:广告媒介投放实施方法.北京:机械工业出版社 2006 年版,第 36 页。

择时所要考虑的指标之一,但不是唯一的指标。当广告主进行媒介投放决策时,应在整个营销传播计划下,综合考虑目标受众与媒体的覆盖面,以及产品特性、媒介特性、广告的目的、频次、区域、时间以及广告主的投放预算等因素。

(2)在市场细分化的时代,综合考虑目标受众的媒介使用习惯、知识文化背景以及职业、年龄等因素,围绕目标受众的偏好选择媒体并进行媒介传播,这使得广告传播的效率得到了提升。广告信息通过适宜的媒体准确地到达了目标受众,一方面,贴近目标受众信息渠道的广告传播渠道不仅缩短了信息到达时间,还节省了不必要的浪费;另一方面,较强的对象感使目标受众更容易受到广告信息的感染,更容易形成与品牌、产品的多层次沟通,从而影响他们的购买行为。媒体越贴近目标受众,对其影响力就越大。

(3)根据不同的划分指标,广告主对媒介的选择也有不同的标准,主要有:①按照媒介的特征进行选择;②按照产品的特性进行选择;③按照目标受众特征进行选择。

2. 广告主对媒介投放的战略层面的认知

对于企业来说,媒介投放是一种战略性的投资,而不是短期行为。因此,媒介计划除了要根据目标受众来制定,还必须考虑到企业自身的情况和企业的发展计划。在媒介投放的具体策略上,广告主应当注意各种媒体之间的配合。一是不同级别媒体的组合;二是不同类型媒体的组合(详见第九章)。

二、广告主参与方式的变化

在品牌营销的统帅下,广告主对媒介的投放不再是偏好影响下随随便便的选择,而是配合企业营销战略的一种投资,更注重的是"效率",即快速准确到达,诱导、影响目标受众。因此,主要收入来源于广告的各种媒体,为迎合广告主的这种需求,也纷纷拓展了广告业务,以期用新颖、独特、多样化的广告形式打破单一的常规形式,去吸引更多受众的注意并说服他们。

(一)从单一到多样

广告主将广告投放在广播、电视、报刊等传统媒体上,其形式也从常规的反复播出或刊发广告,发展到通过栏目冠名、赞助等多种途径有效地塑造品牌形象,体现出广告主的广告参与方式已经从比较单一发展为多样化的形式。如广告主赞助晚会、体育直播、电影和电视剧拍摄等;而广告主栏目冠名则是用品牌名称去给某些栏目命名,以此提升品牌知名度,形成良好的品牌形象。如今,还产生了许多更新颖的参与方式,如在电视媒体中播出根据品牌理念定制的栏目等等。例如,在凤凰卫视播出的《健康成就未来》就是为海王集团量身定做的栏目。这个栏目在凤凰卫视 2001 年所有栏目中,收视率排前五位,不仅向受众全面展示了品牌的文化理念,同时提升了媒体的关注度,实现了双赢。又如,在报纸、杂志上出现了特约栏目、赠品广告、夹页广告、软性广告等形式,以及广告主与媒体联合举办征文等活动。其中特约栏目表现为与品牌冠名相关。赠品广告则是在报纸、杂志中夹带某品牌产品的试用装,以希望受众在使用过后,对品牌和产品形成积极正面的态度,从而促成购买行为。夹页广告则是在报纸、杂志中夹带单独的印刷广告,与当街派发的小广告相比,这样的广告的可信度和针对性更好。以正文的形式出现在报纸、杂志中的软性广告,因为其特殊的报道方式,具有潜移默化的效果。

另外,随着媒介资源的扩大与发展,广告主投放广告的机会已经不仅仅局限在传统媒体上,许多新兴媒介越来越受广告主的青睐,媒介策略已经从单一投放转变为多种组合投放。

(二)从被动选择到主动参与

在旧有的参与方式中,广告主的广告投放是在媒体各栏目、节目确定之后进行。先是由媒体的制作部门将栏目制作完成,然后由媒体的广告部门对该栏目进行广告销售,这时广告主才能开始选择。这种媒介主导下的参与方式把广告主置于一种被动选择的位置,因此出现了广告主的品牌、产品与所投放的媒体栏目不协调、不适宜等现象。随着时代的变化、观念的革新,广告主的媒介参与方式不仅变得更加丰富多样,而且主动性得到很大的增强。如今,许多媒体已经实践了邀请广告主参与栏目完成的广告经营模式,广告主能够在媒体栏目形成之初就介入其中,广告主从媒体栏目策划到制作播出都能参与意见。这样的参与方式有利于更好地达到双赢的效果。

伴随着广告主媒介投放观念的发展,相信在今后,广告的媒介投放会呈现出更加科学化、多元化的局面。

第三章
广告人的心理素质

现代广告行业的从业者已经逐渐成为一个分工细致、发展成熟的庞大群体。按照广告人所从事的专业工作内容,可以将广告人大致分为五种类型:广告调查人员、广告策划人员、广告文案写作人员、广告设计制作人员、广告经营管理人员。虽然这些工作岗位各不相同,但它们彼此相连、缺一不可,共同组成一个完整的广告运作体系。一个行业对业内人才价值的评定,通常等同于对成员个人综合素质的考量,主要包括思想道德素质、专业素质和心理素质三个方面。其中心理素质作为综合素质的基础,是个人才智和专业技能正常发挥的重要保证。可以说广告人的心理素质优劣直接影响着广告活动本身的成效,同时,对广告人心理素质的深刻理解与把握还影响着广告业人才的培养与选拔。因此,研究我国广告人的心理素质对广告行业的良性发展意义重大。

第一节　广告人心理素质概述

一、广告人心理素质的内涵

(一)广告人的心理素质

"目前人们对素质概念的一般认识概括起来有三点较趋向一致:第一,素质是有机体(人)特有的;第二,素质是人基本的、稳定的、内隐的特性(品质);第三,素质形成的基本条件既包括先天生理基础又离不开后天环境(含教育)的影响。"[①]"越来越多的学者认为心理素质是指以先天的禀赋为基础,在环境和教育影响下形成并发展起来的稳定的心理品质。"[②]心理素质是一个多层面、内涵丰富的心理系统。个体的心理素质是一个不断发现和发展的动态的养成过程。从促进个体发展和培养的角度看,心理素质体现在对人们心理活动的能力的研究上。

广告作为一种职业要求其从业人员具有较高的思想道德素质、业务素质和心理素质。无论是道德素质还是业务素质的提高都要通过个体的心理活动来进行,因而心理素质的培养是提高个人综合素质的前提和基础。对于广告人来说,具有良好的心理素质是从业的基础;更是成为一名成功广告人不可或缺的必要条件。同时,广告人的心理素质也关系着广告的质量与效果,以及广告行业的健康发展。

广告业是一个具有多重性质的复杂行业,它既追求经济利益、又苛求艺术创造,同时也要注重社会效益,这种行业的特殊性要求广告人应该具有与此职业相符合的良好的心理素质。由于心理素质研究的是人们的心理活动的能力,因此,根据我国广告人的实际现状和广告职业对广告人的具体要求,我们认为我国广告人应注重的是保持心理健康和着重培养提高沟通能力与创意能力。

(二)能力概说

能力是一种个性心理特征,是人们顺利实现某种活动的心理条件,也是

[①]　张大均.论人的心理素质.北京:人大复印资料《心理学》,2003 年第 8 期,第 23～24 页。
[②]　邢邦志.心理素质的养成与训练.上海:复旦大学出版社 2002 年版,第 5 页。

心理素质的重要组成部分。能力的高低直接影响活动的效率和成功与否,同时,能力也在活动中得到锻炼与发展。我们平时所说的能力通常包含了两种含义:一种是指进行某种活动或完成某种任务时所表现出来的实际水平,也就是个体已经掌握熟练的某种知识和技能(ability);另一种则是指个体具有的潜力,即尚未表现出来的心理能量,是学习和接受新知识技能的可能性(aptitude)。因而广告人的能力就是指广告人完成广告活动的现有水平以及潜在可发展的心理条件。很多广告人为使自己在工作中"保值",不被瞬息万变的广告行业抛在身后,会注重随时学习新技能、补充新知识。但是知识和技能并不等于能力。知识是人们所掌握的人类改造自然和社会的历史经验。技能则是指人们通过练习而获得的动作方式和动作系统,知识和技能是能力的基础,但只有那些能够被个体自由运用和发挥的知识和技能才能转化为能力。同时,能力的高低也会影响到掌握知识、技能的水平及运用程度,并在这个过程中得以锻炼和发展。所以我们评价一个人能力的高低,不能仅依靠他掌握知识的多少,学历的高低,或者对于某种技能的熟练程度,还要看他对新知识技能的学习、运用能力及发展潜力。

广告业是一种操作性很强的应用行业,如果在学习过程中不把理论知识与实际经验相结合,不把这种知识纳入自己的认知结构,使之成为自己的东西,就不能达到提高能力的目的。

二、研究我国广告人心理素质的现实意义

(一)我国广告业发展现状的要求

1979 年,新中国的广告事业开始起步,并在这之后将近 30 年当中,一直呈加速发展的态势,尤其是 1992 年以来的迅猛发展,使我国广告业获得了相当骄人的成绩。在这期间,我国广告行业内的环境和观念都发生了一系列的转变。广告人面对这样变幻莫测的业内环境,提高个人的心理素质也成为势在必行的重要课题。

1. 我国广告业正处于转型期

(1)广告媒体竞争日趋激烈。近 10 年来,全球媒介均处于一种多元化的趋势,我国更是处于巨变当中。数字技术的发展使传统媒体频道不断增加;报业集团的出现使报纸广告市场竞争更加激烈;网络广告以及其他各种新兴媒体广告的出现,大大拓宽了广告市场。在如今的广告环境下,任何媒介都

不可能独占广告的传播空间,如果想要博得广告主的青睐,就要靠出色的广告效果和服务质量。(2)全面化向专业化转变。激烈的竞争使国内广告公司从早期的全面型逐渐向专业化蜕变。广告公司更加注重自身定位,扬长避短,发挥自己的主要特色,出现了营销策划型、客户代理型、媒介代理型、专业制作型、信息咨询型、技术服务型等专业公司。(3)新技术的应用。近几年,国内外新的广告制作发布技术以及新兴媒体被引进和广泛运用,使平面和影视广告制作经历了一场革命。先进的桌面系统和印刷设备的使用使报纸、刊物、招贴以及其他印刷品广告更加精美,也为创意的表现提供更大的空间;影视广告前期特别是后期特技制作的一流设备和技术已在一些大城市使用;户外广告广泛采用电子喷绘、丝网印刷、静电仿真技术,使那些手绘广告渐渐退出城市。这些新技术的应用对广告人的学习能力和发展能力提出了更高的要求。(4)广告行业的外资注入。2004 年 3 月,国家工商总局和商务部联合公布了《外商投资广告企业管理规定》,允许外资最多拥有中外合营广告企业70%的股权,这使得国际广告公司加快进入中国市场。奥美、智威汤逊、博报堂、WPP 等国际排名前 10 位的广告业巨头早就在全国各地与各类大型广告公司建立了合资企业,且发展势头十分迅猛。这使本土广告公司无论从规模、人员、行业标准,还是运作理念与方式上都面临着严峻的考验。

  2. 广告业务与广告从业者持续增加

  从表 3-1[1]中我们可以看到我国广告业迅速发展的状况。

表 3-1

年份	广告营业额(亿元)	广告从业人员(万人)
1981	1.1	1.6
1982	1.5	1.8
1983	2.3	3.5
1984	3.7	4.7
1985	6.1	6.4
1986	8.4	8.1
1987	11.1	9.2

---

  [1] 白明、高凯山.我国广告业发展趋势分析.商业现代化,2007 年第 11 期。

续表

年份	广告营业额(亿元)	广告从业人员(万人)
1988	14.9	11.2
1989	20.0	12.8
1990	25.0	13.2
1991	35.1	13.5
1992	67.9	18.5
1993	134.1	31.2
1994	200.3	41.0
1995	273.3	47.7
1996	366.6	51.2
1997	462.0	54.6
1998	537.8	57.9
1999	622.1	58.8
2000	712.7	64.1
2001	794.9	70.9
2002	903.2	75.6
2003	1078.7	87.1
2004	1264.6	91.4

截至 2006 年,全国专营、兼营广告的单位已将近 15 万户,全国广告营业额超过 1500 亿元,比上一年增长超过 10%。而全国广告从业人员也已突破 100 万人,同样以一年超过 10%的速度快速增长着。[①]

自 1983 年厦门大学首设广告学科以来,二十多年间全国已有包括不同教育层次的广告教育点 200 多个,源源不断地为广告行业输送新生力量,使行业能够不断前行。但同时我们也应该了解,在广告教育蓬勃发展的过程中,仍然夹杂着相当程度的盲目和无序,培养出来的广告人才在很大程度上仍不能满足广告市场的竞争需求,这更需要认真总结经验,不断进取。

中国广告业恢复发展已走过近 30 年的历程,面对发生深刻变化的广

---

① 范鲁斌.从 2006 年数据看广告业的高速发展.中国广告,2007 年第 7 期。

告业生态环境与经营格局,竞争的实质是人才的竞争。迅猛增长的广告业务和广告人才大军,不仅给广告人带来大量展现个人才能的舞台,也加剧了广告人之间的竞争程度。新环境给广告人提出了更加严格的标准和要求。

(二)广告业人才选拔和维护的需要

广告人综合素养的高低直接影响着广告事业的发展,而广告人心理素质的培养与提高是提升其综合素养的基础。因而,研究广告人的心理素质既有利于更有效地选拔和培养广告从业人员,也有利于维护已经从业的广告人保持良好的工作状态和心理健康。

1. 广告人的职业压力

一项针对广告学专业学生的调查结果表明,"工作具有挑战性"、"学起来有意思"在学生对广告专业的认知中处于头两位,同时也有不少学生认为"广告专业工作后待遇高"、"就业情况好"。这些关于广告行业的"传统思想"基本上都成为了他们憧憬进入广告行业的原因。

但是,广告业是一个竞争度极高的行业,面对喜新厌旧的消费者,面对变幻莫测的潮流,面对不断涌入行业内的新生力量,几乎所有广告人都感觉到这种压力和危机,也更加突显了心理素质对于广告人才的重要性。在《2003广告教育调查数据报告〈毕业生卷〉》(表 3-2)中,我们能够非常直观地感受到广告人的职业压力。广告从业者在工作的同时,要不断更新自己的知识体系,不断给自己注入新鲜血液。但时间和精力总是有限的,新事物层出不穷,因此自身知识体系的落后陈旧是难以避免的。可见,广告行业不仅仅是个富有挑战、前途光明的黄金产业,更是一个需要付出艰辛劳动,面对激烈的竞争压力和高强度脑力活动的智慧型产业,从业过程中无法避免地要面对各种挫折和失败。它对从业者提出了较高的职业素质和心理素质的双重要求。正如广告大师大卫·奥格威(David Ogilvy)所说:"如果你渴望经营广告公司的话,那你就必须接受你是经常在如履薄冰的事实……你走上的是一条长满荆棘的路。"

表 3-2

危机感来源	有效百分比(%)
自身知识体系落后陈旧	46.7
工作热情/激情的减少	41.9
看不到发展的空间	28.6
体力透支	27.6
新人的压力	19.0
竞争激烈、担心被炒鱿鱼	13.3
自我发展目标	2.9
商场本身环境	1.9
行业恶性竞争	1.9
收入过低	1.9
其他	4.8

2. 广告人的心理健康与可持续发展

(1)避免广告人的职业枯竭现象

职业压力是在工作中产生或形成的各种压力,包括因工作任务过重、人际沟通困难、工作环境变化的影响等各种因素带来的压力。本质上,压力是一种心理的感觉,当个人没有把握去完成面对的问题时,就容易产生压力感。广告人的职业压力要比许多其他职业大得多,这与广告行业的职业特性有关。首先,从广告活动的核心——广告作品制作的角度来看,广告行业实际上是依托于一种艺术创作的表达形式,它要求从业者不仅要具备一定的艺术素养和专业知识,还要付出艰辛的努力,不断吸收新鲜事物。经常沉浸于大脑高速运转的思考当中,才能捕捉到创作灵感,产生绝妙创意。其次,从广告产业经营的角度来看,广告业又是靠市场经济的运作来支撑。区别于普通的艺术创作形式,广告创作及运营以经济为重要目的,是准确反映与传达产品或服务特性的过程,有为广告主创造大量经济回报的使命。此外,广告又是一种以"攻心"为主的传播活动,它需要从业者深刻了解广告主和广告受众的心理活动。所谓"人是一切社会关系的总和",人的心理是难以掌握与预测的复杂过程。正因为如此,广告人如果没有良好的心理素质和较强的心理调节能力,很容易出现职业枯竭现象。

　　职业枯竭(Job Burnout)，也称"职业倦怠"、"工作耗竭"、"工作倦怠"等。职业枯竭是个体因为不能有效地应对工作上延续不断的各种压力而产生的一种长期反应。最近三十年来，职业枯竭被用于专业人员身上产生缺乏动机、精力，而且出现情绪以及身体上的耗竭的状态。职业枯竭是与工作相关的重要心理健康指标之一。1974年，美国精神分析学家赫伯特·J.弗罗伊登贝格尔(Herbert J. Freudenberger)首次将"职业枯竭"使用在心理健康领域，用来描述专业工作者在工作环境上所引发的身体与情绪耗竭的现象，此种现象往往会直接或间接地影响到专业人员能力的发挥以及个人身心的健康。

　　美国社会心理学家 Maslach 和 Jackson 于 1982 年开发了"Maslach 枯竭问卷(Maslach Burnout Invertory，MBI)"，提出职业枯竭表现的三个维度：情绪衰竭(Emotional Exhaustion)：是枯竭的个体压力维度，表现为个体情绪和情感处于极度疲劳状态，工作热情完全丧失，这种疲劳感越来越强烈，就会像情感资源干涸了一样，个体就不能再像原来那样对他人倾注感情和关怀了。去人性化(Depersonalization)：是枯竭的人际关系维度，表现为个体以一种消极的、否定的、麻木不仁的态度和情感去对待自己身边的人，对他人再无同情心可言，甚至冷嘲热讽，把人当作一件无生命的物体看待。个人成就感降低(Reduced Personal Accomplishment)：是枯竭的自我评价维度，表现为个体对自己工作的意义和价值的评价下降，对自我效能的信心下降，时常感觉到无法胜任，从而在工作中体会不到成就感，积极性丧失，不再付出努力。①

　　广告行业的从业者一旦产生类似职业枯竭的心理问题，将会对其工作和职业生涯产生不可忽略的影响。在这样一个竞争激烈、压力过大、需要大量情感和脑力劳动付出的行业当中，广告人面对压力应该积极地进行心理调适。

　　正视压力，坦然面对挑战。应对职业枯竭现象，广告人首先要对其有正确的认识和端正的态度，明白自己在压力之下的某些表现，并不是因为个人工作能力差，而是每个人都会体验的正常心理现象。同时，要充分认识压力的双重性：一方面，压力可能会使人失望、焦虑、不安；另一方面，适度的压力反而会成为进步的原动力，使人得到锻炼和磨砺，变得坚强而成熟，激发出前所未有的创造力。

　　了解自我，准确自我定位。基本上每个人一生的大部分时光都是在工作

---

　　① 许燕，王芳，蒋奖.职业枯竭研究现状与展望.西安：西南师范大学学报(人文社会科学版)，第 32 卷第 5 期。

岗位上度过的,工作得是否愉快关系到我们生命质量的优劣。广告人应该按照自己的特长和承受能力来完成相应的广告任务,避免不必要的紧张压力和挫折感。当广告人对工作产生强烈厌倦的时候,就应该停下来重新审视一下自我,及时调整自己的心理定向,重新确立目标。

及时倾诉,学会合理宣泄。感受到压力的时候,要主动与亲友和同事进行交流,及时将心中一些消极的情绪倾诉出来。让别人了解自己所面临的焦虑和困境,听取别人的经验和意见,或者进行平时习惯的放松方式,如运动、郊游等,都能缓解紧张情绪,调适心中压力。

提升自我,平衡工作和生活。多与外界保持积极地接触,参加必要的文体活动和社交活动,丰富自己的阅历和知识,以不断提高生理与心理健康水平,从而提高适应环境的能力。

(2)广告公司重视广告人才的培养与维护

一是提供学习机会。市场竞争中,同等规模的公司在资源和技术方面的差距很小,主要差距还是在人才水平上。广告人才的培养除了各大高等院校的相关专业以外,广告公司也有重要的责任和义务,职业培训对于广告人的成长和广告公司的发展都有着十分重要的作用。在《2003广告教育调查数据报告〈广告公司卷〉》中,有91.9%的广告公司组织员工培训,其中,内部培训和外请专家是广告公司认为比较有效的培训方式。还有18.9%的公司认为国外学习是比较有效的培训方式,利用选派员工到国外学习的方法,可以把国外的先进理念带回公司,同时也有利于公司国际化战略能够更好地开展。因此除了公司的薪金条件之外,良好的培训和较为完善的员工生涯规划也是吸引员工的重要因素。

二是提供良好的工作环境和人际环境。健康心理学研究认为,工作环境对于个人心理和生理的健康发展起着很重要的作用。现代广告公司一般都装饰得时尚美观,具有现代感和设计感,使工作者心情愉悦,能产生相应的职业认同感。同时,优良先进的工作设备也会让广告人的创作设计如虎添翼,使创作者思想的火花能够以最完美的形式展现。

职场当中的人际关系同样会影响工作者的工作效率和工作状态。广告人一般都思维开阔,有较强的自我意识和成就动机,同时注重团体的团结和协作,喜欢与有相同观念和情趣的人交流,相互启发。在宽松和谐的人际环境中,工作者不仅能够得到尊重和理解,满足自己归属和自尊的需要,同时也能充分调动工作积极性,尽情地发挥创造。广告公司也可以通过多重激励的方法来增加广告人的成就感,提升其集体归属感。

三是建立合理的工作组织结构。时间紧张、任务繁重是造成广告人工作压力较大的重要原因,广告公司可以根据工作者的工作性质实行灵活多变的工作方式。

总之,对广告人心理素质的研究是广告业培养、选拔广告人才的需要。它不仅有利于广告人自身的发展,也关系到广告作品的成效,更有利于广告事业的发展。下面我们重点分析广告人的沟通能力与创意能力。

第二节　广告人的沟通能力

广告传播是一种沟通的艺术活动,具有目的性,因此,要求广告人具备良好的沟通能力。一般来说,广告代理公司需要同时面对广告主、广告受众、广告媒体等不同的人与机构,即广告人必须与不同领域、不同层次的各色人等打交道。沟通协调好各个环节的关系,准确把握这些相关人员的心理更是广告成功的关键。沟通能力体现出一种综合性的心理素质,其中主要有观察能力、印象管理能力、移情与调控能力。

一、广告人的观察能力

(一)观察能力的内涵

观察是一种有目的、有计划、比较持久的知觉,是人们认识事物、获取知识经验的一个重要途径,是进行各种创造性劳动的基础。生物进化论的创始人达尔文说过:"我没有突出的理解能力,也没有过人的机智,只是在发觉那些稍纵即逝的事务并对它细心观察的能力方面,我可能在众人之上。"这番话说明了良好的观察能力对成功的重要作用。对广告人而言,观察活动十分重要。广告人通过观察身边的人、事、物,可以获得大量的直接或间接经验,也有可能因为观察到一些特殊的事物,产生某些从未有过的感受,从而受到激发产生灵感创意。同时,观察也是良好沟通的首要环节。广告人在与人沟通的时候,除了言语上的交流,也可以通过观察对方的面部表情、手势、身体姿态等方面及时获得对方的反馈,以便了解自己所传达的信息是否已被对方很好地接收和理解。所以说,观察能力是广告人必备的一项基本能力。

观察能力是指有意识、有目的、有组织的知觉能力,是在一般知觉能力的基础上,有意识达到一定水平时产生的高级知觉活动能力。观察力不仅是单纯的知觉问题,它更是一种"思维的知觉",包含着理解和思考的成分。观察不只局限于用眼睛去看,身体其他感觉器官的活动都属于观察的一部分。比如我们可以用耳朵去听,用鼻子去闻,用皮肤去感受,用嘴去品尝。从观察的习惯上来看,个人擅长的观察方式也不尽相同。有的人具有视觉优势,对色彩和形象的感受力很强;有的人对声音很敏感,擅长辨别各种不同音色或者声音的高低;也有的人嗅觉和味觉十分灵敏,仅凭气味或味道就能辨别出其中包含哪些成分。广告人需要具有很强的开放性和接受性,身边的各种事物都应该是他们细心观察的对象,任何有助于观察的途径和角度都应该加以利用。

(二)广告人怎样观察

1.观察的过程与方法

广告人的观察要有必要的准备,包括确定观察目标、制订观察计划和掌握与此相关的知识经验。广告人应熟练掌握观察法(详见第一章第三节)。广告人在观察过程中应调动一切感觉器官及观察工具全面了解事物的整体全貌;还应善于从多角度、不同侧面进行观察,并对每一个能反映事物特征的细微之处深入观察。广告人在观察时还可运用比较和逆向的方法。最常用的比较方法有纵比和横比两种。纵比是对同一事物在发生、发展过程中的不同阶段作比较;横比,是对相类似的两个以上的事物作比较。逆向观察就是从相反的方向观察和思考问题。一般情况下,人们总是习惯从正面看问题、想问题。这是习惯所形成的定式,往往妨碍或束缚着人们观察能力和思维能力的提高与发挥。比如,都说"眼睛是心灵的窗户",我们在观察别人的时候都会首先注意到对方的眼睛,按照从上到下的顺序打量对方,但是如果我们换一种思路,按照从下向上的顺序来观察,先看对方的鞋子,也许会有意想不到的观察效果。

2.观察人的线索

观察人比观察物体更难。而心理学常常是通过观察人的外显行为来推断他人的内心想法。正所谓察言观色而知其意。广告人良好的观察能力同样表现在对他人的观察上,借助不同的观察线索,实现对交往对象正确的认知判断,是广告人良好人际沟通的基础。

根据个人观察习惯的不同,观察人的线索可以分为三类:一是自然特征,比如性别、外貌、姿态、表情等；二是社会特征，即身份、职业、社会地位等；三是心理特征，主要指个性特征，即气质、性格、能力等。

当广告人有意与特定的某些人进行交往的时候，应该先对交往对象有一定的背景了解，也就是主动地去观察对方的社会特征。比如掌握对方的个人基本信息，熟知其身份、职位，甚至是一些个人经历、习惯、爱好等等，做好知己知彼的心理准备。

与人面对面交流时，自然特征则成为观察交往对象的重要线索。性别、相貌能令人形成一定程度的初步印象，穿着打扮会透露一个人的性格品位及精神状态。而自然特征中最重要的就是表情特征，因为表情是人的情绪情感的外部表现。仔细观察对方的表情，我们就能在一定程度上了解对方的真实感受，可以通过面部表情、言语表情与姿态表情来观察。（1）面部表情。在观察时，我们更多的是关注人的面部表情，即通过面部肌肉的变化表现出来的各种情绪状态。五官当中传达的情绪情感最多的是眼睛，无论是高兴、生气，还是恐惧、惊奇，即便对方"面无表情"，我们仍能从他的眼中略知一二。所以交流时注视对方的眼睛，不仅是对对方的尊重，也是了解对方情感的重要途径。实验证明，人类面部的不同部位具有不同的表情作用。比如眼睛及周围肌肉对表达忧伤、惊骇等表情最为重要；而口部肌肉对表达喜悦、怨恨等情绪比眼部肌肉更为重要。（2）言语表情。这里所说的言语表情并不是指语言的内容，而是指说话时的声调、节奏、语气等副语言特征。音调的高低、语音的强弱、语气的抑扬顿挫都承载着说话者不同的情绪和情感内容。（3）姿态表情。姿态表情可分为身体表情和手势表情两种，是常常被忽略的表情特征。心理学家研究发现四肢和躯干部分的动作与姿势比面部表情更真实地反映出人的内心状态，因为面部表情的掩饰作用更大。比如有些人在公开场合发言的时候，面部表情自然，语音语调常态，但是会反复搓捏手里的发言材料，或者频繁摘戴眼镜，这些"小动作"便透露了他紧张不安的内心状态。

二、广告人的印象管理能力

印象是指人在最初遇到新的社会情景时，主观上按照自己旧有经验为基础去理解，并归类情境中的人或事物，这样形成的对人或事物的看法。为达到与他人良好沟通的目的，除了善于"察言观色"，广告人也要给对方一个良好的印象，因为此时的广告人同样处于一种被对方观察的状态。所以广告人需要掌握一些印象管理的技巧。

(一)广告人的印象管理

1. 印象管理的内涵

印象管理的科学研究始于20世纪50年代,近几十年,研究者对于印象管理的界定一直在不断地改变,现在我们所说的印象管理(Impression Management),又称"印象整饰",指行为者在交往中有意识地控制自己的语言和非语言行为,为了给他人留下自己所期望的印象的过程。

广告人在工作情况下,通常希望自己被别人积极看待,尽可能弱化自己的不足或避免使别人消极地看待自己。他们所采取的印象管理技术大致可以划分为两个方面。其一是获得性印象管理技术,包括讨好、自我宣传、威慑、以身作则、恳求等手段;其二是保护性印象管理技术,即使用借口和辩护、事先声明、自我设障、道歉等方式。

我们在生活中都体验过第一印象的导向作用:假如对某个人的第一印象比较好,就愿意去接近他,进行进一步交往;如果没有形成良好的第一印象,则更可能去回避和疏远;而且由于首因效应的作用,对某人形成的初始印象不容易被后面获得的信息所改变。在广告活动中,广告人面对的交往对象很大部分都是些素不相识的陌生人,全面的印象管理尤为重要。

2. 印象管理的原则

一是角色意识。"角色"这个词本来是戏剧术语,原指演员在戏剧舞台上按照剧本的规定所扮演的某一特定人物。角色理论认为人生是一个大舞台,每个人在这个舞台上都要扮演自己的角色。不同的阶段有不同的角色;同一个时期由于情境的要求不同,也要扮演不同的角色。广告人在工作中要想扮演好不同的角色,有效地进行角色转换,前提条件是要有对角色的良好认识,即要获得所扮演的角色的定位。二是把握交往情境。广告人在与他人交往的过程中,要对沟通的情境有一定的认识,并能通过控制谈话、姿态及场景等达到对情境的掌控。三是给双方留出适当的心理空间。在交流中保持交流各方的适度的心理距离,是保证交流可持续的重要环节。

3. 印象管理以真诚自信的心态为前提

虽然印象是人们对交往对象的一种外在的感觉,但是印象管理受到个人内在素质、观念的影响,内外统一的印象管理是出色广告人所追求的更高境界。

广告人要达到良好的沟通,其印象管理要以真诚合作的心态为指导;同时,还要打造坚实的自信心。自信支配着一个人的言行举止和精神状态,当广告人相信自己的才能,相信自己的团体,相信自己的作品的时候,这种自信就会自然而然地传达给客户或者合作方,更容易得到对方的信任。广告人可以通过一些自我训练,如自我悦纳训练或自我暗示训练来加强自己的自信心。再有就是提高自身的专业知识和业务素质。坚实的自信需要真材实料来支撑,丰富的内涵、出色的专业水平会使广告人在与他人沟通交谈当中表现出泰然自若、侃侃而谈;良好的思维能力、优秀的表达能力,也会减少沟通时有可能产生的歧义和误解,给人留下专业、干练的印象。

(二)印象管理的具体方法

前面已经提到,印象管理的策略有很多种,在这里着重介绍一些和广告人密切相关的印象管理策略。

1. 印象管理的一般方法

正如我们前面所强调观察的重要性,人际交往最初形成的信任感很多是由外在特征的视觉印象而形成的,如对方的穿着打扮、表情举止、身体姿态等等。广告人可以从这样几个方面考虑借助外在的视觉元素进行自我印象管理。

首先是注重外形的包装。清爽的面容,整洁的发型,干净合体的衣着,神采奕奕的笑容……相信无论哪行哪业的工作者,都乐于接受有这样一个工作伙伴或者合作对象。由于广告行业包含着大量的艺术元素,广告人也可以根据自身的气质性格,打造属于自己或时尚或随意的特有穿戴风格,以期给别人留下与众不同的深刻印象。

其次是满足角色期望。当一个人以某个具体的"角色"身份出现在社会交往的某一个情境中时,别人就会对之持有一种角色期望。要实现角色认同,就要按照社会规范及大多数人的要求,使自己在形象、行为、态度、观念上符合大众对角色的要求。所以虽然广告行业离不开"标新立异"、"特立独行"的原创精神,广告人的外在形象也要适时适度,适合自己的社会身份。比如创意设计部门的广告人可能是随意而前卫的,但是客户部、调研部的广告人员则要着重表现出自己利落、友好、干练的一面。

第三是注重礼仪。在交往过程中,任何人都希望得到对方的尊重和礼遇,所以恰当而又满足交往对象期望的礼仪表现,是自我印象管理当中的一个重要法则。所有视觉所涉及的礼仪,如服饰礼仪、体姿礼仪等都包括在内。同时还要特别注意到不同国家、不同民族间的风俗差异,保证在不同文化背景下能够友好融洽地相处,不要因为自己的疏忽而给对方的交往带来不良影响。

2. 登门槛技术(Foot in the Door Effect)

登门槛技术是一种说服别人接受自己要求的方法。心理实验表明,假如能够使人们首先接受一个较小的要求后,再提出一个与这个小要求在观念上相一致的大要求,则比直接提这个大要求更有可能被接受。就像登门槛一样,如果对方打开了一条门缝,你就更有可能令对方打开门而登门拜访。直接向别人提出一个较大的要求,对方一般很难接受,但如果逐步提出要求,人们就比较容易接受,这主要是由于人们在满足小要求的过程中已经逐渐适应,意识不到逐渐提高的要求已经偏离了自己的初衷。并且人们都有保持自己形象一致的愿望,都希望给别人留下前后一致的好印象。因而在接受了别人的第一个小要求之后,再面对第二个要求时,如果没有较大的利益损失,更有可能会勉强答应。

3. 留面子技术(Door in the Face Effect)

这是与登门槛技术相对应的一种策略。是指当人们拒绝了一个较大的要求后,对相关联的小要求的接受程度会有所增加。留面子效应的产生,主要是因为人们在拒绝别人提出的大要求后,会感到自己没能帮助别人,辜负了别人对自己的良好期望,觉得内疚,或者觉得有损自身形象。为了挽回面子,或者使自己心理达到平衡,往往更愿意为别人提供帮助,容易接受再提出来的某个小要求。需要注意的是,留面子效应是否会发生作用,关键在于别人是否有义务对你提供帮助。如果双方素昧平生,想让对方答应一些有损对方利益的事情,使用留面子技术也不会有效果。

4. 面对拒绝的技巧

由于广告业竞争十分激烈,广告人在业务往来中难免会遭遇到广告客户的拒绝。当面对对方的拒绝时,如果适当运用一些技巧,也有可能为广告人争取到宝贵的机会。(1)先肯定再转弯。在交谈时先顺着广告客户的思路,不要生硬地否定客户的想法,以免造成僵局。先认可广告客户的说法,使他容易接纳你,并感到你的立场较为客观,不易引起对方的自我防卫,然后再寻找转弯的机会。客户拒绝或反对做广告,除去一些客观原因,常常是由于他们对广告有一些认识上的偏见。如果有机会帮助客户从另一个角度看问题，就有令其改变想法的可能性。(2)直接否定。当广告客户由于不了解广告公司的实力而拒绝时，可以采用直接否定他这种看法的方式，语气要坚决，并同时拿出能够表明公司实力的资料，举例说服他。(3)故意忽略法。在客户表示拒绝后，如果时间允许，可以采用"王顾左右而言他"的故意忽略法，避开广告的话题，同对方聊一些广告以外的事，观察寻找他的兴趣点。如果语言交流拉近了彼此的距离，双方有了一定程度的接纳，再了解对方为什么拒绝广告。此方法的目的是给客户留下良好的印象，即便此次不能合作，以后如果有机会，客户也许会主动想到你。

总之，面对广告客户的拒绝，广告人不能轻言放弃，要对自己和公司充满自信，对待客户耐心而诚恳。使用这些技巧只是为广告人争取到与客户进一步交流的机会，真正能打动对方的，还是广告人出色的个人能力和广告公司的真正实力。

三、广告人的移情与调适能力

(一)移情能力

广告活动的本质，简而言之就是要通过传播信息来影响受众的心理，从而改变他们的态度，也就是说服受众。同时，如果想让自己的主张被他人接受，广告人也要面临说服广告主、合作方、上级领导甚至工作伙伴的问题。那么怎样才能与他人有效地沟通呢？最重要的一点就是要了解对方心中所想。这种体察他人情感、观点、立场的能力就是移情能力。

1. 移情的含义

"移情"一词最早译自德文，又称"感情移入"或"同理心"。很多学科中都有"移情"这一概念，解释各不相同。我们所说的移情来自角色理论。移情是在人际交往中人与人之间的感情相互作用。当一个人察觉到对方的某种情绪时，自身的相应情绪也会被唤醒，也就是把自己置身于另一个人的位置上，站在对方的角度去考虑问题，设身处地感受和理解对方心情的能力。

对广告人而言，在广告创作的过程中需要从消费者的角度出发，体察其所想、感受其所感，探寻了解他们的需要、兴趣和态度，体验他们的真情实感；广告人还要从广告主的角度出发，努力以最小的广告投入获得最大的利益回报，助其树立持久的品牌形象，积累品牌资产。

2. 移情与情商

美国心理学家萨罗威和玛伊尔(P. Salovey& D. Mayer)在 1990 年提出了情绪智力(Emotional Intelligence)这一概念,它是指个体监控自己与他人情绪,并且识别、运用这些信息指导自己思想和行为的能力。1995 年丹尼尔·戈尔曼(Daniel Golman)出版了《情绪智力》一书,系统地论述了情绪智力,又被简称为情商(Emotional Quotient,EQ),引起世人的广泛关注。情绪智力包含了多种因素,其中调适自己情绪的能力和体察他人情感的能力是其重要因素。可见,移情是情绪智力的重要组成部分。

情绪智力可以通过后天的培养与训练得到提高。高 EQ 的人善于表达与控制自己的情感,善于体会他人的感受和心境,有良好的心态和融洽的人际关系,从而能更成功地应付工作的压力和生活的琐碎。虽然广告是一种创造性较强的工作,对从业者的智力水平有较高的要求;同时广告又是一个强调团体合作的行业,对情绪智力的要求更高。广告人在工作和生活中通过培养和提高自己的移情能力,从而不断提高情商。

3. 提高移情能力的方法

(1)培养良好的个性

个性的发展以个人移情能力的发展为基础,反过来,良好个性又能进一步提高移情能力。比如心地善良、感情细腻的人更容易体察到他人的情绪和情感,也更能主动地为他人着想。如果一个人有设身处地为他人着想的意识,有体验他人情感的态度倾向,才有可能产生移情的实际行为。广告人需要有意培养自己的良好个性,时刻保持着提高移情能力的态度倾向。

(2)发展语言能力

符号互动理论认为人与人之间是一个符号的相互作用。"没有语言就没有沟通,就没有思维、思想和自我。"所以语言能力的提高有利于移情能力的发展。能够准确接收和理解他人语言中所传达的信息,同时准确表达自己的想法,是移情能力的基础。作为广告人,更应该追求语言表达上的流利和自如,注意多吸收情感类词汇,以期通过语言交流表达感情,提高移情能力。

(3)积极准确地想象

广告人可以在细心观察他人行为的基础上,尝试想象对方的情绪和态度,想象对方所处的情境,探寻他们会产生如此行为的原因。还可以在阅读小说,或者观看影视作品的时候,把自己想象成作品中的某一角色,体会人物的思想和感情。经常这样做，移情能力必然会得到提高。

（4）深入生活、增加交往经验

移情能力也建立在丰富经验的基础上，无论是直接经验还是间接经验。丰富的经验能使人体会到不同人群的观点和情感。广告人应该有意识地尝试不同的生活方式，换换生活环境。在不同的地点遇到不同的人，体验他们的喜怒哀乐、所感所想，了解他们的生活习惯和社会地位，在人与人的互动中积累经验，体会感情。

4. 广告人的跨文化移情

随着中国加入世界贸易组织，中国的广告业也于 2005 年真正地实行对外开放，外资企业的全面进入对于本土广告业的发展无疑有着积极推动的作用。"入世"不仅加速了广告产业的转型，也加速了广告观念的转变。越来越多的国际化合作和交流，使文化移情能力也成为广告人必不可少的能力之一。

"文化移情"的概念首先出现于美学领域，近年来广泛应用于心理学等领域。文化移情是跨文化交际能力系统中最为重要的组成部分，它要求在本土文化氛围中成长的沟通者，有意识地超越民族本土的文化思维定式，用异族文化可能的思维方式去思考问题，以求在不同文化之间找到切换和连接的共同点。这里所说的广告人的文化移情能力包含两个方面：

（1）广告策划中的文化移情

在经济全球化背景下，不断有本土企业"走出去"、外国企业"走进来"，企业要想在相异的文化环境下生存和发展，就要采取与环境相适应的品牌策划，商品市场也是如此。任何一则成功的品牌策划中都蕴含着与其所要推销的商品相适应的某种文化诉求，而文化定位的成功与否也决定着跨文化的商品品牌是否能被本土文化氛围内的消费者所接受。

具有 300 年悠久历史的干邑白兰地能够成为世界酒类知名产品，很大程度上要归功于企业根据地区和文化习俗的不同，采用不同形式和品牌的策划。干邑白兰地在欧美国家采用"干邑艺术，似火浓情"的广告语，运用了比喻和拟人相结合的手法，同时融合了艺术审美和商业推销的成分，符合欧美的文化风格，使消费者情感上产生共鸣。而对于东方，特别是华人市场，则采用"人头马一开，好事自然来"的广告语，抓住东方人注重团圆喜庆、吉祥如意的文化特点，使人头马白兰地在港、澳、台地区和新加坡、马来西亚等华人集中的地区迅速打开销路。

如今越来越多的国外品牌瞄准中国市场,想要走进来站稳脚跟,广告人需要有较强的文化移情能力,找到产品在不同文化环境之间的卖点差异,在广告创作上为其附着一定程度的本土文化内涵,使之能够顺利被我国消费者所接受。

（2）跨文化合作中的文化移情

广告行业的外资准入,使我国广告业的国际间合作大量增加。世界级的广告企业带来先进的理念、技术以及管理方法,大量外籍的广告创作人才、广告经营管理人才也融入国内广告业的运作当中。对跨国广告公司来说,文化差异是极其重要而又繁琐的变量。文化差异导致各国的管理理念、管理制度和管理方法不尽相同,公司内部成员之间工作理念和方法也不断产生冲击与碰撞。如果广告人缺乏跨文化交流的知识和技巧,文化之间的差异就会产生误解和不必要的摩擦,影响到工作的效率和效果,虚弱广告公司的竞争力。国外管理学家的经验表明,大约有 $35\% \sim 45\%$ 的跨国企业以失败告终,其中约有 30% 是由于技术、资金和政策方面的原因,另外 70% 则是由文化差异引起。

处于国际合作领域中的广告人,需要客观认识多样性的文化,提高自己的文化敏感性,培养一定的文化顺应能力,关注异族合作者的文化价值观、信仰、态度、审美情趣等等。培养敏锐的跨文化感知能力,在合作交流中自觉地遵循和顺应,才能提高文化移情能力,促进国际广告合作中多元文化之间的协调和沟通。

(二)调适能力

想要从事广告行业,一定要有良好的心理素质,其中重要的就是调适能力。

广告人的调适能力主要包括忍耐与承受、应变与协调、适应与自制。并且广告人的调适能力突出表现在对情绪的控制与调整上。

1. 忍耐与承受

广告的本质就是在说服他人,而人改变态度要经过一定的过程,需要一点一滴的汇集,才能水到渠成,因而广告人需要有耐心。无论是挑剔苛刻的广告主,未曾谋面的广大受众,还是严格把关的上级领导,任何一个与之打交道的人,都可能使广告人遭受到拒绝。一个冥思苦想出来的创意,广告人可能自己充满信心,但是到了广告主那里,也许一个字就宣告了它的失败。面对挫折,有人会觉得受到打击、无法振作;心理承受力强的人却可以把挫折化为一种动力,愈挫愈勇,直到成功。这正是广告业要求广告人所应具有的心理素质。

2. 应变与协调

广告人面对的是不断变化的市场和千变万化的人。广告创作的过程也是瞬息万变,小到画面文字,大到行业环境。面对所料未及的突然变化,广告人需要有处变不惊、从容决断的应变能力,这取决于认知与行动的反应速度和思维的敏捷与灵活性。在应对突变的过程中,广告人需要与方方面面的部门和人员打交道,这又要求广告人要有合作、协调的能力。只有良好的协作,才能不断地根据具体情况进行调整,保证广告活动顺利进行。

3. 适应与自制

适应是指个体与社会环境的关系,包括个体根据环境的要求改变自己,也包括个体作用于环境。当个体受到一种或多种社会刺激时,会产生主观上的困扰或情绪紊乱的状态,产生心理紧张。心理学研究,过低或过高的紧张状态都不利于工作效率的提高,只有紧张适中时才可以达到工作效率最大。工作效率与紧张度呈现一种倒 U 曲线的关系(图 3-1):

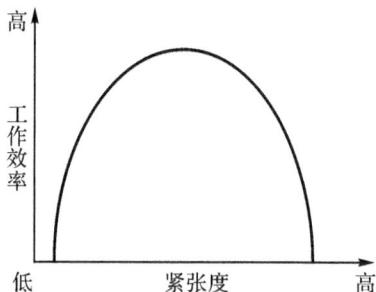

图 3-1

广告人的调适能力还表现在自制性上,良好的自制能力可以使广告人在行动中克服内外诱因的各种干扰,控制自己的不良情绪,把工作坚持到底。

4. 调节情绪的方法

(1)调整认知

对事物的不同认识可以导致情绪的极大不同。通过改变对事物的认知,可以达到调节情绪的目的。情绪是心态的反应,反应的强弱并不取决于被反应的对象,而是取决于个人的内心。因此调节情绪的根本在于调整自身的处世哲学和价值判断标准。对同一件事情,有些人可能觉得无足轻重,并不在意,可有些人就会念念不忘,耿耿于怀,这正是由于人们对它的认知有所不同。所以当广告人觉得工作不顺利不快乐的时候,不如换一个角度、换一种思维,也许就能缓解心中的不适。

对此,广告人可以借鉴心理学家提出的"心理平衡的 10 条要诀":①对自己不苛求,把目标定在自己能力范围之内;②对别人期望不要过高;③不要处处与人争斗;④暂离困境,去做自己喜欢的事;⑤大原则要坚持,在非原则问题上适当让步;⑥对人表示善意;⑦找人倾诉烦恼;⑧帮助别人做事;⑨适当娱乐;⑩宠辱不惊,知足常乐。

(2)释放和宣泄

压力过大时,可以通过语言、行为来释放和宣泄心中的不良情绪。能够起到宣泄作用的活动有很多,比如大喊、唱歌、旅游、欣赏音乐等等,也可以进行一些如慢跑、游泳、骑车等反复持续的运动。研究者在分析过生物化学变化之后证实,运动在振奋心情上比服药效果更好。此外,找好友交流倾诉也是宣泄情绪释放压力的好方法。

(3)运用调适情绪的方法

加强光线法。很多涉及艺术领域的广告人员因为有较高的敏感性,容易受到外界物理因素的影响,如声音、光线等。由于冬天光线较弱的缘故,会有人感觉容易精神萎靡,这种现象被称为季节性情绪失常。一支标准荧光灯的亮度,只相当于晴天树荫下光线的 10%。冬季情绪消沉的人可以每天增加 2%～3% 的亮度,心情会有所好转,因而广告人的工作场所应该特别注意光线的充足。

触觉减压法。触觉是皮肤对压力与温度的感受。研究表明人的皮肤在一定的压力与温度下,会感到舒适与安全。人的许多不良情绪都和缺乏安全感有关,当人获得安全感时,同样也可以改善那些不良情绪。所以当广告人情绪状态不好时,可以采取一些方法让肌肤接受适度的压力和温度,如按摩、游泳、沐浴等。

拖延法。强大的压力有可能会将一个人拖至失控的边缘,而一旦真的失控,就很有可能对个人的人际关系、工作前途造成难以弥补的影响。当广告人察觉到自己的情绪出现难以控制的倾向,一定要停下正在进行的活动,站起来走一走,出去喝些水,或者看一看窗外的建筑和树木……通过拖延来使自己的情绪降降温,这也是一种有效的"冷处理"方法。

第三节　广告人创意的心理特征

广告创意是广告活动中最引人注目的环节,是广告活动的魅力之所在。但是因为广告创意的不确定性,它又是广告运作中最难以控制和掌握的环节。想成为一名优秀的广告人,创意能力既是必不可少的基本能力,又是开拓个人价值的关键所在。

一、广告人的创造能力

(一)创意的内涵

1. 创意是什么

创意是广告创作的灵魂,成功的广告战略首先来自于卓越的广告创意。关于创意的本质却是一个见仁见智、未有定论的话题。许多广告界的创意大师、学者都曾经从自己的视角出发,探讨过广告创意的内涵。著名广告人李奥·贝纳(Leo Burnett)曾说:"我常常感到,模糊不清的所谓'创造力'的真正关键,是如何用有关的、可信的、品调高的方式,在与以前无关的事物之间建立起一种新的有意义的关系,这种新的关系可以把商品用某些清晰的见解表现出来。"著名的麦肯广告公司对广告创意的解释只有短短几个词——"Truth Well Told"(巧传真实)。

我国著名的广告学者丁俊杰对这个问题也有自己独到的见解,他用一个公式:"广告创意＝创异＋创益"来对广告创意进行概括。所谓"创异",就是与众不同,"形成差异",让自己的广告从大量同质化的产品广告中脱颖而出;同时更应追求效益,这就是"创益"。因为离开为广告主创造效益这一点,广告也就失去了存在的意义。

我们可以简单地将创意概括为通过构思,创造出新的意念,并使广告对象接受,进而达到促销的终极目的的一种思维活动。它能够让广告打破俗套,引人注目,为广告受众提供新颖独特的意念,使其产生购买的冲动。

20 世纪 90 年代,美国的牛奶销量已经连续 30 年下滑,软饮料及瓶装水不断冲击着牛奶的市场份额,因为年轻人普遍认为牛奶是小孩喝的东西。于是美国最大的牛奶企业——加州牛奶工业委员会掀起了一项耗资巨大的牛奶反击战役——"Got Milk"。一时间,美国各界知名人士的嘴唇上都多了一抹牛奶的小胡子,使喝牛奶在青少年中渐渐成为时尚。从1993年开始的"Got Milk"广告运动,不仅成功地完成了提高牛奶市场销售量的任务,在美国形成了一种健康生活主流,更成为一种经久不衰的流行文化。因为谁要是上了"Got Milk"的榜单,就意味着被打上了一线巨星的记号。很明显,使"Got Milk"成为"有史以来最伟大的广告战役"的制胜法宝,就是令人惊叹的绝妙创意。

2. 广告创意的特征

(1)广告创意的新异性

创意最重要的一个内容就是求新求异,只有新异才能吸引住广告受众,因为好奇和探究是人的一种本能。具有新异性的广告能够引起广泛的注意,激发人们强烈的兴趣,在人们的头脑中留下深刻的印象,这是广告信息有效传达所必需的一系列心理过程。人们观察事物的角度不尽相同,创意的求新就是找到被大家忽略的角度,引导大家重新审视。独创性的创意塑造,能够使一个普通的商品获得不同寻常的广告效果,这正是广告新异性的真正含义。

(2)广告创意的经济性

高品质的广告必然是能产生效益的广告。大卫·奥格威(David Ogilvy)曾说:"要吸引消费者的注意,同时让他来买你的产品,非要有好的点子不可,除非你的广告有很好的点子,不然它就像被黑暗吞噬的船只。"效果好的广告一定是触发了广告受众心中的某种欲望,而并不等同于大制作大场面的技术制作,高投资带来的不一定就是高回报。虽然制作经费直接影响着创意表现的效果,但是作为广告活动的投资者,广告人必然希望能够"少花钱,多办事"。广告行为是一种经济活动,低成本、高收入才是市场经济的真理,创意正是实现这一理念的点金术。

(3)广告创意的艺术性

从艺术的角度看,我们也可以把广告定义为一种以促销为目的而具有审美效应的艺术活动。广告创作集绘画、摄影、音乐、表演、语言等艺术形式为一身,成为一门综合的实用艺术。但是广告创意并不等于纯粹的艺术作品,它是通过美的表达来完成影响受众的使命,优秀的广告创意体现在如何能使广告受众在娱乐的、美的气氛下不知不觉地被说服而产生购买行为。

(4)广告创意的文化性

美国广告界权威詹姆斯·韦伯·扬(James Webb Young)认为:"广告创意的最终实现,既是广告创造者的才华显露与艺术表达,也是一个广告人在国家、民族、社会的法律约束和道德规范下,尊重民族禁忌、体察风俗习惯、符合社会风尚和大众口味的创作结果。"广告创意的跨文化差异非常明显,国外广告界非常喜欢使用的激进元素和性元素如果照搬到我们国家的广告创作中,肯定会引起受众的不适。大部分国外畅销产品进入我国市场,都会将广告理念更改为更适合我国文化氛围的全新创意。所以在广告创意求新求异的同时,不能一味地追求吸引注意,也要充分考虑到民族的文化特性和大众的心理接受程度(参见第十章)。

(二)广告创意与创造能力

1.创造能力

创造能力是根据一定的目的任务,积极能动地产生新思想,发现和创造新事物的能力,是人在创造活动中表现出来的各种能力的总和。它与一般能力的区别在于它的新颖性和独特性。创造能力是产生创意最重要的能力,没有创造力即没有创意可言,因而它是广告人所必需的心理品质。在创造能力中创造性思维和创造想象起着十分重要的作用。

2.创造想象

(1)想象

想象是人们在头脑里将已有的表象通过大脑的加工、改造而创造新形象的过程。它是对以往没有直接感知过的事物形象的心理反应,有些则是事实中不存在的或根本不可能存在的形象。想象的最大特点就是新形象的创造,它与形象思维有着内在的联系,而与抽象思维有着明显的区别。想象分为再造想象和创造想象。再造想象是根据现成的语言或其他手段的描绘,在头脑中再造出相应的新形象的过程,如,受众在接触广告作品时的想象过程。创造想象则不是根据现成的描绘,而是一种独立地创造新形象的过程。创造想象和再造想象不是相互孤立的,而是相互联系、相互渗透的。广告受众在认知广告时既有再造想象也有创造想象;广告人在设计广告进行创意时要更多地运用创造想象。

(2)广告创意中的创造想象

在广告活动中,掌握创造想象的规则及特点,有利于广告创意。充满创造想象的广告往往具有独特、新异、首创的特点,能够引起受众的注意,提高受众记忆。

例如,联想公司昭扬电脑进入市场时,面对其他领先的国际品牌的竞争,在广告中充分发挥创造想象,设计了一系列以中国古典文化为创意表现点的广告。联想昭阳电脑"玉剑扇"篇广告充分挖掘中国古代文化的精髓,巧妙地把玉、剑、扇这些古代文人雅士佩戴的性情之物与昭阳电脑联系在一起,使现代的联想昭阳电脑具有一种传统文化气质。系列广告采用四个单独成篇但又相互关联的广告组成,由"风流才俊"篇统领,将玉、剑、扇这些元素分别带入,在"玉"篇、"剑"篇和"扇"篇展开,分别用玉的品质,玉的"外润内坚"体现昭阳电脑的名品风范和精良配置;用剑的气质,剑的"决绝果断"比喻昭阳电脑的巧妙敏捷;用扇的风度,扇的"收发随心"比喻昭阳电脑的使用自如。这三篇广告把联想昭阳笔记本电脑的功能和形象融为一体,将古代文化中的元素巧妙地应用到现代广告的创作当中,结合独特、新颖,赋予品牌独特的人文价值。充分运用创造想象设计出来的系列广告取得很大的成功,也使联想意识到中国消费者对中国传统文化的认同与偏爱可以转化为对联想品牌的喜爱。后来又有了"金石"篇广告和"古建筑"篇广告。金石具有浓厚的古风古韵,篆刻艺术又是中国古代文化艺术中之精髓,以金石和篆刻的形象融入创意,很好地体现出国有精品的气质和风范。无论创意思路还是设计表现、文案风格都与"玉剑扇"篇承前启后,但在广告素材的挖掘上又有所创新。"古建筑"篇则选择中国古代建筑中的古塔、拱桥、牌坊和大殿作为创造元素,同样采用四连篇形式,在开篇中用联想昭阳的全系列的 5 个产品幻化为五开间的牌坊,随后的三篇中分别用不同性能的三款电脑幻化为大殿、古塔和拱桥,分别对应"堂皇中正"、"玲珑巧致"和"畅达圆熟"的主题,整体上用"工"和"技"作为灵魂统领整个广告。其妙笔生花的广告语,美轮美奂的设计制作,把联想昭阳带入一个全新的境界。

又如,在"清妃"化妆品广告中,广告人将"女人"想象成为"月亮"、"天鹅"、"珍珠"、"音符"。通过这种独特的想象设计了系列告语:"有变化才会完善"、"有变化才会高贵"、"有变化才会细润"、"有变化才会灿烂"。通过一轮弯月逐渐变成满月,表达"女人是月亮";一只丑小鸭变成美丽的天鹅,表达"女人是天鹅";12 个音符的高低变化奏出绚丽乐章,表达"女人是音符";一个珠蚌从砂石变成晶莹的珍珠,体现"女人是珍珠"。种种对女人的美好比喻都体现了广告人员独特的创造想象力,制作的广告也赢得了女性消费者的好感。

（3）广告中创造想象的表现形式

在广告中，创造想象的运用无处不在。无论是广告文案、还是广告形式都离不开创造想象的参与。在广告表现形式中，留白和合成是两种体现创造想象的广告手段。

留白是艺术创作中一种很重要的技巧。"方寸之地亦显天地之宽"，"此处无声胜有声"，描述的正是留白带来的想象空间。著名绘画大师李可染先生说过："空白是为了'多'，为了'够'，为了满足，空白才能给人以无尽的感觉，才含蓄，才能使观察者以想象力去丰富它。"在广告中，运用留白的技巧能给受众带来无限遐想。也是一种创造性的想象活动。例如，海尼根啤酒广告"情人节"篇（图 3-2）[①]，一张很大的广告海报上中间只有一个心形的啤酒瓶盖和右下角"Green Your Heart"的广告语，其余全是空白。大片的空白给受众留下无尽的想象空间。

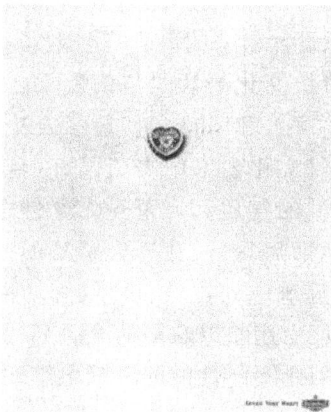

图 3-2

广告中运用合成艺术是指将广告产品运用到人们熟悉的艺术作品中。通过借用人们熟悉的艺术作品中的部分形象，或是改变该艺术作品中的某些组成部分，达到一种全新的效果，体现一种创造性的想象。例如，大家都很熟悉并且喜欢的美国女影星梦露就被广告人创造性地运用到了作品中。借助梦露的美丽、性感的外貌和脸上那颗标志性的、性感的痣。广告创作人员发挥了丰富的想象力来进行合成。奔驰北美公司广告中，用梦露脸上迷人的痣

---

① 图片来源：http://www.asiadv.com.

变换合成奔驰汽车的标志,广告语为"魅力"。

3. 创造性思维

(1)创造能力的心理结构中最重要的就是创造性思维能力。创造性思维是指在创作、发明或技术革新等创造性活动中所特有的思维过程,它不仅通过思维揭露事物的本质及内在联系,而且要在此基础上产生新颖的、前所未有的思维成果,并给人们带来新的有社会价值的产物。创造性思维通过对旧有经验的改组和更新,可以反映出新的内在联系。正如大卫·奥格威在评价自己的广告创作时所说:"我认为我是全世界最好的编辑。我能把任何人的东西编好,包括我自己的在内。所以我所做的就是把我的东西写出来,然后就改编、改编、再改编,直到合理地通过。"

广告人创造性思维的成分包括发散思维和聚合思维。发散思维是无定向、无范围地由已知探索未知的思维方式,指思考时信息从一点出发向各种可能的方向扩散,体现了求异创新的功能;聚合思维是利用已有定论的原理、定律、方法,解决问题时有方向、有范围、有程序的思维方式,指思考时信息朝一个方向聚敛前进,从而形成单一的确定的答案,其主要功能是求同。在创造性思维中其创新的成分更多地体现在发散思维上。①

(2)美国心理学家吉尔福特等人认为,个人的创造性思维能力可以由发散思维表现于外部的行为来代表,体现为三个方面的特征:一是变通性(Flexibility),指发散思维能随机应变,举一反三,触类旁通,不易受到功能固着等心理定式的影响,因而能产生与众不同的新观点。二是流畅性(Fluency),指在较短的时间内表达出较多的观点,也就是反应既快且多。三是独特性(Originality),指对事物有不同寻常的独特见解。

当发散思维与聚合思维相有机结合,不断循环深化,协调活动,才有可能发现事物之间的新联系,解决新问题。

(3)创造性思维的过程是指在问题情境中,新的思维从萌发到形成的整个过程。英国心理学家瓦拉斯(G. Wallas)把创造性思维分为了四个阶段。我们将要介绍的许多广告创意的方法与理论,都基本符合这个思维规律。

准备阶段:在创作之前,需要大量积累与主题相关的知识和经验,搜集有关资料,在头脑中为创作做好应有的知识储备。

---

① 余小梅.广告心理学.北京:中国传媒大学出版社(原北京广播学院出版社)2003 年版,第 223 页。

酝酿阶段:在准备阶段的基础上,继续深入地探索和思考。在这一阶段需要付出艰辛的努力,此时人的思路看似已经中断,似乎找不到前进的方向,实际上思维仍在潜意识中继续前行。

豁朗阶段:这是新思想、新形象产生的阶段,新点子突然出现,思考者有一种豁然开朗的感觉。此时人是处于灵感状态,所以又称灵感期。

验证阶段:这是创造性思维的最后阶段,是对新思维或新观念进行检验和补充,通过修正使其更加适合于实践,趋于完善。如果说前几个阶段更多体现了思维的创新与直觉,那么这一阶段则体现了思维的评价与逻辑。

4. 广告中运用创造能力应注意的问题

在广告中运用创造能力应把握巧妙新奇与准确合理的高度统一。广告创意时不能一味追求标新立异或"艺术效果"而忽略了准确合理这一基本要求。广告创意追求的是既出人意料又合情合理。广告创意要与所表达的产品属性、市场需求、消费者心理、社会惯性等等因素协调一致。例如街头卖药者,常常标榜"奇医、奇药、奇效",吸引路人,一看就知有虚假之嫌。话说过了头,效果却是相反的。

广告人运用创造能力时应当重视发掘事物与事物之间的内在联系,找到那些既在情理之中,又在意料之外的关联点,以求达到异峰突起、巧夺天工、出奇制胜的效果。例如,莎碧娜航空公司由北美直飞比利时首都布鲁塞尔的航线营运疲弱,尽管做了标榜饮食好与服务周到的广告,境况依然没有大起色。广告人发现,根本的原因在于比利时在旅游者心目中没有很深的认识,因此,必须为比利时这个国家做个广告而不只是为航空公司做广告。要使一个国家在旅游者心目中占有位置,如何做广告呢? 广告人搜索枯肠,终于在著名的《米其林旅游指南》中得到启示。他们在《指南》中发现,比利时有 5 个"值得特别一游"的"三星级城市",而它的北方最大的观光胜地荷兰只有一个"三星级城市"——阿姆斯特丹。"三星级城市"这个关系网结,把比利时与阿姆斯特丹联系起来了! 于是"比利时有 5 个阿姆斯特丹"的广告创意诞生了。这个创意仿佛一个巨大的磁场,吸引了旅游者的好奇心。这条广告的成功,关键在于广告创意找到了比利时与阿姆斯特丹之间的相关关系,然后巧妙地运用"三星级城市"这一概念。这一概念孤立地看似乎没有太大的意义,而一旦把比利时和阿姆斯特丹比较起来看,就产生了出色的创意。

好的广告创意不是故弄玄虚,把本来简单的联系弄得很复杂,结果把广告受众搞糊涂。好的广告创意是艺术地把事物之间的联系表现得明白、突出,让人容易领会和理解。巧妙,全在于一种发自内心的共鸣,认为确有道理,心服口服。有效而巧妙的创意,应是简洁并能引发共鸣的。

因此,广告创意是以准确把握目标市场、准确市场定位、产品定位、广告定位为基础的。好的创意来自对用户、市场、产品的准确认识。只有对用户的心理分析细致透彻,才可能使广告创意自然、巧妙和恰到好处。广告创意需要新奇,但更加需要准确、自然和巧妙。

二、广告创意的理论与方法

(一)广告创意理论

1. 詹姆斯·韦伯·扬的创意五步骤论

詹姆斯·韦伯·扬(James Webb Young)不仅是一代广告大师,更是一位通才杂学的哲学家。他的许多著作都曾对广告人产生过深远的影响。现在广告人最熟悉的创意产生过程理论,可能就是他的创意五步骤。

第一,收集原始资料。一方面是创作主题所需的特定的知识资料,即与产品或服务有关的资料。比如市场分析、商品特性、竞争分析等等,以及有关目标消费者的任何观念、特征、兴趣、动机。在每种产品和某些消费者之间,都有其相关联的特性,这种相关联的特性就可能导致创意。另一方面是就是在平时不断累积储存的一般性知识资料。这两方面储备的资料越多,就越有机会产生创新。

第二,消化资料。对已收集到的资料细细加以咀嚼,正如要对食物加以消化一样。这个阶段的目的是寻求事物间的相互关系,以使每件事物都能像拼图玩具那样,组合后成为恰当的组合。此时创作者会感到混乱和厌倦,偶尔能得到少量不确定或不完整的创意,不管它如何的荒诞不经或支离破碎,都应该事无巨细地把它们一一记录下来。这些都是真正的创意即将到来的前兆。

第三,深思熟虑阶段。在上一个阶段中冥思苦想,似乎无法解决之时,就进入了第三阶段。此时要完全顺乎自然,不作任何强迫性的努力,尽量不去想这个问题。可以选择一种自己熟悉的方法,使自己充分地放松,任由潜意识随意处理头脑中任何一个想法和知识的碎片。

第四,实际产生创意。此时灵感会突然出现,也许是某种偶然事物的触发,也许没有任何的理由。"它会在你没期望要出现的时机出现,这时你正在刮胡子,或是正在洗澡,或者最常出现于清晨的半醒半睡之间,或在夜半时分把你从梦中唤醒。"

第五,形成并发展创意的阶段。这是创意的最后阶段,需要把创意结合到现实世界中,找出不足,不断完善,合理论证,使之能够实际应用。

在这五个阶段中,灵感激发创意只是其中的一个阶段,在灵感来临之前,人们已经为产生创意运用逻辑的、直觉的思维方式做了许多工作。这就像古代水手们传说的魔岛一样,在一望无际的深海洋的某些点上,突然会冒出许多环状的岛屿,被称之为"魔岛"。它实际上是无数的珊瑚在海中长年累月地生长,在最后时刻升出海面的结果。创意的产生也要经过足够的前期积累才有可能。所以这种"积累—漂浮—触发"的广告创意过程理论又被称为"魔岛理论"。

2. 万花筒理论

万花筒理论指的是以市场定位和产品差异性为基础,对旧元素进行重组配置,形成新的组合,使之转化为具有统一整体功能的广告创意。万花筒内装有一定数量的彩色玻璃片,同一万花筒中这些碎片的数量和质量是不变的,但只要转动万花筒,使这些碎片发生新的组合,就会有无穷的新图案和新花样。这种广告创意方法有常见的两种寓意:

(1)拼图游戏

将不相干的事物如做拼图游戏那样组合起来,成了创意最常见的来源。日本索尼(SONY)公司的随身听的创意来源于"走路和音乐";还有近两年来手机市场先后兴起的"拍照手机"和"音乐手机"的潮流,就是将手机和不同的时尚元素结合而形成的。这种组合的结果是无穷无尽,并完全可以形成一种全新的概念。

(2)旧元素的新组合

将许多涉及广告活动的旧要素进行重新组合,这种组合不是简单的加总,而是摆脱旧经验和观念的束缚,组合后是一种再创造,往往取得出人意料的成功。

不过,万花筒的转动是随意的,而人类的创意活动却是有目的的。广告创意必须与广告主的广告目标一致,并产生出所期望的广告效果。同时,万花筒理论也能给我们一种启示:广告这个"万花筒"中随机性的新组合相当庞大,而里面放置的玻璃片的数目越多,能够构成令人炫目的新图案的机会就越多。所以广告人要始终不断地充实头脑,获取新信息,拓展知识面,以使自己有越来越多的"彩色玻璃片",创造出色彩斑斓的图案。

(二)广告创意的方法

1. 头脑风暴法

头脑风暴法出自"头脑风暴"一词。头脑风暴(Brain-storming)最早是精神病理学上的用语,是指精神病患者的精神错乱状态,现在则表示无限制地自由联想和讨论,其目的在于产生新观念或激发创新设想。

头脑风暴法是由美国 BBDD 广告公司的奥斯本(Alex F. Osborn)于1939 年首次提出,1953 年正式发表的一种激发性思维的方法。头脑风暴法又可分为直接头脑风暴法(通常简称为头脑风暴法)和质疑头脑风暴法(也称反头脑风暴法)。前者是在专家群体决策尽可能激发创造性,产生尽可能多的设想的方法,后者则是对前者提出的设想、方案逐一质疑,分析其现实可行性的方法。

具体做法是召开一个 10~15 人的小型会议,会议的内容提前通知与会者,包括广告业务人员和广告创作人员。参加者在结构因素上(年龄结构、性别结构、专业结构、知识经验结构等)具有良好合理的搭配,以做到取长补短、有机结合。运用过程中要遵循以下原则:一是禁止批评和反驳别人的创意,保持良好的创造气氛;二是对创意的质量没有限制,数量越多越好;三是可以利用别人的创意激发自己的联想,组合产生新创意。

在会议结束之后,会议记录员将记录整理,会议主席把这些创意分类,再让有关人员评定,取其精华,成为下一步创意的基础,最终产生实际执行操作的广告创意。

2. 德尔菲法

德尔菲法(Delphi Technique)是由赫尔姆和达尔克在 20 世纪 40 年代首创,1946 年,兰德公司首次将这种方法用来进行创意活动,后来该方法迅速被广泛采用。

集体讨论普遍存在屈从权威或者服从多数的缺陷,为了避免这一问题,德尔菲法一般采用匿名发表意见的方式,专家只会与调查人员发生联系,彼此并没有沟通。具体过程如下:(1)按照主题的所需要的知识范围和主题的大小,确定专家,一般不超过 20 人;(2)确定调查提纲、题目要求,搜集相关资料,并提供给专家;(3)专家根据资料向调查人员提出自己的创意;(4)汇总专家第一次提供的意见,进行整理和对比,再分发给各位专家,让他们参考后修改自己的创意;(5)再次进行创意收集、分发给专家、修改创意的过程,一般要进行三四轮,直到每位专家都不再改变自己的创意为止。整个过程不注明各种意见究竟是哪位专家发表的;(6)对专家的意见进行综合处理。

德尔菲法集思广益、准确性高,能够保证每位专家充分发挥自己的创意才智;缺点是过程复杂,需要花费较长时间。

3. 垂直和水平思考法

垂直和水平思考法是英国心理学家爱德华·戴勃诺博士(Dr Edward De Bono)所倡导的广告创意思考法,因此,此方法通常又被称作戴勃诺理论。垂直思维是以逻辑与数学为代表的传统思维模式,这种思维模式最根本的特点是步步推进、环环相扣,既不能逾越,也不允许出现步骤上的错误,例如归纳与演绎等,都是非常重要的思维方法。但如果一个人只会运用垂直思维一种方法,他就不可能有创造性。区别于垂直思维,水平思维不是过多地考虑事物的确定性,而是考虑它多种选择的可能性;关心的不是完善旧观点,而是如何提出新观点;不是一味地追求正确性,而是追求丰富性。

(1)逻辑的思考和分析法(Vertical Thinking)

这种类型的思考是按照一定的思考线路,在一个固定的范围内,自上而下进行垂直思想,故被称为垂直思考法。

此方法偏重于对已有经验和知识的重新组合来产生创意,能够在社会公众既定心理基础上交出广告创意的诉求,但是在广告形式上难以有大的突破,结果比较雷同。这种思维方法在进行创意时,可以对事情作更深入的研究和表达,但不易产生新的创意。

(2)水平思考法(Lateral Thinking/Horizontal Thinking)

这种类型的思考法是指在思考问题时摆脱已有知识和旧的经验约束,冲破常规,提出富有创造性的见解、观点和方案。这种方法的运用,一般是基于人的发散性思维,故又把这种方法称为发散式思维法。在用此种方法时,要遵循以下原则:一是摆脱旧意识与旧经验,破除思维定式,更好地体现发散思维的特点。二是全方位的思考,大胆革新,找出对问题的新见解。三是抓住头脑中的"一闪念",深入把握新观点。

水平思考法能够产生有创新性的想法,因而是广告创意中常用的思维方法,然而水平思考法并不是排除垂直思考,二者应该互相补充,取长补短。

4. 逆向思考法

逆向思考法是一种沿常规思路的反方向前进的构思方法。它属于水平思考法的一种,但由于这种思路常常能较为直接地解决问题,且掌握起来相对容易,因而在此单独提出。这种思维方法就像数学中的反证法——已知结果,推导原因。如果我们能够将日常生活中理所当然的许多原理、常规、假设,换一个180度的思考角度,往往会有意想不到的结果产生。

例如几年前曾有一款风靡大半个中国的减肥产品,使用的就是这种创意方法。一般减肥产品的广告诉求都是强调产品如何效果显著,能让消费者体重减轻到满意的程度,无副作用,用后不会反弹等等。但是这款广告产品却采用了一条别出心裁的广告语:"停用还会瘦,见好就要收"。并且请代言的明星在广告中反反复复强调一定要"见好就收",不能为了爱美而多使用本产品,太瘦了并不好看等等。可想而知,广告一经播出,此款产品马上成为广大女性消费者的关注热点,即便不去购买也会对其留下深刻的印象,甚至成为人们茶余饭后的谈资。

逆向思考法是一种追求反常效果的构思方法,在运用时需要注意两个要点:一是反常思维的传达要表现恰当,语言要实在,可以考虑适当运用幽默;二是逆向思考有一定的条件限制,不是所有问题都能从反向得到合适的解决方法。因而在使用这种逆向思考法进行创意时,必须以消费者的接受能力为前提。

5. 李奥·贝纳的固有刺激法

固有刺激法,也称"与生俱来的戏剧性",它是说广告创意最重要的任务是把固有的刺激发掘出来并加以利用,即要发现生产厂家生产这种产品的"原因"以及消费者购买这种产品的"原因"。李奥·贝纳认为,一般情况下,根据产品和消费者的情况,要做到恰当,只有一个字能够表示它,只有一个动词可以使它动,只有一个形容词可以准确描述它。因此,对于创意人员来说,一定要找到那个名词、那个动词以及那个形容词。

换句话说,李奥·贝纳的意思是,广告人必须找到传达产品和服务内在特点的最为准确的方式,而只有一种方式可以使广告对于消费者来说具有最大的戏剧性效果。他鼓励广告创意人永远不要对"差不多"感到满足,永远不要依赖欺骗(即使是聪明的欺骗手段也不要用)去逃避困难,也不要依赖闪烁的言辞去逃避困难。

李奥·贝纳和他的公司利用这种创意理念,创作了许多著名的广告,造就了许多著名的品牌,其中最著名的莫过于"绿色青豆巨人"的广告。这则广告是李奥·贝纳为"绿巨人公司"所创作,广告的标题是:月光下的收成。文案是:"无论日间或夜晚,青豆巨人的豌豆都在转瞬间选妥,风味绝佳……从产地到装罐不超过三个小时。"他解释道,如果用新罐装作标题是非常容易说的;但是月光下的收成则兼具新鲜的价值和浪漫的气氛,并包含着特种的关切。"在月光下收成",这在罐装豌豆的广告中的确是难得一见的妙句。

三、提高广告人创意能力的方法

(一)积累知识经验

创意就是对已存在的信息进行构思,寻找新的观察角度,进行新的排列组合,或者换一个新的表现形式。因此广告人应该具有深厚的文化底蕴和广博的知识面,为自己的创造活动准备好海量可操作的素材。无论是广告业的老前辈还是即将进入广告业的新鲜人,都不能放慢自己学习的脚步,从书本中,从生活中,吸取各行各业的知识经验,博采众家之长,为产生优秀创作打下坚实的基础。

(二)克服思维定式

现代心理学中,定式指先前心理活动所形成的准备状态,影响或决定着同类后即心理活动的趋势,也就是前面已有的知识经验对后来类似的情境有所影响。思维中的定式,体现在解决问题过程会有做特定加工方式的准备。环境不变的情况下,思维定式使人能够应用已经掌握的方法迅速解决问题;而在情境发生变化时,它会妨碍人采用新的解决方法。定式思维对发散思维有很大影响,因此打破思维定式有助于发展发散思维,提高人的创造能力。

克服思维定式的消极影响,首先要在意识上对定式有所关注。遇事都要想一想自己的想法是否片面,是否受到了思维定式的影响,尝试换个角度换个方式考虑问题。当广告人的创作活动无法推陈出新,遇到瓶颈的时候,也应该审视一下自己是否受到思维定式的控制。

此外,广告人可以随时进行自由联想或称任意联想,这是一种十分简便易行的方法。比如在路上看到汽车、在家里看见电视、在郊外看见花朵,随便一样事物都可以成为联想的起点,任思绪自由驰骋。然后对所联想的思路和结果进行归纳整理,辨析出其中的规律,看看有无新的启发。如果能把这种自由联想坚持下去,对思维的变通性、流畅性和独特性的提高都有很大帮助。

(三)积极的心理暗示

心理暗示是人或环境以非常自然的方式向个体发出信息,个体无意中接受这种信息,从而作出相应的反应的一种心理现象,可以分为自暗示和他暗示两种。从心理机制上讲,它是一种被主观意愿肯定的假设,不一定有根据,但由于主观上已肯定了它的存在,心理上便竭力趋向于这项内容。我们熟知的"望梅止渴"的故事就是一种暗示的运用。

积极的暗示可以提高人的能力。有研究者做过暗示与记忆力的实验:分别让两组学生朗读同一首诗。第一组在朗读前,主试告诉他们这是著名诗人的诗,这就是一种暗示。对第二组,主试不告诉他们这是谁写的诗。朗读后立即让学生默写。结果是第一组的记忆率为 56.6%;第二组的记忆率为 30.1%。这说明权威的暗示对学生的记忆力很有影响。

(四)重视直觉思维

直觉思维是一种直接的领悟性的思维活动,它不需要头脑经过复杂的逻辑操作过程,而是直接迅速地认知事物。如那些突然进入头脑当中而能阐明问题的思想,包括灵感、顿悟。在创作活动中,直觉思维更注重对事物直接的观察和体验,在创造性思维活动的关键阶段起着极为重要的作用。广告人在创造过程中应该重视直觉思维。

(五)激发创新动机

创新动机是发挥创造力的内在动力,具有唤起创造行为和维持创作活动达到目标的功能,同时对人的创造行为起着调控的作用。如今,数字化技术和新媒体的出现,为广告创意带来新理念的同时,也带来了巨大挑战。创作活动从产生到表达比以往更具有随意性、直接性和虚拟性。面对这些新兴事物,广告人始终要保持强烈的好奇心和进取意识,使这些不断涌现的新事物、新现象成为自己不断创作的持久动力。

第三部分

广告作品心理研究

　　广告活动是通过广告作品体现与完成的,广告作品成为信息的最终呈现者,它对广告受众的心理影响是广告效果的直接体现。而广告受众的心理需求与心理特征正是广告作品完成的心理依据。本部分将对广告作品的这些心理效应进行剖析。

第四章
广告作品的心理效应

分析广告作品要弄清两点，一是广告作品说了什么，即广告作品传达出什么内容；二是广告作品是怎么说的，即广告作品是如何表现的。因而广告作品产生的心理效应就体现在这两点上，即广告作品的定位与表现。

第一节 广告作品定位与诉求心理

几乎所有广告运作过程的因素，如广告主的资金投入、广告人的创意能力、调查来的数据、媒介的选择等等，最终都要落实到广告作品上。影响广告作品的因素很多，但内容是根本。确定广告作品表达内容是广告定位的过程与目的。广告定位是在广告产品和广告诉求对象的需求之间给广告作品找到一个恰当的位置，从而达到所要的效果。因而，我们应从广告定位与诉求的心理依据来剖析广告作品的心理效应。

一、广告定位的心理效应

(一)定位的概念和作用

1. 定位的概念

"定位"(Positioning)的概念最早出现在 1969 年 6 月的《工业营销》杂志上,艾·里斯和杰克·特劳特发表了《定位是人们在今天的模仿主义市场上所用的竞争手段》一文,以美国的 RCA 电脑公司为个案,探讨了定位的原理。后来他们又将定位的概念和运作方法整理成一本关于定位的专著《广告攻心战略——定位》(*Positioning：The Battle For Your Mind*)。这两位定位理论的先驱认为：定位始于产品,可以是一件商品、一项服务、一家公司、一个机构,甚至于一个人,也许可能就是你自己。但是定位并不是要你对产品做什么事情,定位是你对未来的潜在顾客的心智所下的功夫,也就是把产品定位在你未来的客户心中。

虽然对定位还没有统一的定义,但许多研究者从各个角度对定位有过阐述,我们综合归纳出"定位"所包含的基本要点：定位确定的是产品在消费者心目中与众不同的位置；需要展现本产品与竞争产品的不同之处；定位的点不一定是同类产品所没有的,而是竞争产品所没有说、没有注意到,但是对消费者却有巨大吸引力的；定位的基础是对本产品和竞争产品的深入分析和对消费者需求的准确判断。

2. 定位的作用

关于定位的作用,有一个非常流行的比喻：你可以说出世界第一高峰是珠穆朗玛峰,那么世界第二高峰是哪一座呢？人们会记住许许多多的第一,却记不住几个第二,因为第二缺少了第一的开创性,很少会有人去刻意记住它们。定位所包含的这种开创性就使产品获得了以下优势：

(1)独特的优势

定位赋予产品以竞争对手所不具备的优势。这种优势并不是指产品实体上的,而是一种观念上的优势,比如特定的形象、用途、风格、市场和消费者等。这种观念上的优势使产品打破了"同质化"的市场困境,在消费者心理层面上获得取胜的机会。

(2)占据与众不同的位置

定位可以使产品在消费者心目中占据一个与众不同的位置,如同人们记住第一而忽略第二,消费者对产品的印象也会比其他同类更加深刻。而且一旦这种位置已经形成,可以阻止竞争产品采取同样的定位或者模仿自己的定位,保证产品有更多被消费者选择的机会,从而在竞争中获得绝对的优势。

(3)稳定的消费群体

相同质量和用途的不同品牌的产品,对于消费者来说并没有什么本质上的区别。一旦出现某个产品宣称是专门为其设计、用来满足其需求的,那么消费者就会更加倾向于这种品牌。准确的定位能够使产品更加有针对性地指向某类消费人群,获得较为稳定的消费群体。

(二)广告定位的心理意义

具体的定位包含很多不同的环节,包括"目标市场定位"、"目标消费者定位"、"广告定位"、"诉求定位"等等,它们都是产品定位策略中的一部分。这里所说的广告定位可以理解为,从大量的商品观念中,寻找到具有差别化和竞争力的独特观念,运用恰到好处的广告宣传形式使商品在广告受众头脑中确定一个与众不同的理想位置,其重点目的在于抓住受众的需求,通过广告为其提供一个崭新而恰当的购买理由,从而使受众产生有针对性的购买行为。

消费者的一些思考、行为模式保证了广告定位活动的合理性和可行性。杰克·特劳特在1996年出版的《新定位》(*The New Positioning*)一书中将研究的角度转向消费者心理,引证人类大脑及其功能的最新研究成果,在科学数据和实验结果的支持下,提出五个广告定位的主要心理意义。

第一,大脑功能的有限性。即是说受众选择接收的信息量是有一定限度的,对于绝大部分信息,受众都无法在意识层面进行认知加工。所以只有少数与广告受众经验有关的,使他们感兴趣或者能够符合其需要、引起他们产生好感的广告信息才能将其打动,进入受众头脑中的信息加工系统。

第二,大脑拒绝混乱。受众喜欢简单有序的信息,厌烦混乱和繁琐。

上述两点说明,广告要有准确的信息定位,不能什么都说,"眉毛胡子一把抓"。广告要对大量可利用的信息进行筛选,选择受众感兴趣和符合其心理需求的、具有针对性的信息,集中力量宣传所选的某一个重点信息,以此来引起受众的注意,将其打动。简洁的信息更有利于受众的认知加工,并能够避免受众对复杂混乱信息的厌烦心理。

第三,大脑的风险意识。在消费者的购买行为中,有五种形式的感知风险:金钱风险(买这个东西可能会浪费钱);功能风险(也许这个商品并不好用);生理风险(商品看上去不太安全,可能会给自己带来伤害);社会风险(买回这个商品,别人会怎么想呢);心理风险(买了这个东西可能会感到内疚或不负责任)。正是由于在购买时会缺乏安全感,消费者会倾向于和别人买一样的东西,有从众心理。定位清晰合理的广告可以帮助消费者降低或消除这些风险意识,购买时获得更强的安全感。

第四,大脑保持稳定。改变通常伴随着很强的不确定性,甚至有可能带来金钱或身心上的较大损失,因此消费者对心里已经建立起来的品牌通常会保持一段时间的忠诚度,不会轻易改变已形成的品牌印象和消费习惯。这正是定位准确的心理效果。广告定位清晰是形成良好品牌印象的基础。

第五,大脑丧失焦点。在现代消费环境下,消费者的购买行为大多是建立在对品牌认识的基础上的,如果增加品牌产品的延伸度,则有可能模糊品牌的意义,从而使消费者不知品牌代表什么而失去焦点。企业在品牌形象的塑造过程中,应该注重突出品牌某一方面的个性和信息。品牌并非不可延伸,只是品牌延伸要由近及远,从高相关度的产品开始,逐渐展开。品牌的再定位也要策略性地运作,不能引起消费者的心理冲突,弱化品牌形象。因而定位清晰准确十分重要。

(三)广告定位的具体策略

1. 功能定位策略

将广告表达的角度定位在商品的功能上是一种简单明了的定位方法。功能是商品内在价值的核心,消费者购物时最注重的也是商品带给他们的效用,而不会无缘无故购买没有效用价值的商品。功能定位策略的广告重点突出商品的使用价值,通常会运用一些技巧夸张强调其使用功能对消费者需要的满足。比如口香糖广告强调能够使口气清新,牙膏广告强调预防龋齿的效果,护肤品广告强调各种不同的保养作用等等。

2. 价格定位策略

商品另一个重要的市场指标就是价格。价格的高低直接影响着消费者的数量,是消费者判断商品的一个标准。很多日常用品的广告都会采用价格定位策略,通常使用"某某产品只要＊＊元"、"特惠价仅售＊＊元"等类型的广告语,如"飘柔日常护理,只要 9 块 9",将商品价格作为重要的广告信息来传达。需要注意的是,广告策划要根据消费者的收入水平和消费水平来确定是否使用价格定位策略。因为如果消费者认为价格太高,会拒绝购买商品;而当价格比他们的心理价位要低出许多的时候,他们会怀疑产品的质量,同样不会引起消费者的购买欲望。

3. 品质定位策略

随着现代生活水平的提高,商品仅仅是"物美价廉"已经无法满足一部分消费者的需求,购买高品质的商品成为人们享受生活的手段。同时商品的高品质也传达着使用者的个人品位和身份地位等信息,让使用者有一种心理满足感,所以有不少商品特别是一些高端产品,比如汽车、手表、首饰等都采用了品质定位的广告策略,用来突出产品的附加心理价值。

4. 观念定位策略

观念定位是指通过分析广告受众的心理,结合某种思想、道德或者情感,赋予产品一种全新的消费观念。这种观念既符合产品的特性,同时又能迎合消费者的某种心理。例如,脑白金产品定位在"送礼送健康"的观念上,其广告语"今年过节不收礼,收礼只收脑白金"广为流传,迎合了我国"礼尚往来"、"礼多人不怪"等传统观念。再比如,太太口服液的广告定位结合了"孝敬父母"的中华传统美德,将"静心送给妈,需要理由吗?"这一观念传达到年轻儿女的心目中,唤起他们希望妈妈身体健康、永葆青春的美好心愿。

5. 特色定位策略

现在市场上同类商品大量增加,功效和价格也没有明显差别,此时如果某个商品具有独特的使用价值或产品概念,那么这种特色就是广告定位当仁不让的首选。伊卡璐草本精华洗发产品与其他同类产品相比,最大特点就是它芬芳香甜的气味,所以伊卡璐的广告始终定位在这一点,通过各种方式强调产品的花果香气,这使其产品在国内上市十余年仍然经久不衰。

6. 市场定位策略

这是在产品定位策略和细分目标市场的基础上进行的一种广告定位方式。很多商品或服务理念在生产和策划的过程中,已经确定了自己的目标市场和目标消费群体。此时广告就是把这种目标传达给已指定的广告受众群,让他们能够很好地接受和理解商品的信息,对其发生兴趣。比如中国移动公司的"动感地带"手机服务,是特别为年轻人度身定做的移动通信品牌,其广告针对年轻人这一细分出来的市场消费群体,选择音乐生活为广告主题,聘请青春偶像作为品牌代言人,成功赢得年轻人的喜爱,尤其是广大学生群体。

7. 品牌定位策略

应对市场同质化的另一个手段就是品牌定位策略,即把广告定位的着眼点放在宣传品牌文化、扩大品牌内涵上面。像耐克、阿迪达斯这种世界知名的体育品牌,很少会将某一种新款产品作为广告宣传的对象,它们更喜欢利用广告不断地塑造和完善自己的品牌形象,丰富品牌所包含的文化内涵。品牌效应会给企业带来十分理想的市场效果,因为品牌意味着质量和品质,品牌文化传递着与竞争产品之间的差别。因为消费者的品牌忠诚度或者仅仅是从众行为,也能保证一定的持续购买率。还有一些广告采用了简单明了的表达手法,直接采用如"某某产品销量第一"、"某某产品获得金奖"等广告语,实际上也是在传达本产品是业内龙头老大这一信息,利用消费者的从众心理,促进其购买。

简而言之,广告定位就是通过广告手段确定商品在消费者心中的位置,即在探寻广告作品要"说些什么",其实质就是最大限度地挖掘消费者的心理需求,寻求消费者心理的空隙。谁能探寻到消费者未被发现的潜在需求,谁就能给商品找到恰如其分的定位。

那么,消费者的需要是什么?我们又如何寻找广告诉求点呢?

二、广告诉求与需要的诱发

我们把通过各种媒介接触到广告的所有人群泛称广告受众,也泛指消费者,而把某则广告信息传递所针对的那部分受众称为广告诉求的对象。广告所要完成的任务是:确定准确的诉求对象即把握广告"对谁说";在深刻了解广告受众需要的基础上确定广告诉求点;运用恰当的方式和技巧表达广告的主题,使广告受众更容易接受广告信息,引发其购买动机,促使其产生购买行为。这其中首要的任务是确定广告诉求点,广告诉求最主要的心理依据就是消费者的需要。

(一)广告诉求依据消费者需要

1. 需要的含义

需要是有机体内部的一种不平衡状态,它表现在有机体对内部环境或外部生活条件的一种稳定的要求,并成为有机体活动的源泉。这种不平衡状态包括生理上和心理上的失衡。比如口渴、饥饿、困乏这种生理上的不平衡,会引起个体喝水、吃饭、睡觉的需要;而孤独、压抑这种心理上的失衡,则会引起个体交往、倾诉的需要。在需要满足以后,不平衡的状态暂时会得到消除;当新的不平衡出现以后,又会产生新的需要。人的需要是由个体对某种客观事物的要求引起的,有可能来自有机体的内部也可能来自个体周围的环境,它是个体活动的基本动力,与动物的需要有着本质的区别。[①]

需要有意向、愿望、动机三个阶段。个体首先会感受到某种内部或外部的失衡,这是一种弥散模糊的状态,即意向;然后会产生减缓或消除这种不平衡状态,寻求稳定的愿望,此阶段需要总是指向能够满足此种不平衡的对象和条件;最后个体则有可能最终采取行动来满足这种要求,并且维持这种行为,当需要成为能够驱动个体完成实现目标的行为动力时即是动机,动机是在需要的基础上产生的。

需要的种类很多,按照起源可以分为自然需要和社会需要。人的自然需要包括饮食、运动、睡眠、排泄、配偶等,这些需要对机体维持生命、延续后代有重要意义;社会需要是人类特有的,比如交往的需要、求知的需要、成就的需要等,对维系人类社会生活、推动社会进步有重要作用。按照需要的指向对象还可以分为物质需要(指向社会的物质产品)和精神需要(指向社会的精神产品)。通常优秀的广告作品会同时传达这两种需要的信息。

2. 需要层次理论

人本主义心理学的创始人之一马斯洛(Maslow)提出需要层次理论。他认为需要的满足是人的全部发展的一个最简单原则。他把人的基本需要分成五个层次,即:生理需要、安全需要、归属与爱的需要、尊重的需要、自我实现的需要。每种基本需要的表现形式都丰富多彩,在消费活动中也有充分的体现。

---

① 彭聃龄.普通心理学(修订版).北京:北京师范大学出版社 2004 年版,第 327 页。

(1)消费者的生理需要

这是人类所有需要中最重要的,也是最有力量的。消费者的生理需要主要体现在对饮食、睡眠、性等方面。如果基本的生理需要得不到满足,人们就会无暇顾及更高层次的其他需要。许多商品的使用功能正是满足了消费者的生理需要,广告诉求可建立在商品对消费者生理需要的满足上。

(2)消费者的安全需要

安全需要表现为人们要求稳定、有秩序、自身和财产受到保护等。比如保险类产品的消费者就是希望自己的生活能够得到一定保障;保健品和保养品的迅速发展源于人们对衰老和死亡的恐惧;对于家居用品,特别是婴幼儿用品更是注重产品对于身体的安全性,追求无副作用无公害的效果。因此,广告诉求可依赖消费者对安全的需要。此外,消费者的安全需要还表现在前面所提到的五种风险感知上,如:陌生的产品对于消费者来说有一种不确定性,因而他们有可能倾向于从众性的购买行为或者购买熟悉的产品。这些意味着广告可帮助消费者建立对产品的熟悉感。

(3)消费者归属与爱的需要

安全需要要体现在人们要求与他人建立感情的联系,希望隶属于某个群体并被群体承认。广告作品中常常采取某些方法激发这种对情感和群体认同的需求,从而诱导消费者产生购买动机与行为。爱是一个永恒的主题,许多商品正是因为间接或直接地满足了人们的这种需要而受到消费者的青睐,包括情爱、友爱,对父母、子女的爱,对集体、民族、祖国的爱等等。因而,广告可将诉求点放在诱发与满足消费者的这个需要层次上,使产品在消费者心中产生附加心理价值,从而塑造出色的品牌形象。

(4)消费者尊重的需要

消费者获得尊重的需要,表现在他们希望通过某种产品提高自己的地位、声誉,能够受到别人的认可和尊重。每个消费者都希望自己是与众不同的,受人瞩目的,他们希望通过使用某种商品来掩饰自己的缺陷与不足,或者突出自己的优势,使自己更自信、自尊。也有的消费者希望某种产品能够使自己体现出具有征服和支配别人的力量等等。这方面的广告诉求主要也是为了增加产品在消费者心中的附加心理价值。

(5)消费者自我实现的需要

自我实现的需要,体现在消费者希望通过某种商品充分发挥自己的才能与创造力,开拓自己的潜在能力,追求理想、知识,挑战自我等等。这也是广告诉求的重要层面。

3. 消费者的优势需要

马斯洛的需要层次理论不仅把人类的需要分为五种基本类别,他还认为,这五类基本需要是依层次阶梯式递增的,从最低层次的生理需要开始,到安全需要、归属与爱的需要、尊重的需要以及最高层次的自我实现的需要。当人们低层次的基本需要得到合理满足后,会向高一层级发展。个体需要结构不是间断的阶梯,而是呈波浪状向前演进。也就是说基本需要不会因为满足而消失,而是被此时更加迫切的其他需要所压制。各级基本需要层次的上升是随着个体发育阶段的增长而提升的。在每个不同的发育阶段,各种基本需要的强度各不相同,其中强度最大的即为优势需要。比如某一发育阶段的优势需要是尊重的需要,但其他基本需要也存在,只是强度较低,成为次要需要。纵观个体的整个发育阶段,可以了解到不同年龄阶段消费者的不同的优势需求。因此,对不同年龄段的消费者来说,我们可利用需要层次理论,依据他们各自的优势需要找到不同的广告诉求点。当受众的需要成为消费动机时,即可能发生购买行为。

(二)广告诉求促发消费动机

1. 动机与行为

当人们的某种需要没有得到满足,这种需要就推动其去寻找可以满足的对象,从而产生行为的动机。动机是一种内部的心理过程,它由特定的目标或对象引导,激发和维持个体活动的内部动力。动机具有引起行为的作用,它能够激发个体从静止状态转向活动状态,而且动机能将行为指向一定的对象或目标。比如人感觉到口渴,就会有寻找饮用水的行为,如果身边没有水可以喝,那么他的行为就会被指向某个商店或超市去购买。当动机激发个体的某种活动之后,这种活动是否会坚持下去,依然受到动机的调节和支配。消费动机就是被消费者明确意识到并希望实现的需要,并能够引起和维持消费者的购买行为。

购买动机与行为的关系十分复杂,相同行为的背后可能有不同的动机,同一种动机也有可能导致不同的行为。比如购买同一种保健品的消费者,有的是自己使用,有的是当作礼品馈赠亲友,有的则是看别人买了于是自己也买;或者一些人同样都想休闲娱乐,但有的人会去看电影,有的人会去郊游,有的人则是逛街购物。同时,消费者产生了购买动机,还要受环境因素的影响,在适当的购买环境下才能发生购买行为。

如果从消费者的需要、动机与行为的关系来考察广告作品的功能,广告的作用就是触发消费者产生对某种产品或服务的需要,以及制造相应的诱因,让消费者迫切地希望满足这种需要,成为购买动机,从而使其产生购买行为。因此消费者的需要和动机是广告诉求的核心依据。

2. 消费者的动机冲突(参见第八章)

在动机冲突时,外界因素、特别是广告作品对消费者接触此类冲突有着重要的影响。广告作品应该诱发与消费者所处情景相吻合的需要,以使其尽快作出购买的行为。

3. 兴趣

兴趣也是广告诉求的一个十分重要的依据。兴趣是指"人们探究某种事物或从事某种活动的心理倾向,以认识外界的需要为基础,是推动人们认识事物、探寻真理的重要动机"。① 当人们兴趣盎然地进行某种活动或获得某种认知时,通常能体验到愉悦和满足的积极情绪。不同年龄、性别、社会经济地位的消费者在兴趣方面会有不同的表现。比如许多女性对广告画面有一定的偏好,相较于战争或惊险的镜头,整洁舒适的环境、可爱的孩子和动物对于女性来说会更受欢迎。

(三)个性特征影响广告诉求

广告作品在选择诉求点的时候,可以适当考虑不同群体广告受众(即消费者)的个性特征,运用恰当的方式传递商品信息。个性是构成一个人的思想、情感以及行为的特有模式,它包含了一个人区别于其他人的稳定而统一的心理品质,是在先天遗传和后天环境相互影响作用下形成的。虽然个性是千差万别、具有独特性的,但是生活在同一社会群体中的人也会有一些相同的个性特征。比如中华民族的"勤劳"品质,就是共同的个性特征。受众的个性特征主要指其气质与性格。

1. 受众的气质类型

气质即我们平常所说的脾气、秉性,它表现在心理活动的强度、速度、灵活性与指向性等方面。气质作为个性的一种基础性框架,是先天性的。气质

---

① 彭聃龄.普通心理学(修订版).北京:北京师范大学出版社 2004 年版,第 348 页。

是人的天性,并无好坏之分。心理学的研究把人的气质分为四种,即胆汁质、多血质、黏液质、抑郁质。当然现实中典型的属于某一单一气质类型的人并不多,大部分人的气质更可能是两种或多种的混合体。

(1)胆汁质。这种类型的人直率、热情,精力旺盛,脾气急躁,行动上迅速坚决,坚忍不拔,易于冲动,心境变化强烈,具有外倾性。

(2)多血质。这种类型的人反应迅速灵活,喜欢与人交往,注意力容易转移,兴趣和情绪容易变化,缺乏忍耐力,具有外倾性。

(3)黏液质。此类型的人反应缓慢,遇事谨慎,三思而行,安静、稳重、沉默寡言。情绪不容易外露;而一旦激起某种情绪,便比较稳固而深刻。注意力稳定,难于转移,善于忍耐,具有内倾性。

(4)抑郁质。行动迟缓且不强烈,优柔寡断。多愁善感,情绪体验微弱而持久,孤僻,不善交往。思维敏锐,想象丰富,感受性很高,善于察觉他人不易察觉的细节,具有内倾性。

2. 受众的性格差别

性格是个人对客观现实稳定的态度和习惯化的行为方式,主要体现在对自己、对别人、对事物的态度和所采取的言行上。性格是在后天逐渐形成的,受环境、教育的影响,同时也受到先天因素的影响。

性格的划分方法有许多,常用的是瑞士著名人格心理学家荣格(C. G. Jung)的向性说。他依据个体心理活动倾向于外部或倾向于内部,把人的性格分为外向型与内向型两类。

外向型的人心理活动倾向于外部,经常对外部事物表示关心。开朗、活泼,情感外露,当机立断,不拘小节,独立性强,特别善于交际。多血质与胆汁质的人更容易形成外向性格。具有外向性的广告受众感情强烈,属于行动派,容易产生冲动型购物行为;同时注意力和兴趣点很容易被激起,但又容易变化。针对这种特点,广告作品应该注重强烈的风格,具备一定的趣味性和观赏性,广告信息简洁明了,以便引起受众的好奇和注意,并保持他们对于产品的兴趣。

内向型的人心理活动倾向于内部,一般表现为沉静,处事谨慎,深思熟虑,反应缓慢,适应环境比较困难,顾虑多,比较孤僻。黏液质与抑郁质的人更容易形成内向型性格。内向型的广告受众更习惯自我内部的感受和体验,不容易对外产生行为;但是他们感情细腻,感受性较高,而且感情较为持久。

对于这种气质类型的受众,广告作品应该更注重有效而详细传达信息,广告语诚恳而客观,着力于获得他们的充分信任。

荣格认为有相当多的人都是中间型的性格,正像个人的气质大多数都是混合型一样,受众的个性特征比较复杂。广告人可以在受众调查的环节注意观察区分,也可以根据产品目标消费群体的特定性来推断受众的个性倾向,因为群体环境对个人的个性心理特征有很大的影响作用,往往处于同一群体内的个体会有共同的心理特征。比如美国一家广告公司曾对 28 个国家的六千多名高中生进行调查,发现无论是在美洲还是亚洲、发达国家或是不发达国家,十几岁的青少年的穿着和想法都很相近。他们都爱穿牛仔裤和 T 恤衫,对未来抱有明朗的希望,不希望被人认为陈腐和呆板,具有怀疑性格。他们同广告一起成长,如果广告有趣、新奇、刺激,他们便会对广告持肯定态度,并能形成深刻的印象。

3. 通过精神分析理论认识受众

精神分析理论的创始人弗洛伊德认为,人的个性结构由三部分构成:本我、自我、超我,人的行为也受到这三个"我"的支配。

本我(id)位于个性结构的最底层,是潜意识中的我,它只遵循自我快乐的原则,这种寻求快乐的原始动力被称为力比多(libido)。自我(ego)位于个性结构的中间层,是现实中表现出来的我,遵循现实原则;在自我支配下,个体可以了解外界环境的限制,也能够调整自己来适应环境,以合理的方式来满足本我的要求。超我(superego)位于个性结构的最高层次,是道德规范下的自我,由社会规范、伦理道德、价值观内化而来;超我遵循道德原则,指导人追求完善的境界。

实际上,个性结构中的三个成分代表着个体不同的欲求。由于这三者之间存在着内在矛盾,所以现实社会中很难有商品能同时满足这三个层面的欲求。广告在选择诉求点时,要尽量协调三者之间的冲突;即便无法兼顾每个层次的欲求,也应该避免诉求本我层次的欲求。由于过分暴露"本我"的广告难免会触及社会常态的规范及标准,人的"超我"就不可能认可,会在"自我"中加以拒绝,因而,对商品产生消极的情感体验和评价。

(四)广告诉求的原则

1. 寻找准确的广告诉求对象

正如并非所有人都是某种产品的消费者或者潜在消费者,广告诉求的对象也不是所有接触到广告的受众。广告只有针对特定的受众,也就是产品的目标消费群体进行诉求,才有可能达到理想的效果。广告诉求对象由目标消费群体、产品的定位和产品购买的决策者三个因素所决定,即是说广告诉求对象应该是产品定位所针对的消费者,同时又是对购买行为有决定权的实际决策者。

在广告策划过程中,应根据已经完成的产品定位和目标市场决策来确定准确的广告诉求对象。因为产品定位和目标市场的细分直接指明了广告要针对哪些市场的消费者,广告创作者可以根据特定的对象选择诉求手段。

由于消费者身份的区别,在购买不同产品的时候会起到不同的作用。在购买行为中消费者分别扮演着提议者、影响者、决定者、购买者和使用者的不同角色,根据这些不同的角色广告诉求会有不同的决策,这其中尤其重要的是商品购买的影响者和决策者(参看第八章)。

2. 诱发并选择恰当的需要

企业和产品最重要的信息并不意味着就是广告诉求的重点,其重点应该直接针对诉求对象的某种需要,以及他们最为关心、最容易引起注意和兴趣的某些信息。因此,广告诉求点的选择应该在特定的时间与地点,对广告诉求对象的需要有明确把握的基础上进行。

人们的行为通常不完全是由某个单一动机所引起的,需要与动机都是复杂的心理系统。有些需要动机的公开对于消费者来讲并没有什么影响和顾虑,而有些需要动机因为某种社会评价标准的限制,消费者并不愿意公开表达出来。广告诉求在诱发消费者需要的时候,应该定位在那些社会评价标准许可的范围内,避免因为诉求点的偏差使消费者对商品产生排斥。

例如:20 世纪 50 年代宝洁公司的帮宝适婴儿纸尿裤在美国刚面世时,将广告的诉求点放在了年轻母亲的身上,表达出如母亲们使用了此商品,在照顾孩子时就会更加方便,更加节省时间等观念。但是广告的市场效果却十分不好。原来这种以母亲为中心的广告诉求,会让母亲们觉得使用纸尿裤仅仅是为了让自己更加方便,她们内心会觉得非常的不安和内疚。后来宝洁公司把广告的诉求点放在"对婴儿健康舒适"上,强调对婴儿的益处,诉求变为帮宝适纸尿裤能够让婴儿的皮肤更加干爽舒适,宝宝再不会因为尿湿而感觉难受了。从此,帮宝适便打开了销路,销售量猛增。

3. 突出产品独特的功能和附加心理价值

罗塞·里夫斯(Rosser Reeves)首创的 USP 理论,是广告发展历史上最早提出的一个具有广泛深远影响的广告理论。USP 即 Unique Selling Proposition,表示独特的销售主张或独特的卖点,具体意思是向消费者或客户表达一个主张,必须让其明白,购买自己的产品可以获得什么具体的利益,并有区别于其他竞争对手的独特之处;所强调的主张必须是强有力的,必须集中在某一个点上,以达到打动、吸引别人购买产品的目的。而一旦这个主张与产品相联系,就会在消费者头脑中保存较长时间,因为它第一个诱发了消费者的某种需要。例如宝洁在洗发产品推广过程中,宣传飘柔"洗发、护发二合一",潘婷"维他命原 B5 头发养护",海飞丝"去头屑",沙宣"专业级美发用品",这些都对消费者承诺了一个重要的利益点,并且具有开创和独特性,因此给消费者留下了难以替代的印象。

由于市场上同类产品的增多,许多生产商和广告作品都另辟蹊径,寻找与众不同的定位和诉求点,有时就会出现商品价值概念偏失的情况。2006 年盛洲食用油在中央电视台大力度投放了一则广告,广告词为:"盛洲非转基因食用油不含转基因成分。非转基因为健康加油!"显然该产品是想在种类繁多的食用油竞争中脱颖而出,把"非转基因"作为卖点,抢占食用油非转基因概念的第一品牌。但实际上大部分消费者并不了解什么是非转基因,也不明白非转基因的食用油为什么健康,这就意味着消费者并不明确产品的利益点和功能价值所在,广告自然达不到理想的效果。广告诉求决策过程中,要特别注意选择消费者熟悉和了解的价值概念,避免诉求点与消费者认知结构有较大差异。

不过,现在市场上的产品同质化十分严重,竞争对手之间很难有大的差异,单靠产品的功能优势很难吸引消费者。如果希望消费者能够群分区不同的品牌,广告应该更多地从商品带来的附加心理价值上寻找出路。消费者在购买某种商品时,并非只出于一种需求,商品也同样满足了消费者的社会性和需要的多层次。如果通过商品的使用,消费者能在更高层次的需要上获得满足,这就是商品的附加心理价值,比如增加自尊心、自信心和荣誉感等。

4. 开发潜在需求,避免不良影响

很多广告作品之所以成功,是因为它诱发了许多人平常并没有注意到的潜在需求,而且同类竞争产品的广告中也没有表现出这个诉求点。这也正是商品保持生命力的一个秘诀,不断发现消费者的需求,加以改进,使得消费者对产品保持一种持久的需要。

格力电器在 2007 年 8 月推出一款"卧室空调",让刚刚走出旺季的空调市场再次成为消费者关注的焦点。众所周知,对于家庭用户而言,空调无非用在客厅或卧室这两类地方。而卧室由于是人们休息和睡眠的场所,对室内温度、湿度、声音、空气质量等环境因素要求更为苛刻和人性化。格力电器正是捕捉到消费者这一潜在的需求,延展出"卧室空调"的概念,不仅为消费者提供了新的消费需求,也打破了空调行业同质化的状态。可见,消费者对商品有许多潜在的需求,它可能是次要的需求,或者是消费者未意识到的需求,而在这其中存在着巨大的潜在市场。如果能够细心发掘这些需求,在广告中作为诉求重点,即可诱发消费者购买的想法,成为购买行为的动力。

广告在诉求时还要考虑到其诱发的需要及表现的方式是否符合当时社会环境中的文化理念和道德标准,与一定的文化背景相结合。广告传播活动实现商业目的同时,还负有影响社会文化和道德倾向的责任。一旦广告诉求诱发了反道德反社会、或者是暴露隐私等方面的需要,对商品、对消费者、对社会都会产生消极的影响。

第二节　广告作品表现的心理效应

通过深入了解广告对象的需要、兴趣,可以准确地把握广告的诉求点。但广告效果的优劣不仅受其表达内容是否准确的影响,同时还受表现形式是否艺术的影响。广告作品有许多发布的渠道,比如电视、电影、广播、报纸、杂志、网络等等,因此,可将广告作品的表现形式大致划分为画面、语言和音响三个主要组成部分。

一、广告画面的心理功能

(一)广告画面的视觉刺激

广告画面是以传播某种商品或服务的信息为目的,以线条、图像、色彩、质感和影调等物质形式为基础,通过一定的结构方式表现出来的。广告画面直接作用于受众的视觉。

1. 视觉与信息来源

光线、视觉系统和视觉对象构成了视觉活动的基础。视觉是辨别外界物体明暗和颜色特性的感觉,起始于光线进入眼睛。由光源直射或物体反射的光线作用于眼球的视网膜,引起视网膜中感觉细胞的兴奋,再经过视神经传入大脑皮层视区(枕叶)从而产生视觉。

个体要在自然环境和社会环境中生存,就一定要与外界经常保持接触和联系,认知外界环境中的一切事物。人类有视觉、听觉、味觉、嗅觉、触觉,它们是获取外界信息的感觉器官(参见第六章第二节)。在这之中,视觉尤为重要。因为,"在人类获得的外界信息中,80%来自视觉。"①

2. 视觉与认知

广告的目的是向受众传达特定的信息,这个目的能否达成,取决于广告是否能被人们所认知。为了达到被人认知的目标,利用视觉来传递信息是现代广告必不可少的主要途径,也是完成广告传播的最重要的手段。它所具有的感染力、冲击力和差异性直接影响广告的效果。现代社会中的人处在一个高效快捷的生活环境之中,信息的种类和数量激增,传播渠道多种多样,无形中增加了人们阅读、收听、选择信息的总时间长度。但是平均到每一条单一信息上面的时间却一直在不停地缩短,广告同样无法幸免。如果希望广告作品获得成功,首先必须创造出具有生命力的广告视觉画面。这是广告创作者所面临的严峻考验。

成功的广告视觉信息必须首先是易于认知的。视觉传达可以强化或减弱广告的认知程度,成功的视觉传达可以使广告快速、准确、完美地被受众接受,取得事半功倍的广告效果。

(二)广告画面的表现手段

在广告作品中,平面广告的画面具有静止性,而影视广告的画面具有时空运动性。广告画面最基本的表现方式是具象与抽象。它们有其各自的优点和局限,有时两种方法会同时出现或者融合使用。广告创作者可以根据不同的创意构思和对象选择不同的表现手法。

1. 广告具象画面

具象可以理解为用写实的手段来体现客观世界的一种表现形式,能够真

---

① 彭聃龄.普通心理学.北京:北京师范大学出版社 2004 年版,第 88 页。

实地再现广告产品及现实中的人、事物和情境。大部分的影视广告都是由具象的动态画面构成,也有一部分平面广告是通过模特、商品或风景的写实照片加工而成。具象画面在受众心中有一种亲近感人的魅力,受众认知起来也较为容易。运用具象画面来传达某种观念或商品服务的信息,通常会取得较好的传播效果。

2. 广告抽象画面

抽象画面是高度理念化的一种表现,它的形式美是客观科学技术和时代精神的反映。抽象的独创性可使画面表现不受任何对象和时空的局限,也可以与具象画面有机结合起来,打破具象表现的单一模式,大范围地拓展广告的表现空间。通过抽象的表现方式能使主体特征更加强烈而鲜明,并具有典型性和情绪化。

(三)广告画面的心理特性

1. 生动直观性

很多时候,用语言、文字来描述一种物品远不如画面的形象性语言那样生动直观。在现代广告中,凡是需要靠产品外观形象来展示其特征的广告,比如汽车、服饰、家具陈设等产品都离不开画面的展示。有些产品虽然有着可视的外形,但其特性却是通过其他感觉器官接收的,如食品饮料的味觉,香水的嗅觉,音响设备的听觉等等,同样能通过广告画面使受众产生联觉(参见第六章第二节)。

从信息交流的角度来看,不同地区、国家之间的语言文字存在着差异,使人们的交流存在着许多障碍。而广告画面以人类共通的视觉形象为符号,成为跨语言文字传播的桥梁。无论识字与否,无论哪个国家、哪个民族,都能将广告信息传播的误差减小到最低程度。

图 4-1 是一款运动跑鞋的广告。画面通过展示蝴蝶提起跑鞋的情境,使广告受众直观地感受到跑鞋的轻盈之感。同时,蓝白色的跑鞋搭配同样是蓝色的美丽的蝴蝶,暗示着跑鞋设计灵感的来源,彰显了跑鞋时尚靓丽的外形。

图 4-2 是吉普越野车广告。一辆行驶在雪地中的吉普车,车身后的雪地上突显出车轮留下的一串串清晰印记,就像安装了链条的装甲车一样,形象直观地表现出该款车车轮的坚实和安全。

图 4-1 ①

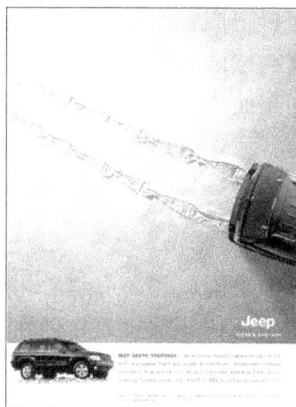

图 4-2

2. 真实可信性

为了说服广告受众,广告作品要明确自身的定位和选择有效的广告元素,采取独特的广告创意和表达方式来实现信息的传达。广告画面表现能令其中的广告形象具有真实感,使广告产品看起来真实可信,所谓"眼见为实"。广告画面产生的真实可信是受众的一种主观感受,并不等同于事实的客观性。在广告作品中,尤其是具象画面,能够如实逼真地表现出产品的真实状况,无论是产品的外观形态还是产品的使用功能,其表现出的真实感和实证感比起文字、绘画和其他表现手段有着明显的优势。

3. 艺术感染性

广告画面的艺术感染性体现在能够满足人们的审美需求,产生共鸣。通过影像的光影、色彩、对比、位置等艺术手段表现出产品的美。因为产品的美来源于产品自身的功能,表现产品的美,也就在某种程度上体现了产品的品质与功能。广告画面通过表现客观对象的具体形态来突出广告主题,同时也表达出一定的意境,使广告发挥满足受众审美需要的效用,感染受众、深入人心。

在广告画面的表现中,抽象画面更可以表现广泛的题材和内容。它既可以表现社会、经济方面的主题,也可以表现科技、文化、体育方面的主题,同时

---

① http://biz.163.com/05/0810/11/1QPR1H5U00020QDS.html#,《彪马运动鞋创意广告与动物的野性缠绵》,网易商业频道。

也可以用来表现产品的质感和美态。抽象画面依靠各种点、线、面和色彩的组合实现错觉运动感,打破静态的均衡,同时又具有简洁、明快的视觉效果和强烈的现代感、形式感和装饰性。抽象画面的奇妙变化和象征特性涵盖着丰富的信息和内容,能给受众带来联想和再次创造的空间。

图 4-3 和图 4-4 是两幅香水广告。梦幻的画面和虚幻的氛围传递着香水独特的魅力。透过女模特那慑人心魂的眼神,或者优美的身姿,使观者情不自禁地受到感染。这种审美享受,使人对产品不由自主地产生一种向往,并可能在感情的驱使下产生强烈的购买欲望。

图 4-3①

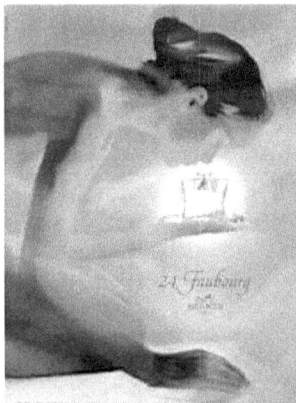

图 4-4②

画面语言是可感可视的,它作为广告作品中最主要的元素负载了大量的信息和象征意义,传达着人们的思想行为、观念认识,形成信息的互动交流与沟通。在当前商品竞争日益成为广告竞争的消费型社会中,商品广告的审美价值越高,就越能给消费者留下深刻印象,甚至还能在一定程度上增加商品本身的价值。

通常在广告作品中画面表现手段都是综合运用、不拘一格的。值得注意的是,在广告作品表现时,其真实可信与艺术表现应是统一的。尽管现代的影像技术可以运用夸张、变形、组合等艺术手段来表现广告内容,使之得以美化,但它必须是在艺术性表现范畴之内的、合理适度的,必须区别于杜撰或过度夸大产品功效的虚假广告。图 4-5 是一幅卫生卷纸的广告。蓝色天空中飘

---

① http://www.happyanna.com/perfume/posters/posters.html,香水海报图集。
② 同上。

着白云,空中悬挂着一条条卫生卷纸,一位英俊的男模特把卷纸当作秋千悠闲地在空中飘荡着。这是在用一种艺术夸张的手段表现卷纸的强韧与舒适。任何观者看到这幅广告都清楚一卷卫生纸不可能将一个人悬于空中,但是很少有人会去追究这种夸张表现是否为真实的,反而多数人会因广告画面表现出的象征意义和新颖奇妙的创意构思引发想象与联想,对这种卫生纸的韧性和舒适留下深刻印象。并且受众可能在审美定式的影响下对此作品呈现出来的产品形象,保持喜爱的倾向,甚至产生信任感。

图 4-5①

从广告作品创作的本质上来讲,广告的真实来自于其传达内容的品质(如广告产品的质量)、信誉、服务是否符合受众的需要,是否能让广告受众真正体验到言之有物、言之有理。

(四)广告色彩的心理效应

1. 颜色的心理意义

人们长期生活在色彩的世界中,积累了许多视觉经验。色彩即是人通过眼睛感受可见光刺激后的产物。人们对色彩的感知,可以触发情绪。

(1)广告色彩在心理组成上的三种要素

明度:对光强度的主观感觉,是颜色的明暗程度。它取决于物体表面的反射系数和照明的强度。光源的照度越大,物体表面的反射率越高,物体看上去就越亮。明度最大的是白色,其次是黄色,最暗的是黑色。

---

① http://www.chinaadren.com/html/file/2007-2-13/2007213204115.html,中国广告人网站。

色调:色彩的最重要的属性,它决定了色彩的种类,主要取决于光波的波长。消费者对色彩的感觉根据波长的变化而变化,波长越大,越容易引人注目。

饱和度:是对光波纯度的主观感觉。达到了饱和状态的色彩,即纯度最高。

在广告作品中,这三种色彩的心理要素共同作用可使广告受众产生一定的联觉和联想,并引发情绪反应。色彩能使人产生冷暖感、轻重感、缩胀感、薄厚感等,如,明度高的颜色给人轻盈的感觉,明度低的颜色显得厚重。广告作品通过色彩可以有效地影响受众的情绪。

(2)色彩的情绪表征意义

红色——是可见光中波长最大的,是强有力的、冲动的、有穿透力的色彩,可以引起热烈兴奋的情绪。可口可乐、万宝路、麦当劳等品牌就是成功使用红色的代表。黄色——具有很高的明度,给人以灿烂辉煌、温馨幸福、希望光明等情绪表征,使人联想到大自然的丰收、成熟的果实、黄金与权力等。绿色——绿色的波长对眼睛的刺激最为适宜,使人感到舒适。鲜艳的绿色非常美丽优雅;黄绿色单纯年青,有生命力;蓝绿色青秀豁达;含灰的绿色能反映出一种宁静、平和的心境。蓝色——以蓝色为代表的冷色系中,蓝色波长较小,刺激瞳孔收缩,使血流减缓,让人感到冰凉的感觉。黑色、白色、灰色——具有似乎超越任何色彩的更为抽象的表现力。在广告作品中使用黑色,通常会使人感觉沉重和恐怖;但是黑色又象征着神秘、高贵和深沉。而白色会使人感到纯洁、神圣和空白感。在广告作品中,黑色和白色经常被一起使用以产生突出和对比的效果。比如,在去屑洗发水的广告里,经常用黑色的头发衬托的白点状头皮屑,以突出其恼人的状况。在色彩体系中,灰色是中性色,在与不同色彩搭配时能获得不一样的生命力:灰色一旦靠近鲜艳的暖色,就会显出冷静的品格;若靠近冷色,则变为温和的暖灰色。广告作品借助色彩烘托气氛,向受众表达与广告主题相应的情绪。

2. 色彩与广告

色彩在广告作品的运用中具有特殊作用。一是,彩色广告比单色广告更能吸引受众的注意力,鲜明的色彩对于注意起着显著的刺激作用(详见第五章第二节)。二是,彩色广告画面更能逼真地再现商品的真实状况,如实地反映商品各个方面的信息,比如颜色、形状、质量、构造等,展示出商品的真实面貌。三是,广告色彩对企业或其产品的象征作用,通过商品各自独特倾向的色彩语言,使消费者更易辨识和产生亲切感,有利于品牌识别。四是,在广告中常常利用色彩引起受众的联觉(参见第六章第二节)。

既然色彩对于广告传播效果十分重要,具体运用时就要把握好色彩的心理规律,科学地运用。通常要注意以下几点:

(1)要敢于突破一般的色彩组合原则,使色彩运用给人以新颖独到的感觉。广告应该建立在真实的基础之上,但同时广告也是一种借助于艺术的表现形式,色彩亦可有一定程度的夸张,使广告产品呈现迷人的魅力。

(2)要提高色彩的明度和纯度。一般说来,色彩的明度、纯度越高,注意值越大,在 6 种标准色中,黄色明度最高,往下依次为橙、绿、红、蓝和紫。广告制作可根据这个特点,有意识地使用明度、饱和度较高的色彩,由此加大对受众的视觉冲击力,引起关注。

图 4-6[①] 是 ipod mp3 系列广告中的几款,广告用高饱和度的背景颜色与黑色的人物剪影来对比,使整个广告既洋溢着青春跃动的积极情绪,又取得了极好的注目效果。

图 4-6

---

① http://pics.skyhits.com/HtmlPage/XZ_List824_1.htm,天空图片,ipod 壁纸。

（3）运用色彩时要尊重不同民族的习俗（表 4-1）。不同国家不同民族对色彩的喜好与禁忌不同，因此在向某个市场做广告时要充分了解当地的色彩文化。

表 4-1　部分国家和地区人们对色彩的喜欢和忌讳[①]

国家、地区	中　国	日　本	马来西亚	新加坡	土耳其
喜欢	红、橙色	黑色（象征男子）、红色	绿色（象征宗教，亦用于商业）	绿色（象征宗教，亦用于商业）	绿、白、绿红色
忌讳	黑色	绿色与荷花为不祥之物	白色、黄色（王室使用）	白色、黄色（王室使用）	室内陈设喜素色、认为花卉色是凶兆

国家、地区	伊拉克	埃　及	保加利亚	德　国	法　国
喜欢	蓝、红色	绿色	灰绿、茶色	黑灰、南方喜欢鲜明色彩	高雅的灰色、黑灰、鲜明的黄橙色
忌讳	橄榄绿、黑色	蓝色（恶魔）	浅绿、不喜欢鲜明色	茶、红、深蓝色	墨绿（为纳粹军服）、黑茶色、深蓝色

国家、地区	意大利	比利时	美　国	西班牙	古　巴
喜欢	绿色、黄橙色		蓝色	黑色	鲜明色彩
忌讳		蓝色			

（4）广告色彩的运用要考虑到不同群体的广告目标对象对色彩的偏好，如性格活泼者比性格消沉者更偏好明快亮丽的颜色。广告人在选择色彩时，总是有一定群体的目标受众。如创作女性化妆品的广告，就不能过多考虑男性的色彩偏好。广告作品设计，应根据不同群体的广告目标对象的具体情况作出不同的色彩设计与艺术处理。这样就能引起广告目标受众的注意，达到预期的广告效果。

三、广告语言的心理功能

广告语言有广义与狭义之分。广义的广告语言是指广告作品中所使用的一切手段与方法。其中既包括声音语言、音乐语言、平面设计语言、图像语

---

①　王肖声.广告设计基础.上海:同济大学出版社 2000 版,第 40～41 页。

言、色彩语言,也包括文字语言等。这里的"语言"不是严格意义上的语言,而只是一种比喻用法,是指一种符号和表现手段。狭义的广告语言是专指广告作品中的文字语言,即指广告作品中所使用的语言文字。它具体包括商标、广告标题(包括引题、正题、副题)、广告标语(口号)、广告警示语、广告正文和广告附文等。[①] 我们平时所说的广告语言以及现在绝大部分人所谈的广告语言都是这个意思。

广告语言是一种具有特殊感染力的语言,它具有商业行为的内涵,目的是为了推销产品和服务,具有明显的商业性和实用性。要创作出好的广告语,不仅需要具有广博的知识层面,还需要有敏锐的观察力和丰富的联想能力。

(一)广告语言的类型

1. 口头语言

人类的语言活动通常分为两类:外部语言和内部语言。广告作品中的语言成分属于人类外部语言的范畴,包括口头语言和书面语言。口头性的广告语言通常出现在影视广告和广播广告作品中,作用于人类的听觉系统,是一种声音语言。对于一些感觉性的因素,画面和文字无法到位地表现时,声音可以运用象声词、语调、语气加上音效和音乐烘托的方式,运用通感的手法,形象地表现事物。

(1)对白语言

广告中的对白语言是经过艺术处理的口头语言,一般是围绕有关产品的功能或相关因素进行对话。影视广告的对白大多是面对面的口头交流,话语中带有省略、重复、更改等,同时伴随着面部表情和手势等非语言形式,具有随便性、灵活性和简约性的特点。而广播广告语言是一种被用来听的语言,因此口语化、通俗化是它的一个最基本的要求。由于没有视觉信息的传播,广播语言带给听众的是一种想象式的接收方式,因此广告创作者可以充分利用这一特点,创造一个与传播内容相关的想象空间。广告对白语言所营造的是一个具有真实感的场景,因此能够给观众以强烈的现场感和参与感。

(2)独白语言

独白作为一种表现手法是从戏剧艺术中移植过来的。独白能够直接切

---

① 于根元.广告语言教程.西安:陕西人民教育出版社 1998 年版,第 1 页。

入人物的心理,把人物隐秘的内心世界表现出来,从而使受众具体感知人物的内心动态和思想状态。独白这种手法在广告作品中得到了最大限度上的运用,它具有广泛的使用范围,同时也更具有表现力,它不仅可以用来揭示人物的内心活动,而且可以作为制作者传播商品的客观信息或者抒情议论的手法。

广告独白语言的作用在于对商品的使用情境或广告事件作简要而直接的介绍,使观众能够迅速认知和融入场景状态。人物独白一般是第一人称的自我描述和意见表达,因此显得更为真实,也更有说服力。尤其是当广告中的人物是某位名人或明星时,独白式的表达方式就能够激发广告受众的好奇心和认同感,获得良好的广告效果。

下面是阿迪达斯"我的故事"系列广告中,英国足球运动员贝克汉姆篇的广告台词。广告中贝克汉姆以独白的方式诉说着自己的故事,让观众跟随他体会那些令人伤心沮丧的回忆,感受他承受压力、重新振作的过程,进而对阿迪达斯广告语"impossible is nothing"有所领悟。

"我叫大卫贝克汉姆,下面是我的故事

我仍然不时地想起98年

当然我很希望那从来不曾发生过

我那时候表现得多像个不成熟的男孩子啊

我想那时我哭了有5到10分钟了

我现在仍感到不安

那时我受到了死亡的威胁

3年半的时间里我从未有安全感

在这些事情发生的时候它甚至可以把一个人彻底打倒

在我们对阵希腊我进球之后

所有的体育记者,他们站起来为我鼓掌

在经历过最严厉的批评后

这是一次大的转折

你这一生中会经历挫折

但重要的是坚强地度过它"

(3)旁白语言

旁白是影视剧作品中人物对于剧情进行介绍或评述的解释性语言,通常是以画外音的形式出现。这里的旁白是指电视广告中对广告画面所进行的解说,其基本作用就是提供必要的画面背景介绍,增加广告受众对于画面和广告信息的理解,同时渲染和营造气氛,增加感染力。

电影、电视虽然是画面的艺术,但必要的旁白是不可或缺的。影视广告片中的旁白也是如此,准确、简洁、生动的广告解说能够恰当地与画面、音响和音乐配合,创造出吸引人的视听魅力。

针对广告作品中口头语言的特性,广告用语应多用短句、简单句,少用长句、倒装句,少用文言词。由于听觉语言稍纵即逝的声音特性,如果语言晦涩难懂或句子过长难以接收,会直接影响到广告信息的理解和记忆(参看第六章)。此外,还要注意语言中同音异义词的使用,比如"报复"和"抱负"、"不祥"和"不详"等。广告语言首先要求准确无误地传达商品和品牌信息,歧义和误解不仅有损于信息的传达,还可能造成对于品牌的影响。

2. 书面语言

广告的书面语言是借助文字来表达广告内容、传递广告信息的一种言语形式。相对于广告口头语言经由听觉器官转瞬即逝的时间性质,广告书面语言具有空间性,经由视觉器官可以较长时间停留记忆,可以被广告受众较为仔细地阅读和理解。广告大师李奥·贝纳曾说:"文字是我们这个行业的利器,文字在意念表达中注入热情与灵魂。"广告作品中的书面语言正是承载这种"热情与灵魂"的重要表现形式。

如今,新商品、新服务层出不穷,与之相对应的广告也屡经考验。如果想在相似的广告中脱颖而出,必须依靠独特的广告创意,怎样用富有独创性的广告语言来传播广告内容,成为广告人需要攻克的难题。广告语言中的书面语言与口头语言相比要求更加严格,不仅需要追求语言的新异性和趣味性,力求在第一时间抓住广告受众的注意力,同时要具有一定的艺术品位,经得起广告受众的鉴赏和回味。

广告语言的书面文字也非常需要富有感染力。在广告创作中有一种"KISS 理论"颇受推崇,即 Keep it Simple and Sweet。"Simple"对广告语言来说是显而易见的重要。广告是按时段篇幅计费,书面语体的广告在同等前提下,篇幅越小,效益越高。而受众每天面对各种各样的信息,繁复模糊的广告信息是不具优势的。"Sweet"在当代广告的书面语体中越来越受欢迎。广告受众易于在被感染的情景下接受商品或服务,继而付诸购买行动。

(二)广告语言的心理功用

1. 广告语言的理解层次

语言理解是指人们借助于听觉或视觉的语言材料,在头脑中主动、积极构建意义的一种思维活动。广告语言的理解有助于受众对广告内容和信息的记忆。语言理解以正确感知语言为基础,通过语言接受者在头脑中想象语言所描述的情境,通过联想、推理的思维活动去解释语言的意义,它依赖于人们头脑中已有的知识和经验。

语言的理解可以分为三个层次。第一层级是词,词是语言材料中最小的意义单位,各种复杂的语言含义都依靠词来表达。一般被用来作广告语的单个词汇都是具有特殊意义的词语,比如"无所不包"(饺子广告),"当之无愧"(当铺广告)等等。第二层级是句子,句子的理解是一种更为复杂的认知活动,需要借助于语法和语义的知识,还要有语境的帮助。由于句子的简洁性和易读性,一般广告语都以句子为主,也比较容易发挥创造力。语言理解的第三层是段落或话语的理解。这种理解既要以词和句子的理解为基础,还需要语言接收者进行一定的推理、整合、提取意义等复杂的认知操作,属于语言理解中的最高级水平(参见第六章第三节)。

2. 广告语境的作用

广告语言的理解不仅依赖于受众对语言材料的正确感知,而且还依赖于受众已有的认知结构和各种类型的知识经验。语境能使广告受众头脑中已有的知识和接收到的语言信息很好的结合起来,促进其对广告内容的理解。曾有研究者做过这样一个实验:让几名被试者在实验室内交谈,并用录音机记录下他们的谈话。然后将谈话的个别单词播放给他们听,结果被试只能确认这些词汇中的 1/2 左右。这说明脱离了具体的语境,即使是自己说过的话也无法准确理解。

比如,"听世界,打天下"和"三十六计走为上",如果脱离了语境,受众很难猜到这些是什么产品的广告。如果知道了它们的语境分别是手机广告和鞋的广告,则这些广告语就十分容易理解,而且非常有趣。

在广告语言的理解过程中,图式起着非常重要的作用。图式(schema)是"知识的一种表征方式,按一定格式组织在一起,用于表征事件、事件系列、规程、情景、关系和客体等的概念群。常用于说明复杂的知识组织。"①简言之，图式是知识的心理组织形式，指一组信息在人的头脑中最一般的排列方式。比如我们平常阅读的小说、故事等文学作品，通常都是按照一定的图式组织起来的，包括事件发生的背景、主题、情节、结局等内容。当作品按照这种图式组成时，读者理解起来比较容易；如果将这种图式打乱，比如不介绍时空背景只介绍情节和对话，这时读者对作品的理解就困难一些。因此在广告作品中，当广告语言材料与受众头脑中已有的图式相一致的时候，图式就能帮助受众提高理解广告信息的速度与质量。

语境可以联系语言材料与受众已有的知识经验和图式，对广告信息的理解和记忆有着非常重要的作用。因此广告作品应该通过简单明了的手段，给广告受众提供必要的语言环境。

3. 广告语言的心理作用

广告是一种潜移默化的渗透，又是一种瞬间的激发。广告语言能否引发受众积极的心理效应，很大程度上要依靠广告内涵与受众情感需求的融合度。成功的广告语应该以受众的认知规律为依据，以吸引受众注意力为基础，触发其兴趣和需求获得理想的广告效果。

（1）传递信息，塑造形象

传递信息是广告语言最基本的作用。通过广告文案的各个部分，向受众传达商品和服务的功能、特点、对消费者的承诺等信息。这种信息传递还起着塑造产品或品牌形象，在消费者心目中留下差异性特点的作用。在产品相似的品牌竞争中，往往是成功的广告语赋予了品牌独一无二的特质。比如同是体育用品品牌，阿迪达斯的广告语是"impossible is nothing"，耐克广告语则是"just do it"，这两句简单但是经典的语句蕴含着两个企业无可替代的品牌文化。

（2）引起注意和兴趣

广告最初的目的就是引起受众的注意（参见第五章）。广告人李奥·贝纳指出："广告人应该有那种人们常说的能诱使鸟儿情不自禁地离开树枝朝你飞来的本领，必须能吸引住同胞的注意力，抓住他们使他们想点什么，促使他们采取行动。运用人们心理活动中的注意规律，是提高广告宣传的重要方法。"

---

① 黄希庭、杨志良、林崇德主编.心理学大辞典.上海：上海教育出版社 2003 年版，第 1266 页。

出色的广告语言能使受众对广告产生观赏兴趣,并获得受众的好感。比如早期柯尼卡胶卷在台湾有两则广告——"他抓得住我"以及"他傻瓜,你聪明",曾经获得台湾广告金句奖的银奖。这两句广告语的成功就来自于能够第一时间抓住广告受众的注意力,引起好奇,并且富于情趣和口语化,充满幽默感。李奥·贝纳认为:"写广告应该像给朋友写信那样,要自然,写值得一写、有趣的事情。这样,你就不会虚夸,不会呆滞、枯燥,也不会装腔作势,自作聪明。"

(3)刺激接收与理解

广告语产生的感知是通过受众接收到语言材料,在头脑中进行加工和理解所获得的,因此广告语要使受众乐于接收,易于理解(参见第六章)。

(4)增强记忆和联想

广告主做广告总是希望能够让消费者过目不忘。但事实却是消费者很难记住广告的全部内容,却能清晰地回忆起一些广告作品中精彩的广告语。例如"不在乎天长地久,只在乎曾经拥有"、"钻石恒久远,一颗永流传"。如今消费者每天都要受到成百上千种不同形式的广告冲击,趋于麻木的人们已经不会轻易就被激起某种购买欲望,重要的是如果使商品广告在消费者头脑中留下一定的印象,增加其以后购买行为的机会。

因此,广告语首先要给消费者一种清晰的感知,并利用各种媒体进行多次重复,将商品特征和人们的生活、情感紧密地联系在一起,加深对广告对象的印象;其次要尽量引起受众的联想,这样能引导受众的认知集中到某一个方向,提高回忆的几率;再有是要简明流畅,朗朗上口,深入浅出,符合人们的语言理解和记忆规律(参见第六章)。

四、广告音响的辅助作用

广告音响是广告作品的听觉语言,它与画面共同构成影视广告的传播,也包括广播广告中的音响部分。经科学证明,人类的视觉一般不能同时看到60度以上的空间,而听觉却能够同时听见来自任何方位的声音。广告的音响效果能调动画面的情绪及延展受众的接收空间。音响能够使画面鲜活起来,增强影视广告的情绪感染力和想象力。

(一)广告音响与听觉刺激

广告音响是受众能从广告作品中听到的各种声音的统称。从影视专业制作的角度看,通常可以将广告音响划分为解说、动效声和音乐三个部分。

1. 广告解说

一般意义上的解说是指用广告作品中对广告语言的朗读,一般又可分为自白、旁白和对白三种。也就是上文所介绍过的广告听觉语言。而广告音响效果中涉及的解说部分,是指语音的物理性质,包括音调、音强、音长、音色,以及广告听觉语言外在的解说风格,如语气、语感以及韵味的表现等。

广告解说的风格与广告内容有着直接的联系。解说究竟选择采用女声还是男声,采用第一人称、第二人称还是第三人称,是轻松欢快还是严肃凝重等,都应该根据广告的内容来确定。一般女性用品、儿童用品的广告会以温柔细腻的女声进行解说,像汽车、机械、电子产品等有金属外观的商品,则应配以浑厚雄壮的男声解说。这样搭配容易使解说与商品产生内在联系,更有表现力。广告作品的解说效果,除了它所产生的听觉感染力和冲击力以外,还经常伴随着某种听觉符号的功效。如果用一种独特的语音风格来做影视广告或者广播广告中某种商品的解说,经过一段时间的宣传之后,人们一听见这种风格的声音,便自然联想到这种商品,甚至商品的外形和品质。

此外,解说词在创作到具体朗读的时候,都要考虑时间的因素,注意解说词和时间的关系。语速过快、过慢,或者不符合人类的听觉规律,都会影响受众的听觉效果,阻碍信息的接收和理解。

2. 广告动效声

配合广告画面或语言情境使用的声音称为动效声。如走路、乱风、下雨、户外的嘈杂声音这类效果声等,或者打斗动作、枪炮这类模拟声等。运用动效声可以增强影视广告画面的真实感和视听效果,也可以帮助广播广告营造广告情境,加强广告的感染力。

动效声同时也是表达内容的一个重要形式。使用得当的动效声可以刺激广告受众产生联觉作用,即经由听觉的感知使受众联想到其他感觉功能。烈火熊熊燃烧的声音会让人感到温暖,呼啸的北风让人联想到寒冷,淅沥沥的下雨声能给人带来清新自然的感觉。听觉的联觉现象在饮料广告作品中的作用尤为突出。冰块碰撞玻璃杯的声音会使人感受到冰块晶莹剔透的形象和冰凉的触感,液体注入玻璃杯的音效会让人在脑海中浮现饮料的色泽和流动的情景,最后再配以液体下咽时喉咙发出的声音,能让听者深刻领略到一种酣畅淋漓的快感。无论是在影视广告还是广播广告当中,这样的动效声都会加强广告受众对产品的感受和认识,激发他们尝试的欲望。

3. 广告音乐

音乐属于一种听觉艺术。所以在广告作品中得到广泛使用。广告音乐从表现上来看是一种抽象的表达形式,不能像广告语言那样明确的传达特定的广告信息。但却能极大地影响受众的情绪,表达广告特色,烘托主题气氛,有一定的象征作用。特别是在广播广告中,音乐的作用更加重要。

(二)广告音响的作用

1. 唤起注意

音乐作为一种艺术形式,本身固有一种强烈的吸引性,虽然广告作品中的音乐在本质上有明确的商业性质,但仍然蕴含着一定的艺术元素。广告作品常常借用优美的乐曲、动人的歌声来传达商品信息,表现品牌内涵,从而使受众对广告商品产生好感。受众有了这种好感,就有了对产品的认识基础。

很多时候广播电视媒体对于受众来说都起到一种背景声音的作用,他们会打开电视或者广播,注意力却在其他事情上面,比如看报纸、做家务、聊天等等。当他们的注意力并不在媒体上面时,一段或悠扬或激烈的音乐或生动奇妙的动效声就有可能引起他们的注意,使他们的注意力转移并集中到广告上。而且由于音乐对大部分的人来说,都是一种比较容易接受、喜闻乐见的传播形式,所以人们对有音乐的广告容易产生兴趣,容易被吸引住,从而把广告看完。

2. 营造气氛

前面已经介绍到,无论是广告的解说、动效声还是音乐,都能起到烘托广告主题,营造广告氛围,甚至是填补广告情境的作用。比如爆竹声配以欢快跳动的音乐能让受众感受到节日的喜庆气氛,轻柔的音乐与愉快的交谈声呈现出温馨的家庭场景。从广告作品的创作上看,音乐在广告中不仅可用来烘托气氛、渲染情绪,还能产生衔接广告结构,推动情节起承转合的效果。当不同的画面出现时,音乐可以作为一种连接的手段,协调广告内容诸方面的关系,形成结构统一又富有变化的广告作品,避免让受众产生莫名其妙或不自然之感。

3. 加强记忆

人对有旋律的声音可以产生十分深刻的记忆,特别是动听的、又配有歌词的歌曲,一旦被人们熟悉就会留在脑海中难以忘却。音乐就像一个记忆的符号,当广告中出现一个特定的音乐符号时,人们就自然把音乐与广告的产品联系起来 。所以广告作品可以利用音乐记忆度高的特性来增加对广告的记忆度,为下一步的购买行为打下基础。如果广告音乐具有娱乐性,歌曲又便于传唱,只要流传起来,即便是不看电视广告,也相当于有广泛的人群在传播广告,而且这种传播的力量不可小视。

4. 利于想象

心理学研究表明,声音对听觉的刺激与光对视觉的刺激相比,听觉接收的刺激更能引起人的想象(参见第六章)。

五、广告角色的心理分析

生活中我们经常会见到某个人因为某些优点,特别是外表上的优势,而被身边的人广为喜爱的情况,这就是所谓的"光环效应"或称"晕轮效应"。它是指由于一个人的某种品质,或一个物品的某种特性给人以非常好的印象,在这种印象的影响下,人们对这个人的其他品质或这个物品的其他特性也会给予较好的评价。

光环效应是一种影响人际知觉的因素,这种给人留下良好印象的品质或特点,就像月晕的光环一样,向周围弥漫、扩散,所以人们就形象地称这一心理效应为光环效应。心理学家凯利和阿希等人在印象形成实验中证实了这种效应的存在。它实际上是个人主观推断的泛化、扩张和定式的结果,往往在个人掌握有关知觉对象的信息很少而又要作出总体判断的情况下产生。

爱美是人的天性,广告作品中出现的人物,绝大部分都是具有高吸引力的人。首先,高吸引力的人可以给消费者造成强烈的视觉冲击力,美好的形象与普通的外貌相比自然更能够吸引人们的注意力。其次,高吸引力的人由于光环效应,会令消费者对他们的一切都盲目接受,产生一种爱屋及乌的心理效应,从而接受由他们推荐的产品或观念。还有就是这种人物通常可以带来一种示范作用,有可能引起受众的模仿。

在说服中,人际传播比大众传播效果更加明显。而广告作为一种大众传播,就需要极力制造出一种人际传播的氛围,把广告内容借某人之口传达出来,各行各界的明星们自然就成为广告内容的理想代言人。

(一)名人与美人

1. 我国明星代言广告现状

在广告中,使用模特对引起受众注意的影响到底有多大? 研究者斯塔其对广告中人物模特的作用曾经做过研究,在研究中,斯塔其让被试挑选出 50 个最好看的广告和 50 个最不好看的广告。结果显示,在被认为最好看的 50 个广告中,有 29 个广告使用了模特。在最不好看的 50 个广告中,只有 10 个广告使用了模特。在最好看的 50 个广告中,没有一个是单独介绍广告产品的;在最不好看的 50 个广告中,有 32 个广告中出现的只有关于产品介绍的文字和图片。[①]

国内 CTR 调查公司曾经做过一项明星代言广告的市场调查[②]。调查的监测时间从 2006 年 1 月至 2006 年 12 月 31 日,为期一年,监测的对象是电视媒体,包括了中央、省级和北京、上海、广州三地的地面频道。通过对 2006 年明星广告和整体广告投放的对比发现,在 2006 年度 CTR 所调查版本的收集范围内,明星广告占整体广告投放的 20% 左右。其中花费占比为 20%,投放次数占比为 21%,整体时长占比为 15%,有近 10% 的企业和品牌启用了明星代言。在明星代言人的选择方面,娱乐明星仍然被各大广告主所青睐,占据了名人广告市场 51% 的份额;而随着北京 2008 奥运会的临近,体育名人的代言也在逐渐增长,占据了将近 31% 的份额。此次调查还显示出,2006 年明星广告投放量最大的 5 个行业分别是化妆品、药品、食品、饮料和娱乐休闲,其中化妆品无论是投放量还是投放比重均列广告明星之首。除了这 5 个行业外,电脑及办公自动化行业对于明星广告的依赖也比较高。

在代言明星的性别方面,男明星比女明星稍占优势。在 CTR 所监测到的 2006 年度 1449 位出现在电视广告中的明星里面,男明星占 57%,女明星占 43%。而且不同行业在选择明星做代言时有较为明显的倾向。比如,邮电通信类、金融产品类、衣着类等多倾向于选择男明星,酒类产品更是以男明星为主;而化妆品、家居用品类等明显倾向于选择女明星做代言人。

2. 名人广告应注意的问题

名人广告在国外广告活动中也称为名人担保代言(Celebrities Endorse-

[①] 田中洋、凡冈吉人.新广告心理学.台北:台湾朝阳堂文化事业股份有限公司,1993 年版。

[②] 侯明延.2006 年明星广告代言市场调查报告.大市场(广告导报),2007 年 6 月。

ment)。广告主利用名人的知名度与美誉度,使之与产品或企业特性有机结合,达到为广告受众所接受、认可并付诸行动。在西方广告活动发达的国家已将名人广告上升为一种广告活动策略,甚至成为品牌资产的一部分。请名人代言产品的好处无须赘言,许多广告主也不惜重金聘请高知名度的明星为自己的产品做广告。然而采用明星策略的广告并不意味着广告主就能高枕无忧,稳获全胜,明星名人广告除了其优点外,还有许多值得注意和需要克服的问题。

(1)地方差异性

广告投放地区不同对名人广告的认知差异也不尽相同。这取决于广告受众对明星本身的认同程度,也和地方文化背景、生活品位和已存在的观念有很大的关系。比如喜剧明星葛优在北方市场的认可度就比南方要高出很多。因而广告作品选择明星代言时首先要掌握明星在当地的知名度和是否被当地消费者所接受。

(2)年龄差异性

由于不同年龄段的消费者在文化、生活习惯、心理状态上都存在着差异,因而他们对不同明星、名人的接受程度与喜爱程度也不同,这影响了他们对广告的记忆程度。比如青少年更加喜欢港台、外国明星和青春偶像,年纪稍长一些的消费者对中青年演员、老一辈表演艺术家和喜剧演员的记忆度更高。

(3)明星代言产品的辨识程度

名人广告的根本动机决定了许多"正当红"的明星往往会身兼数职,同时为好几家公司做广告。比如运动员刘翔在 2006 年就代言 10 个品牌,歌手周杰伦代言 9 个品牌,演员蒋雯丽代言 10 个品牌。[①] 这种某位明星同一时期出现在不同产品广告中的现象,会造成消费者的记忆混乱,辨识不请他究竟为什么产品做过广告。因此广告作品应该尽可能地使产品与某位相对固定的明星在固定的时间段进行匹配,以增强消费者建立明星与产品之间固定的神经联系,增强记忆度。

(4)明星形象与产品的协调

对一般常规产品而言,消费者对某种商品适合某一类人通常已经形成了某种固定的观念,对使用商品以后的效果也有一定的心理预期。消费者会以这种观念或者预期来评判广告作品中的人物形象。如果商品与代言人的身

---

① 侯明延. 2006 年明星广告代言市场调查报告. 大市场(广告导报),2007 年 6 月。

份相适应,广告内容就会有真实感,容易被消费者接受;反之,就会让人觉得十分荒唐。

在广告作品的角色表现中应从以下两点来把握。

第一,把握明星与产品的关联性。比如化妆品类产品基本上都会聘请靓丽的美女明星做广告,护肤保养品就会选择看起来仍然青春美丽的中年女星。公司在安排明星为产品做广告时,应根据自己产品的特点选择合适的模特。一味采用只要是明星就行的方式,效果不一定尽如人意。例如金嗓子喉宝,曾经采用足球明星罗纳尔多作代言人。一时之间,各大媒体甚至是公交站的展示箱上都是罗纳尔多举着金嗓子喉宝微笑的画面。虽然罗纳尔多是国际明星,有很强的号召力,但是广告作品没有深入挖掘其中有趣的关联,而足球与喉宝之间实在让人难以建立联系,从而使受众觉得有些莫名其妙。

另外,不同明星的广告效果和产品类别间有一定的联系,选用模特之前我们必须认真研究。除此之外,还必须注意不能搞"拉郎配",明星形象和产品形象最好保持一致性。例如,韩国泛泰(PENTECH)手机细·雨系列,它利用产品名称与当红歌星 Rain(雨)之间的联系,巧妙地促使受众把对偶像的积极态度与细·雨手机关联起来,其广告语画龙点睛,"爱上泛泰,爱上雨"。一语双关,爱上 Rain 与爱上"雨"手机都是一样的,强化了二者的关联。

第二,要把握时机与频率。事实表明,在一个短期内,明星所做的广告产品种类越少,其产品的宣传效果就越好;他们代言的广告产品种类越多,受众对产品的形象认知也就越模糊,广告的说服效果就越差。因此,虽然明星的形象和号召力很重要,但如果一个明星在同一时期已经成为许多品牌的广告代言人,其广告效果可能会打折扣。另外,由于机遇的原因,每个明星在其职业生涯中都会出现一些高潮和亮点,这时,他就成为社会聚焦、大众追捧的对象。如果企业能够乘势而上,抓住这一有利条件,使他们在当红的时候成为企业的形象或产品代言人,那将会取得极大的成功。

(5)避免明星带来的负面影响

广告主在选择广告代言明星的时候,应该详细了解明星在消费者心目中的形象,倾听受众对明星的主流评价声音,以免在不知情的情况下选择有负面新闻的明星。因为受众对明星的负面评价,同样会转嫁给其所代言的产品,使品牌形象受到不必要的损失。

值得注意的另外一点是,在广告中如果作为代言人的明星或名人的吸引力太强,受众的注意力更可能集中在明星或名人身上,更容易记住是哪个明星或名人做的广告以及广告中他们的一言一行,却忽略或记不清广告中的商品是什么品牌。例如,汇源奇异果汁的电视广告,请了在我国热播的电视剧《士兵突击》的主角"许三多"的饰演者王宝强做代言。因为"许三多"这个角色深受观众喜爱,因而王宝强代言的这个广告也很受关注。我们随机调查了一些看过此电视剧和广告片的受众,得到的普遍反映是,能记住广告中许三多的扮演者说的广告词:"知道我为啥叫许三多吗?因为我有三多:健康多,快乐多,维 C 多!"但对此广告中果汁饮料的品牌却印象模糊。

由此可以看出,在广告中应巧妙地设计语言和情节,要突出的不是明星本身或情节,而是广告中的产品。如果广告让明星的光芒遮住了品牌,品牌成为衬托名人的绿叶,这无疑是名人广告的失败,名人广告虽然需要明星参与,但广告中的真正主角应该是品牌或产品。所以企业在做名人代言广告时,一定要从策划与创意及设计上摆正品牌与名人的主次关系,避免喧宾夺主、本末倒置的现象发生。

3. 美女广告的心理效果

女性美是人们视觉所直接感知到的一种美感,欣赏女性的美是消费者一种强烈的审美需要和爱的需要的结合。美丽的女性不仅能吸引异性的目光,同样能吸引住同性的目光,因此,广告作品中往往会出现大量美丽的女性人物。"有资料证明,通过科学手段调查的 1197 个电视广告(除无声广告以外),在 517 个女性角色中,87% 是年轻漂亮的女性,7.4% 是少年儿童,1.5% 是中年妇女,3.7% 是老年妇女,其余 0.4% 是混合年龄的妇女。年轻女性在女性角色中所占的比例大大高于年轻男性在男性角色中所占的比例(61.4%)。"[①]在她们给广告受众直接提供视觉享受与引起的愉悦感中,更容易达到理想的说服效果。

在女性产品广告中,运用美女模特会让女性受众有一种羡慕和向往的情感,在头脑中将广告模特光彩照人的外表和独特的气质与产品联系起来。而偏重男性的广告作品中同样会使用大量的美女模特,比如汽车、洋酒、手表、香水、护肤产品。但通常此类广告中出现的美女都是一种物化的人物形象,成为男士个人魅力和成功人生的附属品,或作为身份和地位的象征物。而有些时候广告中并不能完全运用"异性相吸"的原则。一些纯男性用品,比如香

---

① 赵彦.对大众传媒中女性文化与女性观的透视.学术交流,1997 年第 05 期,第 140~142 页。

烟、剃须刀等产品就不适宜用女性形象来表现,因为会使消费者认为产品有女性化的倾向。

性感模特在广告中的运用成为许多广告人青睐的杀手锏。性感广告具有强烈的视觉冲击力,能在众多广告中脱颖而出,达到较高的注意度。性感广告中的美女能使受众把"美"的人与"美"的产品联系在一起,把对美人的欣赏转移到产品上。例如,原本名不见经传的"CK"牛仔裤,借助影星波姬·小丝的大胆演绎,使该品牌牛仔裤成为时髦与浪漫的代表,从而风靡一时。波姬·小丝在广告中那句经典广告词:"想知道 CK 和我之间还有什么吗?什么都没有。"

值得注意的是,在使用性感模特代言时,如果把握不好分寸,则会事倍功半。性感广告由于表现方式不易把握尺度,容易触及广告管制的禁区。如台湾一则香水广告,内容是猫儿偷看美女洗澡,广告配的旁白是:"不是猫儿馋,却是花儿香"。带有明显的挑逗意味,有色情广告之嫌。广告模特是广告注意效果中的一把双刃剑,在运用时始终要把产品和受众放在中心位置。

此外,女性模特过于美丽性感的外表也常常会令消费者把注意力全部集中到模特身上,而忽略了产品,造成主次不分,广告感知本末倒置。因此,广告不应该过分追求使用美丽的人物形象,只有使用能和产品发生联系、与产品相匹配的人物,才会使广告产生效果。

(二)儿童、动物、卡通

1. 儿童广告形象

在现代广告作品中,儿童形象同样是一个不可或缺的重要元素,并且有儿童参与的广告也越来越多。他们不仅在儿童用品广告中出现,而且在与儿童无直接关系的商品广告中也会被加以运用。

所谓儿童广告,是指所有目标受众是 0～14 岁儿童的商品宣传活动,希望通过广告影响儿童的消费需求,并进一步影响其父母的购买行为。儿童广告的内容都是与儿童日常生活密切相关的产品,比如玩具、食品、日化用品、儿童衣物和家具等等。使用儿童形象不仅可以诱发孩子对商品的兴趣,还会令家长将广告中健康可爱的儿童形象与自己的孩子产生联系,产生对孩子美好未来的憧憬,从而提高家长们的购买欲望。

同时,在非儿童产品的广告中,儿童也是非常富有吸引力的广告模特。处于这个阶段的孩子稚嫩、纯真、活泼、自然,一举一动都惹人喜爱。他们可爱的模样很容易吸引广告受众的注意,并诱发人们美好的情绪体验。而婴幼儿纯洁娇嫩的特点也会令人与产品的天然、纯净、温和等特质联系到一起;或者通过稚趣可爱的童言童语传播广告信心,令人更容易接受。

2. 动物或动画卡通角色

3B 原则——"Beauty,Baby and Beast"是广告界的黄金原则,即就是说美女、婴儿和动物这三者是最容易打动人的广告元素。动物具有趣味性和娱乐性,其憨态可掬的举止深受人们的喜爱,吸引人们的目光。动物一直是人类忠实的伙伴,与人类的关系源远流长,可爱的动物形象会让人有一种亲切之感,唤起受众曾经与动物有关的美好体验,拉近商品与广告受众的距离。此外,动物的娱乐性也可以缓和一些广告重复传播造成的逆反心理和厌倦感,延长广告作品的有效作用期。

各种卡通人物由于具有夸张、幽默等特点,或者达成一些真人演员完成不了的广告创意,也在广告中经常被使用。卡通造型代言也是吸引受众的一种有效方式。例如,IBM 为了改变其在欧洲客户中的陈旧形象,推出了有着长长绒毛和明亮粉红色尾巴的顽皮、合群的"红豹"卡通形象,希望以此体现 IBM 友好、积极、主动、亲切以及强调服务的新形象。这一可爱的卡通形象一反欧洲计算机专业杂志和一般商业杂志中广告的枯燥单一,而以亲切的姿态邀请读者参与进来。别出心裁的"红豹"卡通形象引起了欧洲人的兴趣和注意。

不过,高吸引力的形象作为广告信息的传达者更能吸引消费者注意,提高广告的说服力,并不意味着广告作品一定要选用具有高吸引力的广告形象。广告以普通购买者形象来传达广告信息,同样具有很高的说服效果。因为在现实生活中,人们更多的是通过人际传播从身边的普通人口中得到值得信任的消息。因而广告也可以模仿这种人际传播形式,以朋友、亲人、邻居的口吻与广告受众分享自己的经验和心得体会,或者模拟实地试用商品。此类广告会令消费者感到亲近而真实,达成一定的广告效果。一般洗衣粉等家庭用品广告经常使用这种表现手法。

总之,好的广告作品一定是各种元素的综合运用、巧妙整合的结果。

第四部分

广告受众心理研究

　　广告受众是广告传播的目的地,也是广告效果的体现者。对广告受众在广告活动中心理规律的研究,是广告心理学研究的重点部分。对具体的广告而言,把握广告对象是谁、了解他们具有怎样的心理规律并综合运用于广告活动中,是广告成功的核心。本部分内容是对广告受众的心理分析,从第五章到第八章,包括受众的注意心理,接收、理解与记忆、想象与联想等认知加工规律,受众的态度变化和说服策略,购买行为与决策心理。

第五章
广告成功与注意心理

当今社会进入信息化时代,海量的信息从各种渠道涌向受众,只有那些被受众注意到的信息才有可能在意识层面进一步认知加工。广告也不例外,因此,广告如何吸引受众的注意是广告传者最为关心的,也是广告成功达到核心目的的前提。

第一节　广告成功的心理基础

不是所有出现在受众面前的信息都能被其注意到。广告受众的注意力是有限的,只有被注意到的广告信息才能进入意识层得到加工,进而影响其行为、产生经济效益。心理学研究表明,人接收到的多数信息来自视觉系统。人们也就更关注由于吸引了受众的"眼球"而带来的经济效益。"注意力经济",或称"眼球经济"就是由此而提出。现代社会,虽然广告无处不在,但是也只有那些能够引起受众注意的广告才能最终迈向成功。因此,吸引受众注意是广告成功的心理基础。

一、广告成功的心理前提

(一)引起广告受众的注意

广告(Advertising)一词源于拉丁文,最初的意思是"引人注意,带有通知、诱导、披露的意思"。因此,在理解"Advertising"的时候,从其词源可以看出,广告最基本、最原始的特征就是"引人注意"。在整个广告活动中也体现了一个基本观点——广告吸引受众的注意是取得成功的第一步。如,能够发挥广告心理功效的"AIDMA 原则",即 Attention,吸引注意;Interest,引发兴趣;Desire,激起欲望;Memory,强化记忆;Action,促成行动。也有学者认为是"AIDCA",其中 Conviction,即取得信任。无论如何,在该原则中,第一步毫无疑义是"引起受众注意"。

从受众接收信息的心理过程来看,广告信息作为外界的一个刺激物,首先通过刺激受众的感受器,引起受众注意,之后再对信息进行理解加工,并在态度和行动上改变。当广告信息作用到受众的感受器时,只有在"注意"这种心理状态下才能得到有意识的进一步加工,而那些没有进入有意识的注意状态下的信息就被自动过滤掉,或者沉入潜意识状态下,不在意识层面进一步加工。

(二)广告成功是综合各种因素的结果

能引起受众注意的广告就一定是成功的广告吗?答案是否定的。广告活动是一个复杂的过程,引起注意只是广告成功的前提。全美广告协会把广告目标定义为:"在一定的时期,给一定的视听者,完成一项专门的传播任务至一定程度"[①]。当广告引起受众的注意,并且能够让受众理解广告信息的含义和使其产生购买行为时,广告引起的注意就产生了积极的效应。反之,当广告仅仅只能引起受众的注意,广告内容却不被受众理解,或者受众由此产生反感,拒绝购买商品,这种注意产生的则是消极效果。因此,广告在吸引受众"注意"的同时,还需要综合考虑多种因素才能达到积极的效果。这些因素包括:广告受众的认知、态度、情感、动机等。只有从系统整体的角度考虑影响受众的诸多心理因素,广告作品才能产生满意的效果。

常见的产生不良影响的现象有如下几类:

---

① 江波.广告心理新论.广东:暨南大学出版社 2002 年版,第 67 页。

首先,广告主题不清、信息累赘。为吸引受众而在广告中表现出太过丰富的信息,虽在视觉上造成丰富的刺激,但却难以准确加工,不易记住广告中要表现的重点。这类广告是单纯"为注意而注意"的广告。例如,某电视广告的画面是这样体现的:一匹骏马驮着一个骑手在马路上奔跑,一个美女驾驶着一辆跑车也在马路上飞驰。画面上接着是车马开始赛跑,车跑过了马。这时,跑车上的美女紧急刹车,打开大灯。而骏马高扬前蹄、人立而起,造型酷似美国牛仔。画面造成视觉冲击。最后的广告语是"某某,缔造时尚品味"。这则广告本身信息丰富,骏马、跑车,俊男靓女,但最终给受众一种匪夷所思的感觉,广告内容和广告诉求点之间没有合理的必然关联,受众很难从广告内容中理解广告要表达的主题是什么。所以,广告内容就成了拼凑画面的成果。虽然整个广告的每个画面拍摄得很美,但是广告内容却让观众不知所云。广告不仅要使受众注意,更应考虑受众在认知层面是否能够对广告信息进行有效加工,受众是否能够理解并记住广告传递的商品信息。

其次,广告中的信息雷同。现在许多广告雷同程度很高,广告受众难以区别同类型广告之间的差异。

第三,广告导致受众产生消极情感(参见第七章)。在情感因素中值得注意的一点是,广告无论是内容还是形式都应尊重受众所在国家或地区以及广告受众所属民族的文化,应格外注重文化差异的影响(参见第十章)。

由此而知,吸引注意只是广告成功的第一步,却不是唯一的一步。换言之,吸引注意只是广告活动中的一种必要手段,而不是最终目的。要使广告成功,除了吸引受众注意还必须综合考虑各种因素。

二、广告受众的注意心理

(一)注意的基本原理

1. 注意的内涵

"让人注意到你的广告,就等于把产品推销出去一半。"这句广告界的名言表现出注意的重要性。什么是注意? 注意是心理活动对一定对象的指向与集中。它是人的一种心理状态,为心理活动提供一种背景。由注意概念可以看出,注意是有对象性的,注意的对象既可以是外部世界的物体和事件,也可以是自身的行动或者思想。在同一时间内,个体只能注意一定范围内的对象,无法注意所有对象。广告受众注意的对象通常是指某个广告中的广告词、广告声音、广告画面、广告人物或者广告形象等等。广告受众注意的对象需要受众调动各种感觉器官同时参与。因此,广告受众的注意既是对信息的筛选与过滤,并对所选对象保持一段时间的稳定。

2. 注意的特性

(1)注意的指向性是指个体在每一个瞬间,他的心理活动选择了某个对象,忽略了另一些对象,体现出选择作用。注意的指向性说的是心理活动在哪个方向上进行活动。指向性不同,人们从外界选择的信息也不同。在广告活动中,广告受众在觉醒状态下的任何时刻都可以从众多的广告中,选择某个广告作为自己注意的对象。受众在收看某一个具体的广告时,他的心理活动会指向广告中的图片、声音、内容等具体广告元素上。受众的这种指向性还可以持续一段时间,为进一步的理解和记忆创造条件。(2)注意的集中性是说当心理活动指向某个对象时,就会在这个对象上集中起来。注意的集中性可以将对象与其他无关对象区别开来,保证注意的对象能够得到清晰鲜明的反映。例如,受众在收看电视广告时,他的心理活动离开了其他与看电视广告无关的对象,这些无关对象都受到了抑制。

因此,注意的指向性是心理活动朝向某个对象。注意的集中性就是心理活动在这个对象上的强度或紧张度,心理活动的强度越大,紧张度越高,注意就越集中。注意的指向性和集中性是两个密不可分的依存体,指向性是集中性的前提和基础,集中性是指向性的体现和发展。

3. 注意的分类

我们对事物的注意,有时候是自然而然发生的,不需要任何的意志努力;有时候是有目的的、需要付出意志努力来维持。心理学从引起注意和保持注意时有无目的和是否需要付出意志努力这个角度把注意分为三种:有意注意(随意注意)、无意注意(不随意注意)和有意后注意(随意后注意)。

(1)有意注意是指有预定目的、需要一定意志努力的注意。也叫随意注意,是注意中一种积极、主动的形式,需要加入个体的意志成分,如克服一定的困难保持对注意对象的指向与集中。在广告活动中,有意注意通常发生在受众对某种商品有需求、有购买欲望的时候。在有意注意中,广告受众会积极、主动地关注自己想要购买商品的广告,在比较中做出选择。在有意注意下的广告购买行为相对理性化,受众目的性强、意志坚定。例如,消费者要买电脑,就会充分关注身边所有与电脑相关的广告信息,通过各类广告媒介搜集电脑产品信息。如,看电视上的电脑广告、上网查询电脑广告、阅读报纸上的电脑广告、搜集电脑产品宣传单等等。总之,消费者会注意到一切与电脑有关的、可利用的广告资源作为购买商品时的参考。这时,广告宣传如果只重视吸引广告受众注意显然不够,有意注意的广告受众希望获得的是实用的广告信息,受众更多地考察广告产品的宣传是否真实可靠、是否能满足自己的需要。因此,在广告中突出产品本身的特点是应对这类广告受众的有效办法。

（2）无意注意指的是事先没有预定目的、也不需要意志努力的注意,又称不随意注意。无意注意是一种定向反射,是由于客观环境对主观个体的刺激,引起个体产生的一种应答性反应。因而,无意注意是一种消极、被动的注意方式。在广告活动中,广告受众接收广告信息时的常见心理状态是无意注意状态。所以,吸引广告受众的无意注意成为广告人追求的首要目标。广告主对无意注意重视的原因是:从受众角度考虑,无意注意是大多数情况下广告受众面对广告的心理状态。受众一般针对那些价值较高,不经常购买的产品会在购买之前进行信息搜集,产生有意注意的心理状态。而在对待那些日常生活中经常购买的产品时,一般不会产生积极、主动的有意注意。每一个广告主都期待广告受众在不需要自己产品的时候,也能够被自己产品的广告所吸引,注意到产品、记住它、购买它。

（3）有意后注意是注意的一种特殊形式。从特征上看,有意后注意同时兼具有意注意和无意注意的某些特征。有意后注意和目的、任务联系在一起,在这一点上类似有意注意,但有意后注意不需意志努力,从这点上理解类似无意注意。有意后注意是在有意注意的基础上发展起来的,不需要意志参与克服困难的,自动发生的,有目的的注意状态。在广告中,受众对一则广告从接受到内化于心的转变,就是有意后注意产生的效果,有意后注意在影响受众产生品牌忠诚度方面有重要意义。受众一旦对某种品牌从有意注意转变为有意后注意,说明广告人不需要再为广告的新异性大费周折,而应该将广告重点放在宣传产品的性能和质量上,使受众进一步巩固对本产品的忠诚度。

总之,有意注意、无意注意、有意后注意在特定情况下是可以相互转化的。因此,明确了解受众处于何种类型的注意状态,可以使广告人在制作广告时对症下药,取得更好的广告效果。

(二)注意在广告中的功能

对广告受众来说,注意具有三种功能:选择功能、维持功能、调节监督功能。

1. 选择功能

注意选择功能是受众选择有意义的、符合需要的、与当前活动相一致的对象,避开那些与需要无关的对象。由于注意的选择性,人的心理活动才能有效地指向并反映客观事物。注意失去了选择功能,意识就处于一片混沌状态。对于广告受众来说,五花八门的广告迷乱了受众的视线,只有通过注意的选择,才能把自己需要的、与自己兴趣相关的、有意义的广告信息过滤出来。

2. 维持功能

注意的维持功能指的是有关注意对象的信息在意识中保持下来,一直保持到目的达到为止。缺少了注意的维持功能,任何智力操作都无法进行下去。注意的维持功能是其他心理过程的一个基础,没有注意的维持功能,感知觉、记忆、思维等认识活动都失去了基石。在广告活动中,受众注意到某类商品信息后,该信息会存留在受众意识中,通过与其他信息互相比较,不断完善对产品的认识,直到购买行为发生。特别要说明的是,对不同年龄阶段的人来说,注意的维持功能是不同的。据研究,儿童对注意的维持功能比成人差。儿童喜欢收看电视广告与他们注意的维持时间短有关。电视中转瞬即逝的画面,不断变化的声音非常符合儿童短时间的注意维持能力。儿童虽然不一定能完全理解电视中的广告信息,但是对广告中的画面和声音刺激却记忆牢固。我们经常能看到儿童在超市中,指着某种零食对家长说"妈妈,给我买咸蛋超人吃的薯片"。显然,广告中的咸蛋超人已经印入孩子的头脑中。

3. 调节监督功能

注意的调节监督功能体现在,当广告受众注意到某个广告时,可以对其他干扰活动进行纠正,使注意沿着原来的方向进行。并且能够使注意适当地分配和适时地转移。

(三)影响广告受众注意的因素

影响广告受众的注意有两大因素:一是广告本身的特点;二是受众自身的状态。作为对受众的外在刺激物,广告本身的特点包括:广告的新异性、对比性、活动性和刺激物的强度等。除此以外,受众自身的内因,如需要、兴趣、价值观、情感、经验、态度、人格特点等因素与受众的注意也密切相关。例如，凡是满足受众需要与兴趣的事物总是更容易引起受众的注意；期待也是引起注意的重要因素，正如我国章回小说在每章结尾处总会留下悬念，目的是为了让人们对下一个章回的故事产生期待，"欲知后事如何，请听下回分解"。广告也是如此，例如，台湾三阳公司的摩托车广告就利用了受众的期待心理，获得成功。在刊登广告时，故意不发布摩托车的信息，而是通过"悬念"，吸引受众好奇，产生期待。在吊足受众"胃口"后，才终于让新款车面市，创下销售奇迹。

第二节　广告吸引受众注意的策略

广告如何吸引受众的注意？首先在诉求点上应符合与满足受众的需要，此方面已在第四章第一节中作了阐述。其次，在广告表现上可以依据注意原理，采取以下基本策略吸引受众。

一、符合目标受众的兴趣

广告受众的注意具有选择功能，受众的选择通常更依赖自己的兴趣爱好。"兴趣是人们力求认识某种事物和从事某项活动的意识倾向。它表现为人们对某件事物、某项活动的选择性态度和积极的情绪反应。兴趣以需要为基础。兴趣可以使人集中注意，产生愉快紧张的心理状态。"[①]因此，深入了解每个广告的目标受众的兴趣与需要，使广告能够做到符合其兴趣点，则能更好地吸引目标受众的注意（参见第四章）。

二、增强广告的新异性

心理学认为心理现象的生理基础是神经系统，与人的先天本能直接相关的神经系统的活动是个体先天性的无条件反射（非条件反射），其中一种无条件反射是定向反射。定向反射指的是由新异刺激引起头部及有关的感觉器官朝向于刺激方向的反射活动，也称探究反射，是注意最初级的生理机制。人类因为有定向反射的本能，才会产生获取未知力量、探索宇宙奥秘的动力，

---

① 中国大百科全书《心理学》编辑委员会.中国大百科全书·心理学.北京：中国大百科全书出版社 1994 年版，第 468～469 页。

才有一种"求新"的欲望。既然追求新异是由人类本能所导致的,则广告信息中的"新异性"特点对引起广告受众的注意有着基本的意义。广告可以在内容与形式上表现其新异性,以此吸引受众的注意。

(一)广告内容新颖

广告内容新颖,则能够满足受众的"求新"欲望。例如,在一则旅游广告中,广告声称美国有"11 个加利福尼亚州"。看到这条不符合常识的广告语,您一定会非常好奇,迫切想了解那么多的加利福尼亚州从何而来。原来,为了扭转加州已经被浓缩为一套概念化的可以替换的象征意义:游泳池、沙滩、金门大桥、好莱坞的形象,转而强调其多样性,将加利福尼亚州这一"产品"重新定义,单数的地名变成复数的形式,把它叫做"那些加利福尼亚"。这种地名的转变使很多人对广告产生了好奇心,也达到非常好的广告效果。

又如,眼镜广告大多数都在宣传眼镜对视力的保健功能,或者眼镜对人们在外形上的帮助。Alain Mikli(艾伦·米克力)眼镜在广告内容创意上却另辟蹊径,认为一副好看的眼镜足以吸引目光焦点,转移所有注意力。甚至于脸上的缺陷,人们都可以视而不见。于是广告内容中出现"白发不要紧"、"暴牙别担心",因为"没人看见",大家都在看你的眼镜。这则广告,打破了纯"功能型"、"外观型"的广告内容,挖掘到更有新意的内容层面。在广告画面上只搭配简单的金属框脸与粗朴的打字来衬托眼镜,看似非常不合理,却因新奇而让人愿意多看一眼。因为避开了真实的主题,反而突出了概念的单纯。如(图 5-1.1 和图 5-1.2)[①]:

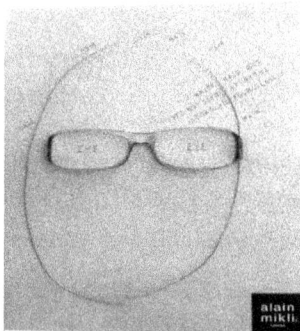
图 5-1.1

图 5-1.2

---

① 图片来源:《头脑》,2008 年第一期,第 96 页。

在广告中运用诱人、新奇的题材并进行富有艺术性的加工,能产生新颖的效果。例如,香港某家保险公司为自己所做的宣传广告,内容别具一格。该保险公司寄给客户的宣传广告是一则寓言故事:彼得梦见与上帝同行,路面上留下两双脚印,一双是他的,另一双是上帝的。但当彼得经历着这一生中最悲惨、消沉的岁月时,路面上的脚印却只剩下一双。彼得问上帝:"主啊!你答应过我,只要我跟随你,你就永远扶持我,可是在我最艰难的时候,你却弃我而去。"上帝回答道:"我的孩子,当我抱你在怀中的时候,路面上只留下了我的脚印。"讲完寓言故事,广告中的最后一句话是:"当你走上坎坷的人生道路时,我们陪伴着你;当你遭遇不测时,我们帮你渡过难关。"这则广告内容产生一种全新的感染力,改变了人们对保险公司的偏见,同时也增强了受众对保险业务的信赖。

广告内容在追求新异时要重视是否能够使受众准确地理解,做到既出人意料,又在情理之中。若一味追求新异而使受众难以理解,则不能达到良好的广告效果。例如,2007年9月,索尼公司为提高PSP游戏机在英国市场的销售量,策划了一系列针对PSP游戏机的宣传活动,其中有由两名金发碧眼的模特拍摄的广告宣传海报,见图5-2.1至图5-2.3[①]。据了解,英国PSP玩家及网友在看过这个广告宣传海报后,普遍做出"莫名其妙"、"不知所云"的评价,虽然广告宣传海报中的模特与颜色都具有视觉吸引力,但很难在初次看过后就理解广告到底想要说明什么或宣传什么产品。索尼在策划广告时对PSP的定位是要突出游戏机"掌上娱乐工具"的特点,但在这个广告宣传海报中却不易看出这一点。受众不能迅速准确地理解广告含义,再新的内容也无济于事。

图 5-2.1

---

① 图片来源:http://www.TGBUS.com.电玩巴士。

图 5-2.2

图 5-2.3

广告内容吸引受众的新奇感固然重要,但需要特别提出的是,如果某类新异事物出现得太过频繁,受众在不断地接受相似广告信息的过程中,感觉器官也会由于适应而变得"麻木"。这时,"新异"就变成"俗套"了。如,我国电视中洗发水的广告,基本上是依靠美女和一头飘逸长发作为广告的主要诉求内容,刚开始受众觉得新颖,但看多了,受众会对广告产生视觉审美疲劳,即使美女的长发再飘舞也不太关注了。因而广告内容应独辟蹊径、出奇制胜。例如,风影洗发水的广告"金蝉脱壳"篇,广告设计了类似一部斗智斗勇的动作剧情片,以突出洗发水的与众不同。女主角凭借"72 小时无屑无痒"的风影止痒新配方洗发水成功使出"金蝉脱壳"之计,甩掉国际刑警的追击。风影洗发水的去屑功能在引人入胜的剧情中得以呈现。两位代言人的精确把握和完美演绎也成功地突显了风影洗发水一贯的时尚、动感的品牌形象。

(二)广告形式奇异

广告要具有吸引受众注意的功效,在形式上更需要奇特、与其他广告有差别。如果广告在表现形式上缺少新异性,就会淹没在大量同质化的广告中,被受众忽略。

广告的表现形式如何体现与众不同呢? 例一,众所周知,麦当劳广告中出现最多的标识是麦当劳的"M",虽然受众对这个标识非常熟悉,也很认同,但时间长久,难免会出现"审美疲劳"。如何出新? 在麦当劳的某个平面广告中,广告人员在广告形式表现上一反常规,把标准的"M"标识倒置,再配合一条弯弯的曲线,变成一张正在开怀大笑的嘴巴,用以引起受众的注意与猜想。同时在平面广告的右下角呈现麦当劳的标准标识,作为此广告的落脚点。既突出了新颖性又容易被认知。如图 5-3[①] 所示:

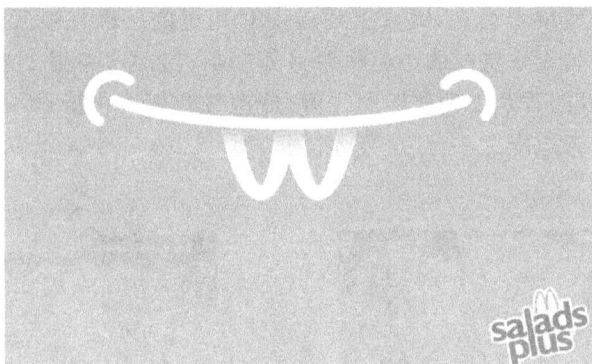

图 5-3

例二,由法国德高集团和"上海地铁广告"主办,上海地铁于 2007 年推出"上海地铁创意之旅",近 10 种代表世界领先创意的全新地铁广告相继亮相沪上,使上海地铁迅速成为沪上"创意广告"最大的发布平台。如图 5-4[②],地铁中出现的离奇、夸张的瘦身广告。一个高大的平面广告牌立在地铁内,广告牌上是一张瑜伽教练的全身照片,广告牌在模特腰部被拧了几圈,拧成一股细绳。使得整个模特的身材显得非常夸张。突出了宣传瘦身产品的广告目的,想要自己的腰部变细,就来购买瘦身产品吧。这张夸张的模特造型广告,引得路人纷纷驻足欣赏,好奇地用手握一握模特的细腰;图 5-5 中是某休闲服饰的广告牌。在一个大广告牌上,印着广告语"不走寻常路",从广告牌顶部向下悬出一段草编的梯子,吸引着人们向上攀缘,梯子的上端是一幅画着蓝

---

① 图片来源:http://www.mwmw.cn 百万瓦特。
② 图片来源:图 5-4 至图 5-9 均选自 http://www.club.chinaren.com.cn/中国人社区。

天白云的画,似乎在鼓励大家只要爬上草梯,外面就是一片海阔天空。广告以这种模拟场景的形式鼓励人们勇于攀登,走自己的路,突出了该品牌年轻、活力的形象;图 5-6 则是在地铁中出现的一个巨型立体茶包模型,茶包上系着该品牌的小标牌,大茶包与小标牌由于在大小和颜色上的鲜明对比,显得特别惹眼;图 5-7,借着地铁楼梯的侧面形状,某个运动鞋广告,在此处倒置了一个穿着该品牌运动鞋奔跑的年轻人的造型。虽然是个人体模型,看上去却活灵活现,而且跑步的方向与地面正好成 90 度的垂直角度,这种非常态显得这个广告更加特别。地铁中的一些公益广告也非常引人注目。如,有两则提醒大家不要乱扔垃圾的广告,见图 5-8 和图 5-9,一则广告是在地铁某个角落,有一个巨大的塑料废弃饭盒,饭盒上插着一双用过的一次性筷子,旁边有一行艺术化的小字,"无法忽视的小毛病";另外一则广告是,一根 1 米多高的立着的香蕉,被剥开的香蕉皮朝着四周飞舞,造型带有拟人化特点,非常像一个手舞足蹈的人。旁边配上一行"垃圾才乱扔垃圾"。看着令人忍俊不禁,也很受启发。

图 5-4

图 5-5

图 5-6

图 5-7

图 5-8

图 5-9

在广告活动中,如果广告宣传的产品本身就具有"新异性"的特点,在广告创意时,可以直接以产品作为一种"新异"的形式进行重点宣传。如果能抓住受众注意,广告效果会更直接和有效。法国著名的矿泉水"依云"为新产品设计的一系列广告,就是直接以新推出的宫廷包装瓶矿泉水为宣传对象,重点强调这款宫廷包装瓶在外观上的独特,以及矿泉水在斟水时采用的一种新的技术。广告紧紧抓住能吸引受众眼球的两个特点,在广告中对瓶身进行了各种角度的宣传,并对其斟水装置也作了特别介绍。在广告中反复强调,奢华宫廷包装瓶(Palace Bottle)的造型独特而华贵,矿泉水的包装采用蚀刻的"阿尔卑斯山"凸纹图案,斜面的聚乙烯盖子和优美的芳香设计,还设计了一个独特的斟水装置,取名为宫廷斟水器。瓶子外表圆滑,具有浓厚的现代气息,外形高挑修长,干净的线条和亮丽的标识都在很大程度上突出了水的纯净,而专利的斟水装置和底部的不锈钢垫盘则有助于创造一种稳健和优美的外观,瓶子的任何一部分都带给消费者一种全新的体验。这款矿泉水最显著的特点就在于外观包装非常新异，一眼望去就能让人感到与众不同，同时也融合了独创的技术在其中。所以在广告中，包装瓶本身的这些独特之处就成为广告宣传的"亮点"，既不需要名人代言，也没有设计特别情景作为噱头，省去大量无关因素。据悉，这款饮用水在欧美国家中评价很高。事实证明，这种简洁、直接的广告形式就是对依云矿泉水最好的宣传方式。如图 5-10 [①]是新款宫廷包装瓶矿泉水瓶身的正面形状，图 5-11 则展示了新款矿泉水独特的斟水装置——宫廷斟水器，以及矿泉水瓶底部的不锈钢垫盘。

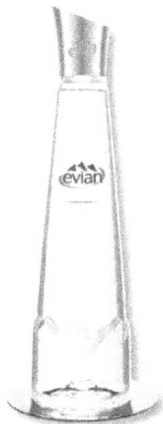

图 5-10

图 5-11

三、把握广告的运动变化性

在一个静止的环境中，运动的、变化着的刺激物更容易引起受众的无意注意。在广告中加入动态成分能达到更好的注意效果。电视广告通过镜头运动和画面剪辑构成一组连续的运动，比静止的广告图片更能吸引受众注意。

广告中表现出的运动与变化分为两种：渐变和突变。广告中的渐变是指刺激物按一定频率规则地变化；户外的霓虹灯广告就是渐变的广告，霓虹灯通常是一闪一灭的灯光效果，灯上的图形和文字也是按一定频率出现。

---

① 图片来源：图 5-10 和图 5-11 均选自 http://www.fboo.net 非卜广告网。

突变指的是突发性的、没有规律的变化。例如:网易为 Yeah.net 邮箱做的一则网络电视广告,画面开始是一条鱼在鱼缸中游来游去,鱼跳出鱼缸,跳进另一个类似海洋世界的画面。这时,画面中突然出现网易邮箱的宣传语:"成长、畅游! 网易 Yeah.net 邮箱。"这种突变的效果能引起受众的特别注意。

四、恰当利用大尺寸广告

大尺寸广告的特点是大标题、声音洪亮、色彩明亮、颜色闪亮。在一定范围内,大尺寸的广告形式确实创意空间更大,能吸引更多的受众注意力,传递更多广告信息。

根据 iResearch 艾瑞市场咨询推出的网络广告监测系统 iAdTracker 的最新数据显示,广告主普遍对长横幅大尺寸广告形式最为青睐。从 06Q1－07Q1 连续五个季度的数据监测显示,长横幅大尺寸广告、网幅广告、长纵式大尺寸广告、正方形大尺寸广告这四类是广告主投放费用最高的广告形式。艾瑞市场咨询分析认为,以长横幅大尺寸广告形式为代表的大尺寸类网络广告形式备受青睐,显示了广告主在投放网络广告时追求视觉冲击力的特点。为吸引受众注意,广告主不仅在网络广告中偏好大尺寸广告,在报纸杂志、户外广告等其他广告形式中也同样如此。

为什么大尺寸、高强度的广告容易被受众注意? 从心理学角度来看,广告引起受众的无意注意,与刺激的强度有关,遵循的是"刺激的强度法则",即在一定刺激强度范围内,使用强刺激比使用弱刺激更易激起受众的无意注意。

在制作广告时,特别是一些户外广告,通常都采用大尺寸的广告吸引受众,例如,大型路牌广告、霓虹灯广告、灯箱广告、墙体广告、楼体广告、大型海报等等,人流量最大的地方,通常也是大尺寸广告出现最频繁的地方。超大型的广告能带给受众高强度的视觉刺激,容易引起受众的无意注意。例如,任天堂公司为 2006 年推出的游戏机 Wii 所做的大型户外楼体广告(图 5-12[①]),在尺寸上基本覆盖了一幢大楼的一个侧面。大尺寸,再加上广告上年轻男女充满活力和激情的神态,广告效果令人震撼。

虽然大尺寸户外广告在对受众的视觉刺激上有着得天独厚的优势,但是在使用过程中也有一些需要注意的方面。例如,闹市区的楼体广告、霓虹灯

---

① 图片来源:http://www.artch.cn 艺术中国网。

图 5-12

广告等户外广告 虽然能很快吸引受众的注意,但是受众在户外广告上停留的时间通常都很短,常常是抬头看广告的那一瞬间。因而,为了符合户外广告受众这一注意特点,在制作户外广告时,广告牌上的内容一定要简短,表达了最重要的信息即可,如果信息含量太多,受众一眼看去,不易选取信息,就会失去对广告的兴趣。

　　大尺寸广告除了在户外广告中效果显著,在报刊、杂志这类印刷媒体中也经常使用。印刷媒体上的尺寸体现在版面的大小。占有大版面的广告对受众的吸引力比小版面广告大。不论大尺寸户外广告或是大版面的印刷品广告,都必须意识到,尺寸也并不是越大越好。尺寸越大,需要投入的财力、物力、人力也越多。更重要的是,尺寸大小与受众注意程度的高低并不是简单的正比例关系。例如,心理学家斯特朗通过实验心理学的方法验证了这个说法,在控制了其他相关因素的情况下,他研究了广告面积大小和受者注意的关系,得出的结论是:若以 1/4 页广告版面获得的注意效果为衡量标准 100,则 1/2 页的广告版面得到的注意值为 156,一整页广告得到的注意值为 240。另外应关注的是,划分细致的版面位置与尺寸大小和注意效果的关系更加复杂。

五、运用广告中的对比作用

(一)广告元素在相对强度上的比较

心理学中将刺激强度分为绝对强度和相对强度,上文中所描述的大尺寸广告所引起的注意效果都是由刺激的绝对强度产生的。但在生活中,对人们的注意影响更大的往往是刺激的相对强度。相对强度指的是:某一刺激物在与其他同类刺激物进行比较时,体现的是在强度上的差异。例如:一个人始终保持 60 分贝的音量在说话,如果是身处喧闹的市场,市场中的平均分贝数在 90 分贝,别人可能听不见他在说什么;如果在安静的会议室,60 分贝的声音足以让每个人都听得非常清晰。由此可知,60 分贝的音量在 90 分贝的音量衬托下显得强度很小;60 分贝的音量在 30 分贝的音量衬托下显得强度很大。因此,广告元素(如声音、色彩等)若能在相对强度的比较上增大差异,由于这种量上的差异,更易于引起受众的注意。

(二)广告中对象与背景的对比

对比指的是知觉对象与知觉背景之间的差异比较,强调的是某种状态下,广告刺激物之间的质的差异,既可以是在同一刺激物中某部分的突出,也可以指不同刺激物之间的状态差异。在对比作用中,背景与对象的差异越明显,对受众注意的吸引程度越大。在广告形式中,运用对比作用突出广告效果主要体现在颜色、形状、产品性能方面。例如,洗衣粉广告中,通常都是摆着一大桶水,年轻的主妇先用一种洗衣粉泡洗一件衣服,却无论怎么卖力都洗不干净,正当主妇满头大汗、一筹莫展之时,旁边来了个看上去生活经验更丰富的大妈,大妈非常热情地说:"为什么不试试某某洗衣粉?漂洗会更容易。"听从了建议的年轻主妇换了大妈推荐的洗衣粉后,果然轻轻松松把衣服洗得非常干净。广告的最后,一大群人拿着广告产品在欢呼:"洗衣粉还是某某品牌好。"在广告中,较早出现的洗衣粉作为对比效果中的背景因素,用来衬托对比效果中的对象——广告产品。俗语说:"不比不知道,一比吓一跳。"虽然受众没有被吓一跳,但在态度上已经往广告宣传的产品一方倾斜了。

值得特别注意的是,在广告中以同类产品作背景时,是不允许出现同类产品的名称、标识等真实信息的。

另外,在广告中可以运用产品使用前后的状况作比较,突出产品的功效。例如,在减肥产品的广告中,表现代言人的身材在使用产品前后的显著变化;

在增高产品中,使用产品前的身高和使用产品后的身高对比;护肤产品中,代言人使用产品前脸上黯淡的肤质和使用产品后脸上光彩照人的效果对比。上述这些广告中,同一刺激物前后对比时显现出的差异,对广告受众的注意效果、态度改变影响大。

对比作用还体现在广告的空间上。在空间上突出广告要表现的主题,增强受众的注意效果。例如,图 5-13[①] 是为一个网吧所设计的平面广告,图片中大面积的空白衬托出最上端 1/3 处的文字与图画,变异的字体、单线条的小人与大面积的空白形成强烈对比,吸引着受众的注意。广告表现出的象征意义,引起受众许多联想。

图 5-13

又如,国外某个手机广告(见图 5-14.1 和图 5-14.2),天鹅是手机的标志。在这两幅广告中,广告的内容不变,通过改变广告中的一些基本元素(字体、图片大小、颜色、位置等),使得背景与对象的关系发生了一定的变化,体现出不同的对比效果。

---

① 图片来源:http://www.zumacafe.com

图 5-14.1

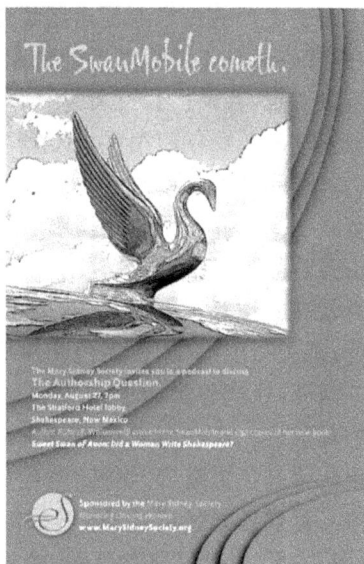

图 5-14.2

(三)利用色彩对比吸引受众注意

美国流行色彩研究中心的一项调查表明,人们在挑选商品的时候存在一个"7 秒钟定律":面对琳琅满目的商品,人们只需 7 秒钟就可以确定对这些商品是否感兴趣。在这短暂而关键的 7 秒钟内,色彩的作用占到 67%,成为决定人们对商品好恶的重要因素。一般来说,彩色广告比单色广告更能吸引受众的注意。日本新闻协会做的一项研究表明:同样版面的彩色广告,其注意率比黑白广告增加十倍,注意时间也提高两倍以上。[①] 在广告中使用彩色,能把商品的特色和质感完全表现出来,真实感更强。色彩具有使人兴奋和沉静的不同感觉。通常红、橙、黄等暖色以及明度高、纯度高或对比强烈的色彩给人以兴奋感。相反,蓝、绿等冷色以及明度低、纯度低或对比强度低的色彩给人以沉静感,无彩色的灰色和黑色也给人以沉静感。在广告中,需要运用使人兴奋的色彩来刺激受众的感官,使受众兴奋,吸引受众注意广告内容,并产生兴趣,从而留下深刻的印象。即使是一些以冷色为主色的广告,也要在明度及点缀色的对比上提高色彩的兴奋程度。

---

① 许春珍. 广告心理学. 合肥:合肥工业大学出版社 2005 年版,第 62 页。

　　吸引受众的注意除了运用暖色,还可以通过颜色之间的搭配造成对比效果,即背景颜色与图形颜色的搭配。我们在马路上观察同样距离的路牌广告时可以发现,有的广告醒目易见,有的模糊不清。清晰可见的广告,其背景色和图形色的色彩差距很大,而不容易看清的广告其背景色和图形色的差距都小。这种差别首先取决于明度对比,其次是色相对比(色彩的相貌。它包括红黄蓝三原色和三原色相互吸收形成的其他色彩)。明度对比强烈且色相对比也强烈的色彩搭配,其注意程度最高;而明度对比强、色相对比弱,也同样具有较高的注意程度;如只有色相对比,而无明度对比,其注意程度便会大大降低;既无明度对比,也无色相对比,就将完全失去注意价值。

　　因此,在广告画面中要想突出商品形象的主体色,就必须有衬托主体颜色的背景色。广告背景颜色通常比较统一、多用柔和、相近的色彩,主体颜色多用比背景色更强烈、明亮、鲜艳的色彩。这样既能突出主体形象,又能拉开主体与背景色的色彩距离,造成醒目的视觉注意效果。例如,麦当劳的广告(见图 5-15①),运用纯黄色彩,艳丽醒目,易于引起注意。广告运用红色为背

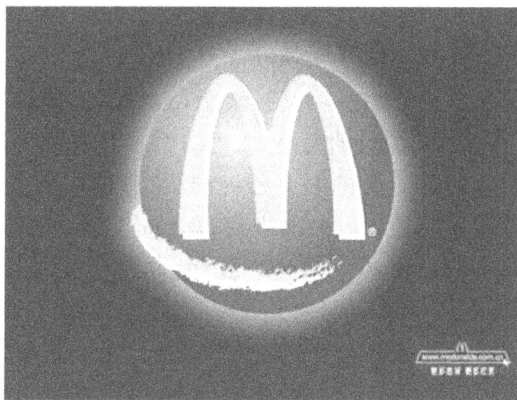

图 5-15

景底色,刺激受众的视觉。红与黄的色彩搭配,对比鲜明,十分抢眼,充分吸引了受众的注意并能调动其食欲。另外,红色又象征着积极向上的企业文化,表现了充满活力向上的朝气和热情。

---

① 图片来源:http://www. mcdonalds. com. cn.

六、广告信息呈现的策略

(一)广告呈现的方式、信息量、速度

受众的注意是有范围的,这个范围被称为注意的广度。注意的广度是指在同一时间内能清楚地把握对象的数量。在速示器实验中心理学家得出,在1/10秒时间内眼球来不及转动,被试者在视觉系统中接收到刺激时,知觉立即得到反应,此时注意的广度也就是知觉的范围。在1/10秒的时间内,成人一般能注意到8～9个黑色圆点或4～6个没有联系的外文字母或3～4个几何图形。由此可见,受众在瞬间能注意到的信息量非常有限,如何增加受众短时间内接收的广告信息量,这是个必须重视的问题(参见第六章)。

注意的范围固然影响了受众对信息的接受,但是这个范围并不是固定不变的。研究者发现,刺激物越集中、排列得越有规律、互相之间的联系越紧密,注意的范围越大。在广告中,广告信息呈现给受众的方式对受众的注意范围有很大影响。要让受众注意到更多的广告信息,就要重视信息的排列方式和相互之间的关系。除了信息排列方式上的改变,受众自身的活动与知识对注意广度也有影响。受众活动中的任务越多,注意范围越小;受众活动任务少,注意范围大。受众在利用广播媒介时,通常是听广播的同时还进行着其他活动,做家务、散步、聊天等等,在这种情况下,受众对广播信息的接收受到其他活动的影响,注意的范围较低。受众自身的知识范围对注意的广度也有影响,受众的知识经验丰富,注意的范围大;知识经验贫乏,注意的范围小。注意的广度除了有同一时间内的广度,还存在连续时间上的广度。注意在连续时间上的广度指的是受众在连续的一段时间内对刺激物的注意范围。根据塔伯曼的研究显示:一般情况下,刺激的数量越多,呈现速度越快,被试者判断结果的错误越多。这种倾向在视觉刺激中更为明显。在一定时间内,广告信息出现的数量过多,呈现给受众的速度太快,受众在信息接收上有一定难度。所以,把握信息呈现过程中最合适的信息量和速度,对提高注意的效果非常重要。

(二)广告的重复率

增加广告的重复率包括广告出现的频率增加和同一广告中主题的不断重复。不断地重复广告会增加受众注意的机会。以电视广告为例,电视广告往往在受众收看广告的一瞬间就抓住受众注意,这个"决定性的瞬间"通常都

在最初的 3～7 秒。如果错失良机,则很难在这之后再唤起受众的无意注意。国外的广告研究人员认为应该在 0.3 秒内下功夫,人眼扫描一眼电视画面的时间大约是 0.3～0.4 秒,户外广告的阅读率约在每秒 3～4 字和每秒 4～6 字。时间就是效率,广告人要在时间上争分夺秒,增加广告瞬间出现在受众面前的机会。广告的重复对这一瞬间非常重要,除了有效把握受众注意的这一瞬间,在后续时间中还要不断地进行主题引导和重复,有了主题的引导和重复,广告受众才能维持对广告注意的稳定性,广告的注意效果才能进一步影响到受众的态度和购买行为。

(三)广告的位置选择

广告的位置通常分为广告的时间位置和广告的空间位置。广告播放的时间位置主要运用在电视和广播这类线性媒体中。广告在收视率、收听率高的黄金时段播出,更容易被消费者注意到。电视广告在电视节目播出前播放要比在节目结束后播放效果好。因为受众在节目播出前可能会预留一段时间耐心等待节目的开始,广告正好能够利用这段时间吸引观众。电视节目播出后,观众对节目的期待得到了满足,对广告关注较少。

又如,人们看报纸时总喜欢先看新闻的头版头条。头版头条位于报纸最前端,是受众最先注意的地方,也正因如此,在报纸排版的时候,编辑总是把最重要的内容放在受众注意度最高的版面。同样,广告在选择空间位置时,也应该抓住"头版头条"。广告在空间位置上的选择多指在印刷媒体中广告的投放技巧。例如,排除广告尺寸大小的影响,一般来说,在杂志中广告的版面位置引起注意的程度为:最容易吸引受众注意的是封面,其余依大小次序分别是封底、封二、封三、扉页、底扉、正中内页和内页。在同一页面中,由于受众阅读习惯的差异,不同位置引起受众注意的效果也有不同。在阅读常态的报纸或杂志时,视线习惯是从左向右,左上方为起眼点,右下方为落眼点。单从版面来说,左版面比右版面先引人注意、上版面先于下版面;如果整个版面分为上下左右四部分,注意程度高低排序依次是左上、右上、左下、右下;如果版面以上下分为四部分,注意的集中度最先在中上、其次是中下、然后是最上方、最后是下方。了解受众的注意习惯,对印刷媒体的广告排版,提高印刷媒体中的广告注意效果很有帮助。

七、在广告中运用悬念

(一)悬念引发好奇反射、激发想象

中国古代的小说创作就意识到要以悬念吸引读者,明清时期的章回小说在每一回的结尾通常都有一句"欲知后事如何,请听下回分解"。至今,悬念小说也是非常受大家欢迎的一类小说。在电影、电视剧中悬念类的电影电视有众多的爱好者。因为悬念刺激引发了受众的好奇反射。在广告中,新奇广告和悬念广告既有区别又有联系。首先看它们之间的联系,二者都是吸引受众的一种手段,无论新奇广告还是悬念广告,都更能吸引受众的无意注意。二者的区别在于,新奇广告意图通过一次性的刺激吸引受众注意,达到广告效果。悬念广告通常不是一次完成的,而是将信息分次展示给受众,不断刺激受众的猜测与想象,通过系列广告,一步一步将"广告谜底"揭示出来,由于在悬念广告中有部分信息缺失,广告受众受到探究心理的作用,期望最终获得"谜底",就不由自主地跟随着悬念广告的脚步,关注着广告中的信息。

(二)悬念广告的基本类别

一般将悬念广告分为三类:一悬一答式、多悬一答式、一悬多答式。

1. 一悬一答式

一悬一答式悬念广告指这一次设置悬念,下一次解答悬念。例如,新中国成立前上海某剧院请梅兰芳赴沪演出,当时梅兰芳已在北京唱出了名,但上海人却知之甚少,剧院在上海各大报纸上登广告,只推出斗大的"梅兰芳"三个字,其他则一字不提。许多人不知道"梅兰芳"是个什么人物,竞相猜赌,"梅兰芳"成了当时上海人关注的焦点。不久,各大报纸又登出广告,对梅兰芳进行了介绍和宣传,人们才知道"梅兰芳"原来是京剧名角儿。通过这么一悬一答式广告宣传,取得了极好的宣传效果。

2. 多悬一答式

多悬一答式,即在一个阶段内,围绕一个主题分批设置悬念,最后集中解答。经典的广告案例是 20 世纪 70 年代,为台湾三阳公司的野狼 125 摩托车所策划的悬念广告。1974 年 3 月 26 日,在台湾的报纸上,刊登出一则没有注明厂牌的摩托车广告,面积是 8 栏 50 行,四周是宽阔的网线边,中间保留成一

片空白,空白上端有两幅漫画式的摩托车插图,图下有几行字"今天不要买摩托车,请你稍候 6 天,买摩托车您必须慎重考虑。有一部意想不到的好车,就要来了。"次日广告继续刊登出来,内容中只换了一个字"请您稍候 5 天"。广告开始引起大家的关注,纷纷询问在哪里能买到这部摩托车,各个摩托车经销商的销售量开始明显下滑。第三天,内容变为"请您稍候 4 天"。第四天,广告正文中取消了"今天不要买摩托车",改为"请再稍候 3 天,要买摩托车,您必须考虑到外形、耗油量、马力、耐用度等,有一部与众不同的好车就要来了"。这天的广告又引起了反应。广告主所属的推销员们大叫"受不了"。这几天的广告影响了这些推销员的销量。这 3 天中,里里外外的反应,使得广告主自己也有顶不住的感觉,几乎想中止这套预告性广告。广告代理方面的专案小组负责人,则苦苦劝告广告主:要忍耐,要坚持。第五天的广告,内容稍改为"让您久候的这部车,无论外形、冲力、耐用度、省油都能令您心满意足,野狼 125 摩托车,就要来了。烦您再稍候 2 天。"第六天,广告内容又改为"对不起,让您久候的野狼 125 摩托车,明天就要来了。"第七天,新产品上市,刊出全页大幅广告。第一批货,几百部摩托车立即销售一空,并接连不断地持续高销售额,创造了销售奇迹,这则广告也成为台湾广告史上的奇迹,同时也是成功运用悬念吸引受众的广告范例。

3. 一悬多答式

一悬多答:指这一次设置悬念,接下来的几次分批解答悬念。联想集团 1993 年在《参考消息》上曾刊登过一则一悬多答式广告。1993 年 5 月 6 日的广告版面中只有"明天会发生什么?"这八个字,让人百思不得其解。5 月 7 日,同一版面同一位置,新的广告内容是:"汉字时代开始了! 第一台专为中国设计的 HPDJ500Q 汉字喷墨打印机今天诞生了! 全汉化的使用方法,工作安静无噪音,打印质量清晰精美。这就是让您耳目一新的 HPDJ500Q——现代办公设备精品。"5 月 8 日接着前一日的宣传:"砸碎旧的针式打印机! 避免嘈杂的噪音,彻底提高公文、报表的输出质量,您只需要 HPDJ500Q 汉字喷墨打印机替代旧式的针式打印机,即插即用,而您的花费也会更节省。"5 月 9 日的广告语是:"一卡在手,服务十奖品! 当您购买 HPDJ500Q 时,您将享受到联想 CAD 幸运卡带给您的优质服务和惠普的三年保修,并将有机会参加每两个月一次的幸运抽奖,不要错过呀!"①

通过上述几则广告实例可以看出,悬念广告因其能很好地提升受众的注意度,在广告中被广泛使用,成为提升品牌知名度的快捷而有效的方法。但是,悬念广告使用也需要技巧,如果在悬念设置过程中,没有设置出吸引受众的卖点,那么悬念广告就不能产生好的效果。

八、注重广告的艺术表现

美是人类永恒的追求,美的东西常常更容易被人们注意。艺术能带给受众美的享受,通过富于艺术感染力表现出来的广告内容,具有鲜明的特点与冲击力,从而引起受众对广告的注意和兴趣。艺术是以形象来反映现实生活,反映社会生活的各个领域,是一种富有创造性的表现方式。艺术也是一种认识,是通过形象把这种认识表现出来。艺术具有审美作用,给人们带来美的享受,满足人们对美的追求。广告通过艺术手法表现产品的形象,广告在创意、文字、图画、色彩、字体、修辞等方面都要运用艺术原理。下面的几则广告就是以生动、鲜明、富有感染力的艺术手法引发受众注意,并带来艺术的享受。

1951年,智威汤逊芝加哥公司为戴比尔斯创作的那句"钻石恒久远,一颗永流传"。不仅道出了钻石的价值,也从另一个层面把爱情的价值提升到足够的高度,从此,钻戒成为爱情的象征,也成为无数女人心中永远的悸动。事实证明,经典的广告语总是丰富的内涵和优美语句的结合体。

M&M巧克力:只溶在口,不溶在手。这句广告词是广告大师波恩巴克的灵感之作,流传至今。该广告语既体现了M&M巧克力独特的包装,又可以让消费者在吃巧克力时保持双手的清洁。同时又暗示了M&M巧克力口味好,以至于我们不愿意让巧克力在手上停留片刻。一句只有八个字的标语,蕴含了深厚的内涵,把巧克力的美妙口感、巧克力的独特包装这两个特点全部涵盖,不能不说是经典之作。

九、增加广告的幽默元素

在广告中巧妙地运用幽默,不仅能达到吸引受众注意的作用,而且还能调动受众的情趣和提高受众的认知程度。幽默是人的一种优美、健康的品

---

① 张道俊.广告语言技巧.北京:社会科学文献出版社1996年版,第58页、59页。

质,幽默使生活更加富有乐趣。幽默是一种经过艺术加工的表达形式。心理学研究认为,幽默是人们一种特殊的适应形式,是对心理定式的一种反叛。人们由于过去的生活经验,形成了对事物相对稳定的感知和认识,即心理定式。幽默的作用在于反其道行之,突破心理定式。谈及幽默,人们常用"奇巧"二字来概括形成幽默的原因。奇是指出奇、出人意料;巧是合乎情理、可以理解。幽默总是既能满足人们求新的心理,也能在受众的理解范围内。

(一)幽默广告的表现手段

1. 利用语言表现幽默

在广告中,如何利用广告语言要素变换技巧来增强幽默的效果? 第一种方式是通过音义蜕变,利用汉字中某些字词同音不同义的语言特性,产生幽默效果。例如:某家帽子店广告:"以帽取人";香港一家化妆品公司的广告是:"趁早下『斑』,请勿『痘』留"。第二种方式是语意移植。某镀层公司的广告:"专做表面文章";某药店广告:"自讨苦吃";某打字机广告:"不打不相识";某眼镜店广告:"眼睛是心灵的窗户,为了保护您的心灵,请为您的窗户安上玻璃。"第三种方式是拟人化的修辞。如某油漆广告:"家具的贴身保镖";杀虫剂的广告:"它是杀虫不眨眼的刽子手";灯具的广告:"我们愚弄了太阳"。牙膏广告:"多多关照你的牙齿,否则它会背叛你";粮油食品公司的广告:"用我们的调味品将食品惊醒"等。第四种方式则是通过语言的夸张手法产生幽默效果。如,某印刷公司广告:"除了钞票,承印一切";一家美容院外面挂着的广告牌:"请不要同刚刚走出本院的女人调情,她或许就是你的外祖母";眼药水广告:"滴此眼药水后,将眼睛转动几下,可使眼药水遍布全球";一家理发店的墙上,贴着这样一则广告:"别以为你丢了头发,应看作你赢得了面子"。诸如此类,在广告中巧妙地运语言产生幽默效果,能够较好地吸引受众的注意。

2. 利用戏剧性情节表现幽默

早在 20 世纪 60 年代,欧美广告界就充分意识到幽默广告带来的益处。在 60 年代,人们常对推销员和广告抱有偏见和抵触情绪,幽默广告将推销活动放置在轻松、愉快的喜剧气氛中进行,使消费者对广告产品产生注意和好感,不由自主地改变对商品的态度。广告大师波迪斯说过:"巧妙运用幽默,就没有卖不出去的东西。"

　　在电视广告中,幽默元素的运用经常体现在戏剧性的场景中。例一,百事可乐《足球篇》:"在曼联队和尤文图斯队比赛前,裁判到百事可乐自动售卖机前买可乐,但是他投入硬币后滚出来的百事可乐被走过来的贝克汉姆、因扎吉、戴维斯依次拿走,当他再投入一个硬币时,终于如愿喝到了可乐。比赛就要开始了,裁判找遍全身却没有硬币投掷以决定哪方先开球,只好让贝克汉姆等三人用小孩子常玩的剪刀、锤子、布的方法来解决。广告片中戏剧化的结果让人忍俊不禁。百事可乐这则广告,轻松幽默,有人情味,极大地增加了百事可乐的大众亲和力。例二,百事可乐的《冰天雪地篇》:"一个小伙子在冰天雪地里贪婪地喝百事可乐,嘴唇却因为低温粘在可乐罐上,无奈只好求救于医生,结果在诊所里发现,诊所里所有的人,男女老少,还有一只小狗,都患了和他一样哭笑不得的症状。"百事可乐一贯的幽默风格,让人想起其总裁的话:"可乐之争,输赢并不重要,重要的是有趣。"

　　在戛纳国际广告节中,有相当一部分广告是以单纯鲜明、一目了然的幽默情节取胜。例如,曾获 1996 年法国戛纳国际广告电视金狮奖的麦当劳"婴儿篇"广告堪称幽默广告的经典。在广告中,一个躺在摇篮里的婴儿,一会儿哭,一会儿笑。当摇篮悠起来,靠近窗口时,这位婴儿就高兴地露出笑脸;而当摇篮悠下来时,就哇哇地哭。这一简单的过程反复持续了多次。怎么回事?在广告的最后,当镜头从婴儿视线的角度对准窗外时,一切恍然大悟。原来婴儿是因为看到窗外黄色的麦当劳双拱门标志而笑,因为看不到它而哭。这个广告创意极为单纯,情节却充满了幽默风格的戏剧性。

　　幽默元素除了能为商业广告带来巨大的经济效益,同时也能给严肃的公益广告增添一抹亮彩。交通安全广告中的宣传内容通常都非常生硬,有时还会让人产生恐惧的感觉。为此,在广告中注入幽默因素能使广告效果倍增。马来西亚柔佛市有这样一则安全广告:"阁下驾驶汽车,时速不超过 30 英里,可以欣赏本市美丽景色;超过 60 英里,请到法庭做客;超过 80 英里,欢迎光顾本市设备最新的医院;上了 100 英里,预祝你安息。"另外一些关于交通安全的广告:"请记住,上帝并不是十全十美的,它给汽车准备了备件,而人没有";"电线杆自卫时,会给汽车和司机带来伤亡";"系好安全带,阁下无法复印"等等。由于交通安全广告的正面宣传通常都带有命令性,容易产生驾驶人的反叛心理。所以,将幽默运用在交通广告中既可以使驾驶人从疲惫中兴奋起来,又容易被人们接受和理解。

3. 广告中利用幽默的尺度

人们常说"笑到最后,才能笑得最好"。广告作品并不是只要有幽默就一定能成功,"笑有笑道"。幽默广告作为一种表现手段,幽默本身不是目的,不能喧宾夺主,把要宣传的商品放在次要位置。大卫·奥格威说过:"广告是严肃的,家庭主妇不会因为今晚你的广告让她们笑了而明天就去购买你的产品。"因此,将产品契合到幽默中是幽默广告必不可少的一步。例如,我国喜剧明星范伟代言的康恩贝肠炎宁电视广告利用谐音制造幽默。情节如下:范伟急急忙忙跑进屋:"打劫(大姐)、打劫(大姐)。"身材高大的中年妇女擒住范伟,喝道:"就你还打劫?"范伟一脸无辜的表情:"俺是叫大姐,俺拉肚子,请问哪有洗手间?"中年女人说:"拉肚子? 肠胃不好,干嘛不用康恩贝牌肠炎宁?"然后是受益的范伟一副很满足的神情。广告最后从病症切入介绍产品,说出产品广告语"常用常安宁"。初看广告,幽默元素不少,广告请的代言人就是一个很有幽默感的笑星,在广告开始又有一段谐音作为幽默元素。最后运用一语双关的修辞方法把"常"和"肠"结合。但是,观众在收看这则广告后,普遍的反映是记住了范伟的"打劫",却没有记住该药品叫什么名字。显然广告没有达到预期目的。稍加思索,我们不难发现,虽然广告情节幽默,却没有将宣传重点放在广告产品上。换言之,幽默广告应将幽默元素更多地投放在需要宣传的产品上,幽默广告中的对白、情节、表演都应该为产品服务。幽默元素应当是为强化产品名称、产品定位、产品功效而设定。而肠炎宁的广告却只是为幽默而幽默,和产品完全脱节。同样是治疗肠炎的广告,赵本山版的泻利停广告,以"别看广告、看疗效"、"都知道啊"等幽默语言,以及"泻痢停、泻痢停,痢疾,拉肚,一吃就停"的产品广告语,让人印象深刻。另一则药品广告,胃药斯达舒利用谐音这种幽默手段,用"四大叔"让受众记住了产品名称。提高了产品知名度,后期广告跟进宣传"胃痛、胃酸、胃胀,就用斯达舒",较好地宣传了药品的疗效。

(二)广告运用幽默元素的原则

广告中使用幽默元素应遵循下述原则:第一,并不是所有的广告题材和广告产品都适合用幽默的方式表现。如:关于死亡、伤残、灾难、痛苦等内容,不宜使用幽默形式;在大多数情况下,幽默广告更适于低档产品,不适于高档产品。第二,产品是立足之本,幽默要为产品服务。幽默广告的故事情节、人物、画面、语言要和产品紧密相扣。第三,幽默并不是全民娱乐,也要根据目标人群的阶层、年龄、审美趣味、消费心理进行设计,忌庸俗化。第四,幽默广告的广告语要生活化、体现流行性、有现场感、能让人注意并记住,愿意在日常生活中使用、传播。第五,紧扣社会文化热点,把握流行趋势,善于从热点事件中发掘幽默元素。第六,幽默手法能使老生常谈的话题出新,能有效地把一个简单的内容讲得生动,既利于受众注意,又便于受众记忆。第七,符合民族文化心理。民族文化影响着受众的民族审美倾向和对信息的注意与接受程度。

第六章
认知规律与理解心理

吸引广告受众的注意是广告成功的第一步。但广告要想取得满意的传播效果，要想让受众产生购买行为，还必须使受众理解和记住。这就要求广告应符合受众的认知反映规律。受众对广告的认知度是广告传播心理效果的一个根本因素。

第一节　广告受众的认知因素

一、广告受众的认知过程

认知是什么？认知心理学认为，认知是人们获得知识和应用知识的过程，或信息加工的过程。它是人最基本的心理过程，包括感觉、知觉、记忆、想象、思维等。人脑接受外界输入的信息，经过大脑的加工处理，转换成内在的心理活动，再进而支配人的行为，这个信息加工的过程就是认知过程。

认知加工过程是在过去知识经验的参与下，对感觉信息进行加工。主要分为自下而上的加工方式和自上而下的加工方式。自下而上的加工方式是指由外部刺激开始的加工。通常是先对较小的知觉单元进行分析,然后再转向较大的知觉单元,经过一系列连续阶段的加工而达到对感觉刺激的解释。例如,在广告活动中,受众对广告信息的加工也有从下至上的一个加工过程。受众在收看电视广告时,广告中的声音是由一定的响度、音调、音色组成的。通过对声音中的响度、音调、音色的辨别和组合,受众才能听到广告中的声音效果。同样,对广告画面的接收过程也是如此,受众大脑中先留下了关于颜色、形状等组成画面的基本要素的信息,继而才能对广告画面形成一个完整的印象和整体的把握。

自上而下加工是由有关知觉对象的一般知识开始的加工,由此可以形成期望或对知觉对象的假设。例如,即使广告中出现一些信息的缺失,广告受众也能以一般知识经验将缺失信息补充完整。由于是一般知识引导知觉加工,较高水平的加工制约着较低水平的加工,这类加工因而称为自上而下的加工。

根据加工方向的不同,可以将自下而上加工称为数据驱动加工,将自上而下加工称作概念驱动加工。自下而上加工和自上而下加工是两种方向不同的加工,两者结合而形成统一的知觉过程。如果没有刺激的作用,单靠自上而下加工只能产生幻觉。但是,仅有自下而上加工也是不够的。因为在没有自上而下加工的情况下,自下而上加工所要负担的工作太重,甚至可以说是无法承担的。个人接收外界信息的速度也是较慢的,仅有自下而上加工难于应付一些刺激所具有的双关性质或不确定性。这些困难只有在自上而下加工的参与下,才能得到克服。一般认为,知觉过程包含互相联系的自下而上加工和自上而下加工。但是,在不同的情况下,知觉过程对这两种加工也有不同的侧重。

二、广告受众的认知失调

(一)认知失调的含义

L. 费斯廷格 1957 年提出认识失调理论,认为人的心理空间中有许多认识因素,当人具有相互失调的认知因素时会造成心理紧张,从而促使其通过认知加工减弱或消除失调。认知失调又称认知失谐或认知失衡,指认知因素之间存在相互矛盾,通俗来说,就是认知的反常态。受众在大脑中形成一定的定式,形成某种习惯性的思维。当熟悉的事物、经验和知识突然以一种反常态的方式出现,已经形成的定式就会被破坏,出现认知失调的现象。认知失调的产生,与人的经验密切相关。广告中的认知失调有助于使广告受众的注意和兴趣指向与集中于该事物,并有利于"定式"的改变,接受新的广告信息。

(二)在广告中利用认知失调

认知失调在广告中的运用主要通过以下几种策略:认知失调的"反物态"、认知失调的"反比例"、认知失调的"反时空"、合成艺术、反白等。

认知失调的"反物态"是将两种或两种以上完全不同的事物巧妙地组合成一种新的、与众不同的事物。运用"反物态"时,事物的结合应该自然、有所过渡,而不是生硬拼凑。相结合的事物也应具有一定的关系,或相似、或相反、或接近,这样使受众容易产生联想,理解广告的意思。在立邦漆的一则广告中,广告人巧妙地运用了认知失调的"反物态"表现形式。即将两种或者两种以上完全不同的事物巧妙组合成一种新的、与众不同的事物。图中立邦漆与蝴蝶巧妙组合,形成色彩绚丽的多彩蝴蝶。立邦漆与蝴蝶的组合非常自然,立邦漆要宣传的产品理念与蝴蝶具有很强的相关性。消费者很容易从绚丽的蝴蝶翅膀联想到立邦漆所漆出来的美丽色彩,从而深刻体会出"非凡色彩由我而来"这一广告主题。如图 6-1[①]:

图 6-1

---

① 图片来源:http://ite.stu.edu.cn/ggwaxz/found/2-zpxs/f2_c/f2_c_1/2_c_1_1_08.html.

认知失调的"反比例"是指改变人与物或物与物之间正常的比例关系,使之扩大或缩小。通过反比例手法,突出商品的特点,给人以深刻印象。用"反比例"设计广告时,特别要注意整个广告画面的平衡协调,比例的改变适当,不致让人产生轻重失调、倾斜的感受。如迪斯尼的一则广告,在广告中使用"反比例"的手段,强调在动画片的世界中,即使是成人也可以重新感受到孩童时代的快乐。如图 6-2.1 和图 6-2.2[①]:

图 6-2.1

图 6-2.2

认知失调的"反时空"是将不可能同时同地存在或发生的事物、情境,以某种方式同时呈现出来。另外,违反空间状态的形式,如物体的扭曲变形、位置的倾斜颠倒、运动方式的反常等,也能导致认知失调的产生,它可看作是"反空间"的一种表现手法。值得指出的是,在广告中对图像的变形、旋转等不宜过度,要让受众能容易地认出原型来,否则会造成识别时间加长,识别正确率下降。

例如下则平面广告,同时使用了认知失调中的"反比例"和"反时空"的表现方式,见图 6-3[②]。广告中将天使、沙发、台灯、水龙头同时放置在大海中。天使坐在水龙头上,沙发和台灯在大海中上下起伏着,这显然是有悖常识的、

---

① 图片来源:http://www.mwmw.cn/042_Ar1rjfY3kgtJ.

② 图片来源:http://www.mwmw.cn/053_qs5bF3DCBSAW.

不可能同时发生的一幕场景,但是广告人却刻意将其放在一起,造成一种"反时空"的情景。

图 6-3

合成艺术是将商品通过某种方式"注入"人们熟知的艺术作品中去,构成新的整体。由于被"注入"的商品本不是该艺术品的一部分,使人觉察到与原作品的差异产生认知失调。运用这种方法不仅能引起受众的注意和兴趣,还能帮助建立商品与该艺术品的联系,使商品在某种程度上获得艺术作品声誉的迁移,增加消费者对产品的好感。但是在运用时千万不可随便套用,而要充分考虑广告主题与艺术品的相关性。注意被"注入"的商品或品牌的特性、形象等应与艺术品的特性、形象相一致,至少不相抵触才可能使商品在某种程度上从该艺术品中获得好感,否则可能导致相反效果。例如,美国影星玛丽莲·梦露作为一个人物艺术形象就被用在了广告中,熟悉梦露的人们对她脸上那颗标志性的、性感的"痣"都记忆犹新,奔驰公司广告就将梦露脸上迷人的痣换成了奔驰汽车的标志,配合一句"魅力"的广告语,让人将汽车的魅力与梦露的魅力联系在一起。

"反白"是流行多年的一种设计表现技巧,通常的报刊广告印刷,习惯于白纸黑字。"反白"却与之相反,是黑底白字。近几年来,"反白"还表现成"红底白字"、"蓝底白字"、"黑底黄字"等多种变体。在运用中发现"反白"字体给人一种收缩感,看上去比正常字体要小一些,故在实际运用时,常选用大号字体,以抵消这种错觉。如图 6-4[①]:

①　图片来源:http://www.mwmw.cn/ 021_26Yk8lCWpmim.

图 6-4

心理学的研究表明:当人产生认知失调后,对信息的加工效率、正确率等都会有所下降,而且过度的认知失调还会引发焦虑、不适,甚至导致拒绝对信息的进一步加工和对信息的误解与态度的改变。所以在广告实际应用时,必须把握认知失谐度。

三、广告中的认知策略

认知策略在广告创意中的运用可以分为两大类型:一是组织策略;二是视觉策略。在广告实践中通常是综合运用这些策略。

(一)利用认知的组织策略

认知的组织策略可以看做是统领的策略。既可以统领一个个广告,组成广告系列,也可以在一幅广告创意中统领部件,组成整体或大的单元。前者包括系列广告、"悬念广告";后者的具体表现形式多种多样,如"组块"、"高级统领者"、"模拟"、"境联"等策略。

认知的组织策略可以分为:①"组块"策略是将零散的构件组成有意义的单元,心理学中的组块所代表的是记忆的最小单元(详见本章第三节),组块策略则是将零散的、无关联的内容通过一定的组织,变成一个有意义的记忆单元(参见本章第三节);②"高级统领者"指的是突出重点,统领各部,构成一个完整创意。广告中的广告语经常被用作高级统领者,起核心作用;③"模拟"策略是从某个客体的特性,形象地说明另一个客体的特性;④"境联"策略是通过背景烘托广告对象(主要信息)的策略。

(二)利用认知的视觉策略

视觉策略是旨在加强对广告认知的微观策略。常用的视觉策略有:①对比策略:通过比较使用和没用使用特定商品或劳务,突出改善后的效果。通常不作两种商品的比较,以防发生可能贬低竞争对手商品的情况。②镶嵌策略是将品牌名称镶嵌到该商品中,或者把该商品镶嵌到文字里。③转换策略是把文字(或外文字母)变换成相关的图形,以达到生动地表达文字信息的目的。④特征展露策略是将商品特色突出出来。

在广告中使用镶嵌策略,能直接引起受众对商品名称的认知,达到广告想要的效果。例如,瑞典酒"绝对伏特加"的广告就是运用镶嵌策略让受众记住自己的产品名称。"绝对伏特加"的广告不论是出于何种创意,在广告中总是会出现产品的商标"Absolut",而且广告创意总是巧妙地配合着这个商标来进行设计。该产品在美国打出的第一个广告则是"Absolut Perfection"即"绝对完美"的"绝对伏特加"广告。从"绝对完美"广告迄今已经过去了二十多年,绝对伏特加酒累计推出了近2000幅平面广告。其中绝大多数都以绝对伏特加酒瓶的轮廓特写为中心,虽然酒瓶里装着的东西千变万化,但是酒瓶下方写着的两三个英文单词中第一个总是"绝对",后面接着的单词则展现了广告创意人员天马行空的想象力——其中有的是带有特殊含义的数字,有的是妇孺皆知的单词,有的则是只可意会,不可言传的生造概念。但是唯一不变的是"Absolut"这个商标名称。见图 6-5.1 和图 6-5.2[①]:

图 6-5.1

图 6-5.2

---

① 图片来源:http://www.86ms.com/Article/sjys/pmsj/200609/4714.html.中国美术网。

在广告中利用转换策略也是很多品牌惯用的手法,例如麦当劳、肯德基、可口可乐等品牌的标志都通过各种各样的图形表现出来。麦当劳的某则广告,画面上是一张咧嘴大笑的脸,嘴巴里少的那两颗门牙正好是麦当劳的"M"形状。将牙床转化为麦当劳的标志,显得很别具一格。

综上可知,广告要想使受众更好地理解与记住,必须分析并了解广告受众的认知加工过程及其规律,下面各节将分别分析广告受众的认知规律。

第二节　广告受众的接收心理

一、受众接收广告的心理机制

广告受众怎样接收广告信息呢?广告受众是通过感觉器官来接收广告信息的。人体接收外界信息的感觉器官有眼、耳、鼻、舌、皮肤。人依靠感觉器官接收外界刺激,在此基础上产生感觉。

(一)感觉系统

感觉是人脑对直接作用于感觉器官的客观事物的个别属性的反映。例如,面前的一只苹果,鼻子能闻到苹果的香味、眼睛能看到苹果的红色、手能触摸到苹果的果皮、用舌头一舔,还能品尝到苹果的甜味。物体的这些个别属性通过感觉器官中的感受器转化为神经冲动,传入神经把神经冲动传至大脑皮层,最后,在大脑皮层的感觉中枢区域,传入的刺激被加工为人体能体验到的感觉。从信息加工的角度看,感觉主要是大脑皮层感觉中枢对由感受器官提供的各种信息进行加工的结果。根据感觉的性质可以把感觉分为两类:外部感觉和内部感觉。外部感觉主要包括视觉、听觉、味觉、嗅觉和触觉。内部感觉主要包括运动觉、平衡觉和机体觉。个体的内部感觉主要是感受肢体的位置、姿势和运动变化以及内脏活动和变化的信息。因此,广告中受众的感觉主要指外部感觉。

感觉是人认知过程的信息接收入口,同时也是意识形成和发展的基本成分。只有通过感觉,人们才能从外界获得信息,信息才能在感觉系统的不同水平上进行加工,并与已经储存的知识经验进行对照、补充,从而产生对外界事物基本属性的反映。在认识世界的过程中,感觉担负着对复杂事物的简单要素进行分析的任务。一切高级、复杂的心理活动都是在感觉所获得的信息基础上产生和发展起来的。感觉也是广告受众接收广告信息的过程,受众首先是通过感觉对广告商品形成初步印象,然后再进一步分析。成功的广告往往能从感觉上抓住消费者。广告信息通过视觉因素体现商品属性,对商品的颜色进行精心设计,突出与其他商品的区别。广告中精美的画面、动听的声音、食品广告中诱人的美味都充分调动了受众的视觉、听觉、触觉的感受性。

人体感觉系统中各种感受器官具有不同的形态构造,执行着各自不同的职能。一种感受器只对特定的适宜刺激产生最大的感受能力。例如,眼睛只能接收到可见光波,耳朵接收的是一定频率和增幅的可听声波等。这种不同的感觉器官只接受特定、适宜的刺激而产生感觉现象的特点称为感觉器官专门化。消费者在接收广告信息时,要获得的不仅仅是所看、所听、所闻的信息,更重要的是通过感觉到的这些基本信息对广告产生某种整体的、综合的认识。而对事物整体的、综合的认识就超出了各种感觉器官的能力范围,需要依靠知觉能力来完成。

(二)知觉系统

知觉是人脑对直接作用于感觉器官的客观事物的各个部分和属性的整体反映。知觉是在感觉的基础上产生的,是对感觉信息整合后的反映。知觉的产生必须以各种形式的感觉存在为前提,并且与感觉一同进行。例如,对于摆放在我们面前的苹果,可以感觉到颜色、香味、硬度、甜味等个别属性,将感觉到的这些个别属性进行综合,加上经验的参与形成了对苹果的整体印象。这种信息整合的过程就是知觉。如果只有感觉的参与,个体对苹果的认识只能停留在红色、甜味、有点硬等个别的属性上,不知道苹果有没有毒、吃进肚子里会不会对人体造成伤害,吃苹果对人体健康有何益处。关于苹果的功效,仅仅凭借感觉器官是无法得知的,需要个体已有知识和经验的配合,我们才能知道苹果是一种有益于身体健康的食品。由此可知,知觉不是各种感觉简单相加的总和,它受到个体已有知识、经验的影响。知觉的重要性体现在知觉是把感觉器官获得的信息转化为对物体或事件的经验和认知的过程。

感知觉是密切联系的心理活动过程。二者的联系表现在,感觉是对物体个别属性的反映,知觉是对物体整体属性的反映,感觉是知觉的基础,知觉是感觉的深入和发展。感觉到的物体的个别属性越丰富、越精确,对物体的知觉也就越完整、越正确。生活中,感觉通常作为知觉的组成部分存在于知觉中。二者的区别表现在三个方面:第一,感觉是介于心理和生理之间的活动,感觉的产生主要来自于感觉器官的生理活动和客观刺激的影响。知觉则是更纯粹的心理活动,产生在感觉的基础上,处处体现人的主观因素的参与;第二,感觉是人脑对事物个别属性的反映,知觉是对事物不同属性、不同部分及其相互联系的综合的、整体的反映。第三,感觉是单一器官活动的结果,知觉是多种分析器协同活动对复杂刺激物或刺激物之间的关系进行分析综合的结果。

二、广告便于受众接收的心理策略

在广告中利用感知觉原理能够更好地使受众接收广告信息。广告受众的感知觉原理是指受众在接收广告信息时的心理规律,主要包括感受性、知觉特性、联觉、错觉等因素对受众产生的影响。在广告表现中若能很好地利用这些原理,则有利于受众更好地认知广告。

(一)利用受众感受性的广告策略

1. 广告受众的感受性

(1)感受性是指个体对外界刺激的感觉能力。不同的感觉器官具有不同的感觉能力,同一个人面对不同的外界刺激时感受能力也不相同。个体要产生感觉,刺激的强度必须要达到一定的量,随着刺激强度的不断增强,个体的感受性会在一定强度下停止。没有达到一定的刺激量,个体的感觉器官感受不到刺激,而刺激强度超出了某种限度,则会引起感觉器官的疼痛与伤害,破坏感觉器官的正常活动。因此,人体感觉器官的感受性是有一定范围的,感受性范围的确定是通过感觉阈限的大小来度量的。阈限是界线或临界值的意思。感觉阈限是测量感受性的大小的指标,是指个体感到刺激的存在或刺激变化的强度所需要的量的临界值。感觉阈限分为绝对感觉阈限和相对感觉阈限。

(2)绝对感觉阈限是指刚刚能够引起感觉的最小的刺激强度。绝对感觉阈限分为感觉的下绝对阈限和上绝对阈限。空气中的灰尘落在我们的皮肤上,皮肤是感觉不到的,因为灰尘带给触觉的刺激太微弱了,不能引起感觉反应。逐渐增加刺激量就能引起个体的感觉反应,这个刚刚能引起个体感觉的最小刺激量称为感觉的下绝对阈限。如果引起感觉的刺激量还在逐渐增加,超过一定程度时,就会引起痛觉。这种刚刚能够引起痛觉产生的刺激量称为感觉的上绝对阈限。从感觉的下绝对阈限到感觉的上绝对阈限之间的距离,即人体绝对感受性的范围。相对于绝对感觉阈限的感觉能力称为绝对感受性,绝对感觉阈限与绝对感受性呈反比关系。用 E 表示绝对感受性,R 表示绝对感觉阈限,两者的关系为:$E=1/R$。绝对感觉阈限越小,引起感觉所需要的刺激量就越小,绝对感受性越强,对刺激越敏感,反之亦然。通过对绝对感受阈限的测量,人们能知道什么样的外界刺激能被受众感觉到。广告人可以了解哪些范围的刺激是受众能感受到的。

虽然我们可以从刺激的绝对感觉阈限和绝对感受性中了解受众对于刺激的感受能力。但是,绝对感觉阈限值也不是绝对不变的。在不同的条件下,同一感觉的绝对感觉阈限可能不同。人活动的性质、刺激的强度与持续的时间、个体的注意、态度和年龄等因素都会影响到感觉阈限的大小。人的感觉有对环境的适应性,感受性会随着同一刺激物持续作用于感觉器官的时间长短发生变化。随着刺激物作用于感觉器官的时间逐步加长,感觉逐步产生适应性。正是:"入芝兰之室,久而不闻其香。"因为感觉具有适应性,绝对感受阈限在广告活动中有时不能完全准确地反映受众的感受能力。受众会因为长时间地被某类广告刺激从而对这类刺激产生适应性,对广告熟视无睹。在这种情况下,了解受众的差别阈限和差别感受性可以帮助广告走出被受众忽视的境遇。

(3)差别感觉阈限是指刚刚能引起两个同类性质刺激物最小差别的差异量,差别感觉阈限又可以称为最小可觉差(JND)。与差别感觉阈限相对应的是差别感受性。二者是反比例关系。在绝对感觉阈限中,我们了解了外界刺激能够引起受众感觉的最小和最大的值。例如,手上握着 100 克重量的物体,皮肤能感觉到 100 克的重量压在手上。100 克的重量就是在绝对感觉阈限范围内,是能被感受到的重量值。如果在 100 克重量的物体上增加 1 克的重量,则 101 克与 100 克这两个重量之间的差别是个体无法感觉到的;如果在 100 克的物体上增加 3 克的重量,则 103 克重量与 100 克重量之间的差别是个体能感觉到的,这种感受就是差别感受性。可以看出,差别感觉阈限要表明的是对物体之间差别的感觉,它不取决于刺激增加的绝对数量,而取决于刺激的增量与原刺激量的比值。韦伯总结了刺激增量与原有刺激量之间存在的关系,并用公式表示为:$K=\Delta I/I$。该定律称为韦伯定律。其中,I 为原刺激量,ΔI 为差别感觉阈限(JND),K 是一个常数,称为韦伯分数。对于不同的感

觉,韦伯分数也不同。参见表 6-1：[①]

表 6-1　不同感觉的最小韦伯分数

感觉类别	韦伯分数
重压(在 400g 时)	0.013＝1/77
视觉明度(在 100 光量子时)	0.016＝1/63
举重(在 300g 时)	0.019＝1/53
响度(在 1000Hz 和 100dB 时)	0.088＝1/11
橡皮气味(在 2000 嗅单位时)	0.104＝1/10
皮肤压觉(在每平方毫米 5g 重时)	0.136＝1/7
咸味(在每千克 3g 分子量时)	0.200＝1/5

在不同的感觉中,韦伯分数差别很大,因此,韦伯分数成为不同感觉渠道辨别感觉能力的指标。韦伯分数越小,辨别越灵敏。但是韦伯定律的适用范围有限,只能用于中等强度的刺激下。实验也证明,当重量刺激低于 100g 或超过 500g 时,韦伯分数就会发生变化,不再是 1/77 这个常数了。

在韦伯定律的基础上,德国科学家费希纳以最小可觉差作为感觉的基本单位,运用积分推导出了一个对数定律：$P＝K\log I$。其中 P 为感觉量,K 为常数,I 为刺激量。从这个公式中可以看出,感觉量是由刺激量决定的,但是二者并没有呈现线性上升关系,刺激量的增长要快于感觉量的增长,用费希纳的话描述：当刺激强度按几何级数增加时,感觉强度只按算术级数增加。由于费希纳研究的基础是韦伯定律,所以该定律也只能适用于中等强度刺激范围。

了解了有关感受性和感觉阈限的心理原理,广告人在制作广告时,就可以遵循受众的感受性原则,广告中的各类表现手段都不超过受众的绝对感觉阈限范围。并且在绝对感觉阈限范围内,通过增加广告的尺寸和强度来引起受众更高的感受性。

感觉具有适应性,在广告中,对于那些长时间的、维持在某一个强度上的刺激,由于感觉适应性的影响,会导致受众的感受性下降。在广告活动中,感

[①]　彭聃龄.普通心理学.北京:北京师范大学出版社 2004 年版,第 83 页。

觉适应性产生的后果是广告人要尽力避免的。由于感觉适应性导致受众感受能力下降,受众对广告刺激产生漠视。在这种情况下,只有通过增加广告信息的刺激,才能使受众重新感觉到广告信息。增加多大的刺激强度才能重新引起受众的感觉呢?这个问题需要从感觉的差别阈限中找出答案。既然受众的感觉中存在着差别感受性和差别阈限,在广告强化刺激的时候,刺激强化的差别量至关重要。自己的广告与其他同类广告之间的差别要达到什么程度上的差别才能被受众感觉到?通过对差别阈限的了解,能够帮助广告人更好地了解广告相对差异的重要性和把握广告中制造差别的分寸,避免过犹不及的负面效果。

2. 广告如何利用最小可觉差

人们在广告活动中,只面对一种刺激的情形不是很多,更多的情况是在对多种刺激进行选择。现在的商品市场中没有哪种产品有"无可替代"性。大部分的商品都在与其他同类商品进行竞争,由于受众的感知觉在面对众多相似刺激时,又会产生一定的适应性,导致对相似刺激信息的麻木。所以,在同类产品竞争中,运用最小可觉差的心理原理,突出自己产品的差异化才是竞争取胜的法宝。要让自己的产品在诸多同类产品中被受众感受到,就要研究受众觉察刺激之间微弱差别的能力,即研究受众的差别感受性。既然商品要突出差异化,在广告中,同样也要对受众的差别感受性进行考虑并充分利用。依靠差异化定位取胜的经典广告案例如:七喜汽水,它推出的广告主题是"非可乐,那是什么?"面对可口可乐和百事可乐在可乐市场的"垄断",七喜汽水采用差别化战略,把自己定位为非可乐碳酸汽水,与可口可乐和百事可乐建立起区隔,在碳酸饮料市场上获得成功。可见,这种突出受众差异化感受的广告手段收效明显。在运用最小可觉差时,把握差异的量也非常重要,广告主必须准确地估量引起受众差别感受性的最小量是多少。

(二)利用知觉特性的广告策略

在知觉帮助我们认识世界的过程中,主要运用到知觉的四种特性:整体性、选择性、理解性、恒常性。

1. 利用知觉整体性的广告策略

(1)知觉的整体性

知觉的整体性最早是由格式塔心理学家提出来的,"格式塔"是德文"Gestalt"的译音,其含义是"完形"。格式塔心理学指出:整体大于部分之和。构造主义把心理活动分割成一个个独立的元素进行研究并不合理,因为人对事物的认识具有整体性,不等于感觉元素的机械总和。知觉的整体性是指人在认识事物时,会根据自己的已有经验,把认识对象看做是统一的整体来反映,而不把对象的不同属性、不同部分看作孤立的。知觉的整体性表现在两个方面,一是部分对整体的影响;二是周围联系对知觉的影响。部分对整体的影响体现在刺激之间的相互作用,尤其是主要成分对其余部分的作用,会影响到知觉成什么样的整体。周围联系对知觉的影响是指人的知觉会因为环境不同而有所不同,表现为境联效应。境联效应指的是上下联系、周围情境对知觉的影响,人的知觉会因境联不同而有所不同。

知觉整体性遵循四种原则:

接近原则,空间位置相近的客体容易被知觉为一个整体。人们总是把下面例图知觉为三组竖立线条,而少有可能把它知觉为彼此无关的六条竖线。如:

相似原则,形状、大小、颜色和亮度等方面的相似容易被人们知觉为一个整体。从下图中可以看出,更多的可能是把圆形看成一组,方形看成另外一组。不太可能被知觉为圆形和方形相间的图形。如:

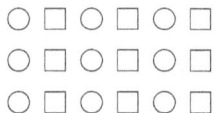

闭合原则,具有闭合性质的图形更容易被知觉为一个整体。人们更常将上图看成是四个大括号构成的图形。如:{   }{   }{   }{   }

连续原则,由于对完好图形知觉的连续性,虽然下面的曲线有断裂,但仍被看成是一条完整的曲线。如:

(2)广告的整体性策略

在广告设计中常常利用知觉具有整体性的特点。例如,在联邦快递的广告中,受众能看出由许多零散的"联邦快递"标志组成的是一个时间表,而不只是将广告中的图形看做是无数个"联邦快递"。广告同时也达到了传递联邦快递公司"守时"服务理念的目的。如图 6-6[①]：

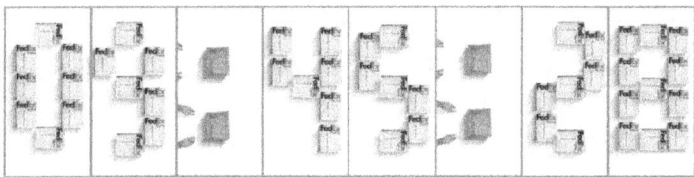

图 6-6

另外,电视是我国目前传播范围最广、影响最大而费用最为昂贵的广告媒体。一般而言,电视中的广告只有长期播放才能收到效果,但是企业往往难以承受巨额的费用。因此,企业普遍采用这样一种方法:将电视广告分为前后两个阶段,前一阶段播放完整的广告,持续数月,直到公众对该广告耳熟能详,出口成诵。然后进入第二阶段,将原先的广告加以简化,仅仅播放其中主要情节或主要广告语,其他具体情节一律省去。由于知觉的整体性的作用,受众在看到简化的广告情节和听到主要广告语时,会在头脑中将省去的情节和词语回忆出来,将不完整的信息补充完整。这种做法既节省了广告费用,又没有降低广告效果。

2. 利用知觉选择性的广告策略

(1)知觉的选择性

知觉的选择性是指在许多知觉对象中,对其中部分对象知觉得特别清晰,其余的对象则作为背景而知觉得比较模糊。产生知觉选择性的原因是,人的注意范围是有限的,不可能同时感受到所有的外界刺激,必定是有所选择地感受某些外界刺激,将其单列出来作为对象,其他刺激则留为背景。其中,知觉对象意义清晰且轮廓明显,知觉背景意义很小、轮廓模糊。如果图形中的背景与对象互相混淆,知觉起来就有一定难度,容易出现背景与对象相互转换的情况。例如下面四幅双关图片(图 6-7.1～图 6-7.4)[②]。

---

① 图片来源:http://www.mwmw.cn/003_05oO5wmgE1Jf。

② 图片来源:http://image.baidu.com/百度图片。

图 6-7.1　萨克斯手—女人的脸

图 6-7.2　少女—老妪

图 6-7.3　秃顶老人—农夫和女人

Faces or Vases?

图 6-7.4　酒杯—人侧脸轮廓

（2）广告的选择性策略

　　知觉的选择性对广告受众的影响，从主观方面来看，有经验、情绪、动机、兴趣、需要等。制作广告时不仅要依据消费者的需要做出准确的定位，还要深入了解受众比较熟知的经验。在广告作品中应尽可能明确单纯地表现广告主题，避免出现上述双关图（图 6-7）的情况。从客观方面来看，有刺激的变化、位置、运动、大小、强度、反复出现等。在相同的主观条件下，刺激强度越大，越容易被消费者感知；反之，强度越小，越不容易被注意到。

　　知觉的选择性对广告受众的影响还体现在知觉的背景与对象的关系上。知觉的选择性使人们总是选择少数刺激物作为知觉的对象，知觉的对象从其他事物中"突出"出来，其余刺激则作为背景，退到次要位置。人们的认知过程只对知觉的对象进行重点的信息加工,背景则被忽略了。在广告中,如何使产品作为广告受众的知觉对象进行认知加工? 利用对比作用可以突出对象和背景之间的差异。要避免知觉对象与背景之间的混淆不清,在广告中主要把握两点:

第一,对象与背景差别越大,就越容易被知觉出来。"鹤立鸡群"、"万绿丛中一点红"等都是对象和背景差别明显的例证。在广告中,留白的手段之所以重要,是因为通过广告图片中留出的大段空白,可以更好地烘托和突出广告宣传对象。如图 6-8[①]:背景与对象差别越大,越容易被知觉出来。黄色的背景上显示着黑色的文字,让广告主题非常突出。又如图 6-9[②]:宜家的广告,也是两种主要颜色,在海蓝色的背景下,粉色的宜家桌子在广告中非常突显和清晰。第二,在固定不变的背景上,运动的物体容易被知觉出来。

图 6-8

图 6-9

3. 利用知觉理解性的广告策略

(1)知觉的理解性

知觉的理解性是指在感知事物时,人总是根据以往的知识经验来对事物进行理解和补充,即回答"是什么"的问题,这就是知觉的理解性。理解性在知觉中的作用是极为重要的,理解可以使知觉更为深刻、更为精确,可以使知觉的速度提高。语言和记忆在知觉的理解中起着非常重要的作用。

由于受到知识经验的影响,不同知识背景的人对同一事物的理解也不尽相同。在广告中,针对受众的文化背景、区域背景、知识背景的差异,广告要

---

① 图片来源:http://www.mwmw.cn/942_H7ItBLBXriw.
② 图片来源:http://www.mwmw.cn/1303_5mHX8r4Rhr1.

充分考虑到这些因素,才能使广告更好地被受众准确理解和接受,避免产生认知上的理解误差。

(2)广告的理解性策略

广告受众对信息的理解,既依赖于广告本身的清晰度,同时也受到受众知识、经验、动机的影响。广告主要消除受众对广告信息可能产生的误解,需要充分考虑上述两方面因素。

首先,在广告信息中,尽量使信息清晰、明确,避免出现受众对信息的误读与不解。如果广告中的信息模糊,会导致受众不能准确理解广告想要表达的意图到底是什么,从而影响广告的效果。

其次,受众在理解广告信息时,会受到过去知识经验的影响,可能出现类似刻板印象的知觉偏见。刻板印象是指人们对某一类人或事物产生的比较固定、概括而笼统的看法。它是我们在认识事物时经常出现的一种现象。例如,我们经常说南方人细心、精明,北方人豪爽、热情,其实就是对这些特定人群的刻板印象。

消费者对某类商品或广告也会产生刻板印象。例如,不少人认为进口商品总是要比国产的强;经常做广告的商品价格高;"无奸不商",凡是做生意的人都在骗人等等。这些刻板印象使消费者对很多商品广告持怀疑态度,影响了许多产品和广告在消费者心目中的形象。广告要真正赢得消费者的信赖,就必须设法消除受众头脑中的某些不合理的刻板印象。例如,为改变消费者心目中的"无奸不商"的刻板印象,很多企业都在运用一种名为"慈善营销"的手段。所谓"慈善营销"是指企业通过慈善活动提升企业形象。如雅芳公司致力于提高美国妇女——特别是那些无法得到充分救治的贫困妇女对乳腺癌的了解,雅芳公司的红丝带活动为这一公益事业募捐了大量资金。雅芳在美国妇女心中的地位因此善举而得以提升。

知觉的理解性是由于受众的经验不同,包括不同文化背景下受众在理解方式上的区别。例如,意大利品牌贝纳通所做的广告总是颇受争议。原因就在于贝纳通选择的一些广告题材由于民族、地区的差异,在不同的国家和地区中受众的理解有很大的差异。在贝纳通的某些广告创意中,广告人由于忽视了受众知觉的理解性特征,没有关注到不同国家受众对同一知觉事物在理解上的差异。例如,贝纳通广告系列的"牧师和修女"篇广告,该平面广告在某些国家不仅招来了社会的强烈争议,甚至引发了宗教界人士的广泛抗议,最终被意大利政府禁止发布。广告这一图片本意要反映的主题是贝纳通提倡的无束缚、无限制的"博爱",希望唤起一种对人类真实的关注和对于禁忌、束缚的再思考,但是由于触动了某些国家的宗教传统而最终被禁。

4. 利用知觉恒常性的广告策略

(1)知觉的恒常性

知觉的恒常性是指当知觉的条件在一定范围内变化时,知觉的映象仍然相对地保持不变(形状、大小、颜色、还有亮度),这就是知觉的恒常性。例如,一首熟悉的歌曲,不会因为高八度或低八度、曲子走调而感到生疏。正是有了知觉的恒常性,广告人在进行广告创意时,才能进行许多大胆的创意。上文中提到的认知失调中的"反时空"、"反比例"、"反物态"、"合成艺术"等表现方式,都是在知觉的恒常性的前提下才能进行。如果知觉没有恒常性,那么利用"反比例"等手段创意出的广告作品,受众就无法理解,更达不到广告人想要的广告效果。

知觉的恒常性在一定的条件下会被破坏。例如,距离超过 1000 米以上,形状知觉的恒常性会被破坏,在色光和强光下,颜色的恒常性也会被破坏。影响知觉恒常性因素主要是经验的作用。由于人能够不受观察条件、距离等的影响,而始终根据经验按事实的本来面貌来反映事物,从而可以有效地适应环境,经验越丰富,越有助于感知对象的恒常性。

(2)广告的恒常性策略

知觉的恒常性可以使我们对事物的认识保持相对的稳定性。在广告中,受众对某种产品、对某个广告的态度不会总是处于变化的状态,而是具有相当程度的稳定性。所以,广告主要做的就是要让受众保持对产品、对广告的好的印象,促使受众对自己的产品产生"品牌忠诚度"。

(三)利用联觉因素的广告策略

当我们见到不同的颜色时,往往会引起冷或热的温度感;又如朱自清在散文《荷塘月色》中的描写:"塘中的月色并不均匀,但光与影有着和谐的旋律,如梵婀玲上奏着的名曲。"他"看"到琴声了吗? 这些现象要如何解释呢? 这就是感觉中出现的联觉现象。

联觉是一种特殊的感觉状态,是指由一种感觉引起另一种感觉的现象,又称为通感。各种感觉的神经传导通道,既相互独立又相互影响。联觉现象本身已经表明,通过一种感觉道产生的感觉能引起另一种感觉道的活动。联觉的产生除了有生理机制上的因素,还受到人们的经验的作用。人在大脑中储存了很多关于事物的各种属性的信息,这些信息在人脑中以某种固定的结构储存着,与感觉器官形成某种特殊而固定的神经联系。当感觉到事物的某一种属性时,由于这种特殊联系,可能暂时地接通其他属性的信息,形成联觉。

在联觉中,颜色似乎会有温度、声音似乎会有形象、冷暖似乎会有重量。联觉对于广告具有重要意义。广告媒体,如印刷广告、广播广告、电视广告等都能引起多种不同的心理功能。无论何种广告媒体都有其局限性。然而广告信息多种多样,涉及人类的各种感觉通道。如果善于把联觉现象应用在广告中,在一定意义上就可能突破这些局限,使受众获得多方面的心理感觉,可能从视觉的画面上"听见"、"闻到"、"触摸到"、"尝到"什么。如,德芙巧克力的广告"牛奶香浓,丝般感觉",巧妙地把牛奶巧克力细腻滑润的味觉感受与丝绸带给人触觉的柔滑感受联系起来。

在广告中,最常用的是利用颜色产生味觉。据实验表明,不同的颜色带给人们不同的味觉感受,如黄色——甜味,红色——辣味、咸味,茶色——苦味,绿色——酸味,白色味淡,黑色味浓、味厚等。食品广告中运用恰当的色彩可使受众用眼睛就能品味食品的味道。如香辣酱以红色为基调,咖啡以茶色为基调可以使产品特点更加突出。颜色不仅能够引起味觉,在广告中,通过对颜色的运用还能引起人的冷暖感觉。红色、橙色、黄色一般可以引起人们的温暖感觉,这几种颜色被统称为暖色调。将暖色调运用在家居、装饰广告中,可以使广告看起来更有温馨的感觉。蓝色、绿色、青色属于冷色调系列。在炎热的夏季,冷色调可以给人清爽的感觉,夏季的饮品类广告多用冷色调,以期给受众带来清凉的感觉。

在使用联觉时,需要考虑的两个因素:一是广告受众的感觉经验。受众的已有经验对联觉的产生起着关键作用。通常能够产生联觉的,都是受众比较熟悉的事物。[①] 例如,杨梅的酸味已经存在于受众的感觉经验中,所以只要看见杨梅的样子就能引起广告受众的味觉反应,引起唾液分泌,即望梅而止渴。二是联觉的产生有其神经联系的特点,联觉常常发生在那些不同属性状态上有部分相似之处,或不同属性性质上有部分相似的物体上。例如,化妆品广告为突出肌肤通透感的特性,往往通过视觉上看到瓷器时产生的通透感来比拟;要突出肌肤水嫩、白皙,又会通过豆腐的嫩滑感进行比拟;巧克力广告为突出巧克力在味觉上的柔滑感觉,也会利用丝绸带来的触觉上的柔滑感受来比拟味觉上的柔滑感受。

---

① 余小梅.广告心理学.北京:中国传媒大学出版社(原北京广播学院出版社)2003年版,第60页。

(四)利用错觉因素的广告策略

有一种特殊的知觉现象是不能忽视的,那就是错觉。错觉是指人在特定条件下对客观事物必然产生的某种有固定倾向的、受到歪曲的知觉。[①] 错觉的产生受到人的生理因素和心理因素的共同作用,是人类不可避免的一种知觉现象。在广告设计中经常利用错觉,主要是视错觉。视错觉分为形状上的错觉和颜色上的错觉。形状上的错觉主要有透视错觉、轮廓错觉、扭曲错觉等。例如,图 6-11.1 中的两条较长的线段都一样长,看上去却不相等。又如,图 6-11.2 中央的两个圆圈大小是一样,由于在不同大小的圆圈的对比下,看上去也不一样大。

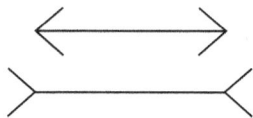

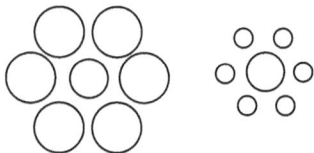

图 6-11.1   图 6-11.2

在颜色错觉中,暖色调可以产生一种迫近感和膨胀感,让人看起来比实际位置更向前或比实际面积要大,冷色调有后退感和收缩感,让人看起来显得较远和比实际面积要小。颜色在对比中也会产生错觉。例如,放在黄色背景上的红色显得暗,而放在蓝色背景上的红色显得更明亮一些。在印刷版面设计、广告招贴设计、展示设计等方面利用颜色的错觉,可以产生强烈的视觉效果。

在广告中,由于不同的拍摄角度也会引起受众的视错觉。拍摄角度一般分为:平摄、仰摄、俯摄。通常,平摄比较符合人们的视觉习惯。仰摄和俯摄有时则会引起错觉。例如,如果拍摄时使用仰摄的手法,可以使被摄物的主角地位突显出来,显得更加高大、威严。与此相反的是,俯摄的角度则使被摄物看上去小很多。在广告创作中,根据主题的需要选择适当的拍摄技巧,使受众的感受与主题相一致,提升广告的传播效果。

---

① 叶奕乾、何存道、梁宁建.普通心理学.上海:华东师范大学出版社 2004 年版,第 133 页。

第三节　广告受众的理解与记忆

广告主想要实现推销产品的目的,必须要让受众能理解自己的广告、记住自己的产品。广告让受众看得懂、记得住是其达到有效传播心理效果的要义。

一、受众对广告的理解

(一)理解的含义

受众看懂广告的过程就是实现对广告准确理解的过程。理解是个体在已有知识、经验的帮助下,认识事物的本质属性及事物之间关系的思维活动。从认知角度来说,理解的过程就是把新事物同化到已有的认知结构中,或者是扩大原有的认知结构,把新事物顺应到认知图式中,产生新的认知结构。

(二)影响受众理解广告的因素

在广告中,受众对广告信息的理解受到自身的知识经验和广告刺激的影响。综合来看主要有以下因素:

1. 受众的个体经验对理解的影响

首先要了解的是,受众自身的知识经验对理解广告信息的影响。人们对与自己专业领域相关的事物的理解能力总是比其他人更强一些。广告在制作和投放时,必须考虑到产品目标受众的理解能力在哪种程度上。例如,广告投放在某计算机专业杂志上,由于这类杂志的读者通常都是专业性较高的人士,因此,广告中的信息也要能体现较高的专业性,这样才能符合这类受众的理解能力。而如果广告的目标受众是非专业人士,考虑这些受众的理解能力,广告在制作时,就必须降低广告信息中的专业性,以非专业人员能理解的方式进行广告宣传。由于知识背景的差异,受众对事物的理解能力也不尽相同,广告主需要充分考虑受众的这些差异,才能有的放矢。尤其是对那些以儿童为目标受众的广告,在制作过程中更需要考虑到幼儿的理解能力,在广告中应该尽量降低理解难度,便于儿童理解和接受,不宜出现长句、难句、生僻词语,口语化的广告语更易懂。同时,广告还要考虑产品自身的特点,比如在日常食品类的广告中,广告用语更需通俗易懂。例如,"好吃点"饼干的电视广告,反反复复就一句"好吃点,好吃点,好吃你就多吃点"。

2. 受众的文化背景对理解的影响

从大的方面来说,受众的民族文化背景对广告理解的影响不容忽视(参见第十章)。例如,万宝路香烟在中国香港的广告宣传,众所周知,万宝路香烟广告在美国以西部牛仔为广告代言,并获得了巨大的商业成功。但相同的宣传方式在香港却反映平平,销售不尽如人意。经过调查发现,香港人并不像美国人那样推崇牛仔文化,美国受众认为牛仔是具有冒险精神和英雄气概的英雄形象,而香港人对牛仔的印象则是低下的劳工。万宝路香烟当时在香港被理解为下层劳工的消费品。由于民族文化背景的不同造成受众理解上的差异,因此,同一则广告在不同文化背景的地区,其广告效果可能有天壤之别。传播效果好的广告一定是能够因地制宜,并根据不同受众的文化背景和理解方式来制作的。上述万宝路香烟广告,在了解了香港消费者的理解方式后,改变了广告中的人物形象,将香烟中剽悍的牛仔形象换成年轻、潇洒、事业有成的牧场主,转变后的广告符合了当时当地消费者的理解方式,得到了香港消费者认同。广告必须尊重当地受众的民族文化和传统习俗,才能取得好的效果。

(三)受众对广告语言的理解过程

1. 受众对广告词的理解

受众怎样加工广告中的字词?通常有两种信道:一种是视觉信道,另一种则是听觉通道。据调查,人们更倾向于通过视觉信道获得信息。同时,广告受众也并不是对自己看到的每一个字词都能做到同样程度的理解。影响受众对广告字词理解程度的重要因素即是熟悉感。

受众对字词的熟悉感能使其更好地理解广告信息。据研究发现,在对字词的理解中,存在着"词频效应"。词频效应是指在瞬间显示的情况下,人们对高频词的辨认率高于对低频词的辨认率,即高频词比低频词更易于识别。麦克卡斯克等人于 1979 年研究了词频效应在不同感觉通道中呈现高频词与低频词所得到的平均反应,得出如下结果[①]:高频词无论在视觉通道还是在听觉通道,得到的辨认率都要高于低频词。对于这种现象,研究者认为,高频词是以视觉表征为中介的,在视觉通道呈现时,对它的认知速度比较快;而低频词需要以语音表征为中介,在视觉通道中还需要进行语音转化的过程,因而

---

① 余小梅.广告心理学.北京:中国传媒大学出版社(原北京广播学院出版社)2003 年版,第 73 页。

认知速度较慢。不论研究者如何理解高、低频词的反应现象，既然客观存在这种词频效应，广告人就不能忽视高频词的作用。受众在信息爆炸的社会中，通常是被动地、不自觉地接收广告信息。受众对待每一则广告的时间非常短，通常就是在一瞬之间，特别是电视广告，更是转瞬即逝。因此，广告需要在第一次出现时就能立即获得受众的理解。对受众来说，高频词具有简明、生动、易懂、易记的特点，能在最短时间取得受众的理解。在广告中运用高频词，能够使受众更容易理解广告信息。例如，雀巢咖啡有一句很流行且经典的广告语："味道好极了"。"好极了"在日常生活中人人用、天天用，可谓使用频率极高。"好极了"和"卓越"，虽然是在表达同样的意思，但是"好极了"在生活中是非常口语化的一个词，而"卓越"更经常运用在书面语中，使用的频率远不及"好极了"。对于广告受众来说，"好极了"更让人感觉熟悉和亲切，更容易理解和记忆。如果广告不能在短时间内让受众在自己的"心理词典"（即一种语义网络）中找到对应位置，并立即进行编码的话，广告受众通常会失去对这则广告继续关注的兴趣。在电器行业，经常使用一些带数字、技术含义的词语作为产品名称。由于受众对技术方面的词语不甚了解，在理解和记忆的时候颇费时间。海尔电器却以"金元帅"、"小神童"、"宝得龙"等受众熟悉的词语给电器命名，取得了很好的传播效果。

另外，由于对高频字词的熟悉，广告受众对高频字的各种特征如字形、语音也非常了解。即使在高频字中出现了字形上的适度缺失与变异，受众通过已有的知识经验，也能将缺失的字形补充完整。广告通过这种艺术化地改变高频字局部特点的手法，使广告产生一种新意，达到既新鲜又能迅速理解的效果。高频词在字体发生形状变化，转变成为形象符号的情况下，受众也能够迅速理解广告含义。例如，美国的《时代》周刊——《TIME》为自己所做的广告，在广告画面中，"TIME"这四个字母，"T、M、E"都是端正的大写字母形象，呈立体，竖立在平面上，在字母"I"的位置上端放着一个细长的玻璃花瓶，内插两支玫瑰。花瓶晶莹剔透，两朵玫瑰花姿怒放。由于其刊名却已被人熟知，因而这则广告既让人有耳目一新之感，又不会因这种变化影响理解。

可见，广告中的高频词除了能够促进受众迅速理解，还能利用高频词在广告形式上创造出新意。高频词在广告受众容易理解的基础上，为广告形式的变化带来丰富的创意空间。反过来说，对字词进行变形这种广告创意却不适合使用在低频词中，因为低频词在受众的心理词典中的词条表征不丰富，不能马上唤起受众的理解，也就无从产生新颖的广告效果。

2. 受众对广告语句的理解

很多广告凭借一句广告语就让受众记忆深刻，一句优秀的广告语能让受众对广告产品产生好的印象。例如，雀巢咖啡："味道好极了"、雪碧："晶晶凉、透心凉"、雅芳："比女人更了解女人"、诺基亚手机："聊天动手不动口"、万家乐电器："万家乐、乐万家"、大宝护肤品："要想皮肤好，早晚用大宝"等等。

受众是怎样理解广告语的呢？研究表明，受众加工广告语句主要通过两种方式：一是语义分析；二是句法分析。

（1）语义分析指受众在理解广告语时，先是对句中含义进行理解。在理解句子含义时，会更注意对句中实词的理解。眼动实验研究表明，受众更多地注意实词，而不是虚词。实词是那些有实在意义，能够单独充当句子成分、能单独回答问题的词。包括名词、动词、形容词、数词、量词、代词六类。虚词是没有实在意义，一般不能充当句子成分，不能单独回答问题的词。虚词只能配合实词造句，表示种种语法关系。虚词包括副词、介词、连词、助词、叹词五类。广告词中常用实词而少用虚词，原因在于实词可以单独用来传递广告信息，而虚词在单独使用时基本不表示任何意义，无法传递给受众必要的广告信息。在某些情况下，即使没有虚词的存在，实词组成的广告语句，看上更加精炼和简洁。如《南方周末》的广告"南方周末、一纸风行"、强生广告"天生的，强生的"、德芙巧克力"牛奶香浓，丝般感受"等等。

在广告语句中，把广告受众已知的信息放在前面，新信息放在后面，更有利于受众的理解。广告受众在对信息进行加工时，先从句子中区别出已知的信息，再在记忆中搜寻与已知信息相关的信息，将新信息与已知信息联系起来，从而把新信息整合到记忆中去。在认知网络中，受众的已知信息是接受新信息的切入点，如果找到了，新信息能够很快被加工。

（2）句法分析是指对句子中构成成分的系统的安排。句法分析是将句子细分成若干成分，并确定成分之间的关系如何，从而在整体上把握句子的含义。一般情况下，广告受众并不会使用到句法分析，只有当受众遇到广告中的复杂句时，才会有意识地运用句法分析。

在使用句法分析时，受众需要在短时记忆中储存更多的信息来对句子进行理解。无形中增加了受众记忆过程的负担。特别是在广告语句的句法结构复杂或混乱的情况下，更容易产生受众的理解困难。造成句法分析困难的原因可分以下几种情形:一是,当广告句子中紧密联系的成分被分割时,产生理解困难。如某家报纸上曾刊登的一则广告:"我厂引进外国先进的醚化装置,工艺先进、技术可靠,整个生产过程采用仪表自控。经生产检测,产品质量达到国际同类产品先进水平,是目前国内生产非离子表面活性剂数量大,品种齐全的专业化工厂。"二是,某些广告语句中的歧义现象也增加了受众对广告理解的难度。例如,某广告中说到,"被广大消费者喜爱的专家认可的某某产品"。在该句广告中,到底是产品既受消费者喜爱又受专家认可,还是产品只受专家的认可呢? 不易理解。究其缘由,是广告语中的句法不清楚,"产品"既可以看做是主句的主语又可以看做是从句的宾语。其双重身份造成受众的疑惑与不解。三是,广告中半文半白的句子、半土半洋的句子也会增加受众对句法分析的难度。例如,"该产品系天然野生植物酿制而成,食之味如珍馐、亦可作馈赠之礼"、"独特的 ESBRID 面料"等。

通过对广告语句的语义和句法分析得到以下结论,广告语句应当做到:第一,力求简短;第二,语义明确,不要晦涩难懂和存有歧义;第三,使用诉求对象熟悉的词汇和表达方式;第四,避免虚假的大话和空洞乏味的套话。

二、受众的记忆加工模式

广告的目的是向受众传达信息,导致受众购买行为的产生,在传达广告信息的过程中,广告信息是否被受众理解和记住,是非常重要的效果评价指标。在借助广播电视这种具有转瞬即逝特性的媒体中播出的广告,受众的理解过程相当大的程度是在记忆加工中完成的。

(一)记忆的含义

以脑白金的电视广告为例,该广告曾经被很多人评价为缺乏创意和美感。然而这则广告的广告语多年以来仍能让人记忆犹新。"今年过节不收礼,收礼还收脑白金"在人们头脑中建立了清晰的记忆印痕,即:过节送礼——脑白金。

广告的效果是一个综合系统,其中最重要的是:一定要让受众看得懂、记得住。广告期望达到的最终目的是受众购买行为的发生,而购买行为的发生却总是有延迟性的,受众不可能收看完电视广告后就立即去买广告产品。这就要求广告信息能在受众头脑中保持较长的一段时间。受众对广告信息的记忆是其思考广告信息、购买广告产品必不可少的条件。因此,受众对广告的记忆度是评价广告效果的重要指标。

记忆是过去经验在人脑中的反映。人们在生活中感知过的事物、思考过的问题、体验过的情感、进行过的行为等等都通过记忆保存在头脑中。记忆通过识记、保持、再现(再认和回忆)在人脑中积累和保存个体经验。识记是人们对反复感知过的客观事物形成较巩固的联系;保持是进一步巩固已形成的联系;再认是已感知过的事物再次出现时,人们能将其辨认出来。回忆是把以前经历过的、现在却不在眼前的信息在头脑中回想起来。从信息论的观点看,记忆是人脑对输入的信息进行编码、储存和提取的过程。编码是识记,储存是保持,提取则包含了再认和回忆。从信息论的角度上看,信息在进行编码、存储和提取的过程中会出现噪音,噪音是指不是信源有意传送而附加在信号上的任何东西。由于噪音的存在,会影响受众对信息的接收。

(二)记忆的加工过程

1. 瞬时记忆

从受众对信息保持的时间上来看,记忆可划分为三种:瞬时记忆、短时记忆、长时记忆。瞬时记忆又称为感觉记忆,指当外界信息作用在感觉器官时,感觉信息在一个极短的时间内保持下来。在这个阶段,信息进入感觉通道,以感觉映象的形式保持瞬间,保持的时间大概在 0.25~2 秒之间。在这个阶段,信息储存的方式具有鲜明的形象性,非常接近客观刺激本身,记忆的容量也非常大。瞬时记忆如果能得到进一步注意,则进入短时记忆。

2. 短时记忆

短时记忆是瞬时记忆和长时记忆的中间阶段。是指信息一次呈现,经瞬时记忆后,保持时间在一分钟之内的记忆形式。刚才说到,瞬时记忆只有在被注意的情况下才能进入短时记忆。短时记忆包括两个成分:一是直接记忆的成分,即输入的信息没有经过进一步的加工处理;另一种成分是工作记忆,即输入的信息经过再次编码,与长时记忆中储存的信息发生一定的联系,必要时还可以将原来储存在长时记忆中的信息提取出来解决当前问题。工作记忆是短时记忆的重要部分,因而短时记忆又可称之为工作记忆。短时记忆的容量非常有限,是通过组块来衡量的。所谓组块(Chunking),指的是在编码过程中,将几种水平的代码归并成一个高水平的、单一代码的编码过程。以这种方式形成的信息单位叫做块（Chunk）。① 一般来说，正常的短时记忆组块大致在 7±2 个，即短时记忆容量最少的人可以加工 5 个组块以下的信息，容量最多的人可以加工 9 个组块的信息。通常广告中的信息不宜超过 5 个信息组块，应以简洁为主。信息在 5 个组块以下可以减少加工难度，使广告受众便于深入加工，增加记忆效果。

究竟多大的范围和数量为一个信息组块，没有一个固定的说法，一个数字、一个汉字、一个词、一个短语或一幅画都可以成为一个信息块。因此，在记忆过程中建立组块是提高记忆力的关键。例如，记忆一个电话号码0205266899，这个号码虽然为 10 个数，但经过一定的组块：020（区域号码）、5266（总机号码）、899（分机号码），就成为三个部分。通过这种方式，人们更容易在短时记忆中使记忆容量扩大。在短时记忆阶段，要想增强记忆效果，需要合理安排记忆组块的位置，增加单位组块内的记忆容量。值得注意的是，每个人头脑中原有的单位组块内的记忆容量是不同的，每个人的组织化规则也不尽相同。因此，制作广告时广告人要充分了解受众头脑中原有的记忆单元与组织化规则，并尽量依此设计信息排序，使广告信息更易被加工，而不能仅凭借广告人自己头脑中的组织化习惯去替代受众。

3. 长时记忆

长时记忆指信息经过充分加工后，在头脑中长时间保留下来。长时记忆的保持时间在一分钟以上，甚至可以持续终身。长时记忆的容量也没有限度。长时记忆的信息来源是短时记忆中储存的信息，经过重复和编码，与个体经验建立丰富和牢固的意义联系；也有极少数长时记忆是由于印象深刻而一次获得。长时记忆中的信息在个体需要时可以被及时提取，并且得到再现。在长时记忆中，信息大多数以自然语言为中介进行编码，视觉表象也是常见的编码的形式。

4. 记忆加工模式

按照信息加工理论的观点，信息进入感觉器官即产生了瞬时记忆。如果能引起受众进一步的注意，即进入短时记忆，经过重复后进入长时记忆。其工作流程如图 6-12 所示。

在瞬时记忆与短时记忆之间，受到注意因素的影响，引起受众注意的瞬

① 彭聃龄.普通心理学.北京：北京师范大学出版社 2004 年版，第 220 页。

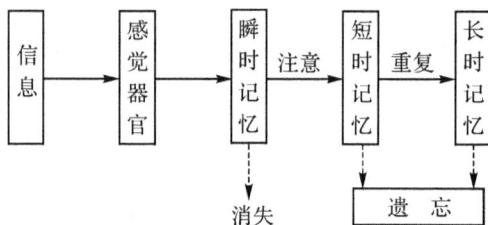

图 6-12　记忆加工流程

时记忆能够进入短时记忆进一步在意识层面做加工,未引起注意的瞬时记忆则消失了,或许进入了潜意识。在短时记忆与长时记忆之间,受到重复因素的影响,重复可以增强信息进入长时记忆的可能,未得到重复的信息有可能被遗忘了。当然,长时记忆的内容也可能被遗忘。所以,瞬时记忆、短时记忆、长时记忆三者之间是相互联系、相互影响的。

广告受众对广告信息的记忆也同样遵循上述加工流程。引起注意是广告信息从瞬时记忆进入受众短时记忆的必要条件。在短时记忆中对广告信息进行编码,初步加工,形成印象痕迹,如果印象痕迹得到多次重复和加深,与受众头脑中的命题网络建立了意义上的稳固的联系,则进入了长时记忆。进入长时记忆的广告信息才能保存更长时间,以便在受众需要时能得到及时提取。但即使进入长时记忆的广告信息也有可能发生遗忘,因此,需要经过不断反复才能加深印象。

(三)受众对广告的遗忘

1. 遗忘的含义

遗忘是识记过的材料在一定条件下,不能再认和回忆,或者再认和回忆时发生错误。广告受众对广告的遗忘有多种形式,如,不完全遗忘,即能再认但不能回忆。在不完全遗忘的情形下,受众在广告再次出现时能确认,但广告不出现时则不能把广告中的事物在头脑中重现。又如,完全遗忘,即受众对广告不能再认也不能回忆,再次看见广告时,就像是第一次经历它一样。

2. 遗忘规律

心理学家艾滨浩斯采用节省法对记忆进行了实验研究。艾滨浩斯以无意义音节作为记忆的材料,计算保持和遗忘的数量。具体方法是让被试者每次识记 8 组,每组 13 个无意义的音节字表,每次识记到连续两次无误地背诵为止,经过一定时间后进行回忆,当有些音节不能恢复时,再重学这些音节,达到和第一次识记后恰能背诵的标准,以重学比初学节省诵读时间的百分数作为保存量的指标。艾滨浩斯将实验结果绘制成曲线,就形成了著名的艾滨浩斯遗忘曲线,见图 6-13①。

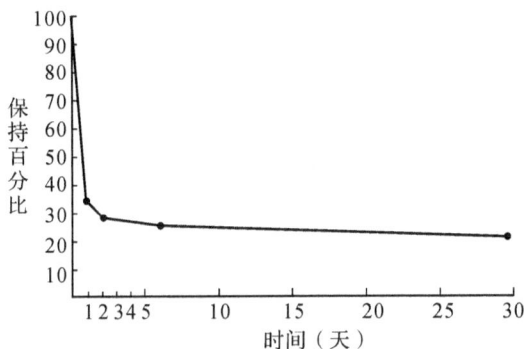

图 6-13　艾滨浩斯遗忘曲线

图中曲线表明,学习后的不同时间里的保存量是不同的,在识记后的短时间内遗忘比较快、比较多,以后保持量渐趋稳定地下降,到了一定时间几乎不再遗忘,遗忘是一个先快后慢的过程。遗忘现象普遍存在于人的记忆系统中,广告受众对信息的遗忘也同样如此。

关于遗忘的原因有以下几种理论说法:一是"干扰说",认为遗忘是因为其他刺激的干扰,使记忆痕迹产生抑制作用。一旦干扰排除,抑制被解除,记忆也得以恢复。遗忘中的抑制作用有两种,即前摄抑制与倒摄抑制。先学习的材料对保持和回忆后学习的材料的干扰作用,是前摄抑制;而后学习的材料对保持和回忆先学习的材料的抑制,则是倒摄抑制。前摄抑制和倒摄抑制分别导致首因效应和尾因效应(又称近因效应),这在广告信息的排序中有很大的指导作用。因此,在编排广告信息时,应将广告中的重要信息放在广告的开头和结尾,达到强调的作用。二是"消退说",认为遗忘是由于记忆痕迹得不到强化而逐渐减弱,有些甚至最后消失了。此说法是广告需要不断重复的理论依据之一。三是"压抑说"或称"抑制说",该理论可以解释动机性遗

---

① 彭聃龄.普通心理学.北京:北京师范大学出版社 2004 年版,第 234 页。

忘。弗洛伊德认为人为了避免某种消极感受在记忆中重现,将意识中的这些经验刻意压抑到潜意识中,使之不能在意识中随意提取。这提示我们在广告创意时,要慎用让人痛苦和恐惧的题材,以免引起受众对广告信息的压抑。

三、提高广告记忆的策略

广告如何进入受众的长时记忆? 广告如何避免被受众遗忘? 可以依据记忆原理提高受众对广告的记忆度。

(一)广告信息的记忆策略

1. 广告内容要符合受众的兴趣与需要(详见第四章第一节)

2. 广告符合记忆规律

广告信息符合记忆规律这个策略要从两个方面分析:首先是广告信息要简洁,其次是广告信息要组织化。

广告如何在受众有限的短时记忆容量中传达产品主要的信息? 答案就是:简洁。简洁不等于简单,简洁要求广告信息既传达了丰富的信息,在记忆量上又不觉累赘。简洁的广告信息是简明扼要、干净清爽、主题突出。广告信息的简洁是要突出广告的主题,即广告最期望受众能记住的信息,该信息和广告目的密切联系在一起;广告主题对广告受众而言,是容易加工的,并能最终记住的。正如大卫·奥格威所说:"消费者从一个广告里只记得一件事——一个简单的概念。"广告主题中要能够体现产品特点、品牌名称,便于受众将广告语与产品、或是品牌产生联结。例如脑白金"今年过节不收礼,收礼还收脑白金";丰田汽车"车到山前必有路,有路必有丰田车";天梭手表"瑞士天梭,世界穿梭";海尔"中国造"等。

另外,由于短时记忆的容量是 7 ± 2 个组块。要想扩大受众的短时记忆容量,要巧妙利用组块的作用。组块是能够处理并记忆的信息单元,组块可以把几个小单位组成一个大单位,即短时记忆容量的每个记忆单位是一个信息组块,而不一定是一个单字或单个数目。数字、图形和文字都可以构成组块。通过对组块的规则排列,或进行其他的组织方式,可以提高一个单位组块内的信息量。在广告中,信息按一定的意义与规则排列起来,能提高受众记忆的信息量。还可以通过不同的侧面和角度去组织信息,例如,文字中没有说出来的,可以通过色彩、图像加以补充。

3. 广告内容要生动形象、有韵律

心理学研究表明,在人类记忆中存在一种"生动效应",即指生动形象的信息,更容易被加工。在广告中,各种信息元素都应力求生动形象。

对遗忘规律的进一步研究表明,如果用有意义的识记材料作为记忆对象,则记忆保持的百分比要比无意义的材料高得多。材料越形象、越有意义、保持率越高;朗朗上口的、押韵的、利用谐音的识记材料,记忆保持率好。广告语言在结构上对称、音节上押韵是提高受众记忆效果的好方法。例如,人头马 XO 酒:人头马一开,好事自然来。广告还应充分利用音乐节奏上的特点提高受众记忆度。在广告中,运用广告歌是提高受众记忆的重要手段,广告歌是音乐与广告词的完美结合。回想以前留在我们记忆中的广告歌曲,如,燕舞的"燕舞、燕舞,一曲歌来一片情";米福灵杀虫剂"我们是害虫,我们是害虫,正义的来福灵,正义的来福灵,一定要把害虫杀死、杀死";娃哈哈纯净水的广告歌"我的眼里只有你"成为流行歌曲;正大集团的广告歌"爱是 LOVE,爱是 AMONR"在当时家喻户晓,正大集团的形象不知不觉就深入人心了。音乐的传播与流行得益于听众的传唱,好听的歌曲旋律,打动人心的歌词,使受众对广告的记忆度大大增加,广告也因此更加深入人心。

在广告音乐中采用歌谣、童谣,使得广告更容易记忆,也更容易流传。轻松愉快的广告歌,能减少收听者的抗拒,是记忆度极强的诉求工具。若能把商品名称直接连接到广告歌之中,效果更好。台湾有一个关于广告信息回忆度的测试,调查广告受众能够回忆起的品牌,调查访问过程中,有的被访问者一时想不起来品牌的名称,就干脆将品牌广告主题曲唱给访员听。[①] 研究认为,广告若采用广告歌的方式来进行,在广告结束后,会产生余音效果。

4. 减少广告信息变异

记忆不是一面机械地反映镜外事物的镜子。记忆是一个动态的阶段,储存在人脑中的记忆会随着时间发生变化。人在记忆时,会按照自己的心理词典对记忆的内容进行选择、组织和加工。记忆的表象在某种程度上被自己的已有经验补充着,每个人对客观事物的记忆都夹杂着自己的想象成分。因而在一定程度上产生信息变异。信息的变异体现在以下两点上:第一,信息趋于概括化,不重要的细节会渐渐被遗忘;第二,信息趋于意义化,受众按照已

---

① 杨文京. 关于广告记忆效果的思考. 市场研究,2006 年第二期,第 59 页。

有图式解释其意义。

如果广告不能使受众头脑中的记忆按照广告期望的方向发展,即使这则广告曾经在受众头脑中留下深刻印象,由于记忆中的信息变异,受众可能对广告中的重要信息(商标、产品名称、产品特性)产生遗忘或者是发生信息歧义。如:对广告中的品牌名称、商标、产地等加以变更;或对同类商品广告混淆不清;或凭个体经验增加或减少广告信息;在理解广告时,脱离广告信息实际要表达的含义等。要避免广告信息出现歧义,须注意以下几个方面:首先,广告要避免与同类产品广告雷同,避免一味模仿,造成混淆;其次,广告内容要突出重点,多次重复,尤其是突出商品的名称等概念化的信息;最后,广告语言要简洁、明了,广告信息要组织化。

(二)广告投放的记忆策略

1. 重复

重复是短时记忆转入长时记忆的基本条件。在一般情况下,消费者初次接收广告信息时留在大脑中的痕迹不会很深,很容易受到其他因素的干扰而遗忘了广告信息。因此,重复是使消费者记住广告的最佳方法。因为,它能使神经联系的痕迹得到加深与巩固,延长广告信息的储存时间。

广告重复的方法一般有三种:其一,在一个广告里,对广告中重要的部分,即广告中的主题不断地加以重复;其二,在同一媒介上重复做同一广告;其三,在不同媒介形式上重复做同一广告(参见第九章)。

要强调的是,重复必须是适度的、适时的,过分地、不注意场合地重复会使受众讨厌。如,有的电视台经常在播放一集电视连续剧的中间多次插入广告,尽管消费者对此广告有一定的印象,但因频繁地中断了故事情节,容易使受众产生抗拒心理和烦躁情绪,这种消极的情绪体验导致广告宣传效果差。

2. 广告编排的位置

在抛开兴趣与需求因素的情况下,材料的系列位置对记忆有一定的影响,这种影响的基本情况就是首尾易记,中间易忘,中间的遗忘量相当于首、尾的2~3倍。这已被遗忘的"干扰说"理论——前摄抑制与倒摄抑制所证明。开头和结尾分别只受倒摄抑制和前摄抑制的单一作用。而中间部分要受到倒摄抑制和前摄抑制的双重干扰作用,遗忘的可能性更大,更不利于记忆。

在广告中,应该把重要的信息放在开头和结尾部分,如果广告能够首尾呼应地强调同一个重要信息,则记忆效果最好。在印刷广告中,由于读者的阅读习惯是从左往右看,在这种情况下,将重要信息放在版面的左上方或是右下方最容易被受众记住。

广告的编排位置还体现在广告投放媒体中的时间和空间。如果在电视广告的某一时间段内,播放的是相同类别的广告,则广告之间的干扰作用最大。因为从遗忘的规律来看,学习材料的相似程度越高越容易产生抑制作用。如果学习材料完全不同,则抑制作用最小。不仅在时间上是如此,空间位置上的广告也受相同的抑制作用影响。因此,内容相似的广告应该避免时间与空间位置的接近。

(三)广告受众的记忆策略

1. 运用受众的涉入度

涉入度,又称卷入度或参与度(Involvement)。这一概念最早由Sherif&Cantirl在1947年提出,早期用于研究社会事件中个人态度的问题,后来经过Krugman的研究将这一概念引入广告领域中,用以衡量电视广告效果(详见第十一章)。在探讨受众对广告的认知时,受众的涉入程度是一个很重要的前提。例如,不同的涉入程度会影响受众的品牌辨识度等。Swinyard和William(1993)认为涉入度指个人切身相关的程度,会影响个人接收及处理信息。

涉入度是影响广告记忆效果的重要因素。广告受众的涉入度体现在其对广告信息的主动关注程度上。受众对产品的涉入程度不同,决定了受众是主动还是被动地接收广告信息,并影响产品购买决策及相关信息搜集的程度。广告受众涉入度可以从个人、产品、情境三方面进行分析。

首先,从个人因素看,受众已有的经验、态度、价值观会影响受众对广告的记忆,那些与受众已有观念相冲突的广告信息,受众会刻意地遗忘。例如,人们过去的购买行为、对产品的印象会影响到下一次的购买行为。比如你购买了一台冰箱,但没用多久就出现了质量问题。于是,对该品牌冰箱的使用经历让你产生该品牌质量不可靠的看法。当再次想购买冰箱时,自然不愿意选择该品牌,因而也不会去关注该品牌冰箱的广告,更不会去记住广告内容。

其次是产品因素,广告产品或服务的特征也会影响受众涉入程度,进而影响记忆效果。产品因素包括产品价格、产品功能、耐久性、重要性、产品象征意义等。通常名牌产品由于其全方位的优质营销服务,受众更乐于去记住这些名牌产品的广告内容。

再次是情境因素,包括购买环境、使用情境、购买时间压力、产品促销环境等等。例如,消费者在某次购物过程中,促销人员的服务让他感到非常满意,则受众再次购买该产品的可能性就极大地增加了,该产品一次性就给受众就留下了深刻印象。

总之,运用受众的涉入度可影响其对广告的记忆。

2. 多种感官协同活动

研究表明在多种感官同时参与、协同活动的情况下,识记效果要优于单一感官参与的效果。当广告信息能够使多种感官同时参与、协同活动时,可以加深受众对广告的记忆度。

(四)运用联想策略

1. 联想的内涵

广告中运用联想策略可有效地增强受众的认知度,尤其是提高记忆度。联想是指由当前感知的事物想起过去或未来的有关的另一事物,或由一种事物的经验想起另一事物的经验的心理过程。简言之,即从一事物的观念想到另一事物的观念的心理过程。[①] 根据巴甫洛夫条件反射学说,联想是大脑皮质上已经形成的暂时神经联系的复活。由于客观事物是相互联系着的,所以它们在人脑中的反映也就相互联系着,其中某些对象或现象的再现,可以引起另外一些对象或现象的再现。联想到的情景,若作为美的意象的一个有机组成部分,同样是富有美感的,自然会引起美好的愉悦和感情的激动。

联想的发生通常有以下两种途径:第一,联想产生于长时记忆中的回忆阶段,回忆通常以联想作为基础。例如,看见阴天联想到要下雨;看见老照片,联想起过往的岁月。第二,在想象的过程中,也会产生联想。想象联想与记忆联想的区别在于,想象联想的活动方向服从于认知时占优势的情绪、思想和意图,常用于分析广告人的创意过程。想象联想打破了日常中记忆联想中的习惯,引起了新的联想。此外,联想经常与联觉联系在一起,联想之中往往就有联觉。

为什么在广告活动中要运用联想呢?运用联想可以使广告的时间和空间在受众心理上得以扩大和延伸,并通过联想在心理感受上产生广告所要的情绪情感体验。

---

① 余小梅. 广告心理学. 北京:中国传媒大学出版社(原北京广播学院出版社)2003 年版,第 102 页。

2. 影响广告受众联想的因素

一个事物可能引起多种联想,至于能引起什么联想,则由联想的强度和人的兴趣两方面因素决定。在广告设计中运用联想的手法需要考虑到影响联想的因素,如人的兴趣、年龄、文化程度、职业因素等等。

首先是联想的强度,当广告中强联想效果掩盖了弱联想效果时,而广告的主要诉求是指向弱联想效果的一方时,人们的注意就会集中在强联想效果而忽视了广告的主要内容。比如广告经常用美女做代言,希望通过受众的类似联想,由对美女的喜爱产生对产品的好印象的联想。但如果强度把握失调,容易造成本末倒置的结果。人们经常会记住美女却记不住广告中宣传的产品。

其次要考虑的是人们的兴趣对联想的影响。人们在看广告时,都有一个兴趣点。而兴趣点受年龄、文化程度、职业等因素制约。因而同一事物所引起的联想就会因人而异。从年龄角度来说,儿童的联想大多是身边的东西,而成人的联想会以抽象的观念表现出来。从职业差别来说,同一个汉字可能不同职业的人联想到的是不同的东西。

3. 联想的类型

联想可以分为简单联想和复杂联想。简单联想是把具有类似特征的现象,或时空上接近的事物,或相对立的现象联系在一起。简单联想包括接近联想、类似联想和对比联想。复杂联想是由见到某种事物而联想到它的意义,以及该事物与其他事物的关系等。又可以称之为关系联想或者意义联想。复杂联想包括因果关系联想、种属关系联想、部分与整体关系联想,以及作用与效应关系联想。

4. 联想规律在广告中的运用

联想遵循着四种规律:接近律、对比律、类似律和因果律。接近律,是指在时间或空间上接近的事物发生联想。对比律,是指在性质或特点上相反的事物发生的联想。类似律,是指在形貌和内涵上相似的事物发生的联想。因果律,是指在逻辑上有着因果关系的事物发生的联想。

在广告设计中常常综合运用这些联想规律加深受众印象。例如,名为"舒眠乐"枕头的一则广告,"不用吞服安眠药(舒眠乐)"。广告画面集中在两只造型独特的枕头上,一只是皱巴巴的枕头,使人联想到主人在这个枕头上辗转反侧,难以入眠的情形;另一只是平整饱满的枕头,使人联想到主人使用了舒眠乐后获得了舒畅、安详的睡眠。受众通过两只枕头，自然而然能够联想到睡眠。又通过两只枕头的差异对比，联想到睡眠质量的不同。

又如，一则以"香辣"为诉求的辣椒酱广告。情节大致是一个胖子拼命地吃着辣椒酱，一只蚊子叮在了他的胳膊上，胖子没有拍，只是不怀好意地笑了笑，蚊子喝饱后，嗡嗡地飞走了，不多时，一声夸张清脆的爆响，蚊子爆炸了，多么有冲击力！观众看过广告，自然会将蚊子的爆炸归因为辣椒酱的辣味十足的强烈劲道。

第七章
态度变化与说服心理

广告的终极目的是促成人们的消费行为。人的行为受到两方面因素的影响,一个是内部心理因素,另一个是外部环境因素。因而,消费者的购买行为同时受着各种心理因素和消费环境的影响。其中心理因素主要包含消费者的心理过程(认知、情绪情感、意志)和各种心理动因(尤其是需要、动机、兴趣)等,这些因素常常是通过消费者的某种具体态度反映出来。态度既能综合地反映消费者的好恶倾向和内心感受,也往往成为其购买行为的先导。在消费领域中,态度是影响消费行为的重要因素,也是预测消费行为的重要指标之一。

广告不能直接强迫消费者发生购买行为。广告只是一种传播活动。它只能采取影响消费者态度的途径间接地促进销售。因而,广告的核心目的是通过有效诉求,形成或改变受众态度,促使受众产生对广告商品或品牌的购买行为。这是一个说服性的过程。广告说服是通过媒介对广告对象进行传播,寻找最佳方式,将最能满足消费者现实的或潜在的需要的产品信息或观念表现出来,并艺术地使其接受。[①] 说服反映了广告对受众态度的影响。因此,在广告传播活动中,受众的态度成为考查广告传播心理效果的关键指标。

第一节　广告受众的态度

一、广告受众态度的内涵

广告受众的态度是指广告受众依据自己的经验与观念对一定对象所产生的一种评价性、持续性的反应倾向。这种反应倾向有正有负、有强有弱。其中"正负"是指态度既有积极肯定的,也有消极否定的。对某个广告或商品,有的人很喜欢,也有人很讨厌。当然也存在中性态度,既不讨厌也不喜欢,受众对某广告或商品无所谓。而"强弱"则是指个体对广告或商品的态度有大小程度上的差别。态度与受众个体的基本价值观和基本需要相联系。

(一)广告受众态度的结构

态度是一个综合系统,由认知成分、情感成分和行为倾向三部分构成。

态度的认知成分是对态度对象及与之相关各种信息的认识,反映出个体对态度对象是否相信与赞同。"消费者通过各种渠道(例如广告)探究、知觉某消费对象(例如某种商品)的特点,对这些特点赋予不同程度的重视,而这些对于预测消费者的评价和行为倾向具有基本意义;并制约着消费者对商品的评价与购买行为。"[②]态度的情感成分,反映出个体对态度对象是否喜欢等情绪情感体验。它直接影响态度变化。因而,态度的情感成分是影响广告受众态度变化至关重要的因素。行为倾向即购买意向,是购买行为的准备状态,影响购买行为的方向。

态度是由上述三种成分构成的一个动态系统,三种成分之间相互依存、相互影响、相互制约。其中,认知成分是态度的基础,可以预测广告受众对某种商品的好恶情绪与行为倾向,并对二者进行制约。通常情况,如果广告受众认识到广告乃至商品具有极大缺陷和危害,是不会对其产生良好情感或发

---

① 余小梅著.广告心理学.北京:中国传媒大学出版社(原北京广播学院出版社)2003年版,第125页。

② 余小梅著.广告心理学.北京:中国传媒大学出版社(原北京广播学院出版社)2003年版,第126页。

生购买行为的。情感成分是态度变化的关键,反映了态度的强度,情感因素最容易影响态度的改变。行为倾向是认知和情感的结果,是购买行为的准备。

一般情况下,态度的三种成分是和谐一致的,对商品的正面认知导致肯定情感,从而产生积极的购买意向;反之亦然。但在态度改变的过程中,这三种成分并不一定完全统一。

(二)广告受众态度的特点

一是,广告受众的态度可以通过后天习得。态度是广告受众通过对商品本身及对传播商品信息媒介的不断学习,慢慢积累起来的。因此,广告有改变受众态度的可能性。二是,广告受众的态度都是指向一定对象的,既可以指具体的某种商品、某个品牌、某项服务等,也包括抽象的某种消费观念、思想等。三是,广告一旦促使受众形成某种态度,就会表现出一定的稳定和持续性。这一特性使受众已形成的态度不易发生改变,从而保证了广告的经济价值和效用。四是,态度是一种内在的心理体验,能够通过外显的行为推断出来。态度与行为并不总是一一对应的,积极的态度并不总是发生购买行为。态度与行为是否一致,还取决于环境的因素。由此而知,广告并不能单独推动消费者发生购买行为,它只是整体营销活动中的一种手段。五是,态度是可以通过心理学的客观方法加以测量的。

(三)广告受众态度的变化

广告受众态度的变化包含两个方面:一是形成,二是改变。"形成"是从无到有的过程;"改变"是使已有态度发生变化的过程包括方向上和强度上的变化。某种意义上说"态度变化"是从旧到新的过程,旧态度的改变就是新态度的形成。

1. 广告受众态度的形成

广告受众的态度是一种后天学习的结果,虽然它一旦形成就具有稳定和持续性的特点。但这种稳定和持续性是相对的,并不是一成不变的,否则,广告的作用将大大缩小。

态度的形成受到众多因素影响。主要分为两类:一类是环境因素,包括消费环境、生活环境及文化习俗等;另一类是个体因素,如个人经验、个性需求、人格因素等。

2. 广告受众态度的改变

广告受众态度的改变是指在一定的社会环境及广告等信息影响下,受众原有态度发生变化的过程。凯尔曼(H. C. Kelman)于1961年提出态度改变的三个阶段:即依从、认同和内化。

(1)第一阶段:依从

依从是态度改变的第一阶段,属于最表层的变化。是"指人们由于外在压力,为了达到一个更重要的目标,而改变自己的态度反应或表面的行为。"[①]依从有几种情况:一种情况是为了达到某种物质或精神的满足而产生的从众行为,一般发生在对商品信息缺乏了解的情况下,"大家都买我也买"、"随大流";另一种情况是为了避免惩罚,受到所在群体压力不得不依从,例如,在俱乐部中成员都被要求购买统一样式的会服,虽然我可能不喜欢会服的款式或面料,但为了避免非议还是会选择购买;还有一种情况是由于第三者效应,第三者效应指人们都在不同程度上在意自己在他人心目中的形象,总希望能给别人留下好印象,尤其在自己认为比较重要的人面前。这种效应体现了当有他人在场时对人们态度造成的影响。这些情况也可能交互作用。总之,都能造成一定的压力从而改变态度。

依从阶段态度改变不稳定,可能只是暂时的,是迫于外界压力产生的。一旦压力解除了,态度也许很快发生改变。

(2)第二阶段:认同

认同阶段中,广告受众态度的情感成分发生了变化。在广告传播活动中,一个重要的说服手段就是利用具有吸引性和可效仿性的人物或人群打动受众,使其产生情感上的变化。名人广告就是利用了名人所具有的吸引力和情感号召力,诱使受众将对名人的喜爱之情转移到商品上,爱屋及乌,从而对该商品产生好感,促进购买。还有一些针对性较强的广告,会突出商品使用群的认同,如"动感地带"的广告语"M-zone人,我的地盘听我的",引发该使用群成员的共鸣。

这种认同是自愿发生的,如果能够保持其存在一段时间,很有可能导致态度进入下一阶段,发生根本性的改变。

(3)第三阶段:内化

内化是态度改变最深刻的层次,指人获得了一种与价值观相联系的新观念。在这一阶段中,广告受众不仅在情感上产生了认同,而且在理性认知上也发生了改变,完全从内心接受了广告所传达的观念,并将其纳入自己的消

---

① 金盛华、张杰编著.当代社会心理导化.北京:北京师范大学出版社1995版,第103页。

费观乃至价值体系之中。例如,"便宜没好货"这种观念已经内化为许多人的个人价值评判标准,制约着人的消费行为方向,如果遇到功能相似而价格相差较多的两件商品,在自己没有办法辨别时,更可能认为价格高的那件商品质量好些。

进入内化阶段后,深层的态度改变基本完成。内化了的态度不会轻易发生改变,稳定性好。

(四)广告受众态度的基本功能

1. 调整消费行为

态度可以调控人的行为,帮助人们获得奖励、避免惩罚,趋利避害。"行为主义心理学家认为,行为是遵照奖励最大、惩罚最小的原则。所以消费者在消费活动中竭力发展能够提供最大利益的态度"。[1] 社会心理学家认为,对某一对象积极肯定的态度往往是由于该对象满足了个人的某种需要;而消极否定的态度,则是因为该对象阻碍或不利于个人需要的满足。在广告传播活动中,态度被当作一种适应消费环境、调整消费行为的工具。如果某商品的广告诉求点或诉求方式能够满足受众的需要,会使其产生积极的情绪体验,并对该产品态度的肯定倾向会增强,由此更可能产生购买行为。

因此,在广告传播活动中,应该尽可能地使广告诉求点符合受众的需求,增强受众对广告的满意度,促使其产生愉快情绪并辐射至广告商品,形成受众对该商品稳定的、积极的态度,最终促使其产生购买行为。

2. 表达价值观念

"态度既来自价值观,又能表达价值观,这是态度性质中最主要的一点。"[2]价值观是主体进行选择的标准,是一个人思想意识的核心,对行为具有导向或调节作用(参见第十章)。价值观有多种维度,其中消费观是价值观的重要体现之一。消费观就是消费者对消费的基本观念和态度,表达了其相应的价值判断。这种价值判断需要转化为实体,才能实现价值融合。"广告……还可能使抽象的概念具体化……转移为对物的崇尚。"[3]在消费活动中,需要这种承载了某种价值观的商品,广告受众可以通过广告产生对该商

---

① 余小梅著.广告心理学.北京:中国传媒大学出版社(原北京广播学院出版社)2003 年版,第128 页。
② 许春珍主编.广告心理学.合肥:合肥工业大学出版社 2005 年版,第 208 页。
③ 丁俊杰、康瑾著.现代广告通论.北京:中国传媒大学出版社 2007 年版,第 75 页。

品的态度,并由此来表达自我价值。例如,虽然某品牌的 mp3 对小周来说体积偏大,操作也不够简便;但使用它体现了小周对高质量、高品位以及环保的价值追求,因此小周依然乐于使用它。

正因为态度与价值观、消费观的联系,在做儿童广告时我们要格外谨慎。儿童很有可能因为某些广告潜移默化的影响而形成某种态度,进而影响其形成某种价值观。所以我们在第一章绪论中特别强调了应用广告心理学的教化性原则,广告不仅具有商业目的,它同时也具有相应的社会责任。我国相关管理部门对儿童广告作出专门规定,如儿童广告必须有利于儿童的生理和心理健康,有利于培养儿童优秀的品质和高尚的情操等。广告也担负着促使儿童形成健康的价值观(尤其是消费观)的社会责任。

价值观形成后具有相当的稳定性,不易改变。当受众的某种消费观、价值观遇到挑战时,由于自我防御的功能,为了保护自身形象,减少内心焦虑,受众会选择对自己有利的信息,而拒绝那些不利于自我保护的内容,从而维护原有价值观,不轻易改变态度。

3. 丰富认识经验

"态度为解释世界和加工新信息提供了一个现成的基础,它赋予经验以意义并引导经验和行为。"[①]态度可以帮助人们不断选择和吸收外界信息,不断调整和丰富头脑中的图式,从而更好地认识世界。由于认知通道的有限性,态度可以帮助受众集中精力于更需要的广告信息及商品,减少信息搜集时间,快速作出决策,简化消费环境。

态度的认知反应理论[②](A.G. 格林沃尔德,1968 年提出)认为,人们在对信息产生反应的时候,总产生一些积极的或消极的解释性思想,这些反应称为认知反应。此理论认为人是自动的信息加工者,个人对信息产生自己的认知反应,这种认知反应决定着个人是否接受信息所持的态度,左右着个人是否改变自己的态度。当个人作为广告接收者的认知反应支持外来的广告信息时,可预期其有正的态度变化;反之,则出现反作用。因此,在进行广告传播前,我们应先确定广告受众的态度方向,明确原有态度和广告信息之间的差异。

---

① 中国大百科全书《心理学》编辑委员会. 中国大百科全书·心理学. 北京:中国大百科全书出版社 1994 年版,第 373 页。

② 参见中国大百科全书《心理学》编辑委员会. 中国大百科全书·心理学. 北京:中国大百科全书出版社 1994 年版,第 375~376 页。

(五)广告受众态度的测量

广告活动的目的在于发挥广告的信息传递作用,从而影响受众态度,达到促销的目的。态度是否变化以及其变化的程度都直接影响了广告的效果,受众态度的变化是广告传播心理效果的关键指标。所以,必须要对广告受众的态度变化进行测量,一是检验广告效果,二是为以后的广告策划、制作和投放提供参考与依据。通过心理学的科学测量技术可以对广告受众态度的变化进行专门的测评(详细方法请见第十一章第二节)。

二、态度变化是心理活动的综合体现

受众态度的变化是其心理活动的综合体现。从态度与需要的关系看,通常广告如果能够满足受众的某种需要与兴趣,就能够产生积极的情感体验,导致肯定的态度。因而,态度变化体现出受众的需要与兴趣,以及情绪情感变化;从态度的三种构成成分看,其本身就综合了心理过程的内涵,包括对广告的认知加工、所产生的情绪情感和发生的行为倾向;从态度与行为的关系看,态度是行为的先导,广告是通过影响受众的态度变化进而影响其购买行为。

举例说明,杜小姐每天坐公交车上班的时候会看到一则旅游地的路牌广告,广告中显示此地景色宜人,且交通方便,一天之内即可来回。杜小姐很喜欢广告中当地的风光,虽然没有旅游的打算,但也记住了这个广告,并对广告中的旅游地产生了好感。两个月后,杜小姐决定利用周末的时间出去放松一下,条件是地点不能太远,最好只用一天时间。于是,她想起那个广告并最后选择去广告中介绍的景点旅游。在这个例子中,广告首先引起杜小姐的注意,杜小姐对广告内容进行认知加工,并把信息储存到长时记忆里。但因当时她没有足够强烈的旅游需求和环境的限制,所以没有直接构成即时消费行为。由于这则广告引起了杜小姐积极的情感和肯定的态度,并且在她上班的路上能够不断看到它,不断重复的广告刺激诱发了杜小姐旅游休闲的消费需要,促使她产生了希望去那个地方旅游的动机,当有了适当的时机就采取实际行动。当然,不是所有的心理反应都如此例,这些内在心理活动也并不是机械地按照一个统一顺序进行的。

虽然态度体现了心理活动的许多层面,但在此,主要分析态度对注意与记忆的影响。

(一)态度与注意

注意是一种心理活动的背景状态,保证了各种心理活动的正常进行。而态度是一种评价性的反应倾向,是对特定事物的认知、情感和行为倾向。仅仅注意到一则广告并不能引起购买行为,必须要有其他心理活动共同参与。所以说,注意只是一种心理背景,是广告获得效益的前提条件。而态度在注意基础之上产生,影响心理活动倾向,并导致一定的行为发生。凭借强烈的情感评价可以引导受众产生或拒绝消费。如果某人对某广告十分反感、对此广告持否定态度,即使注意到这则广告,也能记住其内容,但还是会拒绝购买此产品。

态度不仅在注意的基础上产生,受众已有态度也会影响注意的方向和强度。注意的方向是受众选择某个广告进行心理活动;注意的强度就是受众保持对该广告的关注程度,以保证各项心理活动完成。注意的方向和强度实质就是受众的主观性选择和努力,既然是主观性活动,必然受其已有态度左右。例如,王某很喜欢吃 A 品牌的方便面,对此品牌持十分肯定的态度。那么面对各种方便面广告时,A 品牌的广告更能引起她的注意。当其他品牌方便面的广告刺激她时,因原有态度的因素,她很可能会主动忽略其他品牌。即使注意到其他品牌方便面的广告,也不会有很高的注意度,因而不易进行深加工。

(二)态度与记忆

态度影响记忆效果。记忆是心理过程在时间上的延续,它将前后经验联系起来。只要在记忆中留下痕迹,就会对广告有一定的帮助。记忆的三个阶段:识记、保持和再现,每一个阶段都具有主观性,都会受到态度的影响。研究表明,人们更容易记住那些支持自己观点的信息,而忘记或改变反对自己的信息。遇到引起积极情感的广告,受众更易主动识记、长久保持并准确再现,同时积极情感可以投射到商品上。相反,当广告使受众觉得不舒服、产生消极评价时,会对其识记与保持广告信息产生消极影响,或者对广告信息进行歪曲,将负面情感投射到商品上。例如图 7-1.1 和图 7-1.2 的胃药平面广告。题目是:《胃不舒服也如同小鹿乱撞——InnovaRes Gastro 胃药》[①]。每

---

① 胃不舒服也如同小鹿乱撞—InnovaRes Gastro 胃药:http://spaceforadonly.blog.sohu.com/54318592.html,2007 年 7 月。

张图片都画着一个人的胃部，胃部形状各异，似乎里面有只鹿在四处乱撞。
这则广告内容很明白，就是介绍治疗消化不良的胃药。但是广告画面让人觉
得很不舒服，所以，受众即使对这则广告进行了加工，也会将它压入潜意识
中，抑制回忆（参见第六章关于遗忘的压抑说）。

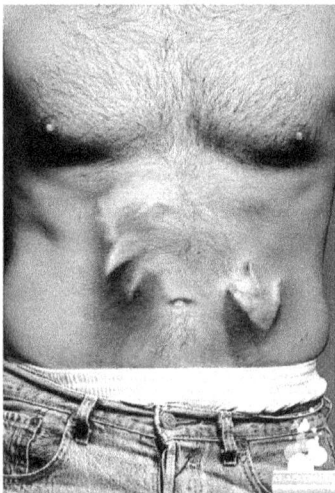 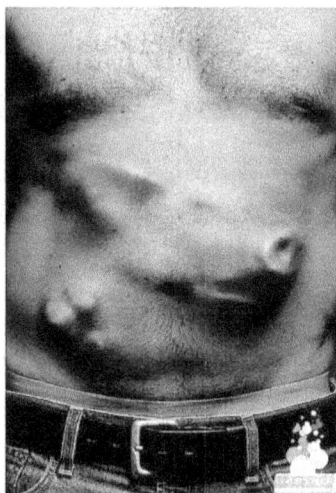

图 7-1.1   图 7-1.2

综上，受众态度是广告心理效果的综合体现，获得肯定、积极、正面的态
度更有可能推动受众朝着广告预期的方向行动，实现消费。

三、态度变化与消费行为的关系

我们已经知道，广告的最终目标是推动消费，那么，消费行为与其态度变
化是什么关系？

心理学研究表明，人的行为受控于内在的心理因素和外在的情境因素。
在此受众的态度即为影响其行为的重要内在因素。既可以通过改变受众的
态度来间接地影响其消费行为，也可依据对受众态度的测评来推测其将有的
消费行为。但受众的态度与其行为并不总是一一对应的，受众是否产生与其
态度一致的消费行为，受到消费情境因素的控制。消费情境对态度的控制作
用体现在，当消费情境适宜时可促发受众发生与态度一致的消费行为，当消
费情境不适宜时则限制受众发生与态度一致的消费行为。最终的消费行为
必然要在特定的消费情境中发生。例如，陈先生一直是 A 品牌啤酒的爱好

者。一天,他在某饭店吃饭,不巧的是此饭店没有 A 品牌啤酒。陈先生几乎不会因此去再找另一家出售 A 品牌啤酒的饭店,他更可能选择另外一种 B 品牌啤酒来代替。

因此可知,影响人的消费行为有两大途径:一是影响其心理变化,如改变其态度等;二是控制其外在消费情境。广告更多的是影响受众的心理变化,同时它在一定程度上也影响着消费情境。

四、态度变化与广告说服策略

从本质上说广告是带有说服目的的信息传播活动。其核心目的就是劝导广告受众改变已有态度的强度和方向,接受认可广告传递的信息,自觉自愿地购买广告商品。

(一)广告说服概述

社会心理学家霍夫兰认为:说服是通过接受他人的信息导致态度的改变。广告主把广告当成一种投资,希望借助广告改变消费者的态度,从而为公司带来更大的利益。因此,说服是广告的重要目的。广告说服,大多是通过媒体加以有效诉求,使广告受众对商品或劳务从原有的少许肯定的态度发展成更肯定的态度,或者从原有的否定或消极态度转变为肯定或积极态度,最后促使购买行为发生。

"说服"这个概念在广告传播活动中有多个维度的内涵。

1."说服"代表"说服策略"

当"说服"特指手段和方法时,经常用它来代替"说服策略"。在这里,说服是手段,态度改变是目的。每个广告都必然采用一种甚至几种方法来表现内容和诉求重点,吸引受众注意,帮助受众记忆和理解,使受众态度朝着广告预期的方向改变。使用说服策略的目的就是改变受众态度。

说服策略有多个侧面。首先是广告内容方面,突出重点,"内容为王"。例如,Perrier 啤酒的平面广告,图片突出了其诉求点——冰爽,如同广告的题目《炎夏享受寒冬》一样[①](见图 7-2.1、图 7-2.2 和图 7-2.3)。广告简单易懂,使人不仅记住了广告内容,更重要的是记住了 Perrier 啤酒的与众不同。

---

① 炎夏享受寒冬——Perrier 啤酒:http://spaceforadonly.blog.sohu.com/69057944.html,2007 年 11 月。

图 7-2.1　　　　　　　　图 7-2.2　　　　　　　　图 7-2.3

其次是广告形式方面,在形式上研究表达信息和展示内容的最佳方式。例如,雅芳(AVON)为全球乳癌防治活动做的平面公益广告《别让我哭泣》[①](见图 7-3)。它利用了适度恐惧的诉求方式,将切割的乳房画成哭泣的眼睛,既有警告成分,又包含劝慰情感,使人易于接收。当然还有很多其他方面,比如媒体的选择、周围情境的选择等。通常情况下,多种角度相结合的综合策略说服效果最好。

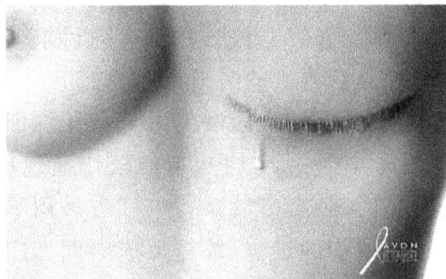

图 7-3

2.“说服”代表“说服过程”

说服也可以用来代替“说服过程”,表示具有整体性的一个过程,即吸引注意、引起共鸣、符合兴趣、诱发需要,相信并接受广告内容、产生态度变化、促使其按照广告的意图采取购买行动。广告说服过程非常复杂,它是在准确调查与把握广告受众心理的基础上,选择说服重点,采取说服策略,从而达到改变受众态度、推动受众购买的结果。当说服指代整个过程时,说服过程是一个整体,由各个链条、环节所组成,态度是其重要组成部分。

---

① 别让我哭泣——AVON 雅芳粉丝带计划:http://spaceforadonly. blog. sohu. com/50476310. html,2007 年 6 月。

3."说服"代表"说服力"

广告的说服力指广告能够影响受众态度改变的力量。即左右广告受众态度的强度与朝向的变化,继而促发受众产生购买行为。一则广告说服力高,说明广告对受众态度的影响度高,或改变其态度强度、或改变其态度方向。

(二)态度变化与广告说服策略的关系

广告说服通过有效的广告信息,改变受众头脑中已经形成的对某一产品或品牌的认知与情感,形成相应的新态度。因此,受众态度变化与广告选择说服策略二者之间具有互动关系。一方面,广告通过选择不同的说服策略来改变受众态度,促发购买行为。另一方面,广告受众在接受信息时具有主动性,常常依据自己的原有态度来选择接受。

1. 广告通过说服影响受众态度

使用说服策略与改变受众态度是手段与目的的关系。面对广告受众,广告主及广告公司必须选择最合适的方法,达到有效诉求。广告对象态度变化的程度是判定该广告策略是否得当的关键指标。

态度变化是一个过程,要经过一段时间才起效用。即使是有效的说服策略,也如同化学反应一样,需要一个过程,有的较快显现反应结果,有的则需要较长时间,甚至需要附加某种特定的条件。广告采用不同说服策略的目的就是要加快受众这种态度改变的进程,缩短反应时间。广告如何采用说服策略影响受众态度,将在本章第三节详细阐述。

2. 广告依据受众已有态度选择说服策略

在今天这个信息的世界里,广告受众更注意自己认为重要的资讯,而忽略那些自己认为不重要的资讯。他们的自我观念逐渐增强,对广告及消费行为都有其独特的看法与价值标准,自尊性与主动性影响其消费心态。

受众态度变化的方向如果按照广告内容的方向发展,则称为同向效果;如果远离或背离广告内容的方向发展,则称为对立效果。通常,如果受众已有态度接近广告内容的观点和立场,则容易产生同向效果;反之,则产生对立效果。这即为"先向倾向",说明受众已有态度影响着说服策略能否奏效,体现了广告受众的主动性。

因此,广告必须依据受众已有态度来选择策略进行说服。这也就是说要"因时制宜"、"因地制宜"、"因人而异"。一则广告选择说服策略前,首先要明确受众对该广告产品的已有态度以及对其他同类产品的态度,找到本产品的优势进行诉求。由于态度能够表达消费观念和价值标准,在选择广告说服策略前,必须调查研究广告发布地区的文化风俗,以及广告目标群的消费观念和价值标准,以保证广告能够被受众理解和接收。例如,Jobwinner网站的平面广告:《当天上掉下的不是馅饼》①(见图7-4.1、图7-4.2)。该广告虽然富有新意,但其包含的观念难以被认同,从而影响了广告的接收。其广告语是As soon as a job is available,it's on our site.大意为:一有机会我们就能找到工作。但是该广告中所体现的"机会"是指他人被"天上掉下来的"某物砸死而空出了工作职位。这种机会,恐怕容易使人心有愧疚。

图 7-4.1

图 7-4.2

第二节　广告对受众态度变化的影响

态度的变化包括形成与改变,态度的形成与改变是紧密相连、不可分割的,已有态度的改变往往即形成新的态度。虽然在本节中将影响广告受众态度形成与改变的因素分开阐述,但在实际广告操作中应综合考虑。

一、影响广告受众态度形成的主要因素

个体所持有的态度是在后天的社会生活环境中通过学习逐渐形成的,态度形成本身就是一个学习过程。影响受众态度形成的因素主要有以下五种。

(一)直接消费经验

直接消费经验是人们对广告和商品形成某种态度的重要方式,是人们通

---

① 天上掉的不是馅饼——Jobwinner:http://spaceforadonly.blog.sohu.com/54028610.html,2007年7月。

过亲身尝试而得出的直接体验。由直接消费经验形成的态度,如果在外界情境及以后的消费过程中获得不断的正向强化,此态度即得到巩固与加强。

新态度的形成有时会出现在购买与使用行为发生之后。例如,迫于情境的限制,不得不购买自己未知的某商品。如前文所举的陈先生买啤酒的例子,他因为所在饭店不出售所要的 A 品牌啤酒而尝试了以前不了解的 B 品牌啤酒。尝试过后,陈先生对它的体验、评价等构成了他对 B 品牌啤酒的态度。再如,人们对自己涉入程度较低的商品,在购买和使用之前不太了解,仅凭一时的消费冲动或销售人员的介绍而购买。使用产品之后,如果满意就会形成对此产品的肯定态度,进而影响其以后的消费行为。

人们在经历重要体验时,更容易将体验到的情感与广告及产品相联系,形成态度。例如,童年的第一次购物经历等。

认识到直接消费经验的重要性后,广告主通常会提供带赠品的宣传广告或试用服务、或者干脆进行体验式营销,增加人们直接消费经验的机会,促使人们对产品形成积极的态度。

(二)间接学习成果

人们可以通过间接地学习来形成新态度。这种学习的途径非常多,例如,通过他人的传授或媒介的传播、观察与模仿等。模仿是人类的天性,是人类具有的非条件反射之一。因此,在广告传播中建立可供观察学习与模仿的榜样是使广告受众获得态度的重要环节。榜样人物有很多,可以是身边的人,也可以是通过大众媒介宣传出来的代表形象。这种学习的典型例子就是"流行"的发生和扩散。

流行是指"新的行为方式和思维方式在社会群体成员中逐渐普及形成的集合现象,它可以产生于社会生活的各个领域,无论是在人们的精神生活还是物质生活中,都有流行的现象。"[①]发生在消费领域中的流行现象,常常导致某种商品或消费观念能够较快地被接受,广告是其中一种促使流行发生的有效方法。广告通过不断提供给广告受众关于新的商品、新的消费方式、新的价值观念等流行样式的信息,并树立流行榜样,从而达到促使流行产生和促进流行普及的作用。同时广告还以高密度、高强度的传播方式反复传递同样的信息,给受众造成某种社会压力,促发其态度变化。

---

① 丁俊杰、康瑾著.现代广告通论(第 2 版).北京:中国传媒大学出版社 2007 年版,第 79 页。

流行产生时,广告信息强调的是"最"字,如"最时尚"、"最新"、"最鲜"等词,它引导受众:广告的商品是"走在时代的前沿"、"引领潮流"。受众通过这种间接学习形成关于流行趋势的态度。经过一段时间的广告和促销活动,形成了流行趋势。这时广告往往转变方式,开始强调"都"字,如"大家都买……"、"这是共同选择"这样的广告语,表明这是潮流的大势所趋,制造一定的社会压力,提醒那些还未反应的受众加快形成新的态度,追赶潮流,产生消费从众行为。

受众通过间接地学习他人经验来形成自己的态度。所以广告要提供有效的模仿榜样,帮助受众形成广告所希望的肯定的、积极的、正面的态度,从而刺激消费,达到广告的最终目的。

(三)满足个性化需求

当广告受众的某种需要得以满足时,会产生愉悦的心理感受,同时会对满足其需要的产品和广告产生好感,形成积极的态度;相反,当受众的需要不能被满足时,会产生消极的情绪体验,从而将消极情感迁移至相应的广告和产品中,形成消极的态度。需要是引起受众购买的最根本原因。因此,能否激发与满足受众对广告和商品的需要,是受众得出评价的首要条件,也就是形成态度的首要条件。

广告不仅关注一般需要,而且更强调个性化需要。在物资充盈的现代社会中,同质同类产品琳琅满目。广告要在受众众多的需求中选择比较重要的、能够突出与其他产品差异的,这样便于受众形成清晰的态度。例如 Royal Ivory 茶饮的平面广告:《好茶不仅穿肠过》[①](见图 7-5)。它以幽默的方式告诉我们好茶不仅仅穿肠而过,还可以为你身体留下点什么。该茶饮广告避开了同类产品对味道和新鲜度的宣传,另辟蹊径,强调茶饮的营养作用。那些注重保健的受众,一定会对 Royal Ivory 茶饮更有好感。

怎样才能使自己的产品在众多产品中突显出来,占领一定市场,处于固定地位,一直困扰着广告主和广告制作商。从"分众"与"小众"的传播思路看,首先确定一部分受众的共同特点和特殊需求,根据他们的这些特殊需求来进行特定的广告宣传。因为能够让这部分受众体验到"专门"的有针对性的诉求和服务,所以更容易帮助他们形成肯定态度。例如,SPI 绝缘窗户的平

---

① 好茶不仅穿肠过——Royal Ivory:http://spaceforadonly.blog.sohu.com/63645413.html,2007 年 9 月。

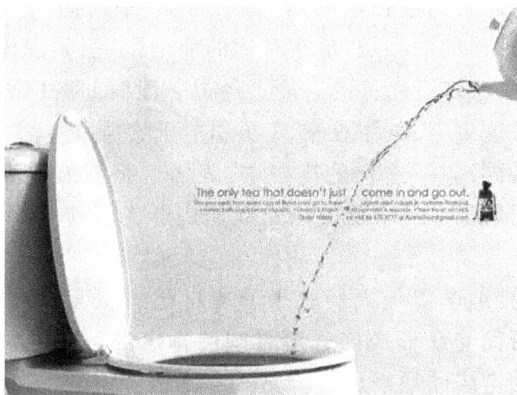

图 7-5

面广告①(见图 7-6.1、图 7-6.2)。广告通过北极世界和海底世界的景色展示了其高寒与高压的环境,但使用了 SPI 绝缘窗户,却如同生活在常态的都市,体现出 SPI 绝缘窗户超强的保暖性和防水性。对于那些需要高质量的绝缘窗户的受众来说,这则广告完全满足他们的需要,因而易于形成肯定的态度。

图 7-6.1   图 7-6.2

(四)受众的认知风格

受众的认知风格是指广告受众偏爱使用的信息加工方式,它在态度形成中扮演着重要角色,不同的认知风格影响受众态度的形成。受众的认知风格可以区分为:场独立性与场依存性,或者是冲动型与沉思型。

---

① 让你与世隔绝——SPI 绝缘窗户:http://spaceforadonly.blog.sohu.com/47190049.html,2007 年 5 月。

1. 场独立性——场依存性

这两种认知方式的差别就在于，场独立性（Field-independent）的受众在信息加工中更依靠内在参照系统，也就是说，他们比较习惯按照自己的想法进行信息加工、形成态度，容易忽略他人及环境。场依存性（Field-dependent）的人在加工信息时，更容易参照外界事物，他们往往容易受到他人及环境的影响。因此，在广告传播活动中，场独立性强的受众更倾向于通过自我判断主动形成态度；而场依存性强的人恰恰相反，其态度变化更容易受所在团体和媒介的影响。

2. 冲动型——沉思型

冲动型受众的特点是反应快、精确性差，往往急于求成，多采用粗略性策略。而沉思型受众，反应较慢，深思熟虑，看重解决问题的质量，多采用细节性策略。这两种认知方式最大的差别就是思考问题的速度。如果提供给冲动型受众一则具有详细信息广告，反而容易使他觉得信息过量，而形成消极态度、直接拒绝。反之，如果提供给沉思型受众一则简单诉求的广告，则难以使其形成深刻印象和产生肯定态度。但是，在实际广告操作中，无法确保能够给不同认知类型的受众提供相应适宜的广告形式。因此，应该在广告中使诉求点简洁、突出，使冲动型受众首先形成态度。同时在广告内容中提供可以找到详细说明的方式，便于沉思型受众进行学习。例如，中国移动通讯推广单向收费的平面广告。该广告以大幅蓝底红字突出了移动通讯推出的单向收费，并标明了子品牌。诉求简单突出，符合冲动型受众的认知风格。而在广告右侧白底上密密麻麻地写满了说明文字，又是对沉思型受众的认知需要作出回应。两种诉求方式相结合，符合受众的认知方式，便于受众形成积极态度。

值得关注的是，许多人并不是绝对单一的类型，而是混合的类型：既有场独立性也有场依存性，既有冲动又有沉思。他们面对不同类别的产品会采用不同的策略。因而，在广告中综合多因素作出有效的整合才是取胜的关键。

（五）群体影响

受众所在群体也会促使其对广告和商品形成态度。遵从群体意见和模仿群体态度能够使广告受众产生归属感，满足受众对归属的需要。美国心理学家马斯洛认为归属与爱的需要即指个体希望给予或接受他人的爱，并得到他人的认可、接纳和重视。社会中的个体必然归属于不同群体。群体已有的态度会对个体造成压力，从而促使其形成与该群体相同的态度。

从个体归属感的角度可将"群体"分为:家庭、伙伴和普通意义上的"团体"。受众的年龄层次不同,各种群体对于受众态度形成的影响不尽相同。

"家庭"是伴随受众个体一生的亲密群体,家庭成员特别是父母的态度和价值观对个体成长影响深远。受众个体在幼年时受到家庭教育更多,父母是他们主要的模仿对象。这种早期的态度形成往往影响深远,可以一直保持到成人期,甚至是一生。

"伙伴"是个体除父母亲属外最亲近的榜样,随着广告受众的年龄增长,父母的影响逐渐下降,"伙伴"更容易影响受众个体的态度形成。由于爱与归属的需要,受众个体会不自觉地使自己的观念、态度乃至行为向各自的伙伴群体靠拢。

"团体"既可以是"北京人"这样松散的团体,也可以是"初一(3)班"这样紧凑的团体。一般来说,紧凑团体的约束力要比松散团体大,也就是说,紧凑团体对于形成态度的影响力更大。团体的约束力就在于,当个体成为一个团体的成员后,就必须与团体保持一致,个体的态度也不例外。广告可以通过对"团体"特性的重点诉求,使受众产生归属感,这样更容易帮助受众形成态度。例如,很多女性服装品牌都会区分不同群体类别,如青春少女装、OL(Office Lady)通勤装等,就是为了加强团体感觉,增加受众的团体归属感,从而促使受众形成与团体一致的态度。

二、影响广告受众态度改变的主要因素

态度具有一定的稳定和持续性,在一般情况下,会拒绝发生改变。又由于广告受众已经能够理性地认识广告,知道广告的目的就是改变受众态度进行促销。所以,受众在面对广告作品时,更多的是理智地去理解和记忆,不会轻易发生态度改变。再由于有虚假广告的出现,甚至导致受众开始怀疑、不相信广告所传达的信息。因此,在这种情况下,广告要达到改变受众态度的目的并不容易。

那么,影响受众态度改变的因素有哪些? 心理学家霍夫兰(Hovland)等人在 1959 年提出了一个态度转变模式,该模式提出影响信息接收者态度改变的因素来自四个方面:信息传达者、交流信息本身、周围环境和信息接收者自身。在广告传播活动中,传达者就是广告信息来源,交流信息就是广告诉求的信息,信息接收者就是广告受众,周围环境就是广告环境。下面就从这四个方面来看其中具体的影响因素。

(一)从广告信息来源看

广告由谁说、由谁传播甚为重要。研究表明,最有效的广告信息源一般是那些专业的、值得信赖的,或具有吸引力的传播者。因此,使受众容易接受的广告信息源是:权威的信息源、中立的信息源和有吸引力的信息源。

1. 权威的信息源

研究证实,通常情况下,权威的信息源被受众认为更可靠,因为它有专业和经验的保证,权威的信息源所传递的信息更容易为人所接受。信息来源的经验越丰富、威望越高,说服力就越强,受众就更容易改变自己的态度来迎合权威。很多广告都意识到权威信息源的分量,在广告中经常会出现专业权威人士,使广告内容更不容置疑。

2. 中立的信息源

虽然广告信息源的传播立场应是促使广告主与广告受众获得双赢,但在实际操作上更容易倾向于广告主。一般情况下,受众会认为广告是为广告主服务的,即"王婆卖瓜——自卖自夸",因此,受众在接收广告时往往带有疑虑,容易产生心理防御而拒绝态度改变。研究发现,当受众认为广告信息源的立场是中立的时候,则更容易接受其传递的信息,并乐于改变态度。这也是公益广告更容易被受众认可的原因之一。

因此,如果能在广告中承认产品在某些相对并不重要的特点上确有缺陷,然后再对产品的其他重要特点加以赞扬,受众往往会认为广告信息传递是比较客观的、中立的,因而更容易接受广告、产生信任感,改变态度。

3. 有吸引力的信息源

研究表明,个体更乐于接受具有吸引力的信息源,并能将对这种信息源的喜爱之情迁移到信息中,从而接受信息。所以利用具有吸引力的人物来介绍产品,可以增加广告的说服力。信息来源具有的吸引力,通常与下面几个因素有关:

(1)外表

外表美丽、相貌堂堂的人,往往容易引起人们的好感,产生光环效应,"爱屋及乌"。广告经常乐此不疲地选择外表具有吸引力的模特,作为广告信息源。这样做,可以使受众在观看广告时产生愉悦情绪,从而将积极情感迁移到产品上(参见第四章)。

（2）相似

人们对于与自己相似的他人，更为亲近，也更容易产生认同。相同的兴趣、相同的经历、相同的生活方式以及相同的年龄、地位，均可以使双方增加相互吸引力。因此，广告经常针对目标受众，采用与之相似的模特、营造与之同样的情境，希望以此增加受众的认同感，达到改变受众态度的目的。

（3）熟悉

与"相似"类似，熟悉性也可以引起受众产生认同、喜爱等积极情绪。"曝光效应"表明，"熟悉能够引发喜欢。对于各种新异刺激——无意义音节、汉字、音乐片段、面孔——的曝光都能提高人们对它们的评价"。[①] 不管受众接触到的广告是关于品牌的抽象图画、名称还是音乐等，接触的次数与熟悉程度之间呈正相关关系，而熟悉程度可能引发受众的偏好反应。

（4）名人（参见第四章）

出于对名人的喜爱，受众更可能认同和接受名人的推荐，而使自己的态度与之一致。这里对名人的喜爱，既包括单纯对名人外形的喜爱，也包括对名人所产生的追捧和崇拜的感情。受众对名人的追捧和崇拜的感情，比对于外形的喜爱之情更为忠诚和深刻，而且容易引发受众模仿和学习，导致态度发生改变。因此在广告活动中，如果能够更多地利用受众对名人的深层情感，则受众态度改变的效果更好。

（二）从广告诉求信息看

在传播活动中，诉求信息是影响态度改变的重要因素。依据费斯廷格的认知失调理论分析，在广告传播活动中，广告信息源与受众之间交流信息的差异会导致认知不协调，因而产生心理紧张，受众为了消除这种不协调会改变态度。广告受众态度的改变，就是一个从失调到重新协调的过程。这是一个动态的发展过程，当出现新的信息时，又会形成新的失调，促使受众不断地调整自己的态度，达到平衡。

所谓"信息差异"，不仅仅指广告诉求内容与受众已有经验的差异，还包括广告诉求方式与受众认知方式的差异。

1. 广告信息内容的差异

信息内容的差异又可以分为"质的差异"和"量的差异"。

---

① ［美］戴维·迈尔斯著. 侯玉波、乐国安、张智勇等译. 社会心理学（第 8 版）. 北京：人民邮电出版社 2006 年版，第 312 页。

（1）质的差异

在广告传播中，广告传递的观念与受众头脑中已有态度之间的差异过大或过小，都不利于广告受众的态度改变。当信息无差异时，可起到保持与加强受众原有态度的作用。当信息差异过小时，受众没有感到新异性，心理压力少，不具备改变态度的足够动力。信息差异过大时，造成的心理压力也随之加大，受众很有可能启动自我防卫机制而回避广告信息；过大的信息差异也会造成受众对广告加工理解产生困难。只有在信息差异适中的情况下，广告受众的态度才更容易改变。

图示理论认为个体在接受新的信息时，先要对该信息进行检查，评价其与自身原有信息之间的差异程度。依据差异程度的不同，个体分别采取不同的方式对新信息进行反应。当广告信息差异与受众已有图示没有"质"的区别时，个体同化新信息；当差异与受众已有图示具有"质"的区别、但差异度适中时，个体改变原有图示，顺应新信息；当差异过大时，个体往往首先采取直接拒绝信息的方式，用以维持内心平衡。

（2）量的差异

广告可以只提供简单的一个结论或一句话，如动感地带的"我的地盘听我的"；也可以提供很多支持性论据来进行说明。信息量的多与寡也会影响受众态度的改变。多数情况下，受众是在无意注意的状态下接触广告的，信息加工的动机不强烈。又由于媒体的特点，广播电视广告在受众脑海里是转瞬即逝的，因此，如果广告信息太复杂，容易导致受众的厌烦情绪而直接拒绝。所以，广告信息首先需要让人一看就懂，一听就明白，通俗易懂的广告信息更容易说服消费者。因此，广告必须找到一个好的切入点，使受众已有经验与广告信息之间的差异程度适中，才能最有效地促使受众改变态度。

2. 广告信息呈现方式的差异

（1）广告信息的难易度

信息的难易度是指广告信息的呈现方式对于受众理解和接受来说，是简单的还是困难的。比如图 7-7.1 和图 7-7.2 的平面广告[①]，虽然画面中借用了众所周知的童话故事吸引受众，但如果受众不对广告画面下面那三行小字进行加工的话，就无法准确猜到这则广告是为什么服务的。其实这是一则制药

---

① 别顾此失彼——Glaxo Smith Kline 制药公司：http://spaceforadonly.blog.sohu.com/66608366.html,2007 年 10 月。

公司的广告,广告中的大灰狼代表危险,画面中的电灯和熨斗也会对孩子造成危险。广告的主旨是要提醒家长们"别顾此失彼",应该主动预防孩子的多种疾病。如此高深莫测的广告,对于大部分没有太多时间仔细思考广告的受众来说是比较困难的。

图 7-7.1

图 7-7.2

所以,在制作广告时,不仅要考虑到广告内容与受众已有经验之间的共通点;也要注意广告信息的呈现方式与受众接收习惯之间的关系,不能盲目追求新异,导致受众难以理解,而拒绝改变态度。

(2)广告信息的呈现次序

在广告传播活动中,除去广告是否符合受众的兴趣与需要这个因素外,广告信息的呈现顺序和位置对受众的态度改变有一定的影响。心理学研究表明,由于记忆和遗忘的规律(详见第六章第三节),个体学习过程中会对学习材料产生首因效应和尾因效应(近因效应)。首因效应是指最开始学习的材料,给人印象最深,更容易使人记住,如第一印象,强调的是"先入为主"。尾因效应是指后来学习的材料因在时间上更为接近,容易使人印象深刻,并能修正以前的印象,强调的是"画龙点睛"。广告信息呈现的顺序和位置是通过影响受众的记忆来影响其态度变化的。

对于一则广告,宜将诉求重点如商品的品牌、功效等信息集中在广告的首尾。

(3)广告信息的论证

对于广告信息的论证重点讲两点:一是广告信息的论证方式,二是广告信息对结论的处理。

首先,我们来看广告信息的论证方式,主要是"一面说"与"两面说"。"一面说"是指呈现有倾向性的单面的信息,它只包含支持性论据,即与结论一致的论据。而"两面说"则是既包含支持性论据,也提供反面的论据,给人不偏不倚的印象。"两面说"可以使受众产生真实感和公正感,更容易改变受众态度。通常情况下,当受众的态度与广告信息所传递的态度在方向上一致时,单面说的论证方式更为有效,能够获得受众的肯定,增强受众的态度强度。当受众态度与广告信息传递的态度在方向上不一致时,受众对于两面说的论证方式更为信服,论证也显得更为公正、客观。

其次,结论的呈现也会影响广告受众态度的改变,这与受众的知觉偏好有关。研究表明,呈现结论的广告不易引起那些偏好于主动思考而得出结论的受众的关注。一般情况下,适合在信息中呈现结论的广告有如下几个特点:第一,宣传专业化产品,或者是受众较少涉及的产品;第二,具有单一而明确功效的产品;第三,对受众而言,广告产品的价值与意义相对较低,受众不愿意过多地思考与比较。

(三)从受众因素看

广告信息源和诉求信息的影响最终要通过广告受众体现出来。受众自身的特点,如人格(即个性)、需要、兴趣、情绪与情感等也影响其态度的改变。

1. 人格特征影响态度改变

霍夫兰等人研究发现,人格有一个特质就是可说服性。可说服性强的人,在大部分情境下都容易被说服而改变自己的态度。同样,也有人具有不可说服性。一般而言,自尊心、自信心强的人和智能较高的人,或者个性非常固执的人都不易被说服。

2. 个体需要影响态度改变

需要是个人活动的积极源泉,是现实生活中促使个体态度转变的强大动力。人类的需要是不会消失的。当个体的需要得到满足时,就会对满足他们的事物产生积极肯定的态度;反之,人们对它就会持有否定的态度,并且尽量拒绝和躲避它。广告想要获得良好的说服效果,改变受众的态度,必须准确把握受众的需要。

3. 情绪、情感影响态度改变

情绪情感是人反映客观现实的一种形式,是人对客观事物是否符合主观需要的体验。受众的情绪情感是影响态度转变的重要因素,在广告活动中的情感诉求,最能打动人心、富于感染力。

(四)从广告情境因素看

广告情境因素对受众态度变化起强化作用。情境中的各种因素,如销售环境、产品质量、周围人的看法等都可以构成对消费者某种态度和行为的强化。其中,与消费者态度一致的是正强化,不一致的是负强化。正强化可促进原有态度的稳定,负强化可导致原有态度向反方向变化。

从宏观层面看,广告的大情境也会影响受众的态度。若社会中虚假广告、违法广告泛滥,受众对广告的整体信任度则必然降低,对广告的整体态度也会是消极的。

总之,广告传播活动中影响受众态度改变的各个因素不是单独起作用的,而是相互关联、相互影响、共同作用的。例如:实验表明,对于简单信息,有吸引力的信息源提供的信息比专家信息源提供的信息更有说服力;但是复杂信息的情况正好相反。这就是将信息源和信息方式有机地结合起来说服受众改变态度。在实践活动中,要根据具体情况、综合各因素恰当地整合,才能达到使受众态度改变的最佳效果。

第三节　广告说服的心理策略

广告说服就是促使受众的态度朝着广告传递的信息转变,使其对特定的品牌或产品产生积极的情绪体验,最终促发购买行为。在这个过程中说服策略是手段,态度变化是目的。那么,哪些广告说服的心理策略能够更有效地影响受众态度变化呢?

一、增加广告内容可信度的策略

广告受众对广告的信任程度直接影响广告的说服效果,因此,增加广告内容的可信度成为广告说服的首要策略。

(一)强化可靠来源

同一则广告,使用不同的传播者,将会产生不同的效果,有的可以促进受众的态度发生改变,有的则会起到反作用。因此,采用容易获得受众信任的传播源,并强化这种可靠性,是广告说服的重要策略。

1. 权威与专家的推荐

这里的"权威与专家",一是指传达者具有权威与专家的身份;二是指使用的传播媒体具有权威与专业的影响力。

（1）广告传达者的权威推荐

心理学研究表明，假如一则信息是权威人士（如相关的专家）传达的，则会增强受众对信息的相信程度。这种现象被称为权威效应。很多广告中已经采用了这种说服策略，他们往往选用与产品相关的某方面专家；或借助专业的鉴定组织或权威单位的鉴定证明。通过传达者的推荐和"验证"，表明广告产品具有高度的可靠性。这种策略在受众对产品了解较少时更为有效。

其实在广告中出现的权威人士和专家学者，往往是受众主观知觉到的、经过广告的"突出和修饰"而展现出来的专家和权威。通常，广告采用的手法是，在传达者出场时以文字标明他的专业身份，突出权威性。也有一些广告并没有采用专业人士作为传达者，而是请"有经验的"的人物来达到权威效果，拉近了"权威"与受众之间的距离。这个时候，传达者往往扮演"智者"或"经验丰富者"的角色，能够清楚地说出对方的疑惑和需要，并指明解决方向。广告采用这种方式时，其传达者由于没有"身份"的佐证，所以往往采用自信的表达方式来加强权威效应。例如慢严舒宁的电视广告中，一位青年在公车上接听母亲的电话，母亲在电话那头问道："儿子！是不是感觉咽部有异物、咽不下又咳不出、清晨刷牙还干呕……这都是慢性咽炎惹的祸，快使用慢严舒宁！"每当母亲说出一种病状，青年男子连同身边的乘客都连连称道，最后当母亲说出应该使用慢严舒宁时，大家都恍然大悟了。这位母亲就是"有经验的智者"。

虽然这种作用可以提升受众对广告及其产品的信任程度，但必须还要符合国家的法律规范。否则，将会导致受众对广告及产品的不信任，甚至拒绝。

（2）权威性媒体的推荐

不同的媒体，专业领域不同、性质不同，在受众心中的地位不同，其可靠程度也不同。同一则广告发布在不同媒体上，其被信任的效果就会不同。广告媒体的权威性，也会影响消费者对广告内容的信任度。广告在选择发布媒体时，应充分考虑到广告受众对媒体的态度。通常权威性越高的媒体对消费者的态度影响越大。受众一般会认为权威性高的媒体，消息来源更为真实可靠。具体来说，受众对中央级的媒体比地方级的媒体信任度高；对严肃媒体比对娱乐媒体信任度高；就某一专业领域而言，对此领域的专业媒体比一般综合性媒体信任度高；至于网络，由于其匿名化、自由度高、缺乏审查机制等特点，与报刊、电视、广播相比可信度较低。因此，在广告传播中要尽可能地选择权威性高、美誉度好的媒体。

2. 实事求是的展现

广告中过于夸张的表现手段和用语会给受众带来一种错觉,并使其对产品产生过高的预期,结果反而使他们感到实际产品不如广告宣传的好,甚至认为广告是恶意欺骗。因此,广告要让受众感受到真实,从而提高其可靠性。

一是在广告中要避免使用过于夸张的词语,否则会使广告效果大打折扣。受众通常认为广告中的极端性词汇,如最佳、功效神速、奇妙、最好等是夸大其词,因而降低对此类广告的信任程度。所以,在广告传播活动中,必须注意词汇的选择和使用,实实在在地夸优点。二是杜绝虚假广告。在广告中实事求是地说优点值得提倡;而为了扩大影响"搞噱头"、说假话则是违法的。

3. 转换视角的展现

通常受众在面对广告时,都会清楚地意识到广告是为促销服务的,广告效果会因此打折扣。如果广告能够突出产品是为满足受众需要而服务,在表现产品优点时采取转换视角的方式,让广告主的利益和受众利益相一致,而不是相互冲突,广告看起来则会更可靠些,其效果会更好。例如图7-8①的油

图 7-8

---

① 中国教育产业网:http://www.comedb.com/xiaoyuan/tk-178.html,2007年10月。

漆平面广告中,诉求的重点在于突出该油漆产品的快干性,它巧妙地站在使用者的立场上,采用了一个富于生活情趣的画面,表现出使用者能够边刷漆边享受成果。

4. 直视问题的展示

当广告产品出现问题时,面对受众的质疑和其他竞争对手的指责,不应消极地逃避或粉饰遮掩其缺陷,而应积极地利用各种营销公关和广告手段作出回应,不回避出现的问题,并采取积极的补救措施。这样,不仅可以使受众的损失降到最低,更可能获得受众的谅解与信任。

(二)增加积极情感

广告是有目的的传播活动。情感具有渲染和迁移的功能,广告中的积极情感会引发受众对其产品产生良好印象,减少广告带给受众的"强加"印象,增强对广告的信任感。

1. 引发喜爱感

在广告中引发受众的喜爱感至关重要。广告中的喜爱感可以从以下方面引发出来,一是营造熟悉的氛围和情节;二是满足心理需要;三是利用光环效应。

首先,熟悉带来亲切与安全、易于诱发喜爱感。这种"熟悉",并不局限于地理距离,主要是功能性距离,特别是人们的生活轨迹。广告可以利用受众的生活场景、生活事件,还可以采用与受众类似的模特作为广告信息源,从而为受众营造一种熟悉的氛围。在广告中,描述目标受众熟悉的生活画面,可以尽快地与受众建立联系点,诱发喜爱感,从而获得认同。

其次,心理需要的满足能够引发喜爱感(详见第四章第一节)。

再次,由于光环效应,美妙的人物与美好的事物都能引发人们的喜爱感(详见第四章第二节)。

2. 运用幽默

幽默不仅能够增加受众对广告的注意(参见第五章),而且能够激发受众产生积极的情绪情感。通常幽默的广告能使受众释放生活中的紧张感,产生兴奋、愉快等情绪体验。幽默广告通常成为缓解我们生活压力的一剂"灵丹妙药"。如图 7-9[①] 所示,这是一则口香糖的平面广告,描述了一个人采用人工

---

① 别让口臭害人害己——Alka Clorofila 口香糖:http://spaceforadonly.blog.sohu.com/45368442.html,2007 年 5 月。

呼吸的办法,给病人进行急救,殊不知这位病人口臭,救人者被熏死,病人无人施救,结果两个人都不幸身亡。其主旨是说口臭害人害己,应食用 ALKA 口香糖,保持口腔空气清新。此广告运用"黑色幽默"让人忍俊不禁。

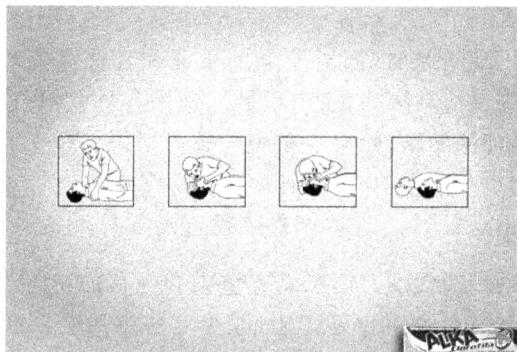

图 7-9

再如,汉堡王创新性地改写了三个耳熟能详的童话故事,改得幽默巧妙,使受众在观看广告时参与度提高,产生积极情绪。这三个故事分别是"三只小猪"、"小红帽"和"长发公主芭比"。有了汉堡王,大灰狼不再吃小猪和外婆了,而是和他们一起分享汉堡王;长发公主扔下长辫也不是等待情人来解救她,而是等待情人把汉堡王送上来(见图 7-10.1 至图 7-10.3)。[①]

图 7-10.1

图 7-10.2

图 7-10.3

① 故事新说—汉堡王:http://spaceforadonly.blog.sohu.com/46921011.html,2007 年 5 月。

当然,也不是所有的幽默都能使人产生积极情绪,如果运用不当,幽默也会引起受众反感。例如,图 7-11.1 和图 7-11.2 中的 White Glo 牙膏平面广告①,该广告的题目是"死了也要笑"。广告试图以漫画手法幽默地体现牙膏的魅力,但是画面中的人物形象让人觉得不舒服,颜色也会使人产生压抑。

图 7-11.1

图 7-11.2

二、把握广告方式灵活度的策略

广告受众的态度变化是一个过程,在这个过程中,每一个环节都有可能对结果产生影响。广告不论采用何种方法,唯有把握好"灵活度",根据具体情况,多种方式相结合,才能取得好效果。

(一)遵守适度原则

1. 利用恐惧情绪要适度

利用恐惧情绪,主要是说在广告中展示一个可怕的情境,用以唤起受众的焦虑和不安,引起恐惧情绪体验和心理失衡;告诉受众采用广告中的产品或方法可以解除恐惧,从而改变受众态度,达到说服的目的。采用形象化的手段常常能够引发这种恐惧情绪,例如,Mapfre 农业保险的平面广告中(图 7-12.1,图 7-12.2),②构图十分简单,只有一根树枝和一只张着嘴巴的虫子。虫子本来很小,单独的虫子也无法构成对人类的危害。但是对于农业生产来说,广告中张着血盆大口的虫子似乎具有超强的威力,能够侵吞掉数以万计的农作物,直接影响农村以及城市的生活。正是这两张大嘴形象地体现

---

① 死了都要笑——White Glo 牙膏:http://spaceforadonly.blog.sohu.com/33636435.html,2007 年 2 月。

② 虫虫凶猛——Mapfre 农业保险:http://spaceforadonly.blog.sohu.com/43632425.html,2007 年 4 月。

出虫子对农业的危害,使受众认识到农业保险的重要。

图 7-12.1

图 7-12.2

恐惧情绪可以大大增强受众对有关疾病和预防信息的兴趣,以这种方式进行广告说服也可以增强受众对行为的检测性。因此,药物广告和公益广告经常采取这种说服策略。例如,药物广告如前列康宝推出的平面广告(图7-13)[①],以形象的比拟手法达到恐惧诉求,提醒患者生病的痛苦,摆在广告右下角的产品就是解决痛苦的良药。又例,图 7-14[②] 是一则关于吸烟有害的平面公益广告,裹尸布下的躯体说明,吸烟使人寿命减短,烟民实际上就是点燃的香烟,最终会在烟灰缸中死亡。

图 7-13

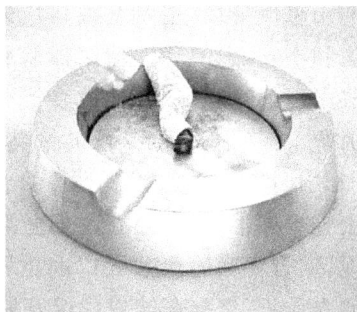

图 7-14

---

① 痛如芒刺加身—前列康宝:http://spaceforadonly.blog.sohu.com/47376223.html,2007 年 5 月。
② 看吧,会有一天把自己弄死在烟灰缸里—禁烟广告:http://spaceforadonly.blog.sohu.com/34242052.html,2007 年 2 月。

同正面表述的广告信息相比,负面的广告信息能够使受众知觉到相应的积极行为的社会认同,这种来源于社会的压力能够增强广告的说服力。如图7-15.1 至图 7-15.4 是 ALac 酒精防治中心的平面广告[①],它的主题是《别受酒精禁锢》。这则广告运用了四个场景,分别说明了酗酒造成的后果是使人远离工作、游戏、爱情和家庭等社会生活。在我们熟悉的生活情景中,酒杯成为酗酒者与他人沟通、生活的障碍。这种孤独的、被隔离的感觉会使相对应的受众产生恐惧感,为了获得积极的社会认同,能够融入生活中去,酗酒者必须接受酒精治疗。

图 7-15.1

图 7-15.2

图 7-15.3

图 7-15.4

当然,这种对于"恐惧"情绪的利用要适度,并不是所有的恐惧广告都能达到预期的效果。强烈的恐惧刺激会导致受众过高的焦虑唤起水平,产生强烈的不安与反感;同时也会激起受众的自我防卫机制(如先天的防御反射等)发生作用:由于防御反射的趋利避害原则,会对强烈的恐惧刺激采取回避反应。广告中对恐惧情绪的利用如果把握不当,易使受众产生反感与回避,违背广告的初

① 别受酒精禁锢——Alac 酒精问题防治中心:http://spaceforadonly.blog.sohu.com/47463320.html,2007 年 5 月。

衷。如 Smokefree 戒烟中心的平面广告——"快帮他们取出枷锁"（如图 7-16.1 和图 7-16.2）[①]。用鱼钩钓住嘴角来表示烟民正在经历枷锁之刑，这则广告虽然诉求明确，但构图恐怖，让人感到不适，受众为了避免遭受这种视觉痛苦往往选择回避不看。此广告只让人感到恐惧，却难以达到说服的效果。

图 7-16.1　　　　　　　　　　　　　图 7-16.2

另外，在广告中提供解决问题的方法，也能促进广告的说服效果。受众之所以拒绝，可能是因为他们不知道该如何避免这种危险，即使知道危险的存在，没有解决的办法也是徒劳，所以，只好拒绝广告中的恐惧信息，维持自己的内心平衡。如果在广告中能够提供减少危害甚至是解决问题的方法和手段，那么广告可能更容易被受众所接受，效果就越好。例如，图 7-17.1 和 7-17.2 所示[②]，厕所里面堆积的毛物就像各种惹人厌恶的小动物，每个人都"欲除之而后快"。这时，左下角的 Sunsilk 清理剂就是解决问题的好帮手，只要使用 Sunsilk 就能马上消除这些讨厌的东西。这则平面广告就使广告产品成为降低焦虑不安情绪与解决问题的有效手段，从而使受众对此种清理剂产生可依赖的积极态度。

图 7-17.1　　　　　　　　　　　　　图 7-17.2

---

①　快帮他们除去枷锁——Smokefree 戒烟中心：http://spaceforadonly.blog.sohu.com/36799608.html，2007 年 3 月。

②　赶紧清除家里的毛发怪物——Sunsilk；http://spaceforadonly.blog.sohu.com/69162900.html，2007 年 11 月。

综上,广告中利用恐惧情绪务必把握适度原则。同时,要依据产品自身的特性考虑是否适合运用恐惧刺激。

2. 利用重复方式要适度

受众接触广告的频次与他们对广告产品产生的态度有直接关系。广告频次过少,不利于受众注意与记忆,影响态度改变的效果;广告次数过多,会使受众由于感觉适应而熟视无睹、无动于衷,甚至引起厌烦情绪和逆反心理,而且也浪费广告主的投资。

(二)灵活选择方法

1. 灵活选择一面说与两面说

"两面说"可增加广告的公正性。"两面说"的方法是指,在充分肯定产品优点的同时,也适当暴露产品的不足之处。这种手法是针对受众的同情心理或逆反心理。虽然广告中暴露了产品的某些缺陷,但同时也给受众一种诚实可靠的感受。人们都希望自己购买的产品物美价廉,但也清楚地知道这个世界上不会有十全十美的商品,每一个商品都会有自己的缺陷,只是有时候它不重要,有时候我们不知道而已。当然,很多广告主不乐于使用"两面说"的说服策略,生怕会给竞争对手以可乘之机,招来反效果。因此,在考虑采用何种信息呈现方式最有效时,应该加入前提条件。当广告产品挖掘到独特诉求时,当广告产品的竞争对手还没占有稳定的市场地位和定位时,广告适宜多提供正面的、有利的资料和论据来说明产品的优点和必要性,即采用"一面说"的方式。

2. 灵活运用广告语速

广告语的速度也会影响受众的态度变化。较快的语速必然伴随着铿锵有力的语调,这是广告传播者自信的体现,这种自信往往表达出强烈的情绪,受众容易被这种情绪所感染。另外,广告语的节奏加快,导致受众认知处理广告信息的时间减少,使他们无暇深入进行评判性思考,易于简单直接地接受广告。

美国南加州大学的米勒(Miller,1976)及其同事经过研究发现,当一个人说话速度比较快的时候,他的可信度和可靠性都会提高。[1] 他们的研究显示,

---

[1] [美]戴维·迈尔斯著.张智勇、乐国安、侯玉波等译.社会心理学(第8版).北京:人民邮电出版社 2006 年版,第 185 页。

当人们听一段有关"喝咖啡有害"的录音时,他们会认为一个速度较快的说话者(大约每分钟 190 个字),比一个速度较慢的说话者(大约每分钟 110 字)要更客观、更聪明,也更有见地。另外,较快的广告语速杜绝了留给受众足够的时间来进行推敲的可能,从而也减少了因批评性思考而产生的一些不利态度。当然这也要视情况而定,许多广告不适合采用快速广告语的说服策略。如,当广告诉求温馨情感时,或当广告需要受众深度思考时,较慢的语速更能实现广告效果。

三、其他策略

(一)营造恰当情境

促使受众态度改变的说服过程并不是仅仅在广告信息源和受众之间孤立地进行的,而总是在一定的具体情境条件下进行的。因此,具体的情境条件也会对广告说服效果产生影响。

1. 避免"预警"情境

"预警"情境即预先得到提示与警告的意思。预警的情境使个体提前有了抵御的心理准备,从而能够产生对广告信息的抵制情绪,影响说服效果。例如,有人告诉你某某广告夸大其词或某某产品做虚假广告,当你真正接触到这个广告时,就会将信将疑,甚至来看广告就产生了反感情绪。因此,广告效果大打折扣。

在广告传播活动中,首要任务就是减少甚至避免这种预警的情境。广告传者有责任为营造良好的方向整体环境,杜绝虚假广告作出自己的贡献。

2. 把握信息繁多的情境

个体态度的变化不只是某一说服性信息单独作用的结果,而是与充斥在社会中的种种信息相结合、共同作用的结果。这体现了广告心理学研究的整体性、系统性原则。我们必须把广告放置于社会传播这个大系统中,广告传递的观点与社会传递的观点是否一致,严重影响广告传播的效果。

在现实生活中,每位受众都会遇到一个充满了各种各样信息的环境,都会同时看到或听到关于某一事物的种种相同或不同的观点、主张和看法。此时,广告信息对个体态度改变所产生的影响是与其他多种信息的影响交织在一起的,既受其他信息的影响,也影响着社会环境中的其他信息。

一般情况下,广告信息与社会普遍信息相互之间的相似性或一致性越明显,则广告的说服效果也就越明显;相反,如果广告信息与社会信息之间的差异性或矛盾性越大,那么广告说服效果也就会因此而降低。

通常,这种信息繁多的情境可以帮助我们衡量说服策略的定位是否准确。当广告信息和社会普遍信息所传递的观念有差异时,说明广告诉求不当或者是社会已经对广告产品发生了偏见和刻板印象。这时,广告要么更改不当的说服策略,使之与社会相适应;要么针对社会的偏见推出新的广告说服策略,以期改变已经形成偏差的刻板印象。例如,美国的万宝路香烟广告。最初,万宝路香烟销售不景气,经过调查研究,发现社会普遍认为其"女性化形象"很强,属于女人专用的香烟,如图 7-18.1 是 20 世纪 20 年代的万宝路平面广告。随后,万宝路调整广告策略,启用的广告形象改为具有粗犷豪迈、英雄气概的美国西部牛仔的硬汉形象,从而改变了社会印象,打开了市场销路。如图7-18.2至图 7-18.4[①]。

图 7-18.1　　　　　图 7-18.2　　　　　图 7-18.3　　　　　图 7-18.4

(二)选择适当媒体

广告无时不有、无处不在,广告可选择的媒介很多,例如:广播、电视、灯箱、传单、招贴等等,凡是能够被受众接触到的东西,都有可能成为广告载体。我们重点突出大众传播媒体。受众对于不同媒体的态度有一定差别,这些差别与媒体自身性质、特点以及受众对媒体的使用习惯和媒体的社会地位有关。

在媒体选择时,广告主要根据不同的广告内容和广告对象选择不同种类的媒体,应注意以下几个问题:

---

① 百度图片:http://image.baidu.com/i? tn=baiduimage&ct=201326592&lm=-1&cl=2&fm=ps&word=%CD%F2%B1%A6%C2%B7%B9%E3%B8%E6,2007 年 10 月。

1. 注重媒体到达的有效人数

这是针对专业性较强的广告产品而言的。一般来说，我们选择媒体都会强调各媒体的接触率，如收视率、收听率、发行量等。但对于专业性强的广告产品，更应该注意的是所选媒体能够到达的有效人数。也就是说，接触率高的媒体，其受众不一定就是广告的目标受众。比如，很多与汽车相关的产品都选择在各地的交通广播中进行促销，这就是因为，交通广播的听众大部分都是有车族。这样，广告的目标受众与媒体的受众重合，达到效果最优化。不盲目地追求高接触率，还可以有效利用广告费用，一举两得。

同理，选择与产品有关联的具体栏目，更是把广告目标受众与栏目的固定受众有效联系起来所用的方法。

2. 合理搭配各种媒体

一般来说，广告可以根据商品的生命周期，选取不同的媒体作配合，既合理利用资源又能取得良好的说服效果，既经济又有效（参见第九章）。

第八章
购买行为与决策心理

态度影响决策,决策直接决定购买。与态度的评价性反应相比,决策的强度更高。决策体现出消费者对广告和产品的最终看法与决定,反映了消费者对购买动机的选择。购买行为明确表现出消费者对广告和产品的接受程度。掌握消费者的购买行为和决策心理的规律,能帮助我们制定正确的广告策略、创作优秀的广告作品,激发消费者的需求,促成购买行为。

在此重申本书中关于"广告受众"和"消费者"这两个概念的使用,在分析"购买行为"时采用"消费者"这一概念。

第一节　消费者的购买行为与决策心理

一、购买行为

广告传播的最终目的是博得消费者的青睐、推动消费者购买产品。消费者既是广告信息的接收者,又将是广告产品的购买者。

购买行为是消费者根据不同需要和喜好而购买产品时所表现出来的行动。简言之,即"消费者购买行动"[①]。它包括消费者在购买商品活动中的外在语言表现,动作反应及行动的形态等。购买行为体现了对购买决策的执行与实施。

(一)购买行为的划分依据

对购买行为的划分多种多样。由于行为受态度与决策的影响,因此,我们从消费者态度变化与决策时认知加工深度即理性参与程度来划分购买行为的类型。主要的理论依据即精细加工可能性模式。

20 世纪 70 年代末 80 年代初,社会心理学家佩蒂(R. E. Petty)和卡西奥波(J. T. Cacioppo)提出了精细加工可能性模式(The Elaboration Likelihood Model,ELM),如图 8-1[②] 所示。该模型认为由于信息加工路径的不同,导致

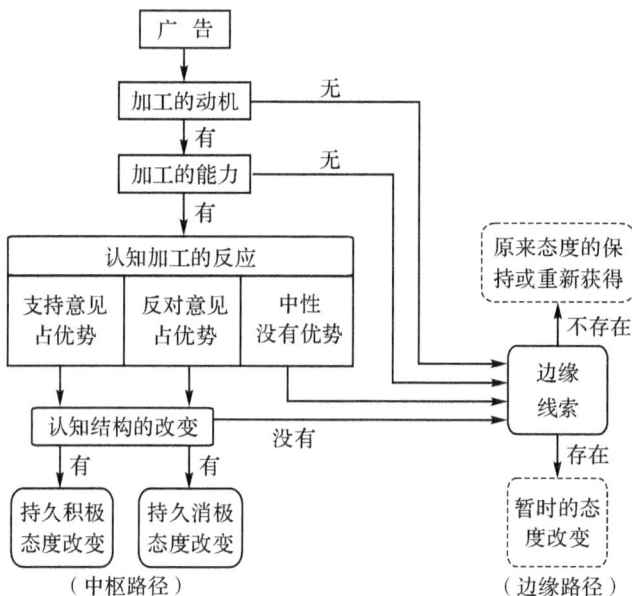

图 8-1　精细加工可能性模式(ELM)

---

① 　[日]赤尾昌也等执笔.李直、李实、李华、孙静等译.电通株式会社编.广告用语词典.北京:中国摄影出版社 1996 年版,第 154 页。

② 　黄合水编著.广告心理学.厦门:厦门大学出版社 2003 年版,第 202 页。

了消费者态度变化的层次不同,对其购买行为产生的影响也不同。所谓精细加工可能性是指受众对所得信息进行加工的动机强度与能力水平。此理论把信息加工路径分为中枢和边缘两类。当采用中枢路径加工时,消费者积极搜寻有关广告和商品的信息并进行深度加工;当采用边缘路径加工时,消费者没有进行深度的信息加工,只是凭借周围的次级诱因来改变自己的态度和行为。具体观点如下:

1. 对广告信息的加工路径

消费者对广告信息有两条加工路径可以选择:一是中枢路径,二是边缘路径;两者性质不同。在实际的广告传播活动中,信息加工的深度决定加工路径。如果消费者对广告信息进行深度加工,即精细加工,那么消费者就主要采用了中枢路径;相反,如果消费者对信息加工程度低,则主要采用边缘路径。通常情况,采用中枢路径进行信息加工的消费者比较愿意花费时间、精力去学习、评价广告和商品,他们往往综合产品的多方面信息(如产品质量、价格、外观、品牌信誉、口碑等),占用较多的认知资源进行深度加工;而采用边缘路径进行信息加工的消费者,则更倾向单纯依靠边缘线索进行反应(如喜欢的代言人、优雅的背景环境、精美的产品包装等),产生相应态度,指导购买行为。

2. 对广告信息加工的动机

当消费者对广告信息有强烈的加工动机时,往往采用中枢路径;反之,消费者常常使用边缘路径。购买动机的强弱程度通常与消费者知觉到的购买风险水平密切相关。当消费者知觉到购买某种商品风险较大时,则加工动机强烈,这时会采取中枢路径,搜集多方面信息进行综合的、深度的加工活动;相反地,当消费者知觉到的购买风险较小或是没有知觉到购买风险,则信息加工动机较弱,通常采取边缘路径。例如,对一般的消费者,购买一套住房与购买一条毛巾的风险有极大的差别,消费者通常更倾向于对住房的相关信息进行分析与综合,采用中枢路径;而对毛巾的购买采用边缘路径进行加工,即使购买了不适合的产品,消费者也不会损失太多。

3. 对广告信息加工的能力

当消费者具备一定的知识背景和个人经验时,才有可能对广告传播的信息和信念进行加工、作出反应,否则,广告只能通过一些边缘线索,帮助消费者进行边缘路径的信息加工。因此,在制作广告时必须考虑到消费者的相关知识经验和对广告的信息加工能力。

4. 对广告信息的认知反应

消费者对广告信息进行加工后,必然产生一定的认知反应,包括支持意见或反对意见。如果这种认知反应中有一方面能够占据优势地位,就会引发消费者认知结构的改变;如果支持意见或反对意见都不占据优势地位,则广告说服就由中枢路径转入边缘路径。

5. 消费者认知结构的变化

消费者对广告信息进行加工反应后,得出的新意见占据优势地位,被保存在记忆中,导致其认知结构发生变化。支持意见会导致积极态度,反对意见会导致消极态度。如果认知结构不能发生变化,那么消费者即转为边缘路径加工信息。

6. 边缘加工路径

如果消费者的信息加工动机、加工能力比较弱,对信息加工后得出的反应不能改变其原有的认知结构,或者是广告直接提供清晰的边缘线索,在这些情况下,消费者通常采取边缘路径。此时,消费者态度的变化通常是依据广告提供的边缘线索(即广告的情境和一些次要的品牌特征),如模特或代言人的相貌可靠性或权威性,产品的包装、背景、音乐等,而不进行仔细思考,简单地得出情绪化的结论。边缘加工路径更多地依赖于情感迁移(Affect Transfer)、直观推断(Huristic)或其他自动化的信息加工过程。如图 8-1 所示,如果边缘线索存在,则消费者会发生态度改变;如果边缘线索不存在,则消费者会保持或重新获得原有态度。

7. 两种加工路径的效果

两种加工路径得出的效果是不一样的:通常情况下,中枢路径加工信息的效果比较持久、更具有抵抗力,对消费者的行为变化有着较强的预测力;而边缘路径加工信息的效果短暂,消费者的态度轻易可以发生改变。

根据记忆的相关研究,对材料的学习程度会影响记忆度。中枢路径加工后得出的结论,通常是消费者花费了大量精力和时间,经过认真思考的结果,所以保持的时间比较久;而通过边缘路径加工的信息,只包含了简单的推论,所以不能长时间地被消费者记住。另外,采用中枢路径得出的结论与边缘路径相比,在面对反面观点时,更具有抵抗能力。根据免疫理论,事先学习一些反面材料能够增强个体的心理"免疫力",使其面对强有力的反面宣传时仍然能够坚持自己的立场。中枢路径得出的结论,往往是经过理性思考,对材料进行综合、对比、分析后的结果,因此,形成的意见持久、坚固,能够有效地抵抗反面观点的侵扰。而边缘路径得出的结论往往是情绪化和冲动的结果,短暂脆弱,即使没有反面观点的影响,也可能因为时间流逝而发生变化。

(二)购买行为的类型

根据精细加工可能性理论,将消费者的购买行为大致分为理性购买和感性购买。

1. 理性购买

即消费者在购买商品前,会搜集有关信息,了解市场行情,对商品和购买后能获得的利益进行反复比较、分析,理性参与程度高。采取理性购买的消费者,往往选择商品的能力很强,对外界事物的反应很灵敏,并乐于进行分析,选择商品的心理倾向比较复杂。

(1)通常在理性购买活动中,消费者从感到需要某种商品到产生购买行为,是一个相对较长的且经过反复比较的过程。他们通常会主动搜集有关商品的各种信息,加以分析、评估,并将同类产品的相关特性进行比较,经过严密的逻辑思考,最后确定是否购买。由于理性购买类型的消费者采用的是中枢路径进行加工分析,所以他们会对广告和商品信息进行较为深入、细致的加工,考察广告来源,综合各种信息,检查有关体验,分析判断商品的综合指标。在这一过程中,消费者注重的往往是商品自身的质量、功能等特点,通常与消费者的投资理念和消费观念挂钩。

(2)对于消费者而言,价格昂贵、功能重要、自己感兴趣或是涉及长久利益等的商品,都可能促使其进行理性购买。因为这种情况下,消费者往往已具有消费需求,并且知觉到购买风险水平较高,不能盲目作决定,即使其对该商品不了解,也会通过各种渠道如广告、内行人推荐等进行分析和选择。一旦消费者作出决定,他的态度也趋于坚定,能够持续很长时间;只要购买的商品能够满足消费者需求,对其态度起到正强化作用,基本上可以预测他日后还会购买此品牌的相关产品。

理性购买的决策取决于消费者对商品信息的分析判断。因此,广告作为其搜寻信息的一个主要来源,必须提供能够满足消费者需要的、最好是满足其特定需要的信息。针对这种特点,广告应主要采用理性诉求方式。

（3）理性购买行为的发生是一个反复斟酌的过程，这种反复性主要源于购买动机间的各种冲突。需要的复杂性形成了动机系统的复杂性。当消费者的购买动机不止一个，而这些又彼此不相容时，就会产生动机间的冲突，即动机冲突。这种现象的产生，是由于购买行为的发生不仅受到动机的影响，还受到环境的限制。常见的主要有四种动机冲突：①双趋式冲突，当两种或两种以上的目标都具有吸引力、而消费者只能选择其中一个时，会产生双趋式冲突，即"鱼与熊掌不可兼得"。比如，电视和音响都想购买，但由于经济能力有限，只能选择一种进行购买。这时，个体的心理会产生紧张和冲突。通常面对这种情况，消费者会比较出目前最需要的商品，为了避免购买行为发生后内心产生的后悔、担心等情绪，通常以"日后再来购买（未购的产品）"来达到平衡。②双避式冲突。当两种或两种以上的目标都是消费者力图回避但又不得不选择其一时，会产生双避式冲突。例如，当我们急需购买某种商品，但供选择的品牌中，每款都存在一定的问题，此时会产生双避式冲突，只好进行"两害相权取其轻"的选择。③趋避式冲突。它在面对一种商品时发生，这种商品往往同时包含吸引力和排斥力，消费者面对这样的商品会产生内心冲突。通常"物美"和"价廉"不易兼得，我们购买产品时，是选择质量好、功能强，但价格昂贵的；还是选择质量、功能一般，但比较便宜的，往往产生趋避式冲突。④多重趋避式冲突。这是"趋避式冲突"的推广演绎，有时消费者会面临这样一种情况，在可选择范围内的多种商品都同时具有吸引力和排斥力，这时，其内心会产生多重趋避式冲突。这种情况下，消费者需要对各种可能性进行深入思考，花费较长的时间反复比较，最后作出决定。

2. 感性购买

即消费者采用边缘路径对信息进行加工处理，更多地依赖广告与产品所提供的各种边缘线索，如商品造型、色彩、包装、富有象征意义的商标、广告营造的氛围、喜欢的代言人等来形成直接印象，而不对产品本身进行过多分析、理性参与程度较低。采取这种购买行为的消费者，往往不擅长对商品进行理性分析，但感情丰富、联想力和想象力强、容易受环境和他人态度的影响。

一般情况下，在感性购买活动中，消费者从觉察自己的需求到完成购买行为只需很短的时间甚至是几分钟。例如天气很热，需要买一支冰激凌解暑，你不会站在冰柜前面搜集关于冰激凌的各种信息，只是快速地选择一种冰激凌购买。这种决定通常是根据自己平时的购买习惯，或是销售点挂出的广告、产品的外观包装，或是身边他人的意见等，这时，对信息的加工是浅层的，属于边缘路径。消费者往往是由于以前或当时对产品品牌有好印象，或是觉得经常看到、听到这个品牌而产生购买行为。价格便宜、重要性低的商品更容易导致感性购买。即使对这次的选择不满意，其损失也不大。这种印象和态度往往发生于消费者的无意注意状态下，只是表面的、短暂的，不能持续很长时间，必须有广告的不断重复才能维持。同样，面对其他广告的宣传，这种购买的坚定程度也不够，很容易受外界影响，转变立场，购买其他品牌。

感性购买行为通常发生在以下情况：一是消费者要购买的产品对其而言并不重要，不需要耗费过多的精力和时间，这时由于耗费资本与收获不成比例，消费者采用感性购买。二是消费者急需购买产品，考虑和决策的时间比较少，这时消费者不得不采用感性购买。三是消费者掌握了太多的信息资源，无法一一对其进行加工比较，这时，消费者"图省事"，采用感性购买。四是当消费者搜集不到所需信息时，为了使内心达到平衡，他们也会倾向于采用感性购买。一般来说，情绪情感活动越强烈，感性购买行为就越容易发生。

针对感性购买，广告应"以情动人"，营造美好的氛围，利用不同的情感型信息（亲情、友情、爱情、幽默、恐惧等）打动消费者。科技的发展和进步，使得当今许多同类产品在商品品质上相似度大大提高。这时，赋予商品以不同的象征意义，激发情感，更能够帮助产品脱颖而出，刺激购买。

特别值得注意的是：在日常的消费行为中，消费者更可能采用中枢路径和边缘路径共同加工的结果，只是各自的偏重点有所不同。因此，在广告活动中也应根据具体产品类别和消费者类型，做出有感性或理性不同偏重点的或综合型的广告。

二、决策心理

消费者的决策心理直接决定了购买行为的发生与否。只有了解和掌握消费者的决策心理特点和规律，才能"量体裁衣"，做出符合消费者心理特点、激发消费者的心理需求和购买动机的广告，促进购买行为的发生。

（一）决策心理的内涵

决策是研究人们从多种可能性中作出选择的过程。[①] 决策包含两种涵

---

① 中国大百科全书《心理学》编辑委员会.中国大百科全书·心理学.北京：中国大百科全书出版社 1994 年版，第 173 页。

义：一是，决策是一个由思考到决定的过程，决策者往往带有某种目标，运用各种科学的理论、方法和手段，分析得出若干解决问题的方案，最后作出决断，实施最佳方案。二是，决策是带有一定目标的判断性选择，指在两种及两种以上的方案中进行比较，得出最优方案。在消费活动中，购买行为依赖消费者在头脑中不断进行的决策。因此，消费者的决策心理，就是消费者作为主体根据某种未满足的需要，在购买活动中进行评价、选择、判断、决定等一系列活动的过程，它直接导致购买行为的发生。消费者的决策心理过程大致分为激起需要、搜集信息、比较产品、决策购买和购后评估五个环境。

决策心理通常具有以下内涵：（1）决策者总有一个既定目标。决策心理必定包含一个既定目标，这是进行决策的前提。没有目标就无从决策。对于消费者来说，既定目标就是从广告和商品中得到满足自身需要的某种或某些属性。广告应是力求把握与激发在消费者这些决策目标背后的需求，改变消费者态度，引导其作出有利于发生购买行为的决策。（2）决策者必定面临一个有待解决的问题。只有出现了一个需要解决的问题、或是一种冲突情境，才有启动决策心理的必要。（3）决策者必定有不止一个可供选择的方案。由于上面提到的"有待解决的问题"，引发了决策者多个可供选择的方案。"决策"，就是决定方案的意思。（4）决策结果依照最优化原则。面对不止一个方案，决策者必定要选择使自己获益最大的那个方案。最优化原则为：获利最大、损失最小。（5）决策者面临某种不确定性因素。主要有两个方面：一是决策过程中，搜集的信息不够全面，或是缺乏所需信息。这会导致决策方案间不能公平竞争，决策者可能因为不平衡的信息而简单地作出选择。另外，决策结果也具有不确定性。虽然个体在决策时按照最优原则，尽可能考虑周详，但仍然无法避免许多外界因素的干扰。

（二）购买决策心理的特质

1. 多元的决策主体

在整个决策心理过程中，往往有许多个人或团体参与进行，他们扮演着不同角色，承担着不同的任务与功能，如表 8-1 所示。在整个决策心理过程中，包含了五种消费者角色，他们既可以是同一个人或同一个团体，也可以是不同的个人或团体。由于决策主体具有多元性特点，决定了广告应针对不同角色及其承担的功能，配合特定情境，分别提供决策主体需要的信息和内容。

表 8-1　消费者角色与功能

功能	产生需求	搜集信息	评价信息	进行决策	使用
角色	提议者	影响者 决策者	影响者 使用者	决策者 购买者	使用者

2. 复杂的影响因素

消费者决策的心理过程，必然受决策主体的心理因素和个人因素影响，如消费者的感知觉、记忆、态度、信念、兴趣、习惯、性格和个人气质等。其次，决策主体可以是个人，也可以是团体，无论是个人与团体，都要受到所属群体的影响。第三，决策主体生活在一定的环境之中，也一定会受环境的影响；既包括社会文化、市场经济等大环境，也包括消费场所、广告宣传等小环境。消费者的决策心理就是在这些因素的综合作用下产生和进行的，因而具有复杂性。

(三)决策心理的规则

消费者决策心理的规则，通常是指帮助消费者进行品牌或产品选择的信息加工策略和筛选规则。了解这些既定规则，可以帮助我们在广告传播中利用消费者的决策规则来影响消费者的态度和购买行为。

1. 指导决策的总原则

遗憾原则与满意原则是消费者制定决策、发生购买的两个总原则，贯穿于决策心理的全过程，起着指导消费者决策的作用。

行为通常遵照"奖励最大、惩罚最小"的原则，是因决策心理遵循了"遗憾最小化、满意最大化"的原则。当然，"满意最大"和"遗憾最小"都是相对的。我们都知道"人无完人"这个道理，同样，在现实社会中，消费者面对不同的选择，不可能找到一个只有满意、没有遗憾的方案；只能综合分析各方面信息、根据自己的优势需要来选择一个相对合理的方案，尽可能地降低遗憾、获得满足。

通过一系列的分析研究发现：(1)当消费者面临各有优劣的方案时，总是判断可能发生的最坏情况，与之相呼应，他们作出决策时，往往更加关心的是降低遗憾，而不是增加满意。广告针对这一特点，选择恐惧诉求，往往达到的效果要优于普通诉求。(2)如果消费者不能判断各种方案的结果或可能出现的情况，他们往往倾向于平等对待备选方案，在方案中随机选择。这是因为消费者的精力和时间是有限的,如果他觉得耗费的精力与努力的结果不成正比时,会主动放弃努力,减少消耗。

2. 基本规则

消费者的决策心理主要有两个基本规则:

(1)补偿性规则

补偿性规则是指,消费者可以用某个产品在一个方面的积极评价来补偿其在另一个方面的消极评价。如果消费者采用补偿性规则,他们会对备选产品的相关属性进行评价、给出分数,最后将各个产品进行分数汇总,得分最高的产品即为消费者的决策结果。

(2)非补偿性规则

与"补偿性规则"相反,非补偿性规则是指,某种产品的一个属性上的缺陷不能被另一个属性上的优势所补偿。下面介绍三种主要的非补偿性规则。第一,字典编辑规则。该规则是指消费者先将自己的需要和倾向由高到低排序,然后在各个品牌中进行比较,哪个品牌在最高需要上评价得分最高,消费者就决定购买哪个品牌。如果有两个或两个以上的品牌在最高需要上并列第一,则比较他们在第二需要上的得分,直到确定出一个购买品牌为止。这样的规则通常与消费者的消费观念和消费倾向挂钩。第二,连接性规则。连接规则与分离规则在缩小决策范围上特别有用。连接规则是指,消费者对各个产品的相关属性建立一个最低标准,如果某个品牌的一个属性低于标准,则被排除决策范围。第三,分离性规则。与连接规则相反,分离性规则是建立起一个较高标准,这个标准是由消费者根据可供选择的各种品牌比较、分析得来的,凡是能够满足这个标准的品牌,则可进入下一步的决策。

以上是消费者决策心理的基本规则,考虑到现实环境和购买活动的复杂性,单纯使用一种决策规则,很难决策出一个令人满意的结果。通常,消费者可以先使用非补偿性策略缩小选择范围,在此基础上再使用补偿性策略进行决策。

3. 情感参照规则

对于更多的消费者来说,他们不愿意在购买、决策活动中耗费过多的认知资源和精力,希望能够简单地选择出一种品牌进行消费。这时,情感参照规则发生作用。我们所说的情感参照规则,就是指消费者首先对自己的记忆和经验进行总结和分析,它不依靠或较少依靠对产品属性的评价,这时,他们往往采用具有最高情感倾向的品牌进行购买,这是所有决策心理中最简便的综合规则。

三、购买行为与决策心理的关系

通常情况下在消费活动中,购买行为与决策心理是互为依存、相互影响的。决策心理是决定购买行为的直接的重要的影响因素;购买行为则是执行决策心理的实践行动与直接结果。决策心理不仅直接决定购买行为是否发生,同时,决策的质量还决定购买行为的效用。决策心理的质量主要指决策制定的正确与否。正确的决策可以最大限度地满足消费者的某种需要,并较少消耗其时间、精力、费用等,使购买行为的效用达到最大化。相反,如果决策心理是错误的或者有偏差,则会导致消费者的特定需要无法满足,浪费其大量的时间、精力和费用,使购买行为产生负效用,可能导致消费者对该商品的负面态度,进而影响其对该商品的评价和日后的购买行为。

另外,决策心理中的购后评估环节直接影响着下一次消费的决策与行为。满意的购后评价将导致消费者对品牌持有正面的、积极的态度,甚至形成忠诚信念,导致重复购买和忠诚购买。相反,如果消费者对该产品不满意,会导致对该品牌产生负面的、消极的态度,甚至会讨厌该品牌。在新一轮的决策过程中,消费者会直接将该品牌排除选择范围之外。

第二节 广告对购买行为与决策心理的影响

从决策心理到购买行为,包括从唤起需求、动机到形成或改变态度再到购买的实施,经历了一个由心理到行为的转换过程。广告是影响这个过程的重要因素。广告直接影响购买决策,间接影响购买行为。

一、广告对决策心理各环节的影响

(一)广告与决策心理的过程

消费者的决策心理是一个由多个环节综合而成的过程,受多种因素综合作用。广告要达到刺激购买的目的,应对决策心理的各个环节具体分析。下面是消费者决策心理过程的五个基本环节。

1. 激起需要

当消费者意识到自己具有某种需要时,会引起内心不协调,为了追求心理平衡,消费者积极行动、购买相关产品来满足需要。因此,消费者了解到自己的购买需要启动了其决策心理。一般情况下,需要由内、外两方面刺激引起。因此,解读消费者的需要,确定准确的广告诉求点,是广告取胜的根本(参见第四章第一节)。具体来说有以下几个方法:(1)满足消费者已有需要。(2)刺激消费者潜在需要。广告传播的目的,不仅仅是将商品卖给需要的消费者,还要刺激那些没有该需要的消费者,使他们意识到自己也有类似需要,将潜在需要上升为优势需要,达到促销目的。(3)丰富消费者需要的选择范围。随着科技发展和经济繁荣,同类产品的更新换代已经到了令人目不暇接的程度。新产品的不断上市、功能的不断补充和增强,大大丰富了消费者可以选择的范围。另外,当消费者购买一种产品后,同一品牌会推出与之功能相关的一系列产品,扩展消费者的选择项目,变相地刺激了其潜在需要。化妆品行业中这种方式运用得比较多。购买粉底霜,就需要专用的化妆棒、粉扑,之前要用隔离霜保护皮肤,之后要用散粉定妆等等。消费者往往会发现本来只想购买一盒粉底霜,结果却买回来一系列化妆用品。

2. 搜集信息

当消费者觉察到购买需求后,就会主动开始搜集相关的商品信息。通常,消费者的搜集活动处于两种状态下:一是积极的搜集,消费者积极、主动的意志努力,通过各个渠道搜集有关商品各个方面的信息,而不仅仅局限于广告或商品本身已经提供的信息。二是一般的搜集,即注意可以接触到的产品或广告信息,不需要耗费太多精力即可完成。消费者搜集信息的状态与其知觉到的购买风险水平有关。一般而言,对购买风险水平高的产品,消费者会采用积极的搜集状态;而对购买水平低的产品,通常不那么努力。消费者搜集信息的途径总体来说有四种:经验来源(个人使用、实际操纵见证产品等的经验)、人际来源(亲朋好友、偶像、团体的推荐)、商业来源(广告、产品说明、店员等的介绍)和公共来源(大众传媒、消费者组织等的评价)。

3. 比较产品

这是决策心理中较为重要的一个环节。消费者通过搜集信息了解了一组产品,然后对它们进行初步比较和筛选,将不符合的产品排除。通常情况下,消费者在这个阶段比较的是产品之间的客观差异,偏重于产品的功能属性、品牌信誉、价格与服务等方面。因此,广告针对这一阶段的特点,应该主动突出产品的属性特点,可以向消费者提供选择商品的标准,例如:某化妆品强调为亚洲人定制；也可以突出产品的独特功能；也可以依靠品牌形象的长期塑造，增强消费者的购买信心。

消费者比较的评价标准因人而异，与其价值观念相联系。因此，对于同样的方案比较，不同的消费者会做出不同的选择和评价。例如，在购买手机时，有的消费者注重功能，有的消费者第一考虑的是外形美观，也有的消费者经济能力有限，将价格放在第一位。

4. 决定购买

这是消费者通过前面对同类产品进行比较评估，最后选出具体的某个产品，决定购飞翔的关键环节。这一过程主要受消费者个人主观偏好的影响。因此广告针对此阶段，必须要突出消费者所偏好的那部分产品属性，塑造品牌良好形象，增强消费者的正向态度，帮助其下决策，做出购买决定。

当然，做出购买决定并不等于发生购买行为，中间还存在许多外界因素的干扰，主要是他人的态度和意外的情况。例如，如果某些与消费者联系紧密的个人或群体对消费者的购买决定持否定态度，消费者就有可能改变自己的决定。其中，反对者的态度越强烈，与消费者的联系越紧密，消费者改变决定的可能性就越大。另外，意外的情况也会影响消费者的决策与购买。例如商品突然涨价、新型产品上市、产品发生意外情况等都会导致消费者改变已有决策。

5. 购后评估

购买产品之后，消费者通过自己使用与他人评议对所购产品是否满需要进行再评价，消费者会感到某种程度的满足或遗憾，这将直接影响消费者以后的购买行为。消费者的评价是积极的还是消极的，主要取决于消费者的某种需要是否得到满足，即对于某种产品的预期是否与产品实际表现相符合。如果符合，消费者给予积极评价；如果不符合，消费者则给予消极评价。

当消费者对某种产品给予积极评价后，就会增强其对该品牌的信赖感和忠诚度，对该产品乃至该品牌反复购买。否则，消费者会感到失落和后悔，引发对该品牌的排斥，直接拒绝再次购买。因此，在广告传播时，要实实在在夸优点，不捏造虚假特质，帮助消费者建立合理的产品预期。

需要注意的是，消费者的实际决策过程是十分灵活的，消费者不一定完全按照上述顺序经历每一个环节，有时可能跳过或颠倒某些阶段来进行决策。

(二)广告对决策心理的作用

1. 广告激发消费者的购买动机

唤起消费者的需求,促使其产生购买动机是广告对消费者决策重要的影响作用。动机产生的原因主要有两个:自主的内在需求与通过外在刺激的激发导致需求的不断累积,最终成为动机。利用广告刺激可以激发并促进消费者需求的唤起水平。消费者的需求可以是生理上的匮乏,也可以是心理上的。通常在广告活动中,我们要研究消费者的优势需求,即消费者当时的最主要的、最迫切要求被满足的需求。制定广告策略时,我们也经常提到:广告首先要满足消费者的需求;只有能够满足消费者的需求的广告,才能真正达到促销的目标。从时间观点看,消费者的需求是不断变化发展的,这个时间段的优势需求在其他时间段就有可能成为次要需求,当遇到相应的外界刺激时能被激发而加强。因此,广告又要做到两点:一是随时间变化而变换自己的诉求重点,满足消费者不断发展的优势需求;二是寻找与产品相应的消费者次要需求,加以说服、宣传,使其次要需求得以加强。

当消费者知觉到自己的购买需求,并有相应的广告刺激出现时,更容易引发消费者产生购买动机。动机强弱的程度不同,导致消费者对广告和商品的关注程度也不同,使其对信息的加工程度也表现出一定的差异。购买动机程度较高的消费者,通常会主动搜集广告和商品信息,对其进行比较和分析,更多地依赖中枢路径对信息进行加工和反应,采取理性购买行为。而购买动机程度低的消费者则刚好相反,他们更多地涉及情绪情感因素,态度的改变层次浅,采用边缘路径加工信息,多属于感性购买行为。

2. 广告增加消费者的购买经验

广告可激起受众原有的购买经验和帮助其增加新的购买经验。首先,消费者所储存的购买经验的丰富程度会影响其购买决策与行为。其次,消费者的购买经验是其不断学习积累下来的成果,因此消费者的学习过程也会影响其购买决策与行为。消费者的学习过程包括三部分:获取购买信息、分析购买信息、购后体验。在获取购买信息阶段,消费者的注意和感知觉发挥了重要作用。他们对大量的信息进行选择性接触和接收,将符合消费者需求的购买信息储存于记忆当中。广告在这个阶段,需要发挥吸引作用,引起消费者注意,并刺激消费者对其进行感知。按照消费者的加工规律进行诉求,方便消费者对信息进行加工,储存于记忆当中。如果广告在这时引起消费者兴趣的是功能性诉求,那么消费者更可能采取理性购买;相反,如果广告采用的是感情化诉求,则消费者更可能采取感性购买。在分析购买信息阶段,主要是消费者的记忆和思维起作用。记忆调出储存于大脑中的相关信息,思维对其进行分析判断。广告在这个阶段,就需要担负起提醒功能,提醒消费者回忆起有关信息,并动用思维进行分析。如果消费者按照功能满足来回忆各种产品信息,则采用理性购买;如果消费者按照品牌态度来回忆信息,则更可能采用感性购买。这时,广告可以在唤起记忆的同时加入倾向性,促使消费者朝利于广告产品的方向进行回忆和分析。购后体验同样会影响消费者对日后购买行为的选择。一般来说,购后体验满意的消费者,会对产品进行重复购买或忠诚购买,感性倾向明显;而购后体验失望的消费者,往往在日后的购买中重新选择品牌,理性倾向更为明显。

3. 广告影响消费者的态度

消费者的态度包含三个方面,即消费者对广告及其产品的认识评价、情感反应和行为倾向。在一定程度上,消费者的态度可以帮助我们预测其购买行为的方向。我们已经在上一章中详述了消费者的态度与行为之间的关系,在此只提一点:消费者一旦对某产品形成了稳定的态度倾向,那么消费者对该产品的选择更容易采用感性购买。

态度既表现价值观,又源于价值观。价值观是个体进行评价的标准,影响个体的行为活动。价值观有不同维度,在广告传播活动中,消费者的价值观主要体现为消费观念。在物资发达的 21 世纪,同类产品大量产生和发展,消费者的选择范围不断扩大。在产品的功能、属性雷同的情况下,消费者更倾向于按照生活方式和购买习惯来选择产品,更倾向于选择那些能够张扬自我的产品。

4. 广告强化购买情境

关于消费者的情境因素,我们从三个层次进行考察:参照群体、购买环境和文化背景。

(1)参照群体指与消费者相联系的影响其购买行为的群体,可以分为三类:第一类是初级群体,包括家庭、亲友、同事、邻居等;第二类是次级群体,主要指其所属的社会阶层;第三类是三级群体,主要是消费者不属于但渴望加入的群体,如社会名人及交际圈等。

参照群体对消费者的购买行为的影响主要有三个方面:

首先是向消费者提供可以效仿的消费观念、生活方式和购买行为。消费者作为个体,其消费观念和生活方式首先形成于家庭购买习惯,家庭首先为其提供了参照物。随着消费者个体的不断成长,其观念和行为方式的参照物逐渐从家庭过渡到朋友、同事,再到其所属阶层。当个体对其他群体或个人产生崇拜和渴望的情感时,消费者更倾向于模仿该群体进行购买。

其次是影响消费者的自我观念和对广告及其产品的态度。如果说参照群体形成了消费者的观念和行为方式,那么它同时也改变了消费者的自我观念和对产品的态度。以消费者的亲友这个初级群体为例,当消费者的亲友一致认为某品牌的产品很糟糕时,消费者会倾向于改变自己的态度。当群体与消费者联系越紧密时,改变态度的力度就越大。

第三是对消费者形成某种群体压力,影响其对广告和产品的选择。个体都有归属的需要,当消费者处于一定群体中时,必然要受该群体的约束,也就是我们经常提到的群体压力。为了满足归属需要,消费者可能会不自觉地遵从于群体的意见和观点,对群体产生认同,形成或改变对广告及其产品的态度和决策。

(2)购买环境主要是指与消费者购买活动紧密相关的外在环境因素。购买环境与宏观的市场经济因素紧密相关,在市场繁荣、经济发展的前提下,产品丰富,消费者经济能力提高,都影响着消费者的购买行为。广告需要考虑这些大的市场环境因素(参见第十章)。除此以外,还有许多比较微观的因素影响着购买环境。

首先是产品因素。产品自身的属性、功能、特点、声誉和服务等当然直接影响消费者的购买行为。对于广告来说,应该根据产品的自身特点,扬长避短,将诉求重点放在产品优势上,对其短处略微带过甚至闭口不提。当然,产品因素还有很多随机状况发生,比如该产品降价酬宾,消费者在考虑质量的前提下更倾向于选择降价的产品。又比如货柜的某品牌产品刚好卖完,消费者可能在被迫条件下随机选择其他商品代替。一般来说,这样的随机状况都产生于发生购买的当时。卖场的售点广告起一定作用。

其次是同类产品因素。消费者购买的产品与同类产品之间的关系也会影响消费者的购买。这就不仅仅涉及购买活动发生的当时情境,还与决策心理过程有关。尤其是消费者在进行商品信息和方案比较时,产品之间的对比更为关键。这时广告如何使产品在同类中脱颖而出?可以从两方面着手:一是尽可能多地突出商品的各种优势和特点,做到"大而全";二是找准产品与同类之间的差异,重点诉求,做到"小而精"。另外,在大量同质化产品的市场环境下,边缘线索可能越来越成为消费者主要的加工对象。因而,广告诉诸消费者的情感体验,更容易突显其作用。

(3)文化背景(参看第十章)

文化在人们的社会实践中形成,经过历史的积淀,处于不断发展中。文化是人类知识、艺术、道德、法律、习俗、语言等一切的总称。文化有广义和狭义之分。广义的文化是指,人类在社会实践过程中创造出来的物质财富和精神财富的总和。狭义的文化是指,社会的意识形态及与之相适应的制度和组织。文化对购买行为有着广泛的影响,它渗透于我们的日常生活中,影响着我们的吃穿住行。文化不仅影响着我们购买和使用产品的方式,还影响到我们对这些行为的解释。消费者的一切都深深地被打上了所处地域的特定的文化烙印。在消费领域中,我们的文化影响着我们的需求、影响着我们的消费方式、影响着我们的消费观念与态度、影响着我们的购买行为。这就要求我们在进行广告诉求活动时,必须考虑到广告投放地区的文化和风俗,根据因地制宜的方针进行传播,否则将无法实现广告效果。

例如,凯洛格早餐麦片想要在巴西打开市场,开始它们的广告按照美国文化,描述一个小孩吃着从包装袋里倒出来的麦片,强调该麦片是一种美味的小吃。广告推出后效果不佳。通过对巴西文化的研究发现,巴西人非常注重家庭观念,成年男子在家庭中的地位很高。于是,凯洛格推出了第二个广告:这次是讲一位父亲将麦片倒进碗里并加入牛奶,强调的是麦片作为一种美味的家庭早餐。该广告大获成功。

二、广告影响决策心理的策略

在现实生活中,广告对于消费者的影响犹如细雨润物无声,它悄悄地影响着消费者的心理权衡过程。

我们将消费者的大脑比喻成一个关于各种产品的心理排序表,有消费需求时它会自动生成。需要注意的是,这个心理表具有一定的顺序,按照各品牌在大脑中的印象而形成,品牌的排列顺序成为影响消费者权衡结果的关键因素。消费者的认知资源是有限的,几乎不可能对全部的品牌进行衡量后再作决定,因此,品牌的排列顺序就决定了消费者是否能够选择其进行购买。要改变品牌在消费者大脑中的排序,就需要广告发挥羽毛效应,使其与消费者固定需求形成连接点,"一触即发"。大众传媒不能告诉受众接受什么,但可以引导受众想什么。广告也一样,它虽然不能帮消费者决定购买哪一个产品,但可以帮消费者划出权衡范围,并对各选项进行排序,从而影响消费者的购买行为。

因此,广告影响决策心理,就是要影响产品在消费者心理排序表中的位置。我们将影响消费者决策的广告诉求方式分为感性诉求和理性诉求。

(一)感性诉求

广告可以依据消费者不同的购买行为类型的特点,采取不同的影响方式。人是感情动物,最容易受情感激发而行动。广告的最终目的就是要诱发消费者发生购买,因此,购买行为往往是与消费者的情感活动联系在一起的。由于人类乐于遵循最省力的原则,在购买一般日常用品时,消费者采用感性购买行为较多。根据苏珊·菲斯克和谢利·泰勒的研究,人类是认知的吝啬鬼(Cognitive Misers)。[①] 也就是说,人们总是节省认知能量,保持认知通道不堵塞。认知心理学认为,人们在进行认知加工时有一个对信息的筛选过程。这是由认知加工通道的有限性造成的,过多的信息不仅不能帮助人们进行认知和分析,还有可能阻碍其得出最佳结果(参见第六章)。消费者在进行购买行为时同样依照这一原理。由于精力、时间和经费的限制,我们不希望过多地耗费自己的认知能力,总是期望以简化的方法来进行决策和购买。当然,我们也可以"掩耳盗铃",认为自己搜集的信息数量够多或者范围够广,或者干脆使用情感决策规则,挑选自己有好感的产品作为购买方向。虽然这样进行的购买很容易对产品形成不公正的预期,从而造成购后失调或者是产生不满意的购买评价。但这样能"省力",所以我们还是存在感性购买的习惯。

针对消费者的感性购买行为,广告采用以情动人的诉求方式改变其态度、影响其决策,效果更佳。感性诉求广告就是在这样的条件下产生出来的。所谓感性诉求,就是广告创作更多地运用合理的艺术表现手法,引起消费者的情感共鸣,激发与满足消费者的需求,从而促使消费者在动情之时接受广告和产品,达到促销的目的。通常,感性诉求广告会使用富有情感的语言、画面、音乐和情节等手段进行表现,提供消费者以附加的心理价值和利益,从而促进广告主和消费者之间的沟通,消除消费者的疑虑,促进购买,达到双赢。

---

① [美]埃利奥特·阿伦森著.郑日昌、张珠江、王利群、李文莉译.社会性动物.北京:新华出版社 2002年版,第118页。

广告可以运用以下策略进行感性诉求。

1. 宣扬永恒人性，激发与满足情感

永恒人性，就是人类普遍具有的感情倾向。人性具有丰富的内涵，生命的轮回、自身的喜怒哀乐、人与人之间的情感交流以及对生活的追求等都属于这个范畴。因此，广告需要善于挖掘人类的心灵深处，体现和宣扬永恒人性，满足消费者的情感体验，从而与其达到共鸣。我们可以从自我、关系和区域三方面对其情感进行分析。

（1）"自我"情感，就是消费者对自我关注而产生的情绪与情感，是人类关照自身价值的一种体现。现代社会中，消费者逐渐注重自我发展，强调自我本位的消费理念，一切消费行为都以"为自我服务"为目标。这也是永恒人性中最基本的情感倾向。广告可以通过表现对自我关爱、对美好生活追求以及彰显自我等方面来激发与满足这种"自我"情感。

忙碌的生活、过度的压力以及由此造成的亚健康的心理和生理状态，都使社会人急切地关爱自我，关注自身价值的实现。利用广告提供关爱的手段和方式，恰恰是为产品打开了一扇温情销售的大门。例如，韩国 MG 面膜（美即面膜）的电视广告《旋转木马篇》，广告以一位美丽女子坐在运转着的旋转木马上开篇，强调"时间不经意地流走"，镜头随之聚焦在女子的脸庞，提出关爱之问："一天 24 小时你有多少时间照顾自己？"然后镜头转换，女子在一面镜子前撕掉面膜，广告说出解决办法："停下来享受美丽，美即面膜。"

美好生活是我们所有人都向往的，展现对美好生活的追求，强调产品能够为生活锦上添花，添砖加瓦也是广告诉诸自我情感的一种手段。比如美的电器的广告语是"原来生活可以更美的"，将"美的"电器与"美的"生活联系起来，突出使用美的电器生活将更美好。

自我情感也可以通过彰显自我价值，张扬自我个性的广告诉求来表达。拥有豪华级轿车追求的不仅仅是交通工具本身，而是对自我地位和财富的表达，是一种自我尊重的情感表现。如图 8-2[①] 所示：奥迪 Q7 的平面广告，画面中除了奥迪以外，所有的人和物都失去了色彩。其广告语为：Makes everything else go pale.（让一切黯然失色。）

---

① 让旁物都暗淡无光——奥迪 Q7：http://spaceforadonly.blog.sohu.com/43483586.html，2007 年 4 月。

图 8-2

（2）"关系"情感，是由于人与人之间的各种关系而产生的情绪与情感，我们常见的有与亲人之间的亲情、与朋友之间的友情，以及与恋人之间的爱情等等。人是社会性的动物，存在于社会环境中，必然不能缺少与他人之间的情感互动。往往就是这种情感互动更能打动消费者。"自我"情感更多地将重心放在消费者自己身上；"关系"情感则将重心放在与他人的关系上。广告中广泛运用消费者的这种情感倾向，表现美好的情感氛围，抚慰了人们寂寞的心灵，激发并满足了消费者寻求归属感，以及渴望与他人建立爱与被爱的健康感情世界的需要，因而更容易受到消费者的欢迎。

例如，"好丽友"以品牌名称为联结点，强调"好丽友，好朋友"的广告诉求方向，突出朋友之情的温馨场面。在《三八线篇》电视广告中，描述了一个小朋友生气，在课桌上划了一道"三八线"作为"不和你玩了"的标志。这时，小男孩掏出了一块好丽友派，递给小女孩。小女孩不要，用胳膊把好丽友派推回小男孩那边，小男孩又用胳膊把派推到小女孩这边，反复几次，三八线被蹭掉了，大家哈哈大笑，二人重归于好。

而移动全球通的《真情沟通篇》则重点突出了爱人之间的沟通与交流，针对广大消费者因忙碌而可能忽略爱人的情况打造了一款用心沟通的广告。该电视广告先是描述了丈夫忙碌冷落妻子的场面，故事急转直下，丈夫下班回来发现妻子不见了，只留下一张字条："你还爱我吗？"丈夫急忙拨电话与妻子联系，妻子在海边对丈夫凄怨地说："好久没有一起听海了。"画面切换，表现丈夫与妻子用电话沟通，这时出现画外音："让沟通更长更久。"随后，丈夫出现在妻子身边，这时画外音说道："用心沟通，我能！"

（3）"区域"情感，消费者生活在不同的地理环境中，他们之间具有区域或者说民族性的差别。每一个区域或民族的消费者有其特殊的情感表达与需求,也就是我们常常提到的民族文化和风俗。除此之外,人类社会是个整体,这是一个更大的区域。生活在这个大区域下的各个种族的人类有其共同的情感体验。我们在决定广告诉求时,可以把重点放在文化差异上,寻求目标消费者的亲近感;也可以强调整个人类的共通情感,扩大其适用范围。研究消费者的"区域"情感,首先要研究消费者所具有的文化习俗。广告应该善于将文化理念和民族观念融汇起来,使产品具有本土化风格,增加消费者的熟悉感和亲切感。

2. 设计品牌故事,创造独特形象

面对高度同质化的产品,消费者决策的关键已经从产品的功能性属性转为象征性属性。品牌必须突出自己的独特定位,调动消费者的情绪情感,使其与产品相联系,并能引发和满足消费者的好奇心。

品牌要找到适合自己的独特定位,必须首先找到与消费者情感需要相契合的关键点。分析现代的消费者情感状况:他们身处高科技时代,面对纷繁复杂的世界,许多消费者渴望躲避这种喧嚣,舒缓疲惫的身心。在广告中,如果能够设计一些浪漫的故事,营造悠闲的氛围,甚至提供独特的梦想,都会使消费者眼前一亮,从而实现广告的促销目的。

设计小故事是情感诉求广告的惯用手法。通过广告中对故事的描述,可以体现出广告浓郁的感情色彩和审美情趣,营造一种身临其境的情调,引发消费者与心灵深处的对话。这些广告小故事往往能够巧妙地做到"情景交融",引发消费者的情感卷入,产生二者之间的"情感共鸣",使其回味无穷。

一个故事可以赋予产品更大的附加心理价值,吸引消费者购买。例如,南方海域里生长着一种硬壳虾,自幼生长在石缝中,他们雌雄双生,直到石缝无法容纳的时候才钻出来。后来有人大动脑筋,将这种自然现象赋予人情,描述了一个同穴而居的故事,强调"从一而终,白首偕老"。于是这种小虾被开发为婚礼贺品,在日本广受欢迎。

一个故事也可以赋予消费者更多的情感投入,感动消费者购买。比如DTC钻戒的电视广告,为我们讲述了一个浪漫的求婚故事:一对情侣牵手进入一片树丛迷宫,男人在女人手上系了一根红绳,让女人跟着红绳找他。女人在迷宫中寻找,终于来到一个丘比特塑像的面前。这时,一枚钻戒顺着红绳滑落到女人的无名指上,男人出现,二人甜蜜相拥。画外音响起:"两心相系，一生一世。"在这则广告中，悬疑的制造：男人为什么要在女人无名指上系一根红绳，以及结果的呈现：钻戒顺着红绳滑入女人无名指上，既在意料之外，又在情理之中。故事跌宕起伏，牵引着消费者的关注和感情，符合消费者的审美习惯。有创意的、能够感动消费者的感情诉求广告，必然会提升该品牌在消费者心中的地位。

3. 利用关系沟通，增强感染力度

与消费者进行深度沟通，可以在沟通中建立情感、增加对消费者的认知，从而能够清醒地把握消费者的情感，使品牌与消费者达到双赢的结果。因此，广告在传播过程中应想方设法与消费者进行情感沟通，与其建立一种情感联系，而不仅仅是买卖商品的关系。

广告有其自身的延续性，我们可以通过这种延续与消费者建立一种持续的、不断扩充和强化的情感关系。若广告与消费者沟通、建立关系的目的，包含一种关爱消费者、为消费者着想的情感，则更能够推动消费者对广告产生积极情感，从而引发购买。例如，OLAY 玉兰油的一则电视广告《一场与四亿中国女人谈的恋爱》，就是体现广告延续性的例证。在该广告中，转换了针对一种或一个系列的产品进行广告的模式，将各种产品及广告模特、情节剪接在一起，勾起了消费者对从前广告的印象，并巧妙地牵引消费者对那些广告的情感重新投入到这则广告中，与消费者建立了一种情感上的关系。广告以中国特色建筑物开篇，强调"这是一场与四亿中国女人谈的恋爱"，将玉兰油产品对中国女性消费者的关爱之情比喻为爱情，将二者的关系拉近为恋爱关系。然后，通过展现消费者熟悉的面孔和环节，勾起回忆："爱上她们每一次的开心，每一次的挫折，每一次的转变和每一个被爱的样子。"然后提出产品的定位："女人因为被爱，所以美丽。"介绍玉兰油与消费者的具体联系："OLAY 从外在，到内在，了解中国女人。同时宠爱她们，将她们完美的一面从皮肤的底层带到阳光下面来。"展现各种时期模特惊喜的表情和阳光的脸庞，再次强调产品对消费者的关爱："OLAY 相信，每一个女人都会更美丽。"最后提出消费者的希望和实现方式："做更美丽的女人，是你的希望，也是我们的 OLAY。"

4. 加强艺术表现，提供强烈诱惑

感性诉求广告离不开具有感染力的表现形式。现代消费者所追求的不仅仅是广告产品能够满足其生理和心理需求，也需要广告的表现形式富于艺术性和娱乐性。如果一则广告的表现形式不够艺术化,那么很难吸引消费者注意和兴趣,从而无法使之与消费者达成情感共鸣。相反,如果消费者能在获得信息的同时得到艺术上的享受,那么将大大增加该广告作品的感染力和诱惑力,吸引消费者进行购买。

以食品广告为例,将食品鲜美诱人的一面以艺术化的方式充分展示出来,就足以调动消费者的情绪,诱惑消费者购买。试问有谁不愿意品尝美味佳肴呢?面对广告画面中新鲜出炉、色彩缤纷、香气诱人、美味可口的食物,各位消费者一定会先尝为快了。在这里,"香气诱人"、"美味可口"必定是人们通过联想与联觉等心理过程对广告画面进行的加工(参见第六章)。

当然,说到诱惑,自然离不开广告对性感的诉求,我们称之为激情。在广告传播活动中,可以恰当地运用一些性感因素来诱惑成年消费者,使其主动发生购买。但是必须注意,广告中的性感因素诉求要把握适度原则,避免影响少年儿童身心健康。

总之,现代广告中更多地运用了感性诉求的方法,即使是理性诉求的广告,也会渗透一些诱发消费者情绪情感体验的因素,建立双重保障,以期更好地达到促销目的。

(二)理性诉求

理性诉求是与感性诉求相对应的,是以商品功能或属性为重点的诉求方式。理性诉求和感性诉求共同构成了广告影响决策心理过程的方式。与感性诉求不同的是,理性诉求的广告通常都是提出事实进行说服,它们强调产品所具有的独特性和优越性,通过展示产品的功能、特性等来影响消费者的决策心理。这种诉求方式能够向消费者传递一定的产品知识,提高其判断产品的能力,便于消费者在各种品牌之间进行选择,具有较强的说服力。

理性诉求广告的说服重点是在内容上满足消费者的需求。在一般情况下,消费者对优势需求的满足具有迫切性的特点,他们在这种情况下,都急于寻找相关产品来满足自己的优势需求,使其达到生理和心理的平衡。这时,广告应对准消费者的优势需求,大力宣传,就可以获得一定成果。然而,在产品高度同质化的今天,消费者的一种优势需求可能会吸引很多同类产品进行诉求。这时,广告就需要转换方式,唤醒、激发消费者的潜在需求,使其上升为优势需求。因此,作为广告,找准消费者需求和产品的契合点至关重要。

1. 选择说服要点,提供购买理由

一种产品可以同时拥有不同的属性和功能,因此该产品的广告也有不同的诉求要点。但是广告不能追求"大"和"全",必须选择其中一点来进行说服,否则将会造成反效果,"都说"就是"都没说",没有重点,无法促使消费者发生决策心理过程。因此我们可以这样说,对广告来说,我们就是选择自己认为能够将产品凸现出来、又能够使产品与消费者需求挂钩的那个契合点来进行说服和传播,为消费者提供购买该产品的理由。

不同的消费情况,广告为消费者提供理由的方式也不同。主要有三种情况:

(1)在众多理由中突出一个。这是最普遍的一种提供理由的方式,也是最容易把握的。通常,这类产品的功能很多,需要我们在制定广告诉求时,找准产品的属性特点,发现消费者的优势或潜在需求,将二者有机结合起来,为消费者提供一个理所当然的却又是其从前没有注意到的购买理由。

比如,舒肤佳进军香皂市场时,没有采用其他香皂所提出的护肤性功能诉求和清洁性功能诉求,而是强调其除菌和保护能力。使消费者意识到香皂光是清洁还不够,必须要杀死残留的细菌、并能持续保持这种抗菌性。舒肤佳香皂还找准"母亲"消费群体,将重点放在了保卫孩子健康和家庭健康的角度上,说出了消费者特别是"母亲"们的心愿。在其电视广告《舒肤佳新年篇》中,一个小女孩身穿大红袄,接待着各位前来串门、拜年的亲朋,"叔叔阿姨到"、"姑姑舅舅到"、"姥姥爷爷到"、"表哥表姐到",孩子玩得很高兴,妈妈却担心坏了,因为"人多细菌到",该怎么办呢?用舒肤佳! 有了舒肤佳的长效贴身保护,孩子就"不感冒"、"肚子不闹"、"健健康康过年好"!

(2)创造适宜的购买理由。在某些地域或某段时间里,或者由于消费者自身的行为习惯,可能不会对某些产品存在购买需要。在这种情况下,广告就要考虑可否创造一个购买理由,改变消费者的行为习惯,调整其对产品的认知结构,刺激消费者进行购买。

有个经典的故事:两个人被派到一个地方去卖鞋,他们发现那个地方的人从来不穿鞋,根本不知道鞋是什么东西。于是,其中一个人沮丧地打电话回总部说:"我要回去了,这里根本没有人穿鞋,我卖不出去。"相反,另一个人高兴地打电话说:"快给我多进些鞋子,这里的人都没有鞋。"后来,要求进货的那个人在当地打开了销路,大获成功。这个故事告诉我们,我们可以转换

角度,创造出适宜的购买理由,从而改变消费者原有的行为习惯,引发消费。

从洗发护发产品广告的发展历程,我们就可以看到为消费者创造购买理由的实例。从前只有一瓶洗发露,消费者需要的是将头发洗干净。后来出现了护发素,可以用来滋养头发。由于一瓶洗发露和一瓶护发素使用起来不方便,各种品牌开始推出洗护二合一产品,强调功能齐全、使用方便。当二合一洗护产品的市场硝烟弥漫,各大品牌激烈竞争时,又有某品牌悄悄提倡专业化保养,重新提倡"洗、护分开"。随着消费者对头发的爱护程度越来越高,各种品牌又开始为消费者提供更加细化的购买理由:去头屑、强韧、柔顺、飘逸、平衡锁水、绿色护发等等。

(3)当现存购买理由与社会抵触时,反其道行之。有时由于产品的特殊性,其满足消费者的需求是我们无法公开宣传和赞同的,这时广告就要深入挖掘产品对消费者的意义,寻找产品的附加价值进行传播。这样既适应社会潮流,又满足了买卖双方各自的需求,获得双赢的结果。

2. 提供有力见证,赢取购买信心

通常消费者对于贵重物品的购买都比较谨慎,面对广告及产品信息,仍然会保留一些疑虑。这是无可厚非的。因为消费者在接受广告传播的同时,也清醒地意识到了这一点,所以并不是一味地、被动地听从广告说服。因此,如果我们能够从消费者的立场出发,为其提供有力的证据来证明产品或服务的高质量,并鼓励消费者亲自见证,就可以使消费者叹服,从而打消疑虑,增强购买信心。

例如,甲壳虫汽车的广告《不良品》(即《柠檬》)。该广告文案如下[①]:

这辆甲壳虫未能上船装运。

仪器板上放置杂物处的镀膜受到损伤,这是一定要更换的,你或者不可能注意到,但检察员"克朗诺"注意到了。

在我们设在"渥福斯堡"的工厂中有3389位工作人员,其唯一任务就是:在生产过程中的每一个阶段都去检查甲壳虫(每天生产3000辆甲壳虫,而检查员比生产的车还多)。

每辆车的避雷器都要检查(决不做抽查),每辆车的挡风玻璃也经过详细的检查。福斯车经常会因肉眼看不出来的表面抓痕而无法通过。

---

① 马谋超主审.王咏、管益杰编著.现代广告心理学.北京:首都经济贸易大学出版社 2005 年版,第 124 页。

最后的检查实在了不起！甲壳虫的检查员把每辆甲壳虫像流水般送上车辆检查台，通过总计 189 处的查验点，再飞快地直开自动刹车台，这样 50 辆甲壳虫中总会有一辆被人说"不通过"。

对一切细节如此全神贯注的结果，大体上讲甲壳虫比其他的车子耐用而不大需要维护（其结果也使甲壳虫的折旧较其他的车子慢）。

我们剔出了不合格的车（柠檬）；你们得到十全十美的车（李子）。

甲壳虫的这则广告以《不良品》为题引发消费者注意，实则表现出优良品产生的过程，使消费者间接地对其生产过程作出见证，赢取消费者的购买信心。

3. 增加科学新知，扩展购买知识

通过增加消费者的科学知识，帮助消费者在想购买某种产品之前，能够在"知其然"的同时又"知其所以然"，扩展购买知识，从而深刻地影响消费者的态度。增加科学新知，对于消费者来说有两重贡献：一可以为消费者解惑，消除他们对产品和需求之间联系的不确定性；二是可以更正消费者的错误认识，帮助消费者培养科学的购买行为和使用习惯。

这种为消费者提供新的科学与购买知识的广告，更多地运用于消费者通常不熟悉或不确定的产品中，如医药产品。例如，沐舒坦口服液之《玻璃瓶》的电视广告就是为消费者解惑的。该广告描述了一个家庭场景，避免了说教的生硬性。以小孩子提问开篇、统领全局，"人为什么会咳嗽呢？"引发了消费者的注意与悬念。广告中妈妈担任了"教师"角色，以两个玻璃瓶比喻人的肺部、玻璃瓶中存留物表示淤积在肺部的痰，广告用此演示并指明此药的祛痰功能。存留物都被妈妈倒了出来，瓶子空了，也就是肺部恢复清洁，人就不再咳嗽了。最后点题，画外音与图像一致呈现："咳嗽先祛痰，祛痰沐舒坦"。

再如，钙尔奇 D 片《骨汤篇》电视广告，就是纠正消费者的不准确的认识，为他们正确的保健方式提供科学依据。广告开篇：丈夫苦恼地面对一碗汤说："又是骨头汤啊。"这时，妻子一本正经地教育丈夫说："过了 25 岁就要注意补钙。喝骨头汤能够补钙！"丈夫略显委屈："那也不能天天喝骨头汤啊。"这时，镜头转换，一位专家出场，严肃地指出妻子的错误认识。她以客观的数据和清晰的图标，让妻子认识到，骨头汤虽然能够补钙，但真正被人体吸收的量不多且不够。如果想以骨头汤满足成年人对钙的摄入，那么每天至少需要 100 碗骨头汤！当妻子感到震惊和无助时，专家又拿出钙尔奇 D 片来与骨头汤作对比：相反，只要每天服用两片钙尔奇 D 片，就能满足人体对钙的需求。

以 100 碗对比 2 片，妻子满意的表情出现在镜头前：现在不用花许多时间煲骨头汤了，每天服用 2 片钙尔奇 D，轻轻松松就补钙！

4. 采用互动广告，制造新鲜的使用体验

互动广告，全称就是情景互动广告，是指需要广告画面外的物体参与的广告形式。户外广告采用这种方式较多。这种广告不能单独发挥作用，必须在外物、特别是人的辅助下才能启动，形成有趣的、奇妙的、出乎人意料的广告表现手法，吸引消费者注意。适合这种广告诉求形式的产品范围比较广，我们这里重点强调的是那些通过情景互动，能给消费者带来切身使用体验的产品广告。这类产品往往可以通过外在接触立即获得使用体验，如衣饰、汽车等产品。

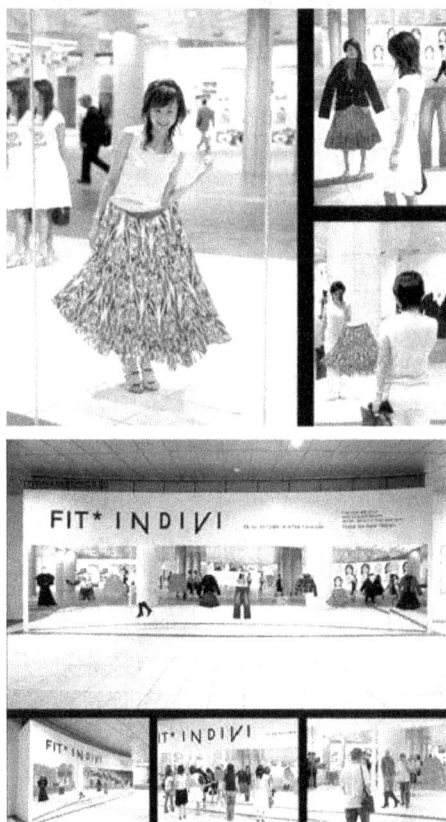

图 8-3

如图 8-3[①] 所示,这是一家服装店,该店面独创新意,去掉了柜台、衣架等繁琐实物。它展现在消费者面前的只是一面大镜子。在这面镜子中置有上衣、短裙、靴子、仔裤等各类服装。消费者只要站在镜子前就可以看到自己身穿各类服装的样子,省去了消费者寻找合适尺码、更换衣服的过程。该广告形式既实用又具独创性,既能满足消费者的购物需求又能提供一种新型的购物体验。

又如,公交车上人来人往,接触到的潜在消费者数量多、范围广、流动量大,与投放定期的广告对比来说,更加经济实惠。因此,广告出其不意地将公交车上的扶手换成了一块块手表(图 8-4[②])。大家在握扶手的同时,就带上了该品牌的手表。广告新异的形式既吸引了受众的注意,又能恰到好处地为消费者制造使用产品的类似体验,刺激消费者的潜在需求,激起他们的购买欲望,从而达到促销产品的目的。

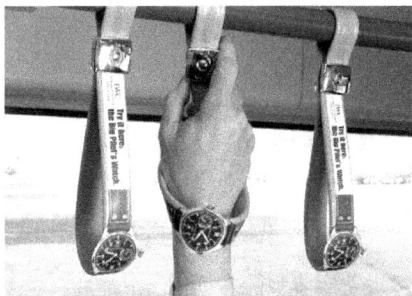

图 8-4

图 8-5

如图 8-5[③] 中表示的那样,这是一则跑车广告。这则广告与上文提到的服装店的广告具有异曲同工之效。它也是采用镜面设计,在镜子上画有跑车的形象。座位空着,代表着该跑车"虚席以待",等候着驾驶者的降临。当有人站在镜子面前时,则可以看到这个人坐在跑车里,使其联想到自己驾驶跑车行走在路上的感觉。跑车不能像衣服、饰品那样试穿试戴,这种针对跑车的情景互动广告的诉求重点,不在于使用产品的体验,而是帮助消费者在头脑中建立自己开跑车的影像,从而达到刺激需求、促进购买的最终目的。

---

① 老五图库:http://www.lao5.com/my_view_small_list/14551/3/,2007 年 10 月。
② 老五图库:http://www.lao5.com/my_view_small_list/14551/3/,2007 年 10 月。
③ 老五图库:http://www.lao5.com/my_view_small_list/14551/3/,2007 年 10 月。

(三)综合运用感性、理性诉求

不论是感性诉求还是理性诉求都具有一定的优势与缺陷。感性诉求"以情动人",强调通过激发消费者的情绪情感而影响其决策。这种诉求方式能够给人以感动和震撼,诱发其内在的情感追求,因而具有极强的感染力。然而,感性诉求的广告也因此具有不可弥补的缺陷:它缺乏对事实的展现和利用,消费者的加工深度较浅,很容易在外界条件影响下改变自己的态度。相反,理性诉求能够做到以事实为依据,以产品所特有的功能和属性作为广告诉求重点,强调"以理服人",消费者的加工程度更深,能够维持态度不轻易发生改变。但理性诉求的广告往往在情感冲击力上缺乏强度,不易吸引消费者的注意。所以,理性诉求的广告通常对有意注意、认知加工动机强的消费者效果更好。

消费者的决策心理是感性和理性综合使用的结果。有研究显示,消费者在决定是否"购买"时往往会加入更多的理性分析,而在决定是否"购买这一个"时往往倾向于感性体验。相对而言,感性诉求广告更具有感染和诱惑效果,理性诉求广告更具说理和证实效果。因此,在广告中应将感性和理性诉求有机结合,互相补充其不足,做到"有理可依"、"有情可感"、"情理相融",才能达到更好的广告效果。

第五部分

广告媒介心理研究

在广告传播中,广告信息一定要借助媒介载体来达到传播效果。广告在哪里投放?投放媒体的对象是否为有效的广告目标对象?广告对象对不同媒体的接触习惯与心理是怎样的?凡此等等都是影响整个广告传播效果的重要因素,因而对广告媒介心理功能的分析研究是不容忽视的。

第九章
广告媒介的心理功能

第一节　广告媒介概述

一、广告媒介的分类

"对于广告而言,媒介一词具有特殊的含义,它不仅仅指我们每天都能够接触到的报纸、电视、广播、杂志,还可能是任何你能够放置讯息的地方。"[①]对广告媒介的分类多种多样。由于研究视角与侧重点不同有不同的分类。例如,按照传播中的受众范围可分为大众广告媒体和分众广告媒体、按照媒介传播内容的属性可分为综合性广告媒体与专业广告媒体、按照媒介的社会作用及影响力量又可分为传统广告媒介和新广告媒介(或非传统广告媒介)、按照一定历史时期媒介的社会地位可分为主流广告媒介与辅助广告媒介等。

---

① 丁俊杰、康瑾著.现代广告通论.北京:中国传媒大学出版社 2007 年版,第 142 页。

从业界实际运用的角度,也有不同的具体分类,其中较为普遍和最为常用的一种基本分类是将其分为:印刷广告媒介、电子广告媒介、户外广告媒介、直邮广告媒介、数字广告媒介和其他广告媒介等。

1. 印刷广告媒介

即以印刷传媒作为广告媒介,如报纸、杂志、挂历、书籍(包括商品目录、广告扩页、画册、服务指南性黄页如电话簿、邮政编码簿、火车时刻表等)、海报、传单、商品说明书、宣传小册子、邮寄广告、明信片广告、票证、标签广告等。

2. 电子广告媒介

即以电子传媒作为广告媒介,如广播、电视、电影、电子出版物、电子显示大屏幕、通讯广告媒介、互联网媒介、电动广告牌、幻灯、有线电视、闭路电视、录像广告、激光广告、电话广告、卫星广告、传真广告、扩音机、投影广告、光导纤维等。

3. 户外广告媒介

即指暴露在开放的户外空间中的各类广告媒介,如各种公路广告牌、霓虹灯、高层建筑设置的广告牌、户外灯箱、海报、旗帜、大型模型、飞艇、气球、烟雾广告、专用广告车等。利用交通工具和交通设施开发的各种交通广告媒介,如交通车身、船身、飞机机体、站牌、站台灯箱、车厢广告、座位靠背、扶手、车票等也划在户外广告之列。

4. 直邮广告媒介

准确地说,直邮广告媒介也为印刷媒介之列,只是因为在广告媒介中作为只发布广告而无其他内容的专业媒介而作用独特,因此单列出来。直邮广告媒介是指直接用于直效行销,直接投放或邮寄的广告媒介,如直邮杂志、销售传单、明信片、订购单、商品目录等。

5. 数字广告媒介

是指随着数字技术的普及应用而新开发的广告媒介,这种媒介多以互动为特征,是互动广告媒介的主要形式,如数字电视媒介、数字广播媒介等。数字广告媒介使广告受众变被动接受为主动选择,可以促进买卖双方之间的沟通与交流,提高广告成效,从功能上展示了新一代广告媒介之特征。

6. 其他广告媒介

如各种展销会和展示广告,如陈列、橱窗、门面广告、售点 POP 广告、立式广告等,以及以人体为载体的各种广告等。

又如赠品广告媒介,包括作为赠品的广告讯息的附载物,如啤酒杯、烟灰缸、打火机等。还有各种小型的流动广告媒介,如手担袋、包装纸、广告衫、购物袋、雨伞、书包等,有些也作为赠品赠送给消费者。

总之,凡是能够借以实现广告主与广告受众之间信息传播的一切物质工具都可以称为广告媒介。因此,广告媒介将永远处于被人们灵活开发、不断出新的动态发展之中。广告媒介的发展趋势是各种不同类别的媒介开始走向融合。

二、广告媒介的影响作用

广告媒介的作用主要是指在具体的广告活动中,它的地位和发挥的影响。主要有以下几个方面:

1. 广告媒介策略是企业营销策略能否成功的重要因素

广告媒介策略是现代广告的主要策略之一,它与定位分析策略、创意策略、文案策略一起,构成了广告活动的主体。

2. 广告媒介的择用影响广告目标能否实现

企业广告的目的是塑造企业与商品形象,促进并扩大商品销售。在广告媒介的选择和组合上,版面大小、时段长短、刊播的次数、媒介传播时机等等,都对传播效果有一定的影响。

通常情况下,一次广告传播活动极少采用一种单一的媒介,多会采用几种媒介的组合,在广告产品的不同阶段也会采用不同的媒介,从而达到媒介最优化。一般来说,在产品进入市场的最初阶段多倾向于采用电视作为广泛告知的载体,而将报纸作为解释详细信息的载体,相应的在广告产品的成熟期和衰退期也会采选择不同的媒介进行优势组合,采用媒介的空间大小和时间长短,会直接影响到广告目标的实现。

3. 广告媒介的择用影响广告能否有的放矢

广告在哪里发布?这是影响广告成效的重要因素。除去广告经费等经济因素对其的影响外,最应考虑的因素是所选媒介具有多少"有效的广告目标对象"。任何一则广告,其目标对象只能是一定数量或一定范围内的社会公众。广告目标对象是广告信息传播的"终端",也是信息的"接受端"。在如今传播越来越分众化的时代,不同的媒介有其特定的接收人群。因此,广告媒介的择用应尽最大可能地使媒介的接收人群与广告目标对象一致。如果在广告活动中对广告目标对象把握住了,但是媒介选择不当,媒介的接收人群中有效的广告目标对象较少,那么整个广告也就收效甚微了。

4. 广告媒介的择用影响广告采用的形式

在不同的传播媒介上,广告的形式就有着很大不同,这是由不同的广告媒介的特点所决定的。

5. 广告媒介的费用影响广告效果

任何一个企业做广告都希望以尽可能少的广告费用取得最大的效果,或者以同样的广告费用取得最好的效果。由于广告费用中的绝大部分用于媒介,从投入产出的角度来分析,用于媒介费用的多少直接影响广告的收益大小。

综上而言,广告媒介纷繁多样,我们将重点分析目前主要广告媒介(包括广播、电视、报刊、网络及其他常用媒介)的心理功能。最终目的是为了更好地使用广告媒介,使广告获得更好地传播效果。

第二节　广播与电视广告的心理功能分析

一、广播广告的心理功能分析

广播是电子时代的产物,在大众传媒市场上,它早于电视,晚于报纸和杂志。广播是以声响、语言、音乐来诉诸人们听觉的信息传递过程。从整体上把握广播受众的特点,有利于广告主准确地选择广告投放媒介,同时与其他的广告媒介进行优势资源的整合,达到更好的广告效果。

(一)广播受众的接触心理

1. 广播受众的接收特征

(1)听众层面广泛分散:同报纸等其他媒介的受众相比较而言,广播受众对听众的文化程度限制较小,不识字也可以;广播便于盲人收听;收音机的拥有量非常大;又由于有了网络广播,最大限度地扩大了覆盖面。因此,广播广告的受众层面是非常广泛的。

(2)听众的地区性较强:广播的传播范围虽然非常广泛,但仍受到电台发射功率的限制,具有一定的地域限制。如,城市调频电台,其优势是听众更主要局限于本市和周边地区。

（3）听众处于被动地位:广播的信息转瞬即逝,与印刷媒体的阅读主动性相比,听众在同一频率无法自主选择节目,所以处于被动收听的状态。受众对于节目的进程和收听的时间,无法控制和改变。

（4）形成相对固定的听众群:随着广播中对象性节目的增加,受众有选择地收听自己感兴趣的节目已经成为可能。特定的节目就有了特定的受众群体,而且相对固定。由于收听行为习惯不同,收听时间段不同,容易形成听众群的市场细分化。

（5）不易记忆存查:由于广播广告信息的瞬间即逝,记忆加工的材料是声音表象,听众稍不留意,信息随即消失,不易记忆存查。遇到较为难懂的词句或出现同音与多音字词,容易出现加工错误与产生歧义。

（6）易于想象:由于广播只有声音没有画面,不能直接塑造视觉表象,虽然直观形象受到限制,但可以充分调动听众的想象力,想象空间较大。

（7）听众常处于非专注收听状态:受众在收听广播时,可以同时进行其他活动,所以注意力不够集中,缺乏专注性。

（8）人们在收听广播时还可以积极地参与节目,多数广播节目以热线直播、参加比赛和讨论等方式激励听众参与。

（9）接收方便随意:与电视媒体相比,通过广播媒体接收信息更加随意、方便。随着科技的发展,广播的收听设备日益丰富,除了一般随身携带的收音机以外,还有车载收音机、电脑、手机等新的收听设备,因此广播的影响力无处不在,对广告主来说,无疑具有很大的商机。

2. 广播的主要受众群

根据央视—索福瑞媒介研究所掌握的全国 29 个重点城市可接受广播的调查显示,依据 2005 年 CSM 媒介研究全国网数据[①],15～24 岁的听众是各年龄阶段听众中所占比重最大的群体,达到 20.6%,并且整个比重高于该年龄阶段相应的人口比重。除此以外,25～44 岁的青壮年群体所占的比重也都比较大,但与该年龄阶段相应的人口比重相当。而通常被认为是收听广播较多的老年人口并未成为广播的主体听众,他们在广播听众中所占的比重低于其

---

① 中国广播电视年鉴 2006.北京:中国广播电视年鉴社 2006 年版,第 243 页。

在 10 岁以上所有人口中所占的比例。而从听众的受教育程度上来看,我国广播听众的受教育程度的城乡差异仍然存在,城市听众中以中高学历听众——初中、高中/技校为主,农村听众中则以中低学历——小学、初中为主,由此所带来的是听众的职业分布差异,在城市听众中,学生及无业人员占有最大比例,达 37.1％;而在农村听众中,是以农民为主的其他职业类别听众的比例最大,达 48.2％;不仅如此,职业类别相对稳定的群体——如初级公务员/雇员收听广播的比重要高于该类人群在 10 岁以上总人口中所占的比重。由上述的数据我们可以看出,广播的受众群非常广泛,因其节目的对象性特点,遍布社会的各个阶层。

对听众除了从性别、年龄、职业、文化程度、收入等个人属性角度分析得到具体特征外,也可以从个人偏好、生活习惯、性格特征等方面来区分。例如,我们经常会提到的"流动听众"、"白领听众"、"出租车人士"、"私家车车主"、"外来打工者"等等名词。由于这些群体在生活方式和消费能力方面更加具有同质性,所以从这个角度分析听众特征往往对广告营销更有帮助。

(1)老年听众群:相当多的老年人是广播的忠实听众,约占整个听众群的 20％左右。他们中大部分都是离退休人员,收入固定,具备一定的消费能力。

(2)学生听众群:学生大约占整个听众群的 15％左右。其中在校大学生占较大份额,因此这一群体的文化程度比较高,虽然他们没有固定的收入,但有来自家庭的较强的经济支持,而且他们将是未来的消费主力军。

(3)白领听众群:随着移动收听工具的多样化,越来越多的白领加入到听众的行列,约占整个听众群 10％的比例。在经济发达的城市如北京等地的白领听众比例更大。他们是一群追求时尚、消费能力强的听众。

(4)出租司机听众群:出租车司机是广播最忠实的听众。此外,出租车还是一个流动的广播站,使各类乘客在乘坐时成为广播的听众。

(5)私家车主听众群:目前我国私家车拥有量越来越高,形成了私家车主听众群,接近 90％的私车车主都是广播的听众。这也是近几年全国各地的交通电台火爆的重要原因。这些"有车族"以及他们的家庭成员,还有其他乘车的人,组成了一个规模庞大的特殊听众群。一般来说,"有车族"多为中高收入家庭,具有较强的消费能力。而且,拥有私家车给个人或家庭带来的是生活方式和消费观念的变化。

(二)投放广播广告的心理策略

1. 从广播广告的发展轨迹把握投放趋势

投放广播广告要分析了解广播广告的发展轨迹,把握总体趋势。广播作为一个电子媒介,自身的发展经过了一个曲折的过程。以我国为例,从建国后直到 20 世纪 80 年代,广播作为强势媒体的地位不可动摇;到了 20 世纪 80 年代中后期,由于电视行业与都市报刊渐入佳境,广播处境艰难、夹缝中生存;进入 20 世纪 90 年代中后期,有了有车族和年轻群体受众支持,以及随之的内容变化和体制改革,广播重新崛起;21 世纪最初几年,中国广播业大放异彩,广播广告营业额每年都能够保持较高幅度的增长,甚至出现了 20％以上的年增长率,增幅位居四大媒体之首,被称为广播业的第二个春天,国家广电总局将 2003 年确定为"中国广播发展年"。2005 年,电视台、报社、广播电台、杂志社广告经营额为 675 亿元,比上年增长 99.5 亿元,增长 17.3％;广播经营额为 38.9 亿元,比上年增长 6 亿元,增长 18.0％[①]。这一系列数字证明广播在新时期新旧媒介融合的时代,找到了符合其特点的发展方向。

2. 依据广播广告的类型及特征作投放分析

对广播广告类型的认识和了解,有助于广告主制定合理的投放策略。

(1)广播广告的类型

广播主要有全国联网和当地电台两种形式。联网广播(Network Radio)是通过电话线或卫星与一个或多个全国性联网相连的一组地方会员广播电台。每家联网都能提供特别的节目,这样电台的时间安排就也比较紧凑。ESPN 广播网就是一例。存在区域性的联网(如美国山间联网和格罗斯金广播集团),他们对特定的州或特定受众进行广播。

在全国联网和当地电台都有广播广告。一般来说,广播广告主要有以下类型:①联网广播广告。联网广播有着全面的覆盖率和高质量的节目,所以很受欢迎。在美国,至少有 20 家广播联网播放音乐会、脱口秀、体育赛事、戏剧等节目。卫星转播带来重要的技术进步,卫星不仅提供了更好的声音,而且可以用不同的形式发送多个节目。联网广播广告被视为一种可行的全国性的广告媒体,对于食品、汽车和药物的广告主来说,更是如此。联网广播的发展带来了广播连播节目和无线联网的增加。会员广播电台增多的同时,广

---

① 2005 年中国广告业统计数据报告.北京:现代广告,2006 年第 4 期,第 38～40 页。

播联播节目也在增多,这就给想打开新市场的公司提供了更多的广告机会。②插播广播广告。广告主通过一家电台而不是联网来做广告。广播联网提供预先设定的全国性的广告,也允许地方会员出卖插播广告时间,它为广告主提供了很大的灵活性。

广告主可以根据以上不同的广播广告类型,购买联播、点播或地方广播时间进行广告投放。它们有各自的优劣:①联播指广告主可以订购某一全国性广播网联播电台的时段,同时向全国市场传播自己的讯息。广播网只能为全国性广告主和区域性广告主提供简单的管理,电台的纯成本效益较低。广播网的缺点包括:无法灵活选择联播电台、广播网名单上的电台数量有限以及订购广告时间所需的预备期较长。②点播广播(Spot Radio)在市场选择、电台选择、播出时效选择、文案选择上为广告主提供了更大的灵活性,点播可以迅速播出广告,并且广告主可以借助电台的地方特色快速赢得当地听众的认可。③地方电台。地方时间(Local Time)指地方性广告主或广告公司购买的电台点播广告时间,其购买程序与购买全国性点播时间一样。

(2)广播广告的特点

广播广告主要有以下几个特点:①保真性强。广播以声音为传播手段,声音尤其是现场音响具有保真性,广播广告能把表现产品功能、作用、品质的声音传达给受众,增加其信任感。②传情性强。广播广告可以充分运用语言艺术和音响效果,创造出适当的情感氛围,增强广告的感染力,不仅能给人轻松愉快的美感,同时还能调动人的情绪,激发其购买欲,给受众留下了一个很大的想象空间。③制作简便、制作成本低。尤其是当传达广告信息的人是电台自己的播音员时。在媒体组合中,广播的低成本和目标群体很高的到达率,常常使广播广告成为其他媒体广告的辅助。④缺乏视觉。因为广播毕竟无视觉形象,听众不能看到产品的外观、色彩和内部结构,难以形成人们对产品的视觉印象,相比电视、杂志、报纸上的彩色广告,形象感较弱,因而,需要较强展示性的产品并不适合做广播广告。专家认为,幽默、音乐和声音效果的运用是有效的广播广告方法。⑤易被忽略。广播的听觉信息转瞬即逝,容易被忽略和遗忘。很多听众都把广播视为令人愉快的背景,而不去认真听它的内容,这样在一定程度上会减低广告的心理效果。

3. 分析广播的独特广告价值优势

评估一种媒体的广告价值优势通常从两方面入手:有效性和经济性。有效性包括:媒体是否能有效到达广告客户的目标消费者,提高品牌的知名度,增强消费者和品牌间的情感联结,促进消费者去购买产品?经济性指广告投放成本,常用的衡量不同媒体间的成本指标是千人成本。

根据这些指标,广播的广告价值体现在:①快速到达目标消费者。②针对性强。由于广播大多按听众类别来编排节目,所以客户可以根据宣传对象的不同,在相应的节目中播放广告。③根据各种不同的目的,可以自由地选择广告播放的时间(因为制作费便宜,直播节目多,所以可以实现)。④在多种媒体组合投放中,广播广告具有不可替代的价值。广播广告有助于提示受众回忆起在电视中看到的广告片,从而以较低的成本使品牌的知名度维持在较高的水平。⑤见效快。研究显示,从产品广告在媒体播出到受众实际去购买该产品,这之间的时间差距,电台广告要比其他传统媒体都短。⑥广播广告成本低,效益好。例如,从制作费来说,制作广播广告最便宜只需几百元,而电视广告最便宜需几万元;从播出费来算,广播和电视也相差十几倍甚至几十倍。

4. 选择广播媒介的参数

一个成熟的广告客户会根据一系列指标分析比较各电台、不同时段的广告价值,从而作出最佳的投放决策。这些指标包括目标群、到达率、收听率、听众构成、千人成本等。

目标群:根据目标群进行媒介选择可使广告对象更具针对性与有效性。比如,广告要提高 A 品牌在 15～24 岁青少年中的知名度,广告客户会以这个目标群为基础,比较各广播电台对实现营销目标的有效性和经济性。不同广告客户界定目标群的指标千差万别,但基本可归为以下几类:①人口统计特征:如性别、年龄、学历、月收入等;②心理特征:如生活形态分类;③消费行为:品牌消费频率、产品预购等。因此,电台在向客户进行宣传时如果能向客户展示自身电台在目标群中的优势,显然能促进客户的广告投放。

到达率/听众规模:到达率通常指某电台每日的听众占调查总体的比例,也可称为日到达率。日到达率与调查总体的乘积即每日听众规模。到达率高的电台喻示着能将客户的广告信息传播给更多的受众。

收听率:指某时段内收听某电台的广播听众占调查总体的比例。收听率用来比较电台各时段,或各电台同一时段间的价值大小。

听众构成:听众构成告诉广告客户电台的听众是谁、他们的消费能力如何、具备何种心理特征等,帮助客户判断听众与营销目标消费者的拟合程度。

千人成本:指广播到达每千人所花费的成本。到达率、收听率、听众构成是判断广告有效性的指标,千人成本则是判断各电台经济性的指标。除了上述基本指标之外,广告客户还可能分析听众广播收听行为,如收听时间、收听地点等。

除了广播自身的独特优势以外,广播在媒体组合中也发挥着重要的作用。目前,国内外都有电视广告和广播广告播出一样版本的媒体组合形式。因广播具有"转送"形象的效果,可以唤起听众对其电视广告画面的联想,电视广告中的语言与音乐如果再在广播中播一遍,也更容易记住。所以,许多广告客户用更便宜的价格在电台上播出与其电视广告一样版本的广播广告,两者互为补充。

目前在我国利用广播作为广告媒介的主要有医药类广告、房地产、银行等金融服务类产品。例如,央视市场研究广告监测部的调查数据显示,中央人民广播电台一套,作为覆盖全国的主要频率,药品类、酒类饮品和家用电器是它的主要广告收入来源。另外需要关注的是,电台从 2005 年起广告主的结构开始逐渐优化,至今为止,投放量较高的品牌中,大品牌的稳定性逐步加强。

二、电视广告的心理功能分析

(一)电视受众的接触心理

1. 电视受众的接收心理特征

(1)双通道接收:电视以光电信号为载体传播动态的视听符号,受众则通过视觉和听觉器官同时接收电视信息。受众这种视听双通道接收特征,区别于读者和听众的单一视觉或听觉接收模式。视觉和听觉是人类接受外部信息的主要途径,两者结合效应尤佳。电视调动了两种感官的活动,这比单一的刺激形式,更能吸引和维持人的注意力,也更能增强记忆效果。

(2)主动选择性。这种主动性主要体现在他们对电视传播的认知和选择上。有学者认为,观看电视是一种主动的认知活动,它是观众、节目以及观看情境之间的一种主动的认知转换过程。一些心理学家通过实验也发现,观众的收视行为具有一定的主动认知特点①。在主动地、有选择地接触和使用电视媒体行为的背后,反映出受众收视的某种理性和目的指向性。受众的收视行为是由他们的心理需求所支配的。

(3)共时分享性。一般来说,大众传播的受众不仅与传播者在时空上相分隔,他们彼此之间也往往处于"相隔"状态。电视受众以同时、分散的方式接受信息,即受众在不同的地点、在同一时间、彼此同步地收看电视信息,共时分享信息。电视受众这种"不共空间共时间"、同时视听而又分散共享的接收特征,为电视传播较大范围内尽可能地取得大规模的受众群体效应,提供了可能。日本传播学者藤竹晓曾经指出:"同时享受同一内容这种电视传播特征,使其成为在全社会范围内令共有体验增殖的媒介。"②

(4)家庭娱乐性。电视媒介在四大媒介中,最具有娱乐性。而且,电视通常是在家里观看的,在我国已经成为一种在家的娱乐工具。现阶段电视是一种主要的家庭媒体。虽然我国目前拥有两台或多台电视机的家庭越来越多,但家庭收视仍然是受众接触电视的主要模式。

(5)收看随意性。电视机摆放在家中,观看电视是家居生活中的一部分,受众没有必要也不可能像看电影那样安排专门的时间、到专门的地点去观看。电视受众往往处于一种自由自在的状态,于不经意中收看电视。他们随想随看,想关便关。看电视可以为主,亦可为辅。不少研究表明,许多受众在看电视时伴随有其他活动,这些活动包括吃饭、聊天、看报纸、听音乐、做功课和干家务等等。电视受众不及报纸读者和电影受众那样刻意和专注,其行为表现出更多的随意性和附属性。

(6)行为习惯性。受众接收行为的习惯性包括两层含义,其一是指电视深入家庭,已成为人们的生活习惯,就像每天要刷牙、洗脸和吃饭一样,是一项例行性活动。电视具有强大的新闻、教育、娱乐和服务功能,已成为人们获取信息、丰富精神生活的主渠道。它周而复始经年累月地传播,渗入人们的起居行为,构成人们日常生活的一部分。其二是指受众对某些频道和节目的习惯性收视。这种收视习惯是因长期收看某些频道和节目而相对稳定下来的一种行为,是受众视听经验积淀的结果,也是电视频道和节目与受众互动的结果。

---

① J. J. 博恩斯、D. R. 安德森著. 张令振译. 看电视的认知卷入程度低吗?. 北京:北京广播学院学报,1991 年第 4 期。

② 转见叶家铮. 电视传播研究. 北京:北京师范大学出版社 2000 年版,第 16 页。

(7)感染力强。电视表现形式多样,既具备报纸、杂志的视觉效果,又具备广播的听觉功能,还具有报纸、杂志、广播所不曾具备的直观形象性和动态感,兼有报纸、广播、电影等三者的优势。电视这种传播不仅与受众感知外界的生理特性相吻合,在单位时间内,亦令受众获得更多、更形象、更丰富的信息。它同时呈现视听信息,以其丰富的视听刺激活动变化,如瞬息万变的画面、抑扬顿挫的语音变化,使电视信息形象直观逼真,具有很强的视听感染力。

(8)接触率高。在我国,随着现代科技的发展,电视传播网已经形成,电视台的覆盖面广,电视机的普及率高,收视率也很高,因而具有较高的接触率。

2. 电视的主要受众群(以我国为例)

(1)在电视、广播、报纸和互联网等几大强势媒体中,电视的受众规模是最大的。根据 CSM 媒介研究 2005 年基础研究结果,中国内地年龄在 4 岁及以上的电视观众规模达到 11 亿 9 千 3 百万人,占全国 4 岁及以上人口的 95.4%。调查显示,女性观众花在收看电视的时间比男性略长。从职业构成上来看,城乡观众的职业分布有着显著的差异,在城市观众中,无业人员比例最大,占到 36.3%,农村观众中其他类职业比例最大,占到 33.4%(职业分类中农林牧渔等从业人员都属于其他类职业)[①]。

在全国全天收视市场中,15~24 岁这个年龄段的收视人口比例,2005 年为 12.4%,2007 年(1—4 月)已下降到 10.8%。另外,25~34 岁这一年龄层的观众数量下跌也较为明显,如在长沙全天收视市场中,2003 年这一年龄层观众比例是 24.7%,而到了 2006 年,这一年龄层的观众比例只有 17.2%,在 4 年中下跌 7.5%[②]。

然而,在年轻收视人群下跌同时,中年收视人群则有所上涨,特别是 35~44 岁年龄人群上涨尤为明显。而且,在全国全天收视市场中,45~54 岁这一中年人群目前的占有率已达到了 23.3%,是目前我国电视收视总人口中比例最大的人群[③]。

收视人群的学历结构也发生了变化,其主要表现在初中以下学历受众有所降低,高中及大学以上学历受众人群则逐渐增多。在各级收视市场中,观众中高端学历人群比例日益增长。

---

① 中国广播电视年鉴 2006.北京:中国广播电视年鉴社 2006 年版,第 263 页。
② 盛伯骥.电视观众的特点:中年化高学历.党建文汇:下半月版,2007 年 8 期,第 47 页。
③ 同上。

以上数据表明,目前受众市场的中年化和高学历趋向已十分明显,这就要求电视媒体要对自己目标观众的收视需求和文化态度进行认真分析和市场调整,这才会有效提升媒体的影响力,巩固市场份额。

(2)不同电视节目吸引不同的目标观众。精彩的电视节目丰富了人们的业余生活,不同的观众对各类电视节目的喜爱程度不同,对于电视广告而言,在不同节目前后播出,效果自然有所不同。

不同类型的观众对电视节目的需求不一致,反映在收视数据上,就是不同性别、年龄、教育程度、收入以及职业的观众在各类节目上投入的时间有所不同。2005 年,在全国收视市场上,从性别上来看,男性观众在新闻、专题、体育、电影、财经、教学等节目上投入的时间较多,而女性观众则在电视剧、综艺、音乐等节目上投入时间较多,在生活服务、法制、戏剧、外语等节目上,男女观众投入时间相差无几。从年龄来看,一个最明显的特征就是 4~14 岁青少年观众在青少年节目上的投入时间要远远高于其他年龄段观众,而 55 岁以上的老年观众除了青少、外语、音乐等节目,在大部分节目类型上的投入时间要远远高于其他年龄段观众,尤其在戏剧节目上的投入时间要比其他年龄段观众要高出数倍之多。对不同文化程度的观众来看,高中以上学历的观众对财经、教学、生活服务、体育、外语、新闻、专题、音乐和综艺等节目的关注度更高,而初中及以下文化程度的观众在电视剧、电影、戏剧节目上投入的时间要高于高中及以上学历的观众:法制节目的投入时间在初中以上文化程度观众中差别不大。从不同收入观众来看,个人月均收入在 600~2600 元的中低收入观众在大多数节目上的投入时间都要大于 2600 元以上的中高收入观众,他们是在电视节目上投入时间最多的人群。2600 元以上的中高收入观众在体育和外语节目上的投入时间是各类观众中最高的。对不同职业的观众来说,和各自职业特点和休闲时间相对应,干部和管理人员在财经、生活服务、体育、新闻、音乐、专题和综艺节目上投入时间较多,初级公务员/雇员和干部管理人员的收视结构类似,但时间上要少于干部管理人员;私营业主由于工作繁忙,在各类节目上的收看时间都较少;工人观众在电影节目上收看时间最多,而学生观众由于闲暇时间相对较多,在电视剧、教学、青少、生活服务、外语、戏剧、音乐、新闻、专题、综艺节目上投入时间较多。[1]

---

① 中国广播电视年鉴 2006.北京:中国广播电视年鉴社 2006 年版,第 265 页。

(二)投放电视广告的心理策略

1. 从电视广告发展轨迹把握投放趋势

第二次世界大战后,电视事业得到飞速发展,电视很快就成为广告的新宠,并从此一直占据着主力地位。1941 年,美国开办电视后,NBC 电视台播出了可能是世界上最早的一条电视广告。20 世纪 50 年代中期开始,录播技术得到快速发展,电影技巧引入电视,使画面语言得到丰富,电视广告的视听效果也开始提高。60 年代以后,随着电视技术的成熟化,电视广告也进入了成熟期,影视语言技巧不断完善,营销观念出现革新,电视广告从形式到内容都变得十分精彩。同时,广告影片制作业日益壮大。进入 90 年代,日新月异的高科技电子成果,不断被应用于电视领域,使得电视广告的制作水平有了质的飞跃,而且文化传播的广告理念正被广泛认同,大大增强了传播效果。

我国的电视广告事业,由上海率先开始。1979 年 1 月 28 日,上海电视台宣布"即日起受理广告业务",并播出了"参桂补酒"广告,这是我国大陆第一条电视广告。当年的 3 月 15 日,又播出了第一条外商电视广告"瑞士雷达表"。12 月,中央电视台开办《商业信息》节目,开始集中播送国内外商业广告。20 世纪 80 年代初期,电视广告片基本套用电视新闻报道的模式,一般长达 90 秒以上,有的甚至有 3～4 分钟,图像简单,内容直白,用语千篇一律,艺术美感较差。80 年代中期以后,在借鉴海外广告的经验基础上,我国电视广告创作人员积极探索,创意水平有了较大的提高,广告表现形式逐步多样化,广告的制作设备也不断更新,并出现了广告策划的运作机制。1987 年 10 月,中央台特别推出的《广而告之》,受到观众的欢迎。到 1991 年,全国 500 多家电视台,几乎无一例外的都有了广告,电视台相继成立了电视服务公司、广告部、公共关系部或信息部,专门经营广告业务。90 年代以来,我国电视广告业进入了成长期。广告代理公司、专业影视队伍、音乐、戏剧和美术等有关业界人员纷纷进入电视广告业,广告创作水平和科学化运作都得到很大的发展。同时,电视事业开始步入产业化的发展。作为电视台的主要经济来源,电视广告已成为电视产业的支柱。

2. 依据电视广告的类型及特征做投放分析

(1)电视广告的类型

电视系统主要包括:闭路与开路电视、公众电视、有线电视订户、地方性电视、特殊电视、联播节目和交互电视。与电视节目一样,电视广告也可以通过很多不同的方式传播。广告主可以通过广播联网、地方性电视或有线电视等来播放商业广告。广告主投放在电视媒体上的广告,其常规形式一般有电视广告片、标版广告、贴片广告等。电视广告片是最常见的形式,按广告片时间长短分为 15 秒、30 秒和一分钟等等。标版广告是在电视剧或栏目的前后播出,时长一般只有 5 秒左右,由于时长短,标版广告通常用于展现品牌、产品的形象。贴片广告是固定的贴在某一部电视剧的片头、片中或片尾。贴片广告有一定强制收视的效果,渗透性强。

传统模式下的电视广告有受众广泛、覆盖面广、传播迅速、形象生动等特点,而数字电视从技术上解决了电视频道资源短缺的问题,也宣告了电视媒介单纯依靠收视率、依靠广告生存的时代的式微。当然,依赖数字电视用户付费收入远远不能弥补运营成本,广告仍然是数字电视媒介的一个重要盈利点。

数字电视广告呈现给受众的主要形式有两类:

一类为显性的数字电视广告形式:①常态电视广告。数字电视提供给受众的不仅仅是收费频道,还必然有部分免费频道或公共频道。在这样的频道中,广告的形式包括常规的赞助等。②专业广告频道。数字技术使频道资源增多,客观上促进了频道专业化的发展。专业的广告频道在高效、直接、实用的原则下应运而生,是新的广告播出形式。按广告类型不同或消费者的不同需求对广告信息进行专业、细分化的处理,方便了观众迅速找到所需的广告信息,而又不打扰收看节目的兴趣。③贴片广告。它是指在播放电视节目的同时加贴的专门制作的广告。

另一类是隐性的数字电视广告形式:①置入式广告。它是指把产品或品牌及代表性的视觉符号、服务内容通过一定的创意融入电视节目内容中,潜移默化地达到传播品牌相关信息和形象的目的。小到电视节目场景的布置或者主持人的一句话,只要巧妙贴切,就会给人们留下深刻印象。②软广告。在数字电视中,常用的软广告形式有:角标广告,企业或产品的商标在电视节目的右下角闪动;赞助广告,例如活动赞助、奖品赞助等;冠名广告,常见的有剧场冠名、栏目冠名等。③互动刺激式广告。数字化电视广告可以充分利用互动性特征,在广告信息告知过程中,使用互动情节,刺激用户收视、点击广告。通常采取使用遥控器按键点击阅读、回答问题、点击消费有奖、选择正确答案等手段,辅以奖品、优惠、金钱等激励形式,促成广告信息的双向互动,增强广告信息传递的有效性,拉近了广告与观众之间的利益关系,激发观众寻求信息的主动性、积极性。

(2)电视广告的特征(以我国为例)

①成本效用高。许多广告主都把电视看做是传播广告最有效的方法,因为它的达到面非常的广泛。数以亿计的观众定期的收看电视。电视不仅能达到很大比重的人口,而且还能达到印刷媒体不能达到的有效人群。

②表现更充分。在电视上,物体、事件都可以用生动的画面和语言充分地描述,这是其他媒体所无法比拟的。电视能够借助各种语言和非语言符号塑造出真实的情境和气氛,并将其表现得淋漓尽致。

③影响面广。对于大多数人来说,电视是一种主要的信息来源、娱乐途径和教育途径。它是我们生活中的一部分,相比较那些没有在电视上做广告的公司而言,我们更愿意去相信那些在电视上做广告的公司。

④制作费用较高。电视广告的制作和播放成本都非常的高。虽然人均成本低,但是费用高,尤其是对中小企业而言,制作成本包括将广告做成胶片和制作广告的智力成本。如果要请名人做代言,甚至需要上百万。

⑤干扰多。电视广告的播放要受到种种限制,国家广电局等有关部门对广告播放时间和时段有着严格的规定。另外,如果30秒的广告、电视间歇广告、信用服务广告和大众服务广告增加,电视广告的说服性和可视性会大大地降低。还有,许多地方性电视台对自己节目的促销也造成了对广告的一定程度的干扰。

3. 选择电视媒介的参数

广告客户在选择电视作为发布广告的媒介时,除了从宏观上考虑媒体优势资源整合的因素外,更是要从具体的指标上来衡量电视广告的效果。[①]

(1)收视率是指一定时段内收看某一节目的人数(或家庭数)占观众总人数(或总家庭数)的百分比。收视率直接决定了接收广告信息的观众群数量。同时,收视率也是制定电视广告价格的基础。一般说来,收视率高,电视广告的价格也高;收视率低,电视广告的价格也低。收视率高的节目和时段总是成为广告客户竞相购买的热点,并因此成为"黄金时段":既能给广告客户带来"黄金效益",也能给媒体带来"黄金收益"。但是,收视率不是确定广告价格的唯一因素,有时广告收入与收视率之间不是线性关系。

---

① 参考人民网. 媒介研究方法. http://media. people. com. cn/GB/22114/64606/68466/4630503.html.

（2）千人成本和收视点成本。这两个指标是通过收视率换算得来的。这两个指标是客户选择广告媒体时首先要考虑的因素，也是媒体之间进行价格竞争的砝码。另外，千人成本和广告收视点成本这两个指标是动态变化的。随着广告时段收视率的变化，这两个指标将随时会发生变化，电视台应定期根据广告时段的收视率变化状况，根据千人成本和收视点成本调整广告价格。

（3）对象收视率是指某商品的目标消费群中，在一定时段内收看某一节目的人数占目标消费群总人数的百分比。这是因为广告主在投放广告时，不仅要考虑收视率的高低，还要考虑受众的人口学特征和消费行为特征，如性别、年龄、职业、教育程度、收入、消费能力、消费习惯等。随着各类产品市场竞争的日趋激烈，市场细分越来越明确，目标市场营销策略（Target Marketing）被广泛采用。广告主越来越希望进行有针对性的广告宣传，因此，广告主最关注的是产品的目标消费群是否与电视节目的目标观众群有较大程度的重合。对象收视率决定着广告诉求对象的明确性，对象收视率越高，说明广告诉求越有针对性，广告越有效。

（4）媒体品牌形象。品牌形象是存在于客户大脑中的图像和概念的集群，是客户关于品牌的知识和对品牌态度的总和。电视媒体的品牌形象（TV Media Brand Image）会给广告客户的选择带来附加值，产品在媒体上投放广告时，媒体的品牌形象会被观众不自觉地投射到产品上，从而增强产品广告的说服力。例如，中央电视台成为众多企业投放广告时争着选择的对象，就是因为它是国家级电视台，处于电视媒体领导地位，具有权威的、可信赖的媒体形象。电视媒体的品牌形象包括栏目形象、频道形象和电视台的形象，主要是栏目形象和频道形象，主要由满意度、知名度、忠诚度、专注度、期待度等综合构成，这些组成部分可以通过观众调查得到量化数据，成为评估电视媒体品牌形象、选择广告媒介时的重要指标。

第三节　报刊广告的心理功能分析

一、报纸广告的心理功能分析

（一）报纸受众的接触心理

1. 报纸受众的接收特征

（1）视觉接收。报纸通过印刷在平面纸张上的以画面、图片、文字、色彩、版面设计等符号传递信息,是利用人们的视觉供人阅读的。

(2)认知主动、阅读自由。报纸信息量大,以文字符号为主,图片为辅来传递信息,其容量较大、说明性强。受众在阅读时需集中精力,排除干扰,能够对信息进行更深入的加工。受众可以主动决定自己的认知程度,如仅有一点印象即可,还是将信息记住、记牢;记住某些内容,还是记住全部内容。同时,受众可以自由地选择阅读或放弃哪些部分;哪些地方先读,哪些地方后读;阅读一遍,还是阅读多遍;采用浏览、快速阅读,还是详细阅读。

(3)易保存、可重复。由于报纸的特殊的材质及规格,相对于电视、广播等其他媒体,报纸具有较好的保存性,而且易折易放,携带十分方便。一些人在阅读报纸过程中还养成了剪报的习惯,根据各自所需分门别类地收集、剪裁信息。这样,无形中又强化了报纸信息的保存性及重复阅读率。

(4)具有一定的权威性。消息准确可靠,是报纸获得信誉的重要条件。我国大多数报纸历史长久,且由党政机关部门主办,在群众中素有影响和威信。相比时下的网络媒介而言,更容易被受众信任。

(5)印刷难以完美,表现形式单一。报纸的印刷技术最近几年在高新科技的支持下,不断得到突破与完善,但受材质与技术以及成本的限制,报纸的印刷品质不如专业杂志、直邮广告、招贴海报等的效果。报纸仍需以文字为主要传达元素,表现形式相对于电视的立体、其他印刷媒体的斑斓丰富,显得单调。

(6)报纸的种类多样、发行面广、覆盖面宽。在我国,报纸历来是主要的媒介形式之一。它几乎覆盖了社会各个阶层、各个行业的人们。此外,随着窄众化时代的到来,报纸的发行对象愈加的细分和明确,选择性强。报纸的发行区域和接受对象明确,发行密度较大。

2. 报纸的主要受众群

鉴于报纸自身所具有的广泛性和覆盖面宽的特点,其受众也横跨社会各个阶层,但由于媒介的发展,报纸的整个读者群也在发生显著的变化。

世界报业协会在一份战略报告中介绍了英国全国性日报成年人读者的调查情况,通过1972年、1982年、1992年和2002年四个年份的数据对比,发现随着岁月的流逝,报纸读者的比例越来越小。中国的报纸,也同样面临着类似的"读者危机",特别是18～34岁的年轻读者流失现象严重。

2004年中国人民大学舆论研究所的调查显示北京地区阅读报纸的人群

中,35岁以下的年轻读者已有11.6%由过去的经常阅读报纸转变为现在几乎不读报纸——他们已习惯于从互联网上获取新闻及相关信息。同样,北京新生代市场监测机构在"2005中国市场媒体研究年会"上提供的数据表明,在报纸和其传统媒体中,年轻的读者群数量有所减少。即使仍然保持读报的读者,读报的时间也在不断缩短。

不同群体读者普遍流失:男性、15～34岁、高学历、学生和公司白领等群体的读者流失较多,2006年初全国城市居民中的读报人数比2003年减少了3.7个百分点,除了65岁以上读者增加外,其他不同年龄、不同性别、不同学历、不同职业的读者均在流失,其中男性中读者人数减少了4.5%,15～24岁和25～34岁居民中读者人数分别减少了6.0%和7.9%,高等学历(大专及以上学历)群体中的读者比例减少了6.7%,均高于居民总体的相应比例。另外,从工作状况和职业来看,学生、教师、医生、律师等专业人士、企事业公司管理人员和普通人员以及个体户和自由职业者的读者减少比例也高于居民总体水平。[①]

(二)投放报纸广告的心理策略

1. 从报纸广告发展轨迹把握投放趋势

进入20世纪以后,在西方经济发达国家的报纸广告发展迅速。随着广告刊载数量的增多,一份报纸的版面越来越多,报纸广告从政治、军事、经济、文化等信息的传播,一直到个人生活的各个领域。有的报纸的周末版上信息容量竟然达五六十万字,其中有很大部分为广告信息以及与广告有关的宣传信息。

随着电台、电视、网络等媒介的发展,报纸广告的增长趋势渐缓。

2. 依据报纸广告类型及特征做投放分析

(1)报纸广告的类型

报纸广告大致可以分为三类:分类广告、展示广告和增刊广告。①分类广告。版面位置相对固定、规格较小,多数情况下按行业划分,以便于读者查找。分类广告具有篇幅短小、收费低廉、方便快捷等特点。②展示广告。这是报纸广告最重要的一种形式之一。除了编辑区的任何版面,它都可以以任何大小的篇幅出现。展示广告可以进一步分为两类:地方性的(零售性的)和

[①] 雷龙云、吕卉. 报纸读者流失状况分析——趋势、流向、成因、影响和应对措施. 中国报业,2006 -9,第51～52页。

全国性的(一般性的)。全国和国际性的公司、组织和名人用全国性的展示广告来维持其品牌的影响力,或者支持地方零售商和促销活动。区域性的公司、组织和个人则以较低的费用刊登地方性的展示广告。③增刊广告。全国性和地方性的广告都可以在增刊上刊登广告。所谓增刊广告,是一个星期内,尤其是在报纸的周日版出现的广告插页。杂志也有增刊广告。报纸增刊广告还可是自由插页,又称作自由插入式广告。这些在其他地方事先印刷好的广告可以是一页,也可以是多页。这种形式的报纸广告得以普及的原因之一是:它能更好地控制印刷质量和色彩精确度,也是很好的优惠券载体。

根据广告所占位置和版面大小,常规的报纸广告又可分为"报眼、跨版、通栏、双通栏、中缝、整版、小全版、半版式及其他尺寸样式"。[①]

(2)报纸广告的特征

①灵活性。报纸有地理上的灵活性:广告主可以选择在某些市场做广告,在某些市场不做。除此之外,报纸广告还有制作上的灵活性,可变的广告格式,彩色广告,自由插入式广告,地区差别定价,样品展示,增刊广告……都是报纸广告的选择。

②全国和地区间的互动。报纸为全国性的广告主和地区零售商提供了一个联系的桥梁。一个地区零售商可以通过刊登类似的广告很容易地参与到全国性的竞争中去。此外,需要迅速实施行动的计划,例如,减价和发放优惠券,都可以很容易地通过地方报纸得以实施。

③产品类型限制。报纸广告由于其印刷媒介的限制,有些产品不适合在报纸上做广告,例如要演示的产品等等,也不能够全方位地展现出产品的特性,需要配合其他的媒介共同来进行。

④再版印刷质量差。除了特殊的印刷技术和事先印好的插页,虽然有了新的生产技术引入,但与杂志、说明书和直接邮寄广告相比,报纸的再版质量依然很差。另外,由于日报要求快速,对生产过程更细致的准备和管理难以办到,而周刊和月刊则可以做到。

⑤干扰度高。很多报纸因为刊登广告而显得杂乱不堪,尤其是一些都市类报纸的广告,而时下十分盛行的分类广告,更是增添了报纸广告的厚度,过量的信息削弱了单个广告的作用。

---

① 陈亮.智略:广告媒介投放实施方法.北京:机械工业出版社 2006 年版,第 24 页。

3．选择报纸媒介的参数

（1）同电视、广播一样，选择报纸作为广告媒介也有一些基本的衡量指标。

目标群：即是报纸的读者群，广告客户会根据报纸的读者群和自己广告的目标受众对比分析，选择二者契合范围最大的报纸作为其发布广告的媒介。

发行量：发行量的大小在一定程度上代表的是报纸的覆盖的受众面，在一定意义上也决定了客户广告传播的区域范围。所以，很多广告客户在选择报纸媒介时，其发行量成为一个重要的衡量指标。

报纸的品牌形象：主要是报纸自身在受众以及业内的价值，包括满意度、知名度、忠诚度、期待度等维度。

（2）如今报纸广告发展的实际情况。在电视、杂志、互联网等传媒的强烈攻势下，报纸广告的市场空间被不断压缩、抢占，国际国内概莫能外。我国的报纸广告收入虽然年年保持增长的势头，但是在广告总量中所占的份额却有下降。

目前中国的报纸广告以品牌类和促销类为主，品牌类的广告都是大企业在按照游戏规则投放，而促销类则五花八门、没有章法，以报花、报眼、分类广告、专题等命名的广告不计其数。企业投放报纸广告促销类占据大多数，因为每期报纸产生的效果基本在一周之内就可以表现出来，一周后就基本失去了意义，所以无论是什么形式的广告，基本都是以冲击销量为基本目标，整版模式和半版模式成为很多暴利产品的首选，因而较为短视，其效果越来越有限。

总之，把握报纸广告受众的接触心理，有利于报纸广告投放的准确规划。

二、杂志广告的心理功能分析

杂志期刊同报纸一样，是平面媒体中非常重要的组成部分。

（一）杂志受众的接触心理

1．杂志受众的接收心理特征

（1）受众的同质性较高。杂志最明显的一个特点就是其目标受众非常明确，因此，杂志的细分化和专业化带来的是其受众群体的同质性与聚合化，同一杂志的群体具有非常强的凝聚力，他们具有共同的价值观，相似的爱好等等。

（2）接纳性高。杂志同平面媒体一样，其传统媒体的地位赋予了其在人们心中更可靠的形象，而杂志内容本身的权威性和可信性使广告更易被受众所接纳。如,在《财富》上刊登的广告更可能会给商界人士留下深刻的印象。

（3）主动性强。杂志的周期很长,被认为是生命力最强的媒体,而杂志中广告借助印刷良好的优势,以及在一些软文的依托,使读者非常主动地去阅读广告,并且由于其视觉文字的协助下,读者的认知和卷入度也非常高。

（4）较高的消费能力。杂志同报纸不一样,杂志的价格都会相对的昂贵,尤其是一些时尚杂志,其读者都是具有较高的消费能力,且杂志定期出版带来的是受众的稳定阅读,忠诚度较高。实际上,时尚类杂志也是占据杂志广告投放额之首,见图 9-8。

2. 杂志的主要受众群

目前在我国整个期刊的市场格局呈现出“工”字形,整个读者群也表现出相应的特征。① “工”字的上杠由以广告为主要赢利模式的大品牌高端期刊市场构成,他们普遍与国际接轨,代表了目前中国期刊出版运营的最高水平。尽管市场门槛高,但新进入者依然不减,市场竞争日趋激烈。以《时尚》、《瑞丽》等为代表,其受众群均为 20～30 岁左右的年轻女性,受过良好的教育,有较高的消费能力,追求时尚,对新产品、新事物保持着强烈的好奇心。“工”字的下杠由以发行为主要赢利模式的老品牌期刊构成,有着庞大的读者市场和发行基数,但缺乏新的高水平进入者,市场竞争相对平缓和稳定。这些杂志的读者的影响力在中国社会经济的市场化及价值多元化的进程中逐渐减少,从而可能导致这一类刊物的市场地位和影响力的边缘化。以《读者》、《知音》、《故事会》等为代表,这些类型的受众集中在普通市民阶层,有较高的忠诚度,年龄跨度较大。“工”字形的中间部分则是绝大多数林林总总的期刊,它们数量多、种类新、运营不稳定。其读者群也不是固定不变的,处在不断的流动更新中。

（二）投放杂志广告的心理策略

1. 从杂志广告发展轨迹把握投放趋势

我国的杂志广告发展:1883 年在广州创刊的《东西洋考每月统计传》月刊是最早刊登“行情物价表”之类商情的刊物。之后,中国其他的一些刊物也开

---

① 中国期刊业趋势探询.中国图书商报.2005 年 4 月 14 日。

始陆陆续续的出现广告。进入 20 世纪,有了现代印刷技术、造纸技术、摄影技术以及数码技术等方面的新成果,为受众提供更丰富多彩的视觉效果,为杂志广告的发展提供了良好的条件。但在我国,整个杂志期刊广告市场与其他主要大众媒介相比,发展并不迅速。如,1999 年杂志广告总经营额为 8.9 亿元人民币,在各种媒体广告经营总额中只占 3.07%;同年电视广告总经营额为 156 亿元,在各种媒体广告经营总额中占 53.87%;报纸广告总经营额为 113 亿元,在各种媒体广告经营总额中占 38.75%。[①]

2. 依据杂志广告的类型及特征做投放分析

(1)杂志广告的类型

杂志广告基本可以分为两种,一种是硬广告形式,另一种则为软广告形式。①硬广告形式:它是以直白的广告出现在杂志内,可以分为封一、封二、半页、整版、横半版、竖半版、1/3 版、题花、页眉等等样式,多为产品展示、公司形象宣传等。②软广告形式:即为隐性广告。这一类型的广告是和文章内容紧密结合,直接嵌入文章中,或专门为该产品和服务设置一个专栏。这一类型的广告在受众无明显抵触情况下,巧妙地传达了广告信息,同时也让受众获得了他想要的信息。当然其他媒体也有此类嵌入形式的广告。

(2)杂志广告的特点

①杂志读者比较固定,具有明确的稳定的读者群体。因而,其广告对象针对性较强。杂志一般是针对某一专业、某一读者群进行宣传、出版,其内容不同于报纸、电视、广播那样包罗万象,其读者文化层次较高,对于杂志有比较持久的兴趣,忠诚度高。因此,在广告目标对象上,它更为集中和准确,受众的特点也更为突出和明显,这样更有利于广告客户的选择。②由于杂志的保存期较长,传阅率也会较高。③视觉效果好。杂志通常采用高质量的纸张印刷,因此有很好的视觉效果,可以印出更加精美的黑白或彩色图片。④有限的灵活性。杂志的周期较长,一般版周期少则七八天,多则半年一年,其截稿日期也较早,在有些情况下,广告主在一份月刊出版的前两个月就要把彩色广告的版画送到印刷厂去,容易失去许多广告传播的最佳时机。⑤杂志的专业性强,传播面窄。这是相对广播、电视等媒体而言的,除少数杂志具有百万份以上发行量外,大多数杂志发行量较小,影响面比不上报纸、广播、电视,

---

① 张伯海.中国杂志鸟瞰.出版广角,2001 年 04 期。

因此会在一定程度上限制广告产品的范围。

3. 选择杂志媒介的参数

一般广告客户在选择杂志作为其投放广告的媒体时,会有一些基本的指标衡量杂志的价值。通常和报纸一样,主要有目标群、发行量和杂志的品牌形象。

无论是广告投放的杂志类别还是投放广告的品牌,都显示出高度的集中性,少数的品牌投放在少数的杂志上,这一方面反映了现今我国杂志市场的走向,另一方面,也显示了杂志市场具有很大的潜力。

第四节　网络广告的心理功能分析

一、网络受众的接触心理

网络媒介从诞生伊始就显示出同传统媒介截然不同的特性,其受众即网民也具有自己的鲜明特点。这些特点的产生,一方面依赖于网络技术,另一方面,则依赖于网络所提供的环境。

1. 网络受众的接收特征

(1)即时性。在网络上,信息以分钟甚至秒的速度在不断地即时滚动更新,并且可以借助数码摄录设备和手机等现代化工具进行现场直播。同时网络后台的编辑还可以迅速调出与事件相关的背景图文资料,让受众了解得更全面。

(2)虚拟性。与传统媒体不同,受众是在网络这一虚拟环境下接受网络信息或服务。网络给他们提供的"匿名"状态,是一种能够充分放开自己的环境。

(3)自主性。网络技术使得受众可以更加自由地选择自己喜欢的网站、信息或服务。更重要的是,网络受众的媒介消费行为,在时间和空间上有更多的自主性。他不必再根据电视台、电台的时间表来安排自己的行动,也不一定要在某个固定的空间里看电视或听广播。网络受众对于自己的日程和安排,有了更多的决定权和选择权。

(4)参与和互动性。网络环境下,受众的另外一个显著的特点就是具有极高的参与度,网络受众不仅仅是接收者与旁观者,网络受众更多的加入到传播过程中,他们可以相互交流并提出自己对信息的需求,可以对传播内容提出看法、反馈意见,也可以将自己认为有价值的信息放到网上传播。

(5)分众化(个性化)与社群化。在传统的大众媒介里,受众的概念更突出"大众",指的是"较大数量的"、"异质的"传播对象,即"不定量的多数"。而网络技术使得受众能够更趋向于"分众"。传统媒介的传播方式是"点对面"的,个体只是作为受众中的一员存在。而网络却使"点对点"传播成为可能,也就是网络能够为个体"量身定做",提供他所需要的有关信息。一方面,网络上的受众呈现出极其分散的个性;另一方面,来自全世界的网民都可以在网络寻找具有相同兴趣和爱好的网友,互通消息,交流知识。在某种程度上,可以说网民是以社群化的形式存在的。如,各种各样的社区、BBS 和自由论坛。

(6)全球化。互联网使人类"地球村"的梦想变成了现实,信息的获取和输出都是在全球范围内流通,为世界各个角落的机构和个人提供了前所未有的便利。传播的内容跨越了国界,所有参与传播的人构建的网络内容都属于全球化信息的一部分。

2. 网络的主要受众群

(1)下面试图从网民的性别、年龄、学历等几个方面来详细把握网络受众群。2007 年 7 月 18 日,中国互联网络信息中心(CNNIC)在京发布《第 20 次中国互联网络发展状况统计报告》。报告显示,截至 2007 年 6 月 30 日,我国网民总人数达到 1.62 亿,半年来平均每分钟就新增近 100 个网民,半年的增长接近去年全年的增长量,互联网普及率也达到了 12.3%;宽带网民数达1.22 亿,手机网民数较去年翻了 2.6 倍,已有 4430 万人。网民中男女比例差距逐渐缩小,截至 2007 年 6 月,网民中女性比重上升到历史新高点 45.1%,女性网民正逐渐撑起互联网的半边天。但是,还没有达到中国人口比例中男性与女性 51.5%:48.5%的均衡程度。从年龄结构来看,目前中国网民年龄结构发展不均衡,以年轻网民居多。1.62 亿网民中,25 岁以下比例已经超出半数(51.2%),30 岁及以下的网民比例甚至达到了 70.6%。从网民的学历来看,大专及以上学历的网民为 43.9%,高中及中专学历的网民为 34.2%。

(2)受众是如何使用网络的呢?根据 2007 年中国互联网络发展状况统计报告的数据,受众网络应用使用率如表 9-1。由此发现,网络新闻和搜索引擎是网络发挥信息渠道作用的代表性应用。尽管中国网民的这两种网络应用使用率都非常高,3/4 的网民都在网上看新闻和使用搜索引擎,除这两项外,写博客作为一项新兴的信息类工具,在中国迅速扩散开来,已经有近 1/5 (19.1%)的网民青睐在网上写博客。

表 9-1　中国网络应用使用率

	使用率		使用率
信息渠道		**生活助手**	
网络新闻	77.3%	网络求职	15.2%
搜索引擎	74.8%	网络教育	24.0%
写博客	19.1%	网络购物	25.5%
交流工具		网络销售	4.3%
即时通信	69.8%	网上旅行预订	3.9%
电子邮件	55.4%	网上银行	20.9%
娱乐工具		网上炒股	14.1%
网络音乐	68.5%		
网络影视	61.1%		
网络游戏	47.0%		

网民对互联网的满意度调查显示:中国网民对互联网的总体满意度是 60.5%。网民对互联网内容的丰富性最满意(81.1%),网民对互联网的资费满意度最低(24.6%)。与 2006 年 12 月的满意度比较,总体满意度提高很多,满意度上升了 12 个百分点。网民对内容丰富性的满意度上升了 27 个百分点。但是对互联网资费标准的满意度在下降,半年内下降了 3 个百分点。网民对互联网最反感的两大方面是网络病毒和网络攻击。比半年前情况改善的是,网民对弹出式广告/窗口的反感程度大幅降低,一方面说明网络广告的投放形式在改进,另一方面可能与网民安装浏览器弹出窗口拦截工具软件有关。

及时掌握网络受众的基本特点以及网民使用网络的偏好,有利于精准地进行网络广告的投放。

(三)投放网络广告的心理策略

1. 从网络广告发展轨迹把握投放趋势

网络广告,是以信息网络特别是因特网(Internet)为媒体而刊发的广告。

网络广告的历史十分短暂,它最初是由美国奇迹(Prodigy)商业在线服务公司首创的。1994 年 10 月 14 日,美国著名的《热线杂志》首开网络广告的先河,推出包括 AT&T 在内的 14 则广告主的图像和信息,宣告了网络广告的诞生。到目前为止,世界网络广告共经历了开创阶段、挫折(垃圾邮件大战)阶段、接受阶段、发展阶段。

互联网进入中国内地是 1994 年 5 月,1997 年中国才真正出现网络广告。网络广告在我国还有巨大的发展空间。我国网络广告的发展脉络如下:

(1)我国网络广告的开端及其高速增长(1997 年—2000 年)

1995 年 7 月,中国黄页成为中国第一家发布商业信息的网站,堪称我国网络广告的先锋。由于我国的网络技术水平远远低于发达国家,国内企业上网也仅限于对外商务要求,有一些网站基本上处于闲置状态(即空有主页,不见详细内容),更谈不上发布广告,这种局面一直持续了几年。1997 年 3 月,一幅 Intel 的 486×60 像素的动画旗帜广告贴在了 Chinabyte 网站上,这是我国第一个商业性网络广告。随后,一些访问量达到 $1 \sim 2$ 万的网站也开始经营广告,"网络广告"的概念逐渐形成。1999 年为政府"上网年",政府的扶植为网络在中国的发展创造了条件。我国出现了"中华网"、"新浪网"、"网易网"等在美国纳斯达克股票市场上市的大型网络企业。网络广告专业制作公司开始在互联网上登录。

据艾瑞市场咨询公司的调查:1997 年中国网络广告的收入不足 100 万,1998 年中国网络广告的收入为 3000 多万,1999 年接近 1 亿,2000 年中国网络广告的收入达到 3.5 亿。中国网络广告的年增长率超过了 200%,特别是 1999 年—2000 年间增长率达到了 289%。几年里中国的网络广告额几乎是以几何数方式增长。

(2)网络泡沫过后网络广告的增速锐减(2001 年)

2000 年,中国网络广告的收入是 3.5 亿元人民币,2001 年仅为 4 亿元人民币,年增幅由 289% 锐减到 11%。据 AC 尼尔森的调查,2001 年国内主要媒体电视、报纸、杂志的广告收入分别是 660 亿元、240 亿元、16 亿元,增幅分别是 17%、13% 和 21%,分别是同年网络广告收入的 157 倍、57 倍和 4 倍。在广告市场中,网络广告仅分得了 0.4% 的份额。中国网络广告遭遇了发展史上的一个严冬。

(3)抓住机遇促成网络广告回暖(2002 年—2003 年)

Iresearch(艾瑞市场咨询)对 2002 年网络广告的调查显示,中国网络广告总额与 2001 年相比,增幅达到了 26%。2003 年,中国网络广告的总额增幅超过了 30%。一方面是各大门户网站对网络广告倍加重视,把网络广告作为一种重要的盈利方式,与此相呼应的是一些大的广告主也开始看好网络广告这个新的媒介形式。来自艾瑞市场咨询的网络广告监测站对 2003 年 1 月—7 月中国网络广告统计数据显示:2003 年 1 月—7 月新增网络广告主 752 家,特别值得一提的是房地产类也增加了 87 家广告主。更多的传统行业的广告主热衷于网络广告的投放是网络广告业欣欣向荣的预兆。①

(4)网络广告稳健发展开始走向成熟(2004 年—2007 年)

在经过 2003 年网络市场的回暖后,整个网络广告市场开始呈现出稳健发展的趋势。2004 年,网络广告年度经营额达到 8.1 亿元,较 2003 年增长 30.7%,中国网络广告市场规模达到 19 亿元②。截至 2005 年底,网络广告经营额达到 31.3 亿元,增长额为 50%,其发展速度还在不断提升。2006 年,在新浪和搜狐等门户网站公布的年度财务报告中,网络广告收入是门户网站最主要的收入。中国互联网协会发布的《2007 中国互联网调查报告》显示:2006 年我国网络广告(不含搜索引擎在内)收入达 49.8 亿元,比 2005 年增长了 50.91%。来自 DCCI 互联网数据中心数据报告:《Internet Guide 2008 中国网络广告市场调查研究报告》显示:2007 年中国网络广告整体市场规模增长至 76.8 亿元人民币。表明我国互联网开始跻身于主流媒体之列,我国网络广告市场在稳健发展的基础上,开始迈向成熟。

2. 依据网络广告类型及特征作投放分析

(1)网络广告的类型

目前,网络广告的形式常见的主要有以下几种形式:

①横幅广告又称旗帜广告,是网络广告最早采用的形式,也是目前最常见的形式,它是横跨于网页上的矩形公告牌,当用户点击这些横幅时,就会直接链接到广告主的网站上去。横幅广告有全尺寸、全尺寸带导航条、半尺寸、方形按钮、按钮♯1、按钮♯2、小按钮、垂直 banner 等多种规格。

从表现形式来看,横幅广告可以分为三种类型:静态横幅广告是由一个固定的图像组成,网络广告在初始阶段采用的就是这类横幅。它的优点是非常容易创作,占用的字节比较小,容易下载。缺点是广告的讯息内容有限,形

---

① 黄玉涛.解析中国网络广告的发展轨迹.中国广告,2004 年 07 期,第 91—92 页。
② 2006 年:中国文化产业发展报告.北京:社会科学文献出版社 2006 年版,第 181 页。

式呆板不易引起兴趣。动画横幅广告是由多个 gif 图像组成,运行起来就像几个连续画面逐一展开,由于具有动画效果,很容易吸引浏览者点击。动画横幅广告的制作成本比较低,占用空间小,一般不超过 15KB。互动式横幅是较新颖的一种形式,它利用特殊的编写工具使浏览者可以和横幅广告之间发生互动,例如参加游戏、插入信息、下拉菜单、填写表格等。

②文本链接广告通常位于页面的显著位置,以文字的形式出现,受众直接点击就可以进入链接的网站。这类广告语言精练、冲击力强大。它不影响下载的速度,是一种对浏览者干扰最少,但却最有效果的网络广告形式。

③电子邮件广告,一般采用文本格式或 html 格式,就是把一段广告性的文字放置在新闻邮件或经许可的 Email 中间,也可以设置一个 URL,链接到广告主公司主页或提供产品或服务的特定页面。但是因为许多电子邮件的系统是不兼容的,html 格式的电子邮件广告并不是每个人都能完整地看到的,因此把邮件广告做得越简单越好,文本格式的电子邮件广告兼容性最好。

电子邮件广告具有针对性强、费用低廉的特点,且广告内容不受限制。特别是针对性强的特点,它可以针对具体某一个人发送特定的广告,为其他网上广告方式所不及。

④插页广告亦称为弹跳式广告,访客在请求登录网页时强制插入一个广告页面或弹出广告窗口。它有点类似电视广告,都是打断正常节目的播放,强迫观看。

插播式广告有各种尺寸,有全屏的也有小窗口的,而且互动的程度也不同,从静态的到全部动态的都有。浏览者可以通过关闭窗口不看广告,但是它的出现没有任何征兆。许多广告主喜欢这种形式,但易引起受众的反感。

⑤互动式游戏广告是指在网络游戏中嵌入和游戏环节所需要的商品的广告信息,例如,在一款游戏中,游戏的主人公喝的是 XX 牌可乐或绿茶,这类的广告在受众不知情的状态下,巧妙地传达了广告信息。

⑥关键词广告多用于搜索引擎中,当用户用搜索引擎查找某个关键词时,与该关键词内容相关的产品广告就会显示在结果页面上。由于用户在利用搜索引擎寻找相关信息的时候具有很强的目的性,因此,关键词广告很容易帮助广告主找到对产品感兴趣的潜在消费者。而对广告主来说,只有用户搜索到相关的关键词并点击进入广告主的链接时,才需给搜索引擎网站付费。

⑦赞助式广告就像对电视节目和广播节目的赞助一样,广告主也可以对

网站的专题内容进行赞助。企业出资赞助网站的一个或相关版面,作为交换条件,网站给企业提供充分展示的机会,具体的方式包括冠名、横幅广告等;也可以采取增值组合的方式,将广告主的品牌与网站的内容结合起来,可以增加品牌的曝光机会和影响力。不过,给网站提供赞助的企业也应该考察网站与内容与企业品牌的相关性。

(2)网络广告的特点

网络广告具有互动性、持久性、多元性及密集性等四大特点。

①互动性。传统媒介的信息流动多是单向式的,受众接收信息更被动,反馈性差。互联网的出现使得互动的、积极的信息传播成为可能。受众能够在网络搭建的平台上直接与广告主交流、咨询,提出具体的要求,广告主也能够及时地收集消费者的反馈信息,掌握第一手的市场资料,快速地根据市场变化调整营销策略,"在新的广告传播模式中占据重要位置的是细分化、速度感、轻松和'日常会话'的沟通"①。

②形式的多元化。网络广告在尺寸上可以采取旗帜广告、巨型广告,在技术上还可以用动画、flash、游戏方式,在形式上可以在线收听、收看、试玩、调查等等,可以集各种传统媒体的精华,呈现出多媒体化的趋势。互联网整合了平面、广播、电视等媒介的优势,使得网络广告既能像平面媒体广告那样,做到信息的详细、完整,逻辑性强,也能像电视广告一样提供色泽丰富、形象生动真实的产品介绍,加强受众的感性认识。

③信息的延展性。如果信息时效性已过时,即使还具有使用价值的信息,也难以成为传统媒介的关注点。而网络信息不仅有及时性,过时而有用的信息仍能找到。互联网庞大的信息储存能力及方便的信息查询方式,为消费者及时查阅"过时而有用的信息"提供了其他媒介所不可能具有的快捷与方便。这也使消费者在不同的广告信息之间作比较具有现实的可操作性,符合理性消费的发展趋向。

④网络的数据统计能力。网络强大的技术平台,可以为广告主提供更为详细的网络用户的统计资料。"网络的'据实统计性'(Accountability)使网民在网络上的所有行为都'有案可考',不致'查无实据'。"②这使得广告主能够将无差别的同质化的大众市场划分为细分化的分众市场,能够依据客户的具

① 2006年:中国文化产业发展报告.北京:社会科学文献出版社2006年版,第187页。
② 刘一赐.网络广告第一课.北京:新华出版社2000年版,第12页。

体要求提供信息,使互联网成为名副其实的分众化(Demassification)媒介,也为后期广告效果的衡量提供了有力的可靠参数。

3. 选择网络媒介的参数

广告客户在选择网络媒介时,也有几个可考的参数:目标群即是网站的受众群和网站的品牌形象;还有点击率,即是受众对网站的访问量的多少,在一定程度上,它代表的是网站受欢迎的程度,也意味着网络广告被点击的概率。

目前国内的网络广告主要集中在几个门户网站上,四大门户网站新浪、网易、腾讯和搜狐近来先后发布的 2007 年第三季度财报显示,四大门户本季度网络广告总收入首次突破了 1 亿美元大关,达到了 1.08 亿美元[①]。

第五节　其他广告媒介的心理功能分析

其他的一些广告媒介,有的是技术上的变化,有的是传统媒体的新发展等。这些广告媒介虽然种类颇多,但始终是围绕着广告传播与接受的过程而言的。

下面重点介绍几种主要的形式:

(一)嵌入式广告[②]

1. 嵌入式广告的含义

目前对嵌入式广告(置入式广告)的界定较多。Russell 在 2005 年指出:嵌入式广告是指"委托单位"(广告主或政府单位等)通过付费或利益交换的方式,有计划地将产品及品牌、服务或理念的相关信息,嵌入于任何形式的媒体内容之中。包括电影、广播、电视节目、报纸杂志、新闻报道、音乐录像带、电动游戏以及小说等。事实上,嵌入式广告就是同媒体的娱乐性内容消费相结合,以"软性"或"隐性"的方法向受众传播广告产品和品牌、服务或理念以及企业等相关信息。其嵌入媒体可以涵盖广播、电视、电影、杂志、报纸、网络和游戏等。

Jay Newell 和 Charles Salmon(2003)曾对嵌入式广告在美国的诞生及发

---

① 来源:中国证券报 2007/11/23/。
② 参考卢士丽.嵌入式广告的受众心理分析.北京:中国传媒大学硕士论文,2007 年。

作做出了详细梳理①。认为其在美国的诞生可以追溯到 1890 年代的日光肥皂剧(Sunlight Soap)。Harmetz(1983)认为"嵌入式广告"一词作为专业术语最早出现在 1980 年代。1982 年电影《ET 外星人》中成功地嵌入进里斯巧克力使得该巧克力销量猛增之后,嵌入式广告开始了它的蓬勃发展,在某种程度上这一事件也标志着嵌入式广告作为一个产业开始正式形成(Snyder 1992;Van Biema 1982)。Balasubramanian(1994)也认为"嵌入式广告直到 1980 年代才开始被广泛关注和组织化"。被普遍接受的观点是:嵌入式广告最初作为道具交换开始出现,逐渐演变成为行销手段直到现在变为一种收入来源。它的基本商业运作模式出现在 19 世纪、发展于 20 世纪,在 21 世纪初期持续风头正劲的蓬勃发展(Jay Newell,Charles Salmon,2003),如今它已经占据了美国广告市场的巨大份额。CBS 主席预言在 2005 年随后的季节,美国主要电视网的电视剧将有 75% 的资金来源于嵌入式广告。它不仅被广泛运用于电影、电视节目或音乐录影带中,而且被拓展内嵌于平面媒介,广播节目、流行歌曲、电视游戏、舞台剧、小说等(Gupta & Lord,1998)。任何同"内容"结合的广告信息都可以被纳入嵌入式广告的运作范畴。

2. 嵌入式广告的特点

相比于传统意义上的广告,嵌入式广告明显的不同之处在于其广告信息的表现手段以及广告主方面,嵌入式广告具备以下的主要特点:

(1)同媒介内容的融合性。嵌入式广告以内嵌于内容之中的表现方法,将产品、品牌或服务内容策略性的融合进节目之中,根据嵌入程度的不同甚至能够成为推动情节发展的主要线索和工具,并通过各种手段的再现,让受众难以分辨。

(2)同媒介内容的渗透性。同传统广告相比,嵌入式广告并不单独占用媒介资源,不需要媒介为其分割出独立的时间板块,广告信息的发布和表现渗透在整个节目的进行过程之中。

(3)娱乐化的广告表现手法。同传统广告所使用的以"产品"、"品牌"为导向的传播表现手法相比,嵌入式广告采用的是一种"娱乐化"的方式。嵌入式广告的主要承载媒介电影、电视等作为大众普遍采用的娱乐工具,使得其可以在向受众传递娱乐信息的同时"润物细无声"的完成嵌入式广告的发布过程。

---

① Running Ahead:Product Placement 1896—1982 AEJMC Ad Division:Special Topics,2003.

（4）低干扰度、低介入的传播方式。嵌入式广告因自身的融合性、渗透性特点对于受众来说几乎不存在实质意义上的"硬性干扰"，很好地规避了受众对于传统广告"避之不及"的抵触心理，因此受众介入程度也较低。

（5）具有更加广阔的受众范围及传播时效。传统广告由于媒体地域性发行以及落地的限制常常会带来广告覆盖受众的局限，而嵌入式广告完全可以通过电影、电视剧等的全国甚至全球发行扩大受众范围。另外，传统广告都是由广告主付费购买一定长度、特定时间（空间）范围内的媒体时段（版面）来获得，这就导致了广告传播具有一定时效性限制。嵌入式广告通过电影、电视剧等的重复播出、影碟发行等手段，能够延续其广告的传播时效。

3. 嵌入式广告的形式

嵌入式广告依据其所嵌入媒体的不同，因而有不同的嵌入形式。目前电影、电视以及网络和游戏等新媒体已经成为嵌入式广告较多采用的媒体。

（1）关于以电影和电视节目作为嵌入媒体的嵌入式广告，有学者对其嵌入形式进行了探讨了归类，主要有以下几种分类：

①Gupta 和 Lord(1998)的三分类：

将其分为听觉置入、视觉置入、听觉＋视觉置入三种类型，在每种类型之中，依据不同的呈现模式（The Mode of Presentation）及显著程度（Level of Prominence）又有所区别。听觉置入将广告的嵌入只局限于角色对话的过程中，以口头方式提及产品的品牌或者服务，或由节目中人物以声音的形式传递有关品牌的信息；视觉置入将产品、品牌工具或者服务商标等广告标志物在镜头中出现，在声音上并没有特殊的信息或声响来吸引受众的注意；听觉＋视觉置入整合以上两种形式，在屏幕上出现产品、品牌工具或服务商标的同时，辅以口头提及该产品的品牌名称或以声音形式传递品牌的相关信息，在实际运用中较多地采用此种形式。

②Astous 和 Seguin(1999)的分类

一是隐含的嵌入方式（Implicit PPL）。在此种嵌入方式中，广告主并未刻意地、有计划地、有目的地将品牌、公司、产品出现在电影之中，所嵌入者通常较为被动，并不能清楚地呈现出产品本身的利益诉求点和特点；二是融合情景的外显嵌入方式（Integrated Explicit PPL）。在此种方式下，广告主有计划地将自己的产品、品牌、服务等明显地放置于影片之中，被嵌入物同剧情融合甚至在某些时刻起到了推动情节发展的关键作用，能很明显的展现产品本身的功能和属性;三是非融合情景的嵌入方式(Non-Integrated Explicit PPL)。广告主虽然有计划地将产品、品牌或服务放置在影片中,却并未通影片的剧情相融合,例如在片尾曲中显示出赞助商的名称。

③Russell,C. A. 的三维模式

Russell,C. A. 在 1998 年和 2002 年分别提出了较为系统的嵌入式广告类型的三维模式:荧屏画面嵌入(Screen Placement),此方式可以细分为创意式嵌入(Creative Placement)及现场嵌入(on Set Placement),如在餐桌上放置某种品牌的食品,依据不同的拍摄角度、暴露时长等有不同的显著程度;对白嵌入(Script Placement),在适合的情境中根据产品的要求设计演员台词,依据情节、配合语调、人物性格等让演员口头提及某一品牌或服务;情节嵌入(Plot Placement),有计划地让产品成为剧情的一部分,通过产品来塑造角色性格并结合前两种方式传达品牌名称或相关信息,增加真实感。

(2)在网络媒体中,目前应用较多的嵌入式广告形式有网页嵌入式广告和游戏嵌入式广告两种。

①网页嵌入式广告:其基本原理是通过语义匹配系统对网页内容进行检索、分析,以及监控系统对用户行为的实时跟踪,将广告信息加载于受众关注的网页正文关键词后。当网民对文章内的关键词感兴趣时,只要将鼠标移到关键词上,在不干扰阅读的情况下,关键词附近就会出现与其相关的文字、图片、轮播、flash、视频等形式的广告。

网页嵌入式广告有如下特点:在网络上投放覆盖人群的质量更高;表现形式好,可以把电视广告的内容全部搬上来,而且还有声音;更定向,可以选择和自己产品及品牌很相关的词,加深顾客的品牌联想和业务联想。如果量大,可以覆盖上万家网站,而且统计方便,能精确统计有多少曝光、多少点击、每个顾客看多长时间,多少比例的顾客会把广告看完等等。可供投放作参考。

②游戏嵌入式广告(In-game advertising)顾名思义是指内嵌在游戏中的广告,它把游戏变成发布广告的一种载体。它以游戏的用户群为基础,通过固定的条件,在游戏中的适当的时间,在适当的位置出现广告。与普通的商业广告的不同,游戏嵌入式广告所借助的载体是游戏这种新型媒体。从游戏和广告的结合形式上看,游戏广告是一种内嵌在游戏程序之中(In game)的广告。他在游戏场景中出现,在玩家玩游戏的同时起到广告传播的作用。追溯游戏嵌入式广告的出现,据说万宝路是最早在游戏里做广告的公司。20 世纪 80 年代,在世嘉公司的游戏机上,玩家可以驾驶着印有"MARLBORO"的赛

车在赛道上驰骋。到了网络游戏时代,游戏嵌入式广告有了更大的发展,越来越多的网络游戏都和广告主拉上了关系。还有肯德基,在腾讯发布的在线音乐竞速游戏中,就有其与肯德基的深度合作。

这种形式的广告特点有:一是广告针对性强,广告与游戏情节密切相连,且与玩游戏的受众的消费心理及其吻合,能够准确的到达目标受众,;二是形式的丰富多彩,广告之间嵌入游戏中,既可以将产品设置在场景中,也可以将它安放在道具上,既可以采用静态的也可以采用动态的形式出现;三是广告的传播的隐蔽性,广告是在置入游戏中的,其传播是在受众无知觉的形式下进行的,从而减少了受众对广告的抵触心理,以达到更好的广告效果。

4. 嵌入式广告的相关研究

在电视节目中,不同的商品属性、不同的嵌入形式以及观众对节目所持有的态度均会影响到受众对于嵌入产品所抱持的评价及认知,进而对于受众心理产生不同的影响。另外,由于嵌入式广告同媒介内容的融合性,基于这样的信息特质,Astous 和 Chartier(2000)认为,当人们在观看电影时有很高的注意力且包含很多的行动力(Activity),因此在观看过程中对于影片会有很高的涉入度,而受众对于信息的涉入度会影响受众信息处理的过程。受众涉入程度的高低会影响其信息处理时所采用的路径,且受众不同的信息处理路径也会带来不同的认知反应。因此,受众的涉入度可能会对最终的品牌辨识度有所影响。

社会判断理论(Social Judgement Theory)指出先前态度对传播信息效果具有影响,根据这一理论受众在理解嵌入式广告信息方面会以自己的先前态度作为信息判断评估的基础并对品牌辨识度产生影响。回顾以往的研究可以发现受众对嵌入式广告的先前态度是影响传播效果的重要变量,同时表明人们对于嵌入式广告大多存有正面的态度,但当所嵌入的产品具有争议性时,对这一广告形式还是会存有一些疑虑甚至是负面的看法或态度(Gupta&Gould,1997)。

(二)手机广告

目前,我国的移动电话用户总数已居世界首位。在三网融合的大趋势背景下,手机成为与电视、计算机一样重要的媒体终端。手机已不仅是现代通信工具,而成为一个移动媒体。人们通过手机不仅可以通话,还可以上网浏览、收发 Email、游戏娱乐、订购商品与信息服务等。手机广告把移动电话和广告结合起来,形成客户、商家和运营商三方受益的局面。一方面,手机作为一种新型媒体,广告公司和商家通过移动通信网络发布广告信息,等于把握了本地具有消费能力的客户,广告效果好,针对性强,信息的抵达率可至100%,是一种行之有效的经营方式和促销手段;另一方面,对于移动公司来说,移动广告业务使网络承载的业务量大为增加,在获得丰厚业务收入的同时还提高了网络利用率。

1. 目前手机广告主要有以下两种形式

(1)短信广告是目前手机广告的最主要形式,就是以发短信的形式进行广告信息的宣传和告知,其特点有:①发布费用低廉。②制作简单:只要编辑好文字即可。③到达率高:不容置疑,只要手机是在正常使用的情况下,都可以被目标群体接受到。④阅读率高:一般情况下,只要被受众收到了,基本就可以被阅读了。

(2)彩信广告是短信广告的发展,除了具备短信广告的基本特点外,它的技术特点使其具有更新颖的表现形式,增加了图片、甚至动画,内容也会比单一的文字更有可读性和趣味性,更容易为受众所接受。

2. 手机广告的优劣

(1)优势:个性化。手机之类的移动媒体不是面向大众,而是面向个人;互动性。通过移动媒介,传受双方可以相互实施影响。对于一则广告,消费者可以使用移动电话、短信、邮件、登录网站等形式向广告商作出回应,甚至还会将广告转发给自己的朋友们,形成所谓病毒式营销;高效性。在预先定位的基础上广告主可以选择用户感兴趣的或者能够满足用户当前需要的讯息,确保消费者所接受的就是他所想要的信息,通过对广告的成功定位,广告主就可以获得较高的广告阅读率。

(2)劣势:首先就是广告的真实问题,一些不法分子利用获得的手机号码,进行一些欺诈,使得用户整体对手机广告的可信性提出了质疑。其次是受众接受问题,与电视观众不同,移动电话用户不习惯商业广告的打扰。广告公司必须开发非常有吸引力的内容,以吸引移动电话用户,或者是提供相当的回报。再次是表现形式的单调性,同其他的广告形式相比,短信广告内容单一,彩信广告虽有提高,但与电视广告和网络广告相比仍显单调;此外,手机广告的真正发展必须依靠网络,而高昂的手机上网费用和3G技术的发展迟缓,使得手机广告局限在短信广告上,尚不能得到充分发展。

(三)车载电视广告

车载电视是指通过无线数字信号发射,地面数字设备接收的方式,进行电视节目的播放和接收,它是传统电视的更新形式,其载体包括火车、公交车、出租车、轮船等移动交通工具。一般来说它播放的内容:主要包括站点内容介绍、公交形象广告、服务用语 FLASH、喜剧小品、流行 MTV、儿童动画和近期上映的国内外大片的精彩预告等,现在也有了专门的移动电视新闻节目等,可循环播放。

车载电视广告的主要三种主力形式有:公交电视广告、列车电视广告、出租车电视广告,主要有以下优势:(1)高到达率。车载电视使乘车的过程充满了乐趣,并且由于其传播方式的强制性,使得受众接触和有效到达率在90%以上,并且在车身狭小和相对封闭的空间,观众对播放内容错过的相对较低。(2)低成本。相对于电视台电视广告,车载电视广告的价格较低。

车载移动电视广告存在的缺点:首先就传播环境而言,由于周围环境太吵,广告声音有时不起作用,信息传达不完整,广告效果会打折扣;其次是如何体现对他人利益和生活方式的尊重,移动电视永远不厌其烦地在你耳边喋喋不休,会引起人们的反感;此外,最多数的人群是乘坐公共汽车的流动人群,大多是城市最普通的人,购买力有限,这样对广告的范围就有了一些限制。

(四)楼宇液晶广告

楼宇液晶广告是指在以商业楼宇电梯间的液晶屏作为广告载体的广告形式。

楼宇视频媒体最先是由 Captivate Network Inc. 在北美创立的一种新媒体形式。2002 年开始在我国出现,如今楼宇液晶广告已遍布我国数十个经济发达城市的数万栋中高档商业楼宇。由于有效锁定了传统电视较难覆盖的中高收入群体,迅速成为中高端商品媒体传播不可或缺的重要组成部分。

楼宇液晶广告融合了电视广告和户外广告双重的特性,主要具有以下特点:(1)就受众范围而言,相对传统户外广告媒体而言更精确,相对传统电视广告而言又更为广泛,由于其安装的场所都是在商业楼宇间,受众对象的特点十分准确,大多是具有中高消费能力的白领阶层。(2)就其传播的场所来看,是在楼宇间大家乘电梯的空隙间,是一种强制性传播。首先在于视觉优先,液晶电视放置在电梯口或电梯内,在有限的空间内与受众面对面,构成强制性收视效果。其次在于注意优先,电梯厅作为短暂滞留的空间,人们处于烦躁等待中,精彩的广告和底部滚动信息播报,容易抓住受众的注意。受众注意力相对更为集中,卷入度会更高一些,根据第三方调查机构的数据,在接触频率调查中,"每次乘坐电梯都会收看"的比例高达45%。第三在于无法调换。它区别于正常的电视卫星传播,在商业楼宇液晶电视中只有广告,人们无法像面对自家电视那样遇见广告习惯性地转台调换频道。(3)就广告形式而言,它完全具备电视广告的一切特点,用声音、影像传播,形式多样化。

但同样,楼宇液晶广告也存在一些问题,无处不在的楼宇液晶广告被一些人视作是对人们空间的一种侵扰,面临着被质疑"过度开发"的局面;其次广告效果难以得到有效的测量;此外,楼宇广告终端设备的成本目前还过高。

(五)博客广告

博客广告是利用博客作为广告发布的载体的一种广告形式。它主要的特点有以下几点:(1)精准,根据博主博客的内容来划分的类型来分类,广告与内容有着直接的关联性,这样可以直接达到目标受众。(2)有效,采用后台的技术对博客的表现进行评比,并相应地给予报酬,一定程度上保证了广告的效果,有可以量化的数据作证明。(3)情感上的认同,这是广告有效的很重要的部分,对于博客广告而言,内容和广告类型的相关性会增加浏览者的情感上的认同,相当的内容中已经隐含了广告的成分,这也会在无形中增加广告的效果,相对于那些直接说服性的广告,减少了心理的抵触感。

国内最早的博客网在2006年推出了博客金行,所有的个人博客,向博客金行提出申请后,博客网将在其博客页面上挂出相应的广告。之后,博客网通过技术的手段,对各个博客页面广告进行跟踪分析和统计,按照广告访问量的不同、对广告主广告效果影响的不同等标准,与个人博主分钱。从而让那些想写写博客就赚钱的用户,通过释放自己各方面的能量,比如写出更具有吸引力的博客内容、更频繁的形式更新等,获得更多的赚钱机会。这个系统不仅面向博客网内的博客用户,也对所有的博客服务商和博客用户开发,大家都有机会与博客网分享商业收益。此后和讯网成立了和讯博客广告联盟,类似博客金行的操作模式,联盟将根据每一个博客的各种表现(包括但不限于:平均日流量,回复数,访问IP数,文章类型与质量)将该博客综合评比为相应级别,根据该博客的级别不同,该博客由访问流量所产生的收益将有不同级别的差异等级与算法。

这种模式还在探索中,广告效果最后的测量并没有明确,而博主内容由于有了广告的成分,其可信度被质疑,这样也会使得广告效果大打折扣。博客有商业价值,但目前还没有形成一个良好的博客广告的运营盈利模式。

(六)其他新兴媒介广告

在广告实践中经常是多种媒介相结合,除了上述新兴的媒介,还有一些常见到的值得关注的广告媒介形式,例如:一是卖场联播广告。卖场电视帮助品牌占据着终端的话语权,掌控现场销售的主动权,在卖场内封闭的广告环境中,每一个广告片的出现都是极具影响力的,它挑起了消费者对商品占有的欲望,帮助消费者完成了最后一刻的决定和品牌选择。卖场电视在空间上锁定了零售终端,在时间上则抓住了人们在消费决策的最后一刻,影响人们的品牌选择。在恰当的空间、恰当的时机、针对恰当的人群,并以恰当的成本完成比传统媒体更有效的传播,正是卖场电视广告的价值所在。二是公寓平面广告。全国电梯平面媒体网络,具有典型的面对直接受众精确传播的特点。它是由国内各主要城市及经济发达地区内的中高端商务及居住社区楼宇构成,媒体悬挂于电梯轿厢内部及电梯等候区(候梯厅)的墙壁之上,其所覆盖的受众为工作或居住于楼宇内的城市中高收入群体,广告信息对该人群进行准确、集中、反复的定向传播。这种广告的阅读受众质量高,均为各城市最具消费能力的高收入群体;媒体高效传播,每天平均4次的阅读频次排名其他类型媒体之首;广告干扰度低,密闭的电梯空间决定了它能免受其他众多广告的干扰;广告关注度高,特殊空间与环境,使受众产生主动阅读广告的愿望;视觉冲击力强,近乎零距离的视觉距离会令受众对广告的印象深刻。

总之,这些新媒介形式带来了新的媒介心理特点,给予了广告新的发展空间。在媒体投放时要结合广告的实际需要,综合考虑各种媒介的心理功能,做出既经济合理又具有好的广告效果的选择。

第六部分

广告环境心理研究

　　广告总是处在一定的环境中。如果以广告活动为本体或主体,那么广告环境就是广告活动生存与发展的平台。广告与广告环境相互影响,既有正向影响,也有负向影响。发挥其正面作用,降低其负面作用,即是现代广告人的基本社会责任。广告信息的传播以人为起点并以人为终点,因此,在广告环境对广告的影响以及两者相互促动的过程中,心理影响是其重要的组成部分。

第十章
广告环境的心理影响

本章探讨了广告环境在市场经济发展过程中发生的变化,分析了广告环境对广告活动的心理影响。广告环境的心理影响是通过对广告传者的观念和广告受众各种心理活动的作用,以及广告作品的心理效应来实现的。在本章中主要以我国广告环境变化产生的心理影响为例,着重分析了广告环境变化对受众观念的影响。

第一节　广告环境的变化

一、广告环境概述

(一)广告环境的内涵

在整个社会系统中,广告只是其中较小的一个组成部分。无论是宏观上的广告行业,还是微观上的具体广告活动,都受到广告所生存的社会环境和其本身行业特点的制约。因此,广告环境这个表述也就具有两个层面的意思。

对于广告环境的内涵,不同的学者从各自的角度赋予了其不同的定义。我们引用并赞同广告学者丁俊杰的看法,他认为广告环境有广义和狭义两种理解。广义的广告环境是指整个广告存在和发展所处的世界,在这个世界中包含着对广告发展有巨大影响力的诸种因素;狭义的广告环境是指执行具体广告活动的时间、地点和存在于当时、当地对广告活动策略和计划具有影响力的诸种因素。广义层面的广告环境的影响力不但可以达到具体的广告活动,而且直接影响广告发展的进程,而狭义层面的广告环境则对某个具体的广告活动而言,它的作用是局部的、细微的。[①] 本书所探讨的是广义的广告环境。

(二)广告环境的分类与心理影响

1. 广告环境与广告的关系

若以广告为中心向外看它与广告环境的关系,则发现最外层的是"广告的外环境",组成它的是整个社会中与广告发展有各种关联的经济条件、社会/文化条件、政治/法律条件;第二层是"广告的内环境",组成它的是广告业内部的科学技术、竞争、批评、人才、自律、交流与合作等条件。[②] 中心层是处在内外环境双重包围中的广告活动本身,它包括了广告传者、广告受众、广告作品、广告媒介和广告效果。

广告与广告环境相互影响。无论是广告的外环境还是广告的内环境,都对广告整体活动起着或促进或制约的调整作用。虽然广告的外环境和内环境共同对广告活动产生着作用和影响,但外环境发生着更大的作用。原因在于广告的外环境不但从根本上决定着广告的生存和发展,而且也对广告的内环境发生作用。相对而言,广告内环境的作用就更加具体了。

2. 广告环境的具体类别与心理影响

(1)广告的外环境及心理影响

广告的外环境主要包括广告的经济环境、广告的社会文化环境、广告的控制环境。[③]

广告的经济环境是在广告外环境中对广告起着决定性作用的因素。之

---

① 丁俊杰、康瑾. 现代广告通论(第2版).北京:中国传媒大学出版社2007年版,第84页。

② 同上。

③ 参见丁俊杰、康瑾. 现代广告通论(第2版).北京:中国传媒大学出版社2007年版,第90～94页。

所以这样说,是因为经济的发展进程决定着广告的发展程度,经济的景气与否决定着广告的兴衰,企业经营观念和市场竞争态势的变化推动着广告策略的演进,经济发展影响着受众的心理活动等。体现在影响受众心理的方方面面,如受众的消费需求、认知方式、态度观念、消费行为等(参见本书第三和第四部分)。

广告的社会文化环境是影响广告的又一个外环境因素。"文化指在群体经历中产生的代代相传的共同的思想与信仰方式,它是一个社会的思维方式以及适用于其成员的知识、信仰、习俗和技能。"[①]广告的社会文化环境包含了人们的社会生活状况和文化背景等因素。影响广告的"社会生活"因素主要有家庭、大众行为,流行、消费行为,非消费的社会行为等;影响广告的"文化"因素主要有生活习俗、民族心理、道德伦理、宗教信仰、价值观念(尤其是消费观)等。广告与社会文化环境是一种互动的特殊关系,广告既受社会文化环境的影响制约,同时广告本身又是社会文化的一个组成部分。从这个意义上说,广告是特定时代的社会文化的反映物。社会文化环境的变化促进广告所反映的文化和生活方式、内容的变化;同时,不同的民族、地域和时代有着不同的社会文化,广告只有适应这种社会文化环境才能产生好的效果。综合而言,社会文化环境对广告所起的作用是促进、调适和制约,它是广告环境心理影响的重要部分(参见本书第二至第四部分)。

广告的控制环境直接应广告发展的需要而产生,它直接针对广告行业的经营活动发生作用。这种环境对广告的控制主要是通过法律、自律及监督三种方式来实现。其中,广告法律一般由政府指定专门的机构监督执行,并通过政府或执法机关对违法行为加以评判和处罚。广告行业自律是广告行业内部所属机构和人员对有关广告行为进行控制的一种途径。监督则指的是广告受众的监督,一般由保护消费者权益的各种机构来完成。广告的控制环境直接影响着人们对广告的认识和信任度,尤其是各级控制机构的管理者和广告活动参与者。广告的控制环境对广告业的健康发展起着重要作用。

(2)广告的内环境及心理影响

广告的内环境即广告的行业内环境,是"指存在于广告行业内部的、对整个行业和行业内的诸种机构个体的发展起到促进、制约和调适作用的各种因

---

① 丁俊杰、康瑾.现代广告通论(第 2 版).北京:中国传媒大学出版社 2007 年版,第 89 页。

素。"①主要包括广告行业内的科学技术环境、广告行业内的竞争环境、广告行业内的人才环境、广告行业内的批评环境等。

科学技术环境指支撑广告行业生存与发展的科学技术条件。它的影响多方面地渗透到广告活动中,如:对广告作品表现技术上的影响等,它还尤其影响广告媒介的发展(参见第九章)。竞争环境是由竞争者、竞争条件、竞争理念和竞争行为所组成。竞争环境的心理影响尤其体现在广告传者的竞争理念(参见第二、三章)和广告效果(参见第十一章)的优劣中。人才环境是由人才条件、人才培养、人才选择和人才交流等方面组成。人才条件描述广告从业人员的基本情况,人才培养包括人才培养的观念、人才培养的机制,人才选择是人才评估、选择的标准和手段,人才交流体现的是人才流动。在这个人才至上的时代,人才选拔与培养显得尤为重要。人才环境的心理影响尤其体现在对广告人心理素质的研究上(参见第三章),广告人所必备的心理素质是选拔与培养广告人才的重要方面。批评环境是对广告作品的批评。一个完善的广告批评环境由三个因素组成:批评标准、批评人员和批评阵地。其中,批评标准是对广告作品进行分析与评价的依据和角度;批评阵地是广告批评发布的媒介。当今中国批评环境所起的作用还有待提高。批评环境的心理影响体现在对广告作品心理效应的评价(参见第四章和第十一章),以及对广告作品发展趋向的分析上。

二、广告环境变化与广告活动

(一)广告环境变化与广告传者

广告环境的变化影响了广告传者传播理念的变化。美国心理学者舒尔茨在其著作《整合营销传播》中形象地指出了传者传播思路的转变,即从以生产者为中心时代的"请消费者注意"转为以消费者为中心时期的"请注意消费者"。换言之,把广告受众的所想所感放到一个中心的位置上才是现代广告传者最明智之举(参见第二章)。

广告传者开始重视并研究受众心理。正如前几章所述,了解广告受众心理必须进行心理研究和市场调研,关键是认清以下问题:一是研究受众的心理活动规律,了解受众容易接收和接受什么样的广告(参见第五、六章);二是

---

① 丁俊杰、康瑾.现代广告通论(第 2 版).北京:中国传媒大学出版社 2007 年版,第 96 页。

研究受众的需要与动机,分析受众为什么会接受某个广告(参见第四章);三是研究受众的态度与行为,了解怎样促使受众的接收行为转化为购买行为。在现实生活中,这些问题受到广告环境诸多因素的影响。

广告传者与广告受众之间越来越接近一种双向互动的关系,二者这种关系的形成是与广告的内外环境的共同作用分不开的。这种关系使得广告传者不再妄自尊大,受众不再盲目被动,不但利于市场的稳定也同样利于广告行业的发展。

(二)广告环境变化与广告受众

广告环境的变化,使得受众在广告活动中的地位发生变化;也影响着受众心理的变化。

1. 受众地位的变化

在消费者中心的时代,广告受众不再是被动的接受者,而逐渐成为主动的选择者。他们还会将对广告的喜好意见通过不同的媒介渠道反馈给广告传者,在某些时候,他们自己甚至成为广告的传播者。比如播客的出现。播客的自主性特点使受众成为内容的主动参与者和创造者。在播客中制作自我宣传的广告,使得媒体传者和受者的界限日渐消弭。

2. 广告受众的审美意识变化

另外一个比较显著并需要引起广告业重视的变化就是,随着媒介资源的丰富,技术手段的提高,广告受众对广告的接收越来越表现出对审美层面的高要求,即广告受众不仅从广告判断商品是否具有购买性,并且还从欣赏的角度来品评广告作品。

(1)受众广告审美的心理过程

受众广告审美心理过程大致分为开始、展开、弥散三个阶段。[①] 开始阶段主要是审美期待,广告审美期待是消费者随着时间、经验、需求的增加,对广告产生的一种精神预备状态,它会随着需求的不断满足而变化,产生新的审美期待。展开阶段是广告审美心理过程中的核心部分。受众认知广告作品时,在审美感知的基础上,借助以往的审美经验,创造性地融入自己的感受,因此,这种审美认识与体验带有很大的主观性。同时,还会产生审美想象和联想。格式塔心理学认为审美知觉是一种动力学的知觉,例如,在方形画框

---

① 严晓青.从广告审美角度分析消费者接受心理.http://www.r-dj.org/list2.asp? id=3663

中的点、线和对象都会有向心或离心的"方向性张力",在相互作用的区域（场）内有向四周扩散和运动的效应。广告画面中的"方向性张力"可以使受众依据对广告的感知和自己的审美经验而"扩散",产生审美想象和联想,使受众的审美认识进一步延伸,留下无穷的回味。重要的是,在展开阶段受众会产生复杂丰富的审美情绪和情感,或愉快美好或厌烦不满、或缠绵委婉或激荡跳跃等等。延续阶段亦称为弥散阶段,这一阶段是审美经验的丰富,审美趣味与鉴赏力的提高。通过对广告中人物、音乐、产品、情景的综合体验,审美心理得到满足,并在以后的审美过程中发挥影响。

值得注意的是,在广告受众的审美心理过程中,审美经验为受众选择审美对象提供可寻依据,为受众审美过程的展开提供了可供参考的经验模式。例如,受众可根据审美经验表现出对各种色彩的偏好（参见第四章）,并带着这样一种依据去衡量产品的特性;受众也可依据以往对某一类产品使用的体验,如产品的色、香、味,价格,品质,购买情况,信誉度,使用效果,满意度等形成特有的经验模式作用于审美过程。

使广告受众审美心理过程得以展开的最直接的内在动力是受众的审美需求,它可以激活受众的审美经验,使受众进入对审美对象的无限探求之中。

（2）受众广告审美的特点

受众广告审美的一个明显特征是具有时代性。广告作品之所以成为不同时代社会文化环境的一种体现物,其原因之一是广告受众的审美倾向具有鲜明的时代特性。从报纸广告、电台广告,到第一条商业电视广告的出现,再到网络广告的蓬勃发展,广告从视觉、听觉独立分割,到集声音、画面、多媒体、互动于一体,经历了划时代的改变,广告受众的审美情趣日益丰富,审美能力和习惯都在发展变化。针对其接受心理出现的变化,广告创作的符号和象征必须具有现代感,与时代合拍。

受众的广告审美受到地区的限制,具有一定的地域性特点。地域性包括两个方面,一是由于不同的地域存在着不同的气候、水土等自然条件,这种长期生活在其中的人生产某些特定的风俗文化与生活习性,这些会影响群体产生特定的审美情趣;二是由于地区经济发展状况的影响。三是任何地域都存在着不同的社会群体和阶层。对同一个广告作品,由于审美经验与审美能力的差异,不同阶层的人可能会作出各种各样的评价。

受众广告审美还包含个体性、直觉性、创造性和变化性等特点。个体性包括两个方面的含义:一是在具体的广告审美过程中,个体是按照自己的意愿,自我的图式去进行审美,是完全的个人行为与个体意识的表现;二是市场经济给予个体审美观发展更大的自由空间。个体性往往在一定程度上受到直觉性的影响。直觉性不完全是审美主体与生俱来的,它还是随着审美阅历的丰富不断充实的一种特性,是一种有意识与无意识混为一体、对客观事物作出的未经验证的判断。变化性包括两个方面,一是受众的审美欣赏趣味会不断变化,对于广告作品的评判原则和标准也会不断变化;二是受众接受一个广告作品的过程与心态是不断变化的过程,且变化不会终结。

总之,受众在审美过程中不是被动地接受,而是能动地认识。他们以自己不断提高的审美期望与审美反应能动积极地影响广告创作。

雷蒙·罗必凯曾经说过,"上乘广告的最好标志是它不仅能影响群众争购它所宣传的产品,而且它能使群众和广告界都把它作为一件令人钦佩的杰作而长记不忘。"许多广告作品追求产品美、人物美、语言美和意境美,也是为了契合广告受众对于美好事物的接受心理。受众乐于在清晰明白的产品诉求中享受精妙构思、动人演绎带来的审美情趣与审美满足。通过广告使受众记住产品,将这种体验加入个体经验图式中去,并影响日后的消费活动。

(三)广告环境变化与广告作品

广告作品作为一种综合的实用艺术的体现,直接表现的是人与商品的实用关系,同时也是人与商品的审美关系。广告作品是美的创造性的反映形态,作为审美对象,它一方面反映或渗透着一定时代的审美观念、审美趣味、审美追求,同时它也凝聚着广告人构思的心血和独创性的精神劳动。从这种意义上说,它是广告人审美心理结构的物质化表现。另一方面,广告作品又是具有一定审美能力、审美意识的人们的欣赏对象,是物质美、精神美的能动反映,是一种社会意识形态。

在所有的广告环境中,社会文化环境的变化对广告作品的影响很大。传统文化与现代文化,东方文化与西方文化的交融,为人们的价值取向提供了更丰富的选择可能,尤其表现在人们的消费观念上。但我们民族几千年的优秀文化传统不会变,其核心价值理念不会变。广告作品正是这种环境变化的体现与反映,它既要符合我们民族优秀文化传统的核心价值理念,同时又能引导与影响人们消费观念的变化。现代广告作品不仅是展现商品形象本身的使用价值,还要更多地表达出商品的附加心理价值。优秀的广告作品展现给受众的形象一定是具有审美价值和美好情趣的生动形象,它既能符合优秀文化传统的核心价值理念,又能满足价值取向的多元选择。

值得注意的是环境,每一个人都生活在一定的文化氛围之中,而且都在传承着一定的文化。文化包括了所有历史性的、具有传统继承意义的有形或无形的东西。社会文化环境对广告的整体风格和主要表现内容起着极其重要的作用,广告作品如若输出了有悖于当地主流文化价值或习俗的信息,通常不易被当地受众所接受。例如,让中国观众难以接受的美国耐克广告"恐惧斗室"和日本丰田路霸汽车的两则广告。耐克篮球鞋的电视广告片"恐惧斗室",NBA篮球明星勒布朗·詹姆斯作为广告主角。"恐惧斗室"讲述的是一位篮球运动员进入一个五层高的建筑,逐层挑战对手,直至取得最后的胜利。该广告的某些场景如下,其一:大厅内有一个擂台,突然从空中落下一位身穿长袍的中国老者,两个人随后开始"争斗"。詹姆斯神奇地从背后将篮球扔出。篮球经柱子反弹将老者击倒后飞入篮筐。其二:房间里到处飘着美钞和敦煌壁画中飞天造型的仕女。这些女子暧昧地向主人公展开双臂,但詹姆斯不为美色和金钱所动,跃身扣下篮板,"飞天形象"的仕女随之粉碎。其三:篮板旁出现了两条中国龙的形象,龙嘴里吐出烟雾和妖魔,阻碍詹姆斯前进。但是,詹姆斯几个灵活机智的动作晃过所有障碍,投篮得分。该广告播出后引起众多中国观众的强烈不满与抗议,认为该广告中所用的形象,如中国的长袍长者、中国龙、中国壁画中的飞天女等形象都在广告中被丑化了,歪曲了中国观众心中对这些形象固有的美好象征意义和情感。事后耐克公司虽多番解释广告本身运用的元素只是比喻等等,都无法消除观众的抵制心理,国家广电总局对这则广告实行禁播。从中可以看出,广告要想获得好的传播效果,务必要重视文化的差异性,尊重受众的文化传统和风俗习惯是至关重要的。

在日益发展的经济浪潮中,跨地区、跨国家的全球化进程不断改变着整个世界的各个领域、各个层面。如何使现代的经济意识与地域性、民族性的优秀文化传统相结合已成为广告传者需要认真面对的重要课题。不难发现,一些优秀广告作品之所以成功,往往是恰到好处地表现了优秀的文化传统,既能体现出现代广告设计的时尚观念,又能折射出各民族、各地区的不同历史文化特征和审美取向。不同民族、不同地区的文化经过一定时期的发展,逐渐形成了各具特色、精彩纷呈的传统艺术样式。这些传统样式不仅形式丰富,而且蕴藏着深厚的文化内涵。广告作品中常常通过运用与改变这些传统样式,来达到传统文化与现代广告设计的契合。

(四)广告环境变化与广告媒介

随着科技的发展,传播技术也不断发展。由于经济的发展,使得这些传播技术得到普及,因此,主要的广告媒介也随之而变(详见第九章)。

随着广告环境的变化不仅主要广告媒介有所变化,某一种具体的广告媒介自身也会发生变化。以我国现阶段主要广告媒介之一的电视广告为例,第一个变化就是投放趋向区域化,即广告主越来越注重终端和卖场;第二,广告主投放广告时不仅只关心电视的覆盖率和收视率,而更加关注广告的有效到达率;第三个变化是广告主倾向于不仅单一使用电视广告,而是以电视广告为主综合使用各种媒体;第四个变化是广告客户积极地把目光投向新技术、新媒体。我国的电视媒体不同于西方的媒体,从中央到地方,我国的各级媒体都是国家投资兴办的,虽然在政策规定上媒体已经开始走企业化经营的道路,但其置于国家机关直接领导下的地位没有变,我国电视媒体在本质上仍是国家和政府的代言人。这种特殊的体制属性赋予了电视媒体在广告市场上特殊的垄断地位。[①]

广告环境的变化导致广告媒介的发展,在第九章中已作出详细描述。由于网络技术的迅速扩展,在本章中重申互联网的发展对网络广告的影响。

互联网突破了传统媒体单向传播的局限,受众不再是被动的接受者,他们也可以发布信息,可以主动寻找信息,对信息作出回应等。很多广告主运用网络广告并不满足于仅仅提升品牌的知名度,传播品牌形象,还希望能吸引受众进行更深接触,因而将广告与企业主页相链接。以此为目的的广告,就是充分利用了受众渴望参与的心理。另外,把生动的网络广告放在能吸引某些特定细分市场的站点上,对提高企业或品牌知名度非常有效。尽管网络广阔,但还是可以细分成很多部分,这些细分的受众有特殊的兴趣与需要,给定向传播提供了更精确的传播途径。比如,一则关于跑鞋的广告放在提供与跑步相关的网站上,化妆品的广告放在女性网站上,会有较精确的到达率。这也是为了符合网络受众追求方便高效的心理。

广告环境的变化使得广告媒介增多,也带动了广告作品和形式种类的更新,使广告业得到更广阔的发展平台。

---

① 丁俊杰. 品牌 VS 媒介环境,如何生存?. http://blog.sina.com.cn/s/blog_49836db70100041e.html.

(五)广告环境变化与广告效果

广告效果是测查广告活动所引起的各种结果如何(详见第十一章)。广告环境的变化对广告效果有影响。这种影响体现在广告传者对广告效果的认识随广告环境的变化不断改变,广告主已经不仅仅只是重视其经济效果,而是依据自己的广告目的考察其多方面、各层次的效果(参看第二章);同时,在现代市场环境下,广告传者更认识到广告已成为整个营销的有机组成部分,广告效果也成为反映营销效果的一个侧面。这使得具体的广告活动更具有明确的目的和恰当的定位,广告效果也更真实地反映了广告在营销中的作用,既不被过分夸大也不会被抹杀。另外,由于广告环境是广告生存与发展的平台,广告的内外环境好,则广告事业发展顺利,体现在广告效果的各种层面上。如果广告环境差,例如,广告的控制环境不好,虚假广告充斥市场,则表现为广告效果大打折扣,甚至造成受众的逆反心理,引发受众对广告强烈的不满与反感情绪,导致广告事业发展受阻。

第二节　广告环境变化影响受众观念

上节谈到广告环境变化对广告的影响是多方面的。在本节中主要分析我国广告环境变化对受众价值观念的影响。

一、广告环境变化对价值观的影响

(一)关于价值观的内涵

1. 价值观的定义

价值观是"主体对客观事物按其对自身及社会的意义或重要性进行评价和选择的标准。对个人的思想和行为具有一定的导向或调节作用,使之指向一定的目标或带有一定的倾向性。"[①]它是"推动并指引一个人采取决定和行动的经济的、逻辑的、科学的、艺术的、道德的、美学的、宗教的原则、信念和标准,是一个人思想意识的核心。当它被社会大多数人所承认和利用时,就变

---

① 中国大百科全书《心理学》编辑委员会.中国大百科全书·心理学.北京:中国大百科全书出版社 1994 年版,第 154 页。

成了社会规范。"①由此可知,价值观直接影响人对事物进行价值判断,进而影响人的态度和行为。针对不同的具体领域,人们的价值观念有特定的评价与选择标准,主体关于消费活动对其自身或社会的重要意义作出评估和选择的标准构成消费观。

2. 价值观的特性②

(1)主观性:价值观是个人对一般事物的价值进行评价时所持有的内部标准和主观观念。

(2)选择性:价值观是经过选择获得的。这种选择必须是自由的而不是被迫的;是从可选择范围内进行的,选择时必须同时具备其他可选择的内容;是经过慎重考虑后的选择。

(3)稳定性:价值观是个体具有的一种相对持久的信念,个体用这个信念可以判断某种行为方式或结果状态的好与坏、适当与不适当、对与错等等,这种较稳定的信念可使个体的行为都一致朝向某一目标或带有一定的倾向性。

(4)社会历史性:个人价值观是习得的,是长期社会化和内部化的结果,不同的社会环境和文化背景使人们形成了截然不同的价值观,因此价值观总是对时代精神的反映。

(5)发展性:价值观的重要性程度是发展变化的、相对的,不同心理水平的人,尤其是形式思维能力不同的人所持的价值观是不同的。随着人们各方面的成熟、对社会问题理解的加深,各种需要和目标都在发生变化,价值观也在发展变化。

(6)对行为的导向性:价值观是人们行为的最基本的内部指针,个体价值观的形成,除了选择以外,还必须喜爱和赞赏,并按该选择行事,把它作为生活方式反复履行,因此它是各种行为的标准,对行为决策起着指导作用。

(7)系统性:价值观不是孤立地、单个地存在着的,而是按照一定的逻辑和意义联结在一起,按一定的结构层次或系统而存在的,单一的价值观只有处在整个价值系统中时才能显示出作用和意义。

(二)广告环境变化对我国受众价值观的影响

随着社会发展,各种新事物不断涌现,广告环境也不可能一成不变。经

① 朱智贤主编.心理学大词典.北京:北京师范大学出版社 1989 年版,第 308 页。
② 中国大百科全书《心理学》编辑委员会.中国大百科全书·心理学.北京:中国大百科全书出版社 1994 年版,第 154 页。

过几次变革,我国现代广告环境呈现出几个突出的特点:买方市场的形成;社会经济生活的富裕化;企业经营导向策略的形象化;市场竞争的激烈化;产业技术的趋同化;大众媒体的普及化;市场监管的法制化。[①] 广告环境的变化是影响受众价值观的重要因素。体现在以下几点:

1. 核心价值体系稳定

价值观具有系统性和稳定性,其核心层的价值体系是最稳定的、难以改变。这个核心价值体系是与其所属的民族文化的核心相连接。人类在某种社会形态中生活,久而久之必然会形成世代相传的某种特定的文化。中国社会的发展历程使得中国人的价值观念几经变化,但是核心价值是始终存在于人们心中的,这些核心价值就是几千年中华民族优秀的传统文化。其中一些核心概念长期稳定不变,比如:天人合一、自强不息、厚德载物、国家昌盛、民生为本、忠孝仁义、过犹不及、和谐发展等等。不同的国家、不同的民族,由于其文化背景不同,核心价值体系也不尽相同。广告传递的观念必须符合这个民族的核心价值体系,才容易被其接受。

2. 价值取向多元选择

由于社会生活的多样性,形成了人与人之间,社会阶层之间,地区、民族之间价值取向的差异性。我国改革开放以来,经济快速增长,中西方在文化领域交流频繁,加之信息流通的迅捷与剧增,都为价值取向的多元化选择提供了可能。

中西文化不断的相互渗透,相互影响。它们之间的差异为价值取向的选择带来了冲击与新异,尤其体现在消费观念上。现代广告应利用与满足这种价值取向的多元选择。

3. 影响消费方式转变

由于价值观对行为的导向性,广告环境变化对我国受众价值观的影响还体现在对消费方式转变的影响上。

2007 年 10 月,《小康》杂志会同有关专家及新浪网、唐楷调查等机构,对我国"消费小康"进行了现场调查、网络调查以及读者调查。[②] "消费小康"是指摆脱了"短缺经济"时代物质匮乏困境的消费层次,人们基本的物质文化需

---

① 参见何修猛. 现代广告学. 上海:复旦大学出版社 1998 年版,目录。
② http://www.china.com.cn/zhuanti2005/txt/2007-11/02/content_9166648.htm.

求已经得到满足;这又是受制于现实市场和资料环境因而相对缺乏弹性的消费层次,适度、节约、平衡仍为消费者不可忽略的关键词。[①] 根据这项调查,发现在消费者每月的消费支出里,占比例最大的依次是食品、住房、交通、通讯。由于城乡居民收入水平的稳步提高,消费升级换代加快,消费档次不断提升,大部分地区的城乡居民消费已开始由温饱型消费向小康型消费转变,以居住、交通和通讯为代表的住行类消费,已逐渐成为城乡居民消费升级后的消费热点。特别是高收入消费者追求名牌汽车、高档住房、珠宝、名酒和旅游等奢侈品。人们已从生存型消费转向发展型和享受型消费。人们的消费标准也在发生变化在看重经济实惠的同时,又注重产品品质与品牌。根据一项调查显示,人们越来越重视商品的品牌效应,而在国内品牌与国外品牌的比较中,在经济能力允许的范围内,更偏好国外品牌。

我国重视可持续发展的理念也渗透到受众的消费观念中。可持续发展,既包括可持续生产,又包括可持续消费。它以公正为基本准则,以保护环境和生态平衡为己任。对消费者来说,可持续消费观念同样重要。工业社会"奢侈型"的消费方式与农业社会"生存型"的消费方式相比,明显差别就在于前者不是建立在满足基本需要基础上的消费,而是具有明显的奢侈性、浪费性。转型期的中国,在解决温饱问题的同时,同样出现了由"生存型"向"奢侈型"变化的趋势。这给我们敲响了警钟。在广告中,要尽量避免刺激人们的奢侈倾向,在鼓励人们去消费的同时,也要适度宣传引导人们不要从不愿花钱变成胡乱花钱,不要陷入"过度消费"的陷阱。"过度消费"是一种不可持续的消费方式。广告业作为传播与消费领域的重要行业,应肩负起正确引导的社会责任。

二、我国消费观念转变的影响因素

广告的发展与人们消费观念的变化相互影响。在我国,人们消费观念的变化主要受到经济发展、信息技术和消费需求等因素的影响。

(一)经济发展迅速

我国经济的发展对消费观念的变化起决定性作用。

[①] 陈抗行."消费小康"倡导节药型消费.小康.2005年07期,第3页。

1. 市场结构调整

市场结构是经济环境的重要部分,而市场结构的调整又是与整个国家经济结构的调整密切相关的。在经济结构调整的过程中,市场结构也在悄然发生着变化,广告业正是伴随着这些变化不断地进行自身完善的。

建国后,我国经济体制发生了三次变革:第一次变革是 1949 年—1966 年,从新民主主义经济向高度集中统一管理的计划经济体制转变;第二次变革是十一届三中全会后从单一的公有制经济向以公有制经济为主体的多种所有制经济转变;第三次变革是 1992 年党的十四大后向社会主义市场经济体制转变。区别于长时间的计划经济,在市场经济的背景下,广告业的发展空间要广阔得多。改革开放以来,我国国民经济持续稳定高速增长,对规模经济的追求推动着我国广告业产业结构的不断升级,广告主自主意识和主导地位日益凸现广告业在整体上是呈现出欣欣向荣的势头的。

2. 经济收入提高

受众的经济收入提高,购买力增强。消费水平的提高和收入差距的扩大,使消费者不仅追求产品的数量,而且对产品的质量、品种、花色、档次提出了更高要求。这为广告业的发展提供了可能性。

1978 年十一届三中全会以前,大约有 30 年时间,我国城乡居民长期维持低收入。1957 年至 1978 年的二十多年里城镇居民人均收入和农民人均纯收入平均每年仅增长 1.4% 和 2.9%。居民消费是低水平的温饱型,而且相当平均。城市居民收入主要用于日常必需的生活支出,农民则是"种粮为吃饭,养鸡为换盐,种棉为穿衣"的小农生活方式。居民商品化消费比重很低,广大农村居民主要是自给性消费。1978 年至 1988 年 10 年间,城乡居民收入迅速增加,城市居民人均生活费收入和农民人均纯收入年均增长 13.5% 和 15%,恩格尔系数已经由 0.5～0.6 下降到 0.3～0.5,人民生活水平大大改善,基本上摆脱了贫穷的困扰,呈现出比较充实的温饱型;2000 年前后将进入典型的小康型。另外,除了占主导地位的按劳分配方式外,还存在其他多种分配方式,其中生产要素所有权成为人们收入的重要来源,占有生产要素的人们可以因此获取利息、红利、债息和利润收入,而且这些资产性收入有"滚雪球"效应。[①]

---

① 从消费需求的变化看我国企业产品营销观念的转变:http://www.chinarc.org/display.sap?id=1942.

3.物资逐渐丰富

经济发展,物资丰富,为人们的消费提供了基础。

1978年以前,由于商品供不应求,在统购统销的计划体制下,政府通过各种票证限制着购买的数量、品种和时间,消费者没有完全的选择自由。因此,消费者对商品仅仅是"得到",而几乎没有"选择"。

从1978年到1988年10年间,随着改革开放,商品生产进一步发展,商品的种类及数量逐渐增多,消费者开始出现了选择消费,人们希望商品物美价廉,在价廉基础上求物美。

进入90年代以后,随着改革开放的深入,市场经济环境进一步发展,国外独资、合资企业、国内国营、民营企业的迅速发展,各类商品迅速增多。人们在商品上选择的余地迅速加大,需求的中心不再是为"得到",也不再是那些廉价的大路货,而是对产品的质量、设计、造型、用途、品牌提出了更高的要求,同时,同类产品的丰富性和多样化也为消费者的选择提供了便利条件。消费选择性的增强大大提高了消费者在市场中的地位。

随着国际经济交流的加强,西方发达国家有关消费者保护的理论、观念传入我国,1984年,我国成立了中国消费者协会,创办了《消费者》杂志,1985年《中国消费者报》创刊,中央电视台也设立了《消费者之友》专栏节目。有关消费的研究机构相继成立并出版了有关著作,这从思想上强化了消费者的权益观念。

进入21世纪以来,我国的消费品市场物资丰富。食品消费始终是我国的消费重点。"民以食为天",我国地大物博,食品市场一直不乏各类、各季、各温度带的特色水果蔬菜。其次就是服装。"衣食住用行",可见人们对于穿衣的重视程度之高。在新时代,人们对于衣服的要求已经不再局限于"冬暖夏凉"的传统意义,而越来越重视时尚与个性。市场也根据这个趋势,引进了不少国际知名品牌服饰,过去只能在电视上看到的服装,现在就近在消费者眼前。不过,随着人民生活水平的不断提高以及对于高端产品的需求,消费热点已开始呈现多样化趋势,除食品、服装之外,家电产品、数码产品等消费品市场出现旺销态势。人们的消费从对"衣食"的高要求,到对"住行"的新要求。对住房和家用汽车等的消费越来越成为人们关注的重点。

(二)信息技术进步

广告传播是通过媒介实现的,信息技术的迅速发展,使得广告媒介不断拓宽,必然会促进广告形式的多样化、新颖化。

随着现代印刷机的发明,广告开始出现在新闻报纸和书刊上。伴随着工业革命的继续发展,电台、电视等竞相跃上传播媒介的舞台,并且,每一个媒介的产生,都在很大意义上影响了人类的生存境况,甚至同人类社会的变迁与文明的发展有着莫大的关系。特别是电视的发明与成熟,其作用更是巨大,这也使得对媒介技术分析的现实意义迅速而明晰地突显出来。电视广告和广播广告也是最为人们所熟悉的广告形式,在新媒介产生之前,这两种广告形式是普及性最强,也是广告从业者所经常采用的。

20世纪的最后十余年的时间里,更是科技日新月异、信息技术更新提速的年头,数码技术、光纤卫星通讯技术、电脑网络技术大放异彩。在所有这些技术逐渐走向融合和协调的基础上,世界性的因特网迅速崛起,成为人类历史上前所未有的崭新媒介,它在一定程度上突破了地域限制和国家疆界。网络的诞生为广告的发布又增添了新的空间,网络广告也以更加吸引人眼球、更加生动活泼的样式进入了受众的视野。广告媒介的增多,促进了广告业的发展,也引发了随之而来的问题,即在管理法规等广告的控制环境这个层面要大力加强。无论如何,新媒介的出现还是利大于弊的。传统的大众媒介进行的是点对面的传播,受众的个性化需求受到了相当程度的限制。新媒介对受众的影响表现在新媒介技术进一步分化了受众群体,改变了受众的媒体消费习惯等等。传统媒介在新媒介的冲击下,也作出了加倍的努力来适应这种变化。

(三)消费需求变化

事物的发展是内外因素共同作用的结果,导致消费观念转变的内因即消费需求的变化。就消费来讲,可以分成生产消费与个人消费。就个人消费来讲,可以分为实物消费与精神消费。

改革开放前,我国在计划经济体制下,形成了与此相适应的消费体制,实行的是低工资下的福利型消费体制,消费需求相对简单。改革开放后,进入市场经济,消费需求出现层次化复杂化的趋势。原因在于经济环境的变化:一是收入差距的扩大,使消费多层次成为可能。二是中国经济发展的区域性不平衡导致需求的层次性差异。经济发展呈现出东南—中部—西部梯度实力减弱的特点,表现在需求层次上更加明显。经济不发达的西北、西南地区,农民的消费由贫困型向维持型转变;华东、东北以及较发达的两湖地区由维持型转入温饱型;东部沿海地区由温饱型转入小康型。这样,西部地区人们的消费需求以生存需求为主,并逐步提高;而中部以及东南沿海地区的消费需求则体现为享受和发展需求。

随着机械化水平和科技水平的不断发展,同类同质的产品大量增加,经济的发展使得消费者经济能力不断提高。经济收入的增多、物质资源的丰富不断刺激着人们的消费需求,使消费趋势从务实性消费的求实、求廉走向炫耀性消费,人们倾向于更多地重视和追求商品的社会象征意义,期望通过消费展现自己的各种个人特质,从而肯定自我和表现自我。为了显示自己的社会地位、经济实力和生活情趣,有些高收入的消费者更加追求商品的高档化、名牌化。这些变化使消费者在市场中的主体地位不断提高,因而,现代市场的竞争已不仅仅是产品功能的竞争,更重要的是如何使消费者区别同样功能与品质的产品。这要求广告应开发消费者的其他需要,尽可能增加产品的附加心理价值,这也是现代市场竞争如此重视品牌的重要原因。

三、广告环境变化与我国消费观念的新变化

(一)广告环境变化促使消费形式增多

随着人民物质文化生活水平的提高,城乡居民的生活观念与方式也不断发生变化,更加趋向文明、现代化。人们生活的具体目标已不是过去的统一化,而是多元化、个性化。节假日的增多,第三产业的发展,交通条件的改善,为人们求知、娱乐、休息、社交、消费、自我发展提供了更优越的条件。社会服务业的发展,使人们的许多家务劳动转向社会化,如雇请保姆、钟点工等家政服务在大中城市日益增多。城镇居民家庭生活改善后,对精神生活有了更高的要求。在精神文化消费中,增长最快的是教育、文娱和旅游。子女教育投入成为部分家庭的重要支出。人们为了适应社会竞争,积极参加各种形式的业余学习。各类歌舞厅、健身房、游泳馆、网吧等健身娱乐场所丰富了人们的业余生活。美容护理、锻炼保健、休闲娱乐进入普通人们生活。近年来,以开阔眼界、陶冶性情为主要目的的旅游消费持续升温。

总之,环境的变化促使各类消费活动的增加,也为广告受众形成消费新观念奠定了基础。广告在这个过程中起了十分重要的引导、推广和普及的作用。下面就来分析几个近些年出现,并迅速普及的消费新观念。

(二)对我国几个消费观念新变化的分析

1. 保险消费

天有不测风云,人有旦夕祸福。虽然这种居安思危的风险意识是我们传统文化中代代相传的,但如何进行风险管理,通过各类保险消费活动降低风险是现代消费的新观念。"保险"从起源开始,就是为了分摊风险,是风险管理的重要方式。

在没有保险消费的过去,为了防患于未然,我们通常比较重视勤俭和储蓄。自从保险业诞生起,促使人们渐渐形成保险消费的新观念。消费者保险观念的形成有几个重要源泉:其一,作为保险的投保人、被保险人、受益人或其他关系人在保险交易过程中,亲力亲为形成保险意识。其二,民间流传,他人的保险经历作为群体的信息资源促成个体保险意识的形成。其三,媒体宣传,包括各种媒体关于保险的介绍和报道,以及教科书中关于保险知识普及宣传。其四,保险公司的各种商业推广活动,广告就是其中的重要组成部分。其五,政府机构的法规政策制度,如劳动保险等。因此,现实环境促使人们产生了保险意识,广告帮助引导和普及了保险观念。

人的保险意识虽然受到文化、经济等诸多因素的影响,但其中至关重要的就是对风险的认识与评估。我国是一个实行了三十多年社会主义计划经济制度的国家。在计划经济时代,企业的生产经营由国家计划安排,城镇职工的生老病死、天灾人祸由国家统筹,农村的农民作为人民公社社员,可倚赖人民公社,而人民公社则有政府这个坚强后盾。几十年计划经济制度养成了人们对政府的依赖,其结果是人们的风险意识越来越弱,主动防范风险的意识越来越淡。

之后,由于市场经济体制改革,社会保障体制正在发生深刻的变化,个人面对与承担的风险正在不断增加。以公费医疗制度改革为例,城市居民普遍对改革后可能加重家庭经济负担、医疗费没有保障等问题表现出极大的关注。另外,教育、失业保障、等方面的改革,使市民的保险意识被充分地激发了出来。

加入世贸组织后,中国经济开始全面融入世界经济,各项社会保障制度的改革更加深入。但是相对于西方,人们对风险的认识还不够充分,保险意识只是初见端倪。进一步增强受众的保险意识,广告起着潜移默化的重要作用。例如,很多人都还记得中国平安保险公司多年前的一句广告语:天有不测风云,我有平安保险。这句广告语是在广告中较早把"保险"这一观念引入普通百姓视野的,广告突出了中华文化中居安思危的思想意识,引发了受众对"保险"重要性的关注。随着社会保险业的不断发展,人身保险、汽车保险、住房保险成为经常出现在人们口中的名词。保险观念正在逐步的深入人心,并且更加趋向于理智。

2. 借贷消费

19世纪末,英国经济学家马歇尔对消费趋势进行了研究。他认为,随着市场经济的发展,进入市场的商品种类会变得更加丰富多彩;社会消费水平会随着技术进步而提高;货币和信用的发展将创造新的消费方式,人们会越来越重视信用所提供的消费便利。

在市场经济的条件下,为扩大消费市场,我国政府推出了一系列关于借贷消费的政策和办法,受到广大城乡居民,特别是大都市年轻人的推崇。中国社会科学院有关报告指出[①],北京、上海两大都市的居民整体家庭债务比例分别达到155%和122%,高于美国2003年的115%,一些中等城市的居民家庭债务比例也达到90%,主要用于购房、买车和购买大件耐用消费品。自1998年中国大规模开展个人消费贷款业务以来,个人消费贷款余额比16年前扩大了二十多倍,比世界任何国家的增长速度都快。不难看出,借贷消费观念是对传统理财观念的一种挑战。传统理财观念认为有多少钱办多少事是理所应当的,而借钱消费总有些不踏实。在现代银行金融体系和法规机制完备的环境下,各个银行和金融机构都对自己所有的信用卡进行大笔的广告投资。可以说这些举措都更加推动了受众借贷消费观念的形成和成熟。在可预见的未来里,借贷消费无疑会成为一种越来越为人们所接受的消费模式。

3. 健康消费

健康意识指人类对身心健康自觉关注、重视与维护的意识。两个重要的因素促使人们关注健康,一是环境变化导致心理压力增大;二是环境污染导致对身体健康的威胁。现代社会人们面临着各种各样的压力,工作繁忙、挣钱劳累、学习紧张、心情郁闷等等,加之生活环境中各类污染增多,使人们身心健康受损。以知识分子为例,现实中出现的知识分子、精英人群英年早逝

---

① 孙青平.论中国假日经济的作用及存在的问题.集团经济研究,2007年01期.http://www.cmo.com.cn/0701x/hygl/sqp.htm.

的例子可谓不少。这部分人群共同的特点是,受过高等教育,有强烈的事业心,工作节奏快、压力大、任务重。根据 2003 年下半年新闻媒体调查,[①]我国知识分子的平衡寿命为 53 岁,比全国平均寿命低 17 岁(70 岁),中年知识分子死亡率超过老年人的两部,死亡年龄段为 45～55 岁。以 2002 年上海 10 家主要新闻单位联合调查结果为例,在去世的新闻工作人员中,死亡年龄集中在 40 岁至 60 岁这个年龄段,占 78.6%,平均死亡年龄为 45.7 岁。在职人员中,健康者仅为 18.4%,患病者为 8.9%,其余不同程度处于亚健康状态。因而,健康意识越来越受到人们的重视。例如,在饮食消费上的观念是从吃饱到吃好,再到吃出健康的新观念。近年来由于人们对健康的格外重视,许多广告产品的定位都突出了健康观念,获得较好效果。

例如,宝洁(普罗克特与甘布尔公司 Procter & Gamble Company,简称 P&G)自称"没有打不响的品牌"。自 1988 年进入中国市场以来,宝洁每年至少推出一个新品牌,尽管推出的产品价格为当地同类产品的 3～5 倍,但并不阻碍其成为畅销品。可以说,只要有宝洁品牌销售的地方,该产品就是市场的领导者。而宝洁进攻市场最常用的武器就是广告了。作为全球知名的日用品品牌,宝洁的广告十分注重对健康概念的宣传。它的电视广告惯用的公式是"专家法"和"比较法",比如其产品舒肤佳广告。舒肤佳先宣扬一种新的皮肤清洁观念,表示香皂既要去污,也要杀菌。它的电视广告,通过显微镜下的对比,表明使用舒肤佳比使用普通香皂,皮肤上残留的细菌少得多,强调了它强有力的杀菌能力。它的说辞"唯一通过中华医学会认可",再一次增强其权威性。综观舒肤佳广告,它的表现手法平平,冲击力却很强。舒肤佳的系列广告,改变了相当一部分人对保持皮肤清洁的认识。

4. 绿色消费

"绿色消费"最早提出是从绿色食品开始的,现在其范围扩展到环保、生态及节能产品。通常指无污染、无公害、低耗能的节约型消费。绿色消费和健康消费在观念的内涵上有较大的相关,但绿色消费更强调环保意识。进入21 世纪,随着环保意识的提高,崇尚自然、追求健康将越来越成为人们的时尚。与此相适应的是,绿色食品将备受青睐,并成为消费的主导潮流,绿色环保产业也将是全球性的朝阳产业。根据《小康》杂志 2007 年关于"绿色消费"

---

① 谢挥.重视做好知识分子健康监护工作.光明日报,2004 年 1 月 30 日,第 5 版。

的调查①,78.6％的受访者在消费的时候会有绿色消费的意识。在网络调查中,这个比例更高,89.7％的网民都有绿色消费意识。他们认为,绿色消费是一种健康的生活方式,更是一种社会责任。"绿色食品"、"绿色家电"、"绿色汽车"、"绿色住房"等纷纷出现并受到了消费者的青睐。

"绿色消费"的内涵②:一是倡导消费未被污染或者有助于公众健康的绿色产品;二是消费过程中注重对垃圾的处理,不造成环境污染;三是注重环保,节约资源和能源。"绿色消费"作为国际消费者联合会的工作主题已有多年,中国消费者协会把 2001 年定为全国性"绿色消费"主题活动年,这是我国政府为响应全球绿色生态革命大趋势的重大举措。同时,倡导"绿色消费"是提高人民生活水平的必然选择,渗透到日常生活的吃、穿、住、用中。近年来,随着人们生活水平、生活质量的提高,人们的保健和环保意识不断高涨"绿色消费"正逐渐成为时尚消费、潮流消费的亮点和热点,绿色产品日益受到消费者的青睐。随着现代科学技术的发展,新型绿色产品不断问世。可以说,如今我们的衣、食、住、行、用,都在朝着"绿色"迈进。

"绿色消费"是社会经济发展到一定历史阶段的必然要求。我国的"绿色消费"与国际发达国家相比还有差距。在国家质量监督机构加强管理的同时,消费者要让自己手中的钞票成为绿色选票,投向绿色安全食品和环保节能的产品。"建设生态文明,基本形成节约能源资源和保护生态环境的产业结构、增长方式、消费模式"已经被写进了党的十七大报告中,这也将成为今后国家政治生活的主题。可以预想,绿色消费的观念会在以后的广告作品中不断增多。

5. 诚信消费

在消费领域中,诚信是买卖双方交易可持续的基础。人无信不立,家无信不睦,业无信不兴,国无信不宁。诚信是现代社会中每一个成员都必须遵循的基本规则和社会义务。诚信建设也成为目前我国全面建设小康社会不可忽视的一个方面。在这样的环境下,人们越来越重视广告诚信度,广告的诚信状况是影响消费的重要因素。

人们对那些夸大其词,有"忽悠"消费者倾向的广告提高了警惕性。现在在诚信方面存在较多问题的广告集中在美容用品、减肥用品和部分药品、营

---

① 绿色消费意识还在形成:http://new.sina.com.cn/c/2007-11-01/120114212730.shtml
② 什么是绿色消费:http://www.kzjsxy.net/xw21/lshb/2005122111110315.htm

养品广告上。受众轻则会对此类广告产生反感,重则就会将商家与商品代言人告上法庭。

虚假广告是人们关注的热点,而如今各种明星代言的医药、保健品广告更是泛滥成灾。每年央视举办的3·15晚会都会揭露一些消费领域的造假与欺骗现象,其中不乏虚假广告的案例。这更加证明了受众对诚信消费的期盼和重视。

6. 传统美德的弘扬

由于现实的需要,越来越多的广告作品以弘扬中国传统美德为主题,用以宣传广告产品,更易被受众接受,并使得受众在接受广告的同时也体验了传统美德带来的审美情趣。这类广告因具有良好的社会公益效果,也会产生较好的经济效果。

中国传统美德有着突出的特点:强调自强不息、厚德载物的精神;强调仁、孝的道德观;强调符合礼的要求;强调爱国主义思想等等。以孝道为例,孝道是中华民族的基本传统道德行为准则之一。几千年来,人们把孝视为天性,甚至作为区别人与禽兽的标志之一。孝道是我国古代长期社会实践的产物。进入现代社会,我国社会结构正在转型过程中,新环境对孝道研究提出了新课题。如,社会老龄化现象;我国推行计划生育政策,由独生子女结婚组成新型家庭,一对夫妇要照顾两对父母;当前社会保障制度尚不完善等。在建立新型养老观念的同时,以家庭为主的养老方式仍是我国目前较为主要的养老模式。孝顺父母是子女的天职,体现着中华民族的传统美德。例如,一则电视公益广告《父母是孩子最好的老师》,描述了一位中年妇女每天在繁忙的工作后都会悉心地为老母亲打洗脚水,给母亲洗脚的情景。这一切都被她的小孩默默地看在眼里。当母亲干完活去看孩子时,发现孩子不在屋里。这时她的小孩摇摇晃晃地端过一盆水走向母亲,一边走还一边说:"妈妈,洗脚。"妈妈感动、微笑的画面充满整个镜头。画外音同时说道:"父母是孩子最好的老师。"广告主题:关爱老人,用心开始,将爱心传递下去。整个广告在温情款款的情节中诉说着中华民族优秀的传统美德,使人感动不已。

第七部分

广告效果心理研究

广告作为一种信息传播方式,其效果是广泛的、多种层次的。广告的效果就是广告活动引起的影响和结果的总体。包括广告活动目的的实现程度及其所引起的经济效果、心理效果和社会效果,它们相辅相成、相互影响。广告要达到的终极目标是促使广告受众产生消费行为,从而获得经济效益。但广告不能直接控制人的消费行为,只能通过影响人的心理活动间接地影响人的消费行为。广告正是通过"攻心"来达到"促销"的目的。通过广告传播而发生的消费行为通常是延时的。因此,我们在考察广告效果时不能只看其终极目的,即销售额的变化,更合理与准确的效果测查应从其心理效果入手。本部分是从心理学的角度来说明如何对广告效果进行测评。

第十一章
广告效果测评的心理指标

第一节 广告效果测评

在媒体高度发达、商品丰富、消费者日趋成熟的今天,广告的效果问题面临着重重疑点:广告到底有没有效果,如何测评广告的效果,什么是广告效果的要点? 弄清楚这些问题是重要而且必要的。

一、广告效果测评概述

(一)广告效果测评的内涵

1. 广告效果的含义、特性及类型

所谓广告效果,是企业通过媒介发布广告作品之后,消费者受到的影响和结果的总和。它贯穿广告活动的整个过程,在广告作品创作时已经产生,在媒介发布时得以体现,最终落实到消费者发生购买广告商品的行动上。因此,广告流程中的每一个环节都显示着广告效果。广告效果是经济效果、心

理效果和社会效果的统一,是多种因素复合作用的结果。有鉴于此,广告效果的测评是广告活动中的重要环节,也是十分复杂的。

（1）广告效果的特性

时间的推移性。消费者在接受广告的影响时,由于时间、地点、经济条件等因素的不同,其所受到的广告影响程度也就很不一样。从接受广告——产生需求——实施购买行为的过程中来看,有的广告效果是连贯的、即效的。而有的广告发生效果则可能是不连贯的、迟效的,即广告产生效果的时间发生了向后的推移。因此,不能仅从广告发布后短期的销售效果评判广告效果。

效果的复合性。其一是广告效果中包含着经济利益、心理利益和社会利益。其二是某一时期的广告效果是多种媒体组合产生的结果。其三是通常广告活动需要与其他营销活动相互配合,才能更好地发挥功效。其四是在产生购买行动的消费者中,有些可能并未直接接触到该商品广告,而是因为受到广告直接影响的人的推荐而去购买的。这种广告效果是间接产生的,而这种间接效果往往很难测定。因此,广告效果并不是单一的,具有复合性。

效果的累积性。对于广告主和广告制作者来说,广告活动从开始调研到投放结束,是一个连续、动态的过程。一次广告活动中,广告的发布通常是反复进行的,并且在多数情况下是通过多种媒介形式组合进行的,具有一定的时间和空间延续性。而对消费者来说,从接触媒体到完成购买、使用、评价、反馈,是一个心理积淀的过程。

效果的两面性。由于产品在市场中都有生命周期,在产品不同的生命周期中,广告所充当的角色各有不同。当产品处于引入期、成长期时,广告具有促进销售增长的功能,而当产品进入衰退期时,广告的作用就在于减缓商品销售量的下降。因此,可以说广告效果具有两面性,不仅有促进销售增长的一面,也有延缓销售下降的一面,仅仅把销售量的提高与否作为评价广告效果的标准是不全面的。

（2）广告效果的基本类型

根据广告效果的宏观作用角度,可以划分为经济效果、消费者心理效果和社会效果;根据广告活动的运行周期,可以划分为短期效果与长期效果;根据广告对销售促进的程度,可以划分为直接效果和间接效果;根据广告宣传活动的整体过程划分,可以划分为事前测评效果、事中测评效果与事后测评效果;根据广告对受众影响的阶段性,可以划分为到达阶段、心理反应阶段和行动阶段。

2. 广告效果测评

广告效果测评就是用科学测评方法将广告效果量化。[①] 广告效果测评涉及广告活动的各个环节,贯穿广告活动的全过程,所以广告效果的测评通常根据广告播出的不同阶段来进行,它可分为广告效果前测、广告效果中测及广告效果后测。

(1)广告效果前测

广告效果前测,就是在制定了广告草案后,在广告活动展开之前对广告草案进行检验。这种测验主要在实验室中进行,也可以在自然情境中进行。主要目的有两个:一是诊断广告方案中的问题,避免推出无效、甚至有害无益的广告;二是对广告候选方案进行比较、评价,以便找出最有效的广告方案。

广告效果前测的主要优点是:第一,能以相对低的费用(与事后测验相比)获得反馈。此时,广告主还未花大量的钱刊播广告,事前测验可以帮助广告主及时诊断并消除广告中的沟通障碍,有助于提高广告的有效性。第二,能够预测广告目标的实现程度。例如,如果广告的主要目标是提高品牌的知名度,就可在事前测验中加以预测,以便同效果后测进行对比。

它的缺点在于,广告效果前测大都是在受测者看了一次广告后进行的,无法测出他们接触多次广告后或在其他营销活动配合情况下的广告反应。因此,所测的是个别广告的效果,而不是活动广告的效果。此外,事前测验延误时间。许多广告主认为,谁第一个占领市场就会给其带来压倒竞争者的独特优势,因此,他们常常为了省时间,确保这种地位而放弃测量;最后,事前测验效果与实际效果往往不一致。例如,否定诉求广告在事前测验中往往分数不佳,而其实际效果可能颇为成功。相反,幽默、轻松、娱乐性广告的事前测验结果往往比实际效果好。因此,对广告效果前测的结果还要加以分析。

(2)广告效果中测

广告效果中测就是在广告活动进行的同时,对广告效果进行测量。主要目的是测定前测中未能发现或确定的问题,以便尽早发现问题,及时加以解决。这种测验大多是在实际情景中进行的。当今媒体费用昂贵,营销状况不断变化,市场竞争日益激烈,在广告活动的进行中,常常会发生一些意想不到的情况,影响原定的广告方案。因此,越来越多的广告主十分重视在广告活

[①] 马谋超.广告心理——广告人对消费行为的心理把握.北京:中国物价出版社 2002 年版,第239 页。

动进行中对其广告的效果进行测量、评估,以便及时调整广告策略,对市场变化尽早作出反应。

广告效果中测的主要优点是,同广告后测比,它能及时收集反馈信息,依据这些信息能发现广告沟通中的各种问题,并能迅速有效地加以纠正。同广告前测相比,前测是在人为的情境中、在较小范围内进行的,而中测是在实际市场中进行的,因而所得结果更真实、更有参考价值。

(3)广告效果后测

广告效果的后测是广告主最关心的。它是在整个广告活动结束后对广告效果进行全面的评估。广告效果后测是根据既定的广告目标测量广告结果。因此,测量内容视广告目标而定,包括品牌知名度、品牌认知、品牌态度及其改变、品牌偏好及购买行为等。广告效果后测也是在自然情境中进行的。其作用主要是:第一,评价广告活动是否达到了预定的目标;第二,为今后的广告活动提供借鉴;第三,如果广告主采用了几种广告方案,可对不同广告方案的效果进行比较。

从广告效果测评的目的看,广告效果前测、中测与后测的最大差别在于,广告效果前测、中测的作用在于诊断,以期找出并及时消除广告中的沟通障碍;而广告后测的作用则是评价广告刊播后的效果,目的是了解广告实际产生的结果,以便为今后的广告活动提供一定的借鉴。

3. 广告效果测评的主要内容

测评广告效果的活动林林总总、名目繁多,但是所有的广告效果测评都是针对广告活动的某一方面进行的,测评的主要内容包括以下几个方面:(1)针对广告作品的测评内容,包括广告主题评价、广告创意评价、广告表现评价等。(2)针对媒介组合的测评内容,包括媒介选择的准确性、媒介组合的合适性、媒介发布的合理性等。(3)针对广告活动影响力的测评内容,包括覆盖率、收视率、接触率、知名度、偏爱度、理解度、欲望度等。(4)针对广告销售的测评内容,主要有产品的市场占有率、产品销售量、产品购买频率、产品利润率等多种指标。(5)针对广告传播的心理效果,主要测评内容有广告的注意度、知名度、理解度、记忆度、信任度、购买动机、视听率、态度变化和行动率。(6)针对广告的社会效果,测评的主要内容包括广告作品的制作水平、产品美誉度、企业形象、企业文化影响力、行业领导能力、公益心、社会贡献度等。

（二）广告效果测评的意义

1. 有助于提高广告作品的质量

只有优秀的、有创意的广告作品才能在浩瀚的信息海洋中脱颖而出，才能吸引广告受众日渐挑剔的目光，才能给忙碌的受众留下一些记忆，才能最终促成消费者的购买行为。因而广告"说什么"和"怎么说"就成为能否吸引受众的注意力，增强受众的记忆力，激发受众的购买动机的决定因素。

通过广告效果测评，了解消费者对广告作品的接受程度，了解消费者如何对广告进行认知，可以发现广告心理效果是否与广告设计的预期贴合，可以鉴定广告主题是否突出，广告形象是否富于艺术感染力，广告诉求是否对准了消费者心理，创意是否打动了人心，是否收到良好的效果等。这些测评将为企业今后的广告活动提供宝贵的参考资料，有助于加深企业对广告的认识，以便改进、提高广告作品质量。

2. 有助于选择有效的传播媒介

不同的受众群体接触媒介的情况是有一定差异的，尤其是在传播产业如此发达的今天，这种差异更加突出：一方面，媒介的种类、数量越来越多，受众的选择余地越来越大；但另一方面，随着媒介种类的迅速增加和受众选择余地的扩展，受众群体则越分越细，不同受众群体接触媒介的差异也越来越大，这就使得广告主对受众接触媒介的情况更加难以把握。

因此，通过广告效果测评来研究目标消费群体接触媒介的偏好和习惯，可以有针对性地选择有效的媒介和时间进行广告投放，以便提高广告的有效性。有效的媒介选择是创造良好广告效益的重要因素。

3. 有助于制定有效的广告发布计划

发布时机的选择是否得当，对广告效果有重大影响。时机选择得当，则可以充分利用有利时机造成的有利的媒介条件，增强广告的传播效果；而如果时机选择不当，则可能由于不利条件的影响，使广告效果大打折扣。广告发布时机是否有利，与产品和服务的种类相关，也与目标消费群体的关注率有关。如世界杯足球赛期间，对运动服装、运动饮料等产品来说，是大好时机。其次，广告发布的量也是影响广告效果的重要因素。发布数量不足，信息传播的范围有限，也会使受众的接触率过低，难以形成有效记忆；而发布数量过多，则会增加广告预算的绝对量，使边际效用下降，实际上造成了投资浪费。再次,发布时段或位置的选择,对广告效果的发挥也很重要。以电视广告的发布时段来说,黄金时段的发布效果和半夜十二点的发布效果之间有天壤之别。

通过广告效果测评来研究目标消费群体关注媒体的习惯,选择适当的发布时机、发布量和发布时段,可以让广告更加直接有效。

4. 可以提供广告运行效果的反馈信息

无论是成功还是失败的广告活动,广告效果测评的反馈信息都可以作为广告经营机构的借鉴,便于以后制定正确的广告计划,易于企业客观科学地安排广告预算,进而促使整体营销目标和计划的实现。在这一点上,广告效果测评的意义尤为重大。因为一个广告计划的成功与否往往会影响到产品的销售以至于企业的命运。成功的广告活动可以帮助企业扩大产品市场,而失败的或无效的广告活动可能使之失去应有的消费市场。

总之,广告主最关心的是通过媒体传播广告之后,目标消费群到底受到了多大程度的影响,广告效果研究对于企业制定正确有效的广告计划、拉动销售、提升产品和品牌形象等方面具有重要的意义。

(三)广告效果测评的主要方法

广告效果测评方法种类繁多,既有实证统计方法,也有通过生理仪器进行测定的方法,同时由于互联网技术的不断发展,还出现了统计网络广告效果的独特方法等等。为了便于读者了解,我们将这些方法分为平面、电视和网络这三个部分,选取一些有代表性的方法进行介绍。

1. 平面广告的效果测评

(1)直接评价法

直接评价法是优秀广告作品评选的常用方法。该方法是由目标消费者或专家填写已经拟定好的评价性问卷。他们被要求回答诸如"该广告吸引读者的注意力如何","该广告的中心意思突出吗","这种广告适合于读者吗","这种诉求激起购买欲的有效性有多大"等多种问题,来给被评价的广告在吸引力、可读性、认知力、亲和力和行为力方面打分。所得的评价分数越高,说明该广告越有效。

直接评价法的优点是易于施行,但可信度值得怀疑。有的研究者认为该方法更适合于过滤掉不良广告,而不适合筛选优秀广告。这种方法不仅适用于印刷广告,也适合影视广告。

（2）视向测验

视向测验是用一种叫做眼动记录仪的仪器来记录读者在阅读过程中的眼动情况,包括读者阅读广告作品各部分或要素的时间、顺序和次数,由此推断广告作品的布局、插图及文案的合理性。

视向测验主要用于测量报纸广告、杂志广告、各种商品包装的设计、招贴和其他印刷品的传播效力,有时也可用于电视广告作品的测验。

（3）速视器测验

广告是否"到达"人的内心深处,这是无法用一般方法问询出来的,但又极为重要。所幸,一种叫速视器的仪器可以使感觉过程"微观化"。它能在极短的时间（如 0.25 秒）内呈现刺激,以检查观众对广告各要素的注目程度。测量时,瞬时显示一个刺激,如一个广告设计草案,要求受视者说出:看见了什么,有何印象等,然后逐渐延长呈现时间,根据对刺激内容的注目程度和刺激呈现时间的关系,就可以判断广告或广告要素的效力。一般而言,先引起受视者注目的广告或广告要素,其效力比较大。从另一角度来说,到达某一注目程度的呈现时间愈短,效力愈大。

（4）回函测评法

在一些广告中,常会出现"函索产品样品"、"回信参与抽奖"等字样,有时也向消费者邮寄调查卡、广告、产品清单等,要求消费者根据自己的意见填写回函。消费者的回复率大,说明广告的效力大;回复率小,说明广告的效力小。

此法的优点是简单易行,便于操作。但是费用较高,而且等待回函的周期较长,整理回函和统计工作也较为繁杂。

（5）分割测评法

分割测评法其实是一种较为复杂的回函测评法变形,它主要用于同一商品不同广告作品的比较。实施时,对同一种商品设计出 A、B 两种广告文案,将他们在同一种报纸、同一版面位置以同样的面积刊出,两种文案印数各占一半。发布后,根据两种文案的读者回复率的大小来确定哪一个广告效果更好。

（6）双眼竞争技术

双眼竞争技术可用于比较两个设计草案的吸引力。试验时,同时出现两个广告于受试者的两眼（一眼看一个）。利用双眼竞争来确定哪个广告占主导地位,从而判定他们的相对优劣。具体说,受试者手握计数器,通过一种仪器能使两眼分别看一个广告。在规定时间内就可知道每幅广告被看到的次数,以及每幅广告被看到的时间有多久。被看到次数多的或占据时间长的,作为吸引力的指标。

(7)瞳孔计测试

使用这种仪器主要是测量目标受众对广告各构成元素的反应,依据是瞳孔受到明亮光线刺激要缩小,在黑暗中要张大,对感兴趣的信息长时间关注要张大。瞳孔计测试法就是通过测量眼睛中瞳孔的扩展情况来测量受众对广告中不同元素的注意力集中和感兴趣的程度。这是通过人体生理反应的情况来判断广告信息对其刺激的情况。但是生理反应会受很多其他因素的影响,因此要具体问题具体分析。

2. 电视广告的效果测评

(1)收视率调查

收视率调查最早是用于了解节目的收视情况,为媒体决策和广告主的媒体选择提供依据。后来由于收视率调查技术的改进,Audi meter 视听记录仪在调查中的运用,使广告收视率调查变得简单化。在电视收视率调查方面比较著名的市场调研公司有美国的尼尔森公司、日本的电通、英国的 TNSO-FRES 集团等。它们都能以每分钟为单位来记录分析电视节目的收视情况。所以收视率调查便成为一种电视广告传播效果的测量方法。

收视率调查过程包括以下几个步骤:

第一,随机抽出一定量的观众样本户构成相对稳定的调查网(观众小组)。样本大小视研究精度和地区规模而定。

第二,在样本户家中的电视机上装上 Audi meter 这种仪器,它能自动地记录受调查对象家中收看电视节目的时间和频道。

最后,每隔一段时间(如一周)把自动记录仪内的软片或磁带取下带回公司分析,就可以算出每日全部节目每一分钟的收视率。现在由于技术的进步,研究机构甚至可以通过电话连线随时从被调查用户提取记录信息。

(2)回忆测验

回忆测验是在观众看完电视广告一段时间之后,要求他们回忆出所看过的广告及其内容。在回忆时,可以不给予观众任何提示,也可以向他们提供一些线索。前者称自由回忆,后者称为提示回忆或辅助回忆。

运用最广泛的回忆测验方法是"波克一天后回忆"。这是一种电视广告效果测评的方法。^① 具体的做法是在广告播出 24 小时之后,要求受调查者回答一系列问题,以此来确定他们记住了什么广告、广告的什么内容。提供的问题不包括任何的提示。

"一天后回忆"由于在产品类别内以及跨产品类别中都有较高的信度,因此在实践中得到广泛的运用。但是该方法仍然存在一些问题,有研究显示,"一天后回忆"不利于情感电视广告,有利于思维电视广告。

（3）逐帧测试

当一则电视广告播出时,观众对广告的反应是逐渐改变的。研究人员已经尝试采用不同的方法来追踪这些改变,逐帧测试法就是其中有一种。观众通过拨号或按键盘表现他们看广告的连续反应。这种方式记录了一个连续的情绪波动过程。当这个过程与广告的画面逐帧配对时,研究人员就可以发现广告的哪些部分似乎更有吸引力,哪部分应该被砍掉。

一种著名的逐帧测试是 VIEWFACT 的 PECA 测试。在一个小剧院里,观众通过手控键盘和按钮来表明他们对正在播放的电视广告的喜好程度。被测试的广告插在一系列的广告之间,观众被要求对每一则广告作出评价。当观众作出反应时,一台计算机已将这些反应收集并统计他们的平均值,然后制成一条连续的曲线。

逐帧测试给广告研究带来了新内容。它提供了一个深入观察的机会和广告导致某种反应的线索。^②

（4）节目分析器法

也称作节目分析机,是和电子计算机连接在一起使用的测定装置。被测验的 20～50 人集合在一个试验室里,给每人 3～5 个按钮的开关,对提示的广告（电视或电影中的商业广告）表现内容,根据每个人的兴趣,按开关上说明的按钮,计算机在一秒钟内进行汇总、分析。这个被试验的商业广告和汇总、分析的结果马上一起在荧光屏上显示出来,有迅速处理的特点。但是,在一般情况下并不是仅仅只使用这种装置来测定,而是同时让被测者回答更详细的提问内容,从而测到兴趣程度大小的材料。

---

① 黄合水著.广告调研技巧.厦门:厦门大学出版社 2003 年版,第 552 页。
② William·wells、John·burnett、Sandra·moriarty 著.张红霞、杨翌昀译.广告学原理和实务.昆明:云南大学出版社,第 154 页。

（5）脑电波分析

这是运用于广告测评，尤其是运用于电视广告测评的新方法。该方法通过测量消费者的脑电波活动来分析他们对广告的警觉和卷入程度。当人看广告时，脑电波会发生变化。人对广告所宣传的商品或广告设计本身发生兴趣时，可能会在大脑上引出快速的 β 波，反之，将出现慢速的 α 波。测量的结果对于确定消费者对各个广告要素的反应水平都很有帮助。

3. 网络广告的效果测评

网络是一种新兴的媒体，对网络广告的评估一方面可以沿用传统媒体的广告效果测量方法；另一方面网络媒体由于其自身的特点，网络广告效果评估又有其独特的指标和方法。

（1）广告曝光次数（Advertising Impression）

广告曝光次数是指网络广告所在的网页被访问的次数，这一数字通常用 Counter（计数器）来进行统计。假如广告刊登在网页的固定位置，那么该广告在刊登期间获得的曝光次数越高，表示该广告被看到的次数越多，获得的注意力就越多。但是，在运用广告曝光次数这一指标时，应该注意以下问题：首先，广告曝光次数并不等于实际浏览的广告人数。在广告刊登期间，同一个网民可能光顾几次刊登同一则网络广告的同一网站，此时广告曝光次数应该大于实际浏览的人数；还有一种情况就是，当网民偶尔打开某个刊登网络广告的网页后，也许根本就没有看上面的内容就将网页关闭了，此时的广告曝光次数与网民的实际阅读次数也不相等。其次，广告刊登位置的不同，每个广告曝光次数的实际价值也不相同。通常情况下，首页比内页的曝光次数多，但不一定是针对目标群体的曝光，相反，内页的曝光次数虽然较少，但目标受众的针对性更强，实际意义更大。第三，在通常情况下，一个网页中很少刊登一则广告，更多情况下会刊登几则广告。在这种情形下，当网民浏览该网页时，他会将自己的注意力分散到几则广告中，这样对于广告主来说，广告曝光的实际价值到底有多大我们难以精确获知。

（2）点击次数与点击率（Click ﹠ Click Through Rate）

网民点击网络广告的次数就称为点击次数。点击次数可以比较客观准确地反映广告效果。而点击次数除以广告曝光次数，就可得到点击率（CTR），这项指标也可以用来评估网络广告效果，是测量广告吸引力的一个指标。如，刊登这则广告的网页的曝光次数 5000，而网页上的广告的点击次数为 500，那么点击率是 10％。点击率是网络广告效果最基本的评价指标，也是反应网络广告最直接、最有说服力的量化指标，因为一旦浏览者点击了某个网络广告，在一定程度上说明他已经对广告中的产品产生了兴趣，与曝光次数相比，这个指标对广告主的意义更大。不过随着人们对网络广告的深入了解，点击率越来越低。因此，在某种程度上，单纯的点击率已经不能充分反映网络广告的真正效果。

（3）广告主网页阅读次数（Page View）

浏览者在对广告中的产品产生了一定的兴趣之后进入广告主的网站，在了解产品的详细信息后，他可能就产生了购买的欲望。当浏览者点击网络广告之后即进入了介绍产品信息的主页或者广告主的网站，浏览者对该页面的一次浏览称为一次网页阅读。而所有浏览者对这一页面的总的阅读次数就称为网页阅读次数。这个指标也可以用来衡量网络广告效果，它从侧面反映了网络广告的吸引力。广告主网页阅读数次数与网络广告的点击次数事实上是存在差异的，这种差异是由于浏览者点击了网络广告而没有去浏览阅读所打开的网页而造成的。目前由于技术的限制，很难精确地对网页阅读次数进行统计，在很多情况下，就假定浏览者打开广告主的网站后都进行了浏览阅读，这样的话，网页阅读次数就可以用点击次数来估算。

（4）转化次数与转化率（Conversion ＆ Conversion Rate）

网络广告的最终目的是促进产品的销售，而点击次数与点击率指标并不能真正反映网络广告对产品销售情况的影响，于是，引入了转化次数与转化率的指标。转化率最早由美国的网络调查公司 AdKnowledge 在《2000 年第三季度网络广告调查报告》中提出的。"转化"被定义为受网络广告影响而形成的购买、注册或者信息需求。那么，我们推断转化次数就是由于受网络广告影响所产生的购买、注册或者信息需求行为的次数；而转化次数除以广告曝光次数，即得到转化率。网络广告的转化次数包括两部分：一部分是浏览并且点击了网络广告所产生的转化行为的次数；另一部分是仅仅浏览而没有点击网络广告所产生的转化行为的次数。由此可见，转化次数与转化率可以反映那些浏览而没有点击广告却产生了转化行为的广告效果，所以出现转化率高于点击率的情况是不足为奇的。但是，目前转化次数与转化率如何来监测，在实际操作中还有一定的难度。

二、广告效果测评的主要理论模式

一切广告活动都以广告效果作为其指挥棒,企业和广告公司都对广告效果的预测比较重视。那么,如何从分散的广告效果测量中总结出具有操作性的广告效果模式,成为广告研究中一个重要的课题。广告效果模式是整合广告活动的一个非常重要的工具。

广告效果模式渗透到了广告活动的各个方面,并成为每个研究者特有的一套对广告活动的观念。它们都是从某一个角度来描述解释广告对消费者的影响,只是在一定的情境下具有合理性,所以并不存在一个所有人都认可、在任何情况下都普遍适用的广告效果模式。

在以往的广告活动中,广告学界和业界积累了大量的广告效果模式,这些模式之间相互关涉,并无截然界线。这里为了论述的方便,我们将其大略归纳为几类,主要介绍以下几种具有影响力和代表性的广告效果模式。

(一)心理活动模式

心理活动模式将广告的效果按不同层面的心理活动加以区分。心理活动模式最大的优点在于其简明、操作性强,易于评估,因此在广告公司的实际业务中,此类模式目前应用得最为广泛。但同时也正是由于其过于简化,引来颇多争议。

1. 广告效果的 AIDMA 模式

有效广告的 AIDA 模型是由 E. St. Elmo Lewis 在 1898 年首次提出的。AIDA 分别代表英文中的 Attention, Interest, Desire 与 Action。AIDA 模型揭示了广告作用于消费者要经历的以下心理过程:首先,广告引起消费者的注意,使得消费者的心理活动在周围众多事物中指向并集中于该广告;在对广告内容做出一系列的信息加工后,对广告发生兴趣,进而产生购买商品的欲望和动机,最后购买者实施购买商品的行为。

1925 年 Edward K. Strong 在购买行为之前,又加进了 Conviction,变成 AIDCA模式,后来人们又进一步将 Conviction 改为 Memory,成为现在的 AIDMA模式。这种线性的层(Hierarchy)模式虽然简单,却非常有效地描述了广告所引起的消费者的心理变化。广告效果的 AIDMA 模式表示为:

注意(Attention)──→兴趣(Interest)──→欲望(Desire)──→记忆(Memory)──→行动(Action)

2. 广告效果的 DAGMAR 模式

在 AIDMA 模式的基础上，Russell H. Colley(库利)于 1961 年发表了著名的广告效果测定理论 DAGMAR 模式。DAGMAR 是 Defining Advertising Goals for Measured Advertising Result 的缩写，是一种对广告心理效果进行测评的著名理论。这一基本模式及其理论成为现代广告效果理论的基础。

库利认为，在广告改变认知和态度的过程中，可以划分为未知(Unawareness)、知晓(Awareness)、理解(Comprehension)、确信(Conviction)、行动(Action)五个阶段。大多数受众会经历这五个阶段，最后借助促销等力量完成购买行为。因此，测量的目标便是降低未知率(例如从 50％降到 20％)或提高知晓度、提高认知(理解)度、提高确信度、提高购买意愿度。此方法的要点总结如下：

(1)广告的目标实际上是沟通目标。对于几乎所有的公司而言，广告仅是营销组合中的一个部分。在大多数情况下，它并不是一个能够直接影响销售的因素。因此，广告的特定目标应当是一系列沟通目标，而非销售目标。

(2)广告目标应当非常清楚地写明。除非广告计划过程中的每一个人都清楚自己的努力方向是什么，否则他们不太可能专注于同一个问题，并且协同合作达成最终的目标。因此 DAGMAR 方法的一个要点就是将需要达成的目标清楚地写明，使所有人都理解广告的进程。

(3)评估广告应当注重"效果"而非"展露程度"。人们通常会根据广告到达的受众的规模来判断广告是否有效。然而 DAGMAR 方法指出，无论到达的潜在顾客比例达到多大，除非广告在沟通方面起到了效果，否则也是无用的。

(4)广告通过一系列层级效果达成沟通目标。DAGMAR 方法非常清楚的列出了受众对广告反应的层级状态水平及其相互关系。这种明确的层级结构有利于研究和计划工作的进行。

(5)创意计划应当在媒体计划之前进行。如果首先考虑媒体计划，策划人员很自然会把广告活动的媒体到达情况放到首位，而不是广告所能达成的沟通效果。广告创意策略通常是与沟通效果密切相关的，因此首先考虑的应该是创意计划。

(6)在广告活动开展之前应当制定评估标准。DAGMAR 方法提倡在广告活动开展之前进行特定的研究,制定评估沟通效果的标准,然后测量实际达成水平与标准的差异,以此作为效果的指标。

(7)制定具体的目标细则。广告目标应当详述特定的目标市场、在某个阶段内营销目标应当有多大比例的改进,以及在某个阶段内广告沟通目标应当有多大比例的改进。如果缺乏这种具体目标,很难对广告进行评估、计划以及与其他营销组合的协调。

DAGMAR 方法能够直观地表现广告活动进行前后受众心理状态的变化,并且简单易行。但它有一个重大的缺点:由于两次调查的时间间隔比较长,通常为一个广告周期,反映的心理状态变化受到多种市场因素的作用,而并非单一广告的效果。我们不能断定某项心理指标的增长水平在多大程度上是由广告引起的,从而不能准确的评估广告产生的心理效果。

3. Robert Lavidge 和 Gary Steiner 的广告效果的六阶梯模型

社会心理学家勒韦兹(Robert Lavidge)和斯坦纳(Gary Steiner)提出的广告效果的六阶梯模型也有一定的影响。该模型表述了消费者在广告作用下的心理经历。这一模型将认知、情感和意向三个阶段分别予以细分,它认为广告顺次引起人们的觉察→了解(认识)→喜欢→偏好→信念和购买[awareness, knowledge(cognitive), liking, preference(attitude), conviction, and purchase(action or motive)]。

这一作用过程是直线、顺序发展的。在很多情况下,消费者从觉察广告到进行购买,并不总是按如此的逻辑,有时不需要获得全部的必要信息,也不必经历所有阶梯。这种情况之所以会出现,是因为消费者的购买决策往往并不是全部从理性出发的,而该模型却是按照一种严格的直线发展的理性视角构建的。事实上,DAGMAR 模型也存在类似的问题,因此对于某些感性的购买行为,这类模型往往无能为力。

(二)信息处理模式

此类模式的研究重民是剖析受众对信息的处理与反应。其中最具代表性的就是 Petty 和 Cacioppo 的精细加工可能性理论。

1. Petty 和 Cacioppo 的精细加工可能性理论(详见第八章第一节)

以上我们提到的大部分模式的前提,均假设生活者具有一种理性的线性反应模式,但现实生活中,未必我们的每个选择都是基于从认知、理解、态度到行为这一路线。针对于此,研究说服效果的学者 Petty 和 Cacioppo 提出了精细加工的可能性模式（ELM）。该理论模式综合了现代认知心理学与社会心理学的观点。

2. Smith 和 Swinyard 的综合信息反应模型 [1]

1982 年 Smith 和 Swinyard 提出了综合信息反应模型（简称 IIRM），运用预期品牌价值理论对比了受众对广告和试用经验的反应。该模型提出了强信念（Higher Order Beliefs）和弱信念（Lower Order Beliefs）的概念，以反映不同条件之下广告对受众影响的不同。该模型认为，由于本身具备的宣传性质，广告产生的品牌信念（Brand Belief）较弱，并不能形成足够强的预期品牌价值，因而产生的品牌态度也很弱。相反，人们很少置疑自己经验的可信度，因而根据经验而形成的信念比较强，是形成态度的重要基础。

根据 IIRM 进行的实证研究结果表明，与只受到广告影响的实验组相比，经过试用的实验组对品牌信念的信心更强，并且态度和行为的一致性较高。这表明当品牌的重要特性能够通过试用直接评价时，试用产生的信念对于认知和态度的形成起到决定性作用。然而，试用前广告产生的弱信念仍然具有重要作用。

首先，广告的作用在于引起受众的兴趣，如果该产品领域对消费者比较重要，这种兴趣能够促使消费者进一步收集产品信息；其次，广告将消费者的注意力吸引到广告中提出的特征上来，从而提高了试用时感受的针对性。这种情况下的试用经验会更具说服力

（三）消费者决策模式

消费者决策模式在某种程度上和前一种模式非常相似，消费者的决策行为实质上也是一种信息处理。然而在决策模式中，消费者的包括信息决策在内的一系列决策和动机，都成为关注的主要对象。如图 12-1 就是一个比较普通的市场营销中消费者的决策过程模式。

---

[1]　Smith, Robert E. and William R. , Swinyard. , *Integrating Information Response Models: An Integrated Approach* , Journal of Marketing1982, 46 (Winter)：81-93.

1. 市场营销中的消费者决策模式①

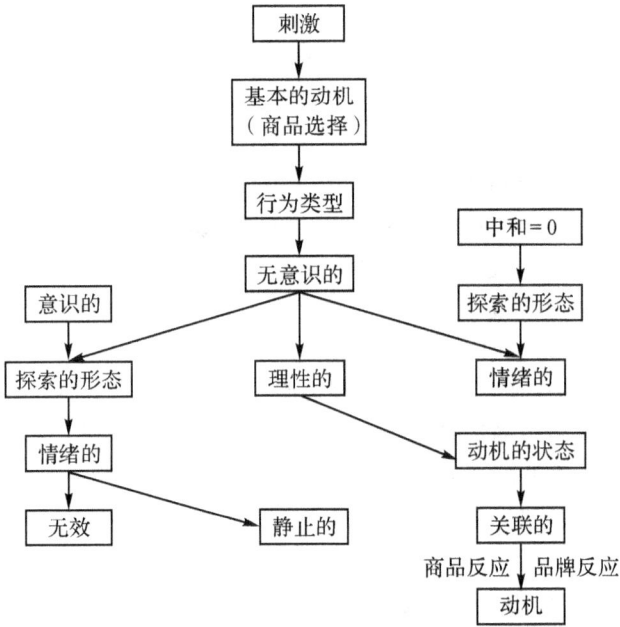

图 12-1

2. 尼可西亚模式②

尼可西亚(Francesco M. Nicocia)主张把经济学中理性人的理论与行为科学中非理性行为研究结合起来,提出了尼可西亚模式(图 12-2)。该模式把消费者的商品购买决策行为分为四大范畴:信息来源到消费者的态度形成、由态度形成到动机形成过程、购买行为过程和反馈过程。这一模式与信息处理模式有着诸多相似之处,关注重点在消费者通过处理信息形成态度、动机进而产生行为和反馈。

(四)学习模式

把学习理论与信息传播结合起来,始于美国 20 世纪 60 年代开展的对电视与儿童暴力行为关系的研究。学习模式把整个信息传播过程都看成是消

---

① Francesco M. Nicocia, *Cosumer Decision Processess: Marketing and Advertising Implications*. 1966, pp. 30-36.

② F. M. Nicosia, op. cit., p. 156.

费者主动探索和学习的行动过程。如果说前面的模式强调的是传播者利用信息来影响消费者的话,那么学习模式关注的则是消费者如何主动学习探索复杂的广告信息,输出一定的购买行为。下面这个行动学习的模式图(图12-3),可以说是学习理论的一个代表。

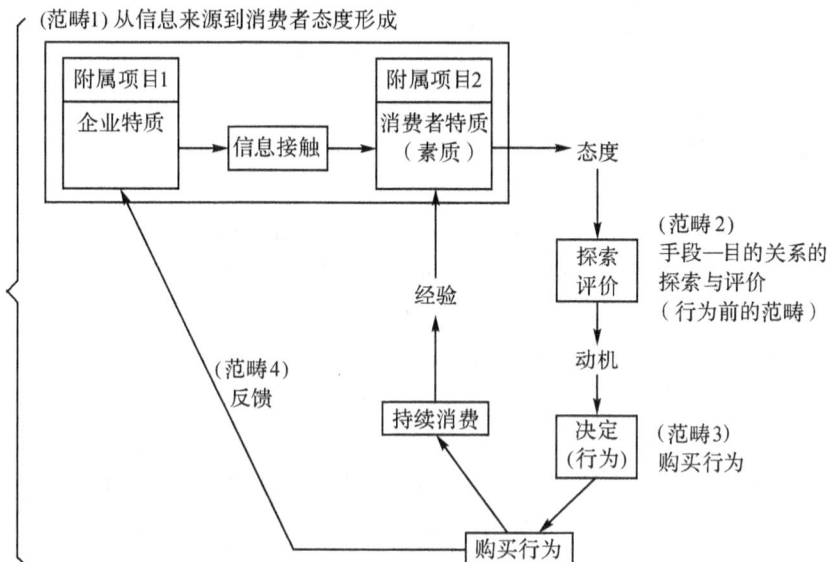

图 12-2

1. 市场营销的学习理论[①]

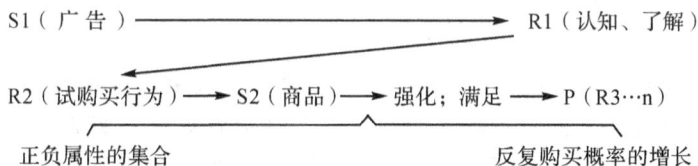

*S:刺激,R:反应,P:概率
*S2是R2的强化。如果S2评价为正,那么R3……后的购买行为发生概率也会提高。

图 12-3

① Rothschild, M. L. and Gaidis, W. C. (1981).

2. Herbert E. Krugman 的低参与度学习理论[1]（Low-involvement Learning Theory）

但是学习理论也遇到一个难题。因为一般而言,学习是一种精力高度集中和投入的行为,但是根据常识我们可以知道,消费者在接触广告时,通常很少全神贯注,主动地理解记忆,而往往是在非常放松和漫不经心的状态下接触,甚至有时因为意识到广告的说服意图,会主动地产生一种"说服防御"。为了解释一般消费者在非参与情况下的学习,Herbert E. Krugman 提出了一个非常具有挑战性的低参与度学习理论（Low-involvement Learning Theory）。

个人参与度（Personal Involvement）,按照 Krugman 的定义,是"观众每分钟内,在其个人经验与信息刺激之间,进行的有意识的联系或者关涉自身的次数"。Krugman 认为,首先,观众在低参与度的情况下,同样会被电视广告的信息影响,但是其过程却与 DAGMAR 等经典理论不同,不必严格地经过 DAGMAR 模式的一系列过程。电视反复播放,观众低参与,放松了对说服的抵抗,"过度学习"（over-learning）导致短期记忆向长期记忆转化;由此造成我们对某一品牌的感知发生结构性变化,但这一变化并不是我们能够意识到的"态度变化"。其次,在低参与度学习下,一次性广告所改变的,只是我们的偏好结构（Preference Structure）,即使我们行动了,也未必意味着我们改变我们的基本态度。因为我们受的是非参与性学习的影响,本身并没有深刻地理解商品,只是由于偶然因素接触广告,然后在看到商品时觉得亲切和熟悉,产生购买行为。在行动之后,我们才会参与式地去真正理解这个商品,从而形成态度。

通过以上的回顾,可以看到,在不同时代,对广告效果理解不同,并且其认识在不断地深入。这也和不同时期的相关学科发展有着密切的关系。除了这些时代的烙印外,还可发现,除了少数模式外,相当的模式都有一个共通的不足,那就是孤立地考虑某一商品广告对消费者的影响,没有将其放在社会环境下来考察。比如在很多模式中,只能看到一个品牌的影响,而看不到竞争品牌,显然,这种环境过于理想化,除了竞争对象外,新闻报道、个人遭遇等其他因素对广告效果的影响也都很少加以考虑。

---

[1] Krugman, Herbert E., The Impact of Television Advertising: Learning Without Involvement, Public Opinion Quarterly, 29, Fall 1965, pp349-356.

三、心理指标在广告效果测评中的作用

(一)关于广告的心理指标

如同本章一开始介绍的那样,根据广告对受众的影响阶段把广告效果划分为到达阶段、心理反应阶段和行动阶段三个层次。我们通过分析这三个层面的效果来考察心理指标在广告效果测评中的地位。

到达阶段指广告通过一定的媒介载体到达目标受众。在广告效果的三个层次中,到达阶段的评价在实践中是发展最为完善的。比如:电视广告的收视率、收视占有率、累计达到率、毛评点,以及由此衍生出的千人成本等。这些传播效果指标成为如今大多数广告公司与广告客户之间对广告效果进行评估的标准。但是这类指标只能反映媒体策划的有效性,却信以精确评估广告的真实效果。比如收视率等指标不能准确测量广告到达受众的实际情况,因为即使电视开机,但播放广告的时候观众可能在干别的,而没有看广告,报纸广告和杂志广告也是一样。而且,广告传播的每个阶段,并不是一条直线地运动的,它们之间的因果关系极不明确,在某些时候,甚至产生完全背离现象。所以,这种到达效果指标并不精准可靠。我们认为在描述广告到达效果时应增加对受众实际注意效果的测查,受众对广告的实际注意情况(如是否真正看了某个广告)能够更为准确地表达广告真实的到达效果。而注意度正是重要的心理指标之一。从这个意义上说在广告的到达阶段中存在着注意度这一心理效果指标,它是在到达阶段中能够更为真实地表达广告实际到达受众情况的重要指标。

行动阶段指广告带来的消费者的购买行动,即基于广告活动而导致的企业产品销售及利润的变化等。然而大多数广告需要一个相当长的时期对受众产生潜移默化的影响,并且和其他营销因素接合起来,才可能使受众产生广告主预期的行为。与促销、人员推销等方式相比,广告对于预期行动的贡献通常是不够直接的,在很多情况下,难以在广告活动开展的期间内用行为指标来衡量广告的真实效果。例如,产品销售比率的增长(即广告行动效果)就不宜作为广告效果评价的核心标准。因为实际产品销售量的增长会受多种制约因素的影响,诸如商品质量、包装、价格、促销手段、销售渠道、竞争状况、消费者因素、经济环境等各种因素等,广告只是其中之一。再者,广告质量如何,广告表现及媒介战略是否得当,对其实际效果也会产生极大影响。

而且即便是同期销售额的增长也不能够完全归于广告的效果,它可能是以前若干时间各种营销整合的组合效果的进一步延伸。所以,销售量的变化是一个更为综合的测定最终结果的有效指标,但并不能完好地体现广告在其中所起到的效果,它只能作为广告效果测评的一个方面。在此阶段,受众态度的变化可以在一定程度上推测其购买行为。

那么,依照这种"广告对受众的影响阶段来划分"的所谓心理反应阶段,就应指在广告到达受众后至其发生购买行动前这一阶段,广告对受众产生的心理影响。广告在到达受众之后,会通过其诉求内容、画面、音效等进一步影响受众的心理,这种影响可能在有意或者无意的情况下发生。通常广告并不能直接导致预期行为,而是在传播信息、建立品牌关联、引导需求等方面的作用更大。通过引发受众情感,形成对广告及品牌的认知和态度,引起购买意愿等影响受众心理的中间过程,直接或间接导致预期行为的发生。因而,考察这个阶段的主要心理指标是受众对广告的认知度和态度的变化。

广告传播的主要目的是期望通过直接影响广告受众的心理而间接影响其消费行为。广告心理效果的好坏,并不直接决定产品的市场销量,但我们可以肯定地说,产生积极心理效果的广告肯定有助于促进产品的销售。同时,由于心理学测量方法的不断完善和测量技术的不断进步,对心理变化的测量也具有了可操作性。此外,心理效果测评将对受众的了解从"眼球"深入到"大脑"或"心理反应",从而更有利于广告主及时把握受众心态、调整广告策略,以及与广告相配合的营销活动。对广告心理效果的测评能够更科学地反映广告自身的作用。

综上所述,我们认为广告的心理效果即指在广告活动中广告对受众的心理变化产生的影响与结果。包括受众对广告活动的各种心理反应,强调的是由广告信息所引发的受众的内部心理活动。根据前几章阐述的知识我们知道,受众的内部心理活动包括注意状态、认识活动、兴趣爱好、需要与动机、情绪情感体验、行为意向等,态度是这些心理活动的一种综合性体现。

(二)心理效果是广告效果测评的核心

固然对广告效果的分类有许多,通过上述分析我们认为广告心理效果在广告各种效果中处于核心地位。心理学家马谋超先生曾提出"广告的自身效果:即广告呈现之后使接受者产生的各种心理效应,包括对受众在知觉、记忆、理解、情绪情感、行为欲求等诸多心理特征方面的影响。这是广告效果最核心的部分。对它的测定最能反映出广告的宣传效力的大小。"①依据这个界定可知,"广告的自身效果"指的就是广告的心理效果。

在整个广告活动过程中受众的心理变化贯穿始终,从广告信息的到达开始,直到购买行动的完结。换言之,广告主发布广告让受众接触,目的是引起受众的心理变化,而心理变化的效果,又与购买行动的发生有着直接的关系。虽然对广告效果的测评应该从多方面进行,但我们认为,对广告心理效果的测评是最核心的。

第二节　广告效果测评的主要心理指标

广告旨在通过影响受众的心理活动达到促发其产生购买行为的最终目的。因而,广告首先应以受众的需要为核心依据确定精准的讨求点(即说什么),并以恰当地满足受众需要为获得良好效果的要义。之后,要依据受众的心理规律及传播规律确定怎样表现才能达到最佳的效果,并最终实施完成。在这样的广告活动中,广告心理效果则反映了广告信息作用于受众而引起的一系列心理效应。要想准确测评广告的心理效果,必须认清测评广告心理效果的科学尺度、确立测评指标,把握各指标间的相互联系和整合效果。

一、心理指标的内涵及相互关系

(一)心理指标包含哪些维度

在广告心理效果的测评中主要有三个测查评价的维度:即广告受众的注意度、认知度和态度的变化。它们之间是相互影响、综合作用的。注意度体现了广告对受众心理影响的第一步:能否引起受众的注意;认知度表现了广告受众对广告信息的加工程度:记住了什么、理解了什么;受众态度的变化综合地反映了广告受众的心理变化倾向,它主要体现出受众对广告信息的情绪、情感体验和对广告信息的接受程度以及购买意向。

(二)心理指标各维度间的相互关系

各个心理指标之间存在着有机的联系,它们共同存在和作用于受众的心

---

① 马谋超.广告心理——广告人对消费行为的心理把握.北京:中国物价出版社 1997 年版,第357 页。

理系统,每种心理指标产生的效果是相互影响的,其总体心理效果是各个指标产生效果的整合。其中注意度是基础,认知度是根本,态度变化是关键。

引起受众注意是一个广告成功的心理基础。在信息的海洋中,选择从注意开始。只有那些被受众注意到的广告才能进入其意识层面进行加工,从而才能更直接地对其心理产生进一步的有效影响。因此一个广告引起受众注意度的高低是测查其广告效果好坏的最基础的心理指标。

广告对受众消费行为的影响是一个间接的、延时的影响。受众注意到的广告并不意味着能在受众心中留下深刻的印象。只有在认知层面经过加工的广告信息,才能被受众认识、理解、记忆,在受众将要产生消费行为时,才能真正影响其行为。因此一个广告对引起受众记忆与理解等认知加工过程产生的影响效果(认知度),是测查其广告效果优劣的根本的心理指标。

广告心理效果最重要的目的就是使广告受众能够按照广告传播的目的形成或改变某种态度,进而促使其发生消费行为。态度是影响行为的主要内在因素。一个广告如果能够使受众的某种态度发生所期望的变化,这则广告才更有可能按所期望的方向影响其行为。因此测查广告对受众态度的影响是广告心理效果的关键指标。它们之间的关系如图 12-4 所示。

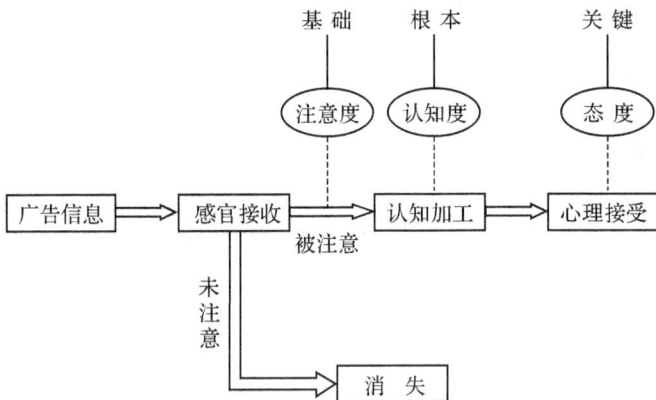

图 12-4

这些心理指标相互关联、共同作用,形成一个整合效果。但在广告实践中,有一些广告常常为了追求好的注意度或记忆度用尽了各种表现手段,却忽略了它使受众产生的态度是积极的还是消极的。如果产生了消极的态度,那么此则广告的整合效果并不是好的。所以,测评广告心理效果的优劣应注重各个心理指标之间的有机联系及其整合效果。在广告实践中,只有综合考虑各种心理因素才能达到好的广告效果。

二、注意度的测评

(一)注意在广告效果测评中的应用

"若能引起人们的注意,你的广告就成功了一半",广告界流行的这一句话,反应了注意在广告效果中的重要作用。注意是我们进行信息加工的前提,对广告来说也不例外,一则广告信息,只有我们首先注意到了它,才有可能对其进行认知加工,进而产生态度,最终导致购买行为。如不能引起注意,再好的广告策划也会付诸东流。因此,受众对广告的注意度是测评广告效果最基础的心理指标。

(二)测评广告注意度的具体方法

受众对广告注意程度的强弱受主、客观因素的影响。主观因素指受众个体的兴趣、需要与动机、意志力、个性特点、情绪情感以及年龄等。这些可以通过对广告对象的兴趣、需要和动机进行调查而获得。主要的客观因素与两个方面直接相关:一是广告的媒介投放计划,因为只有准确的媒介选择和媒介组合,周密的媒体排期,合理的投放强度才有可能使广告最大限度地到达目标消费者,把广告展露在消费者面前。二是广告作品本身的优劣,因为只有创意新颖、表现独特、具有冲击力和原创性的广告才能在瞬间吸引住读者。

1. 广告的媒介投放计划主要由以下指标来衡量

视听率:视听率是指某一媒体的特定节目在某一特定期时间内的视听户数占要调查的总的视听户数的百分比。

毛评点:毛评点也称毛视听率,是指在一定时期内视听率的总和。也称为总的视听率。计算公式如下:

$$毛评点=平均试听率×节目播放次数$$

视听众暴露度:视听众暴露度是指某一特定时期内收听、收看某一媒体或某一媒体特定节目的总人数或总户数。

到达率:到达率又称覆盖率,是指特定对象在一定的时期内(通常是 4周)看到某一广告的非重复性人口数占总人数的百分比。对于广告到达率的计算,根据不同的人口基数会得出不同的到达率。如总人口到达率、目标受众到达率。

暴露频次:暴露频次是测量受众接触广告次数的指标,指在一定的广告节目排期内,每个人(户)接到同一广告信息的平均次数。

在无时不在的媒体广告信息中,要使受众在众多的广告中关注到指定的广告信息,广告的播出次数必须有一定量的重复。因此,有研究者提出了"有效频次"的概念。有效频次是指广告获得最佳传播效果的次数。反复播出的次数过多,超出了受众心理承受的程度,多余播出是无效的,不仅增加广告成本,还会引起受众的反感;但是播出的次数少了,广告的信息可能被受众忽视。因此,每一则广告需要根据产品和受众的特点计划广告的投放强度。

这些指标主要是通过直接调查法、杂志联券返回法、视听仪自动记录法、电视节目观看状况报告法和速视器法等手段来获得。

2. 常用的方法

对广告作品优劣的测评有很多方法,除了在上一节中介绍过的直接评价、视向测验等方法可以测评广告的注意度之外,我们再介绍以下几种常用的方法:评分法、淘汰法、皮电测量法等。

评分法由消费者对广告作品的各要素,如构图、色彩、冲击力等,逐项进行评分。不同广告作品的评分结果,既可以按各要素上的得分进行比较,也可按各要素得分用某种方法计算出一个综合得分进行比较,从而选出更优秀的作品。

淘汰法一次呈现多件供选择作品,要求消费者根据某种选择标准每次淘汰最差的作品,经过多次淘汰后,剩下的一件或多件即为效果较好的广告作品。或者两两配对呈现广告作品,比较后淘汰其中较差的作品然后补充另一件作品与保留的配对,再进行比较,如此反复比较、淘汰、补充,最后也能获得优选结果。

皮电测量法是指一种叫做皮肤电感应器的仪器通过记录被试者情绪反应时的皮肤电流来评定广告作品对消费者的影响力。具体地说,把该仪器的电源触板放在一个人的皮肤上,并输入一种微弱的外接电流,这样,在刻度上就可读出与这电流相对应的皮肤电导率的变化,或皮肤电阻值的变化。电导率提高,即电阻值下降,可推断受试者情绪体验强烈或心理积极性提高。鉴于诱发该生理反应指标变化的原因各种各样,既可能由兴奋、好奇引起,也可以由反感惊吓产生。所以,这一技术需要同其他技术结合起来使用。

三、认知度的测评

一则广告信息一旦被引起注意，心理过程就进入下一步——对广告信息的认知加工。广告信息到达受众的眼球与其到达受众头脑加工的程度是有显著差别的。所以我们必须考查受众对广告信息的认知程度。受众对广告信息的感知、理解、记忆的程度测评，统称为认知度的测评。毫无疑问，目标受众对广告的认知程度影响其广告态度和购买行动。

（一）认识测评

该指标主要用于测评广告产品或广告作品的知名度，即消费者对广告主及其商品、商标品牌的认识程度。

1831 年，美国民意调查专家乔治·盖洛普编辑的《读者兴趣调查》就对此进行了研究。1932 年，美国的斯塔奇成立了"广告阅读资料公司"，这家公司促使认知测试方法开始应用于广告效果的测定并获得了广泛的承认。斯塔奇公司的调查将读者认识广告的程度分为三类：

注目率：只检验消费者是否看过广告，而不考虑对广告内容的加工程度如何。

阅读率：充分地看过广告，但不详细了解广告内容。

精读率：认真地了解了广告的内容，对广告做了精细阅读，至少浏览过50％以上的广告。

此外，斯塔奇公司计算的阅读率还分为整个广告阅读率、产品部分阅读率、标题部分阅读率和文字内容阅读率等。[①]

（二）理解、记忆测评

广告对受众消费行为的影响是一个间接的、延时的影响。受众注意到的广告并不意味着能记住。对于广告信息的记忆是消费者思考问题作出购买决策不可缺少的条件。当受众将要产生消费行为时，只有能记住的广告信息才能真正影响其行为。因此，广告的可记忆性一直被作为评价广告心理效果的重要指标。

只有被深刻理解了的广告信息，受众才有可能轻松地记住，因此，理解度和记忆度是密不可分的。测评受众理解度的主要方法是直接面谈法和书面

---

① 丁俊杰.现代广告通论.北京：中国传媒大学出版社 2007 年版，第 249 页。

提问法。

测评受众记忆度的主要方法是回忆测定法。

回记测定法的理论假设是：如果一个广告要影响消费者的行为，它就必须在看过广告的消费者"心目"中留下"痕迹"。这种评价方法的理论的典型程序是：给被试者呈现广告信息一段时间以后，要求被试者尽可能地回忆这些信息，并对广告作出评价，然后进行回忆与评价之间的相关分析。回忆测定法不仅要了解消费者能回忆起多少广告信息，更主要的是要探明消费者对商品、品牌、创意等内容的理解与联想能力。回忆测定法主要有自由回忆法和引导回忆法两种，也有人将其称为无辅助回忆法和辅助回忆法。无辅助回忆是让受众独立地对某些广告进行回忆，调查人员之如实记录回忆情况，不做任何提示。如问"你能想起过去几周看过的服装广告吗？"辅助回忆是调查人员在调查时，适当的给受众某些提示。如问，"你最近在什么媒体上看过耐克的广告？"具体来说，回忆测定法主要有上一节提到的"波克一天后回忆"、"盖洛普与鲁宾逊事后效果测验"、广告样品测验、电话回忆测验等。在国外，有许多关于广告心理效果回忆的测试方法，调查人员一般会针对不同的项目采取不同的方法。

自 90 年代以来，内隐记忆理论的发展为广告记忆评价领域提供了新的研究方法。根据这一理论，消费者对广告的接触以及信息的获取往往是无意识的，且在此过程中，消费者对广告信息及广告情景进行了无意识的加工或记忆，就是说广告已经对消费者产生了一定的影响。因此，为了更真实地测量消费者对广告的记忆水平，最近有学者提出了广告记忆评价的新方法，即无意识记忆测评法，这是今后广告记忆效果测评研究的新方向。[①]

三、态度的测评

态度是影响行为的主要内在因素，也是预测行为的重要心理指标。受众态度是广告实现最终目标的关键。因而，态度在广告效果中成为最关键的心理指标（参见第七章）。

（一）广告态度的测评指标

1. 信念测评

在获得对广告的事实性学习之后，消费者肯定会出现对广告的某种程度

---

① 杨英新等.内隐记忆原理对广告活动的启示.商业经济 2004 年第 1 期,总第 250 期。

的判断。与前面的感知与记忆相比,这种判断应该具有更多的整合性,同时对消费者的行为决定性应该更为显著。在进行这样的知觉性判断时,我们认为实用性、可信性、清晰性、独特性、针对性与诉求的明确性等几个指标应该是重要的。当然在不同的广告情境中,这些指标对消费者的购买决策具有不同程度的影响。

2.情感测评

典型的广告中都会包含某种程度的情感性诉求,于是与之相应地,消费者便会对之具有某种情感性的体验记忆与感觉。比如受众对广告中的人物(常常是代言人)的体验,对广告的背景音乐的体验,对整个广告情节的记忆,对广告词的记忆等。相应地,在情感体验的基础上,消费者也会同时对广告所提供的情感体验作出评价。在消费者进行情感评价时,比较重要的是几个维度的有趣性、吸引性,娱乐性、好感度、偏爱度等。于是相应地,这些便可以作为测量指标对消费者的广告情感体验作出一定测评。

3.行为意向测评

在前面认知和情感的基础上,消费者需要对广告刺激作出某种意向性的反应,根据意向性对象的不同,我们可以大致将之区分为对产品的意向与对品牌的意向当然也可以包含对广告本身的意向,比如对是否继续收看该广告作行为性的决断。其中,对产品的意向的指标可以表现为希望拥有该产品的迫切程度与将来购买该产品的行动率等,而对该品牌的行为意向则可以表现为对该品牌的积极性的或消极性的可能性行为中,比如对该品牌的口头传播情况。

这些行为意向的测评指标连同上面的信念测评指标和情感测评指标应该体现在测评受众对广告态度的量表、问卷和访问提纲中。

(二)广告态度的测评方法

测评受众对广告态度的方法很多,如集体面谈法、行为观察法、生理反应法等等。但最常用的是两大类:一是直接测量其态度的态度量表法,二是间接测量其态度的投射测验法。

1.态度量表法

态度量表最常用的态度测量方法使用的前提是假定被试意识到并愿意表达他的态度。态度量表通常是由一系列有关所研究态度的陈述或项目组成,被试者就每一项目表达自己同意或不同意的方向以及同意或不同意的程度。把反应分数加以整理得出一个表明态度的分数。测量广告态度的量表主要有瑟斯顿的等距离量表利克特的总加量表和奥斯古德的语义差别量表。

(1)瑟斯顿的等距量表

瑟斯顿量表是一个早期的态度量表,是 L. L. 瑟斯顿及其同事 E. J. 蔡夫于 1929 年提出的。这个方法首先搜集一系列有关所研究态度的陈述或项目,而后邀请一些评判者将这些陈述分为 11 个类别等级,经过淘汰、筛选,形成一套约 20 条意义明确的陈述,沿着由最不赞同到最赞同的连续分布开来。要求参加态度测量的人在这些陈述中标明他同意或反对的态度,标注赞成的陈述的平均量表值就被视为他在这一问题上的态度分数。

这种量表的编制步骤大致如下:

第一,拟定若干关于态度对象的调查语句,通常在 50 句左右,如"XX 牌的手机外观漂亮时尚"、"XX 牌的手机功能齐全"、"XX 牌手机的价格合理"等。

第二,选取一个足够大的代表样本,有时多达 300 人,作为评定者,请他们按照 11 点量表(即对每一题目从最反对到最赞同直接划出 11 个等级,得分为 1—11 分)去客观中立的评价每一题目,确定每题的得分。即所有评定者对此题得分的平均值。

第三,删除评定者认为意义模糊或者评定者评分高度分散的题目,最后保留 25 题左右,构成瑟斯顿量表。

第四,用编制好的量表广泛施测所调查的群体。此时的积分即直接用评定人所确定的分数。如"XX 牌手机的价格合理"的平均分为 9 分,此时即为这一题目的得分值。题目的答案分别是"是"和"否",答"是"者得 9 分,答"否"者得 0 分。最后把赞同的语句分数总和加以平均,如果应答者赞同的语句为 5 句,得分分别为 7、8.5、8.5、8、9,则得分为每句加以总和除以 5,即为 8.5。此被试者的态度就在"较好"和"好"这两个等级之间(11 点量表的值为 1—最差,2—很不好,3—不好,4—不太好,5—不怎么样,6——一般,7—还可以,8—较好,9—好,10—很好,11—最好)。

瑟斯顿量表法提出了在赞同或不赞同的层次上测量态度的方法,这是它的贡献。这个作法迄今仍是多数量表的基本特点. 但是由于这个方法复杂、费时,今天已很少使用了。

（2）利克特的总加量表

1932 年 R. 利克特提出了一个简化的测量方法,称之为总加量表法。它不需要收集对每个项目的预先判断,只是把每个项目的评定相加而得出一个总分数。利克特量表也是由一系列陈述组成,如"麦当劳的电视广告是十分有趣的"、"可口可乐的广告是让人过目难忘的"。然后利用 5 点或 7 点量表让被试者作出反应,5 点量表是从强烈赞同、赞同、中性、不赞同到强烈不赞同。7 点量表则分为强烈赞同、中等赞同、轻微赞同、中性、轻微不赞同、中等不赞同、强烈不赞同。把每条测试项目的得分总加起来,就可以推测被试对该对象的态度了。这种量表通常是用来测量广告态度效果中的情感成分。

（3）奥斯古德的语义差别量表

语义差别法是 C. E. 奥斯古德等人 1957 年提出的一种较为全面的态度测量方法。其原理是根据心理上刺激与反应之间必有一定的联想传达过程,通过对这种过程的测定,了解受众对广告所持的态度。主要是用一组意义相反的陈述或形容词构成一份评价量表,以用来测量人们对某一产品或概念的态度,或者依据同一被试者在同一量表上前后不同的反应的变化,找出其态度的变化。这种方法是了解消费者对产品包装、广告宣传的看法和对产品的实际感受等方面的主要方法。

以往的态度测量基本上是在赞同或不赞同一个维度上的测量,不易表达出态度的复杂性。语义分化法提出了 3 个不同维度的态度测量,所以又称为多维度量表法,这 3 个维度是评价、强度和活动。

在这个方法中,态度对象的评定是通过由对立形容词构成的一些量表进行的,如好－坏,强－弱,积极－消极。好－坏是评价方面,强－弱是强度方面,积极－消极是活动方面。

语义差别量表是由两个相对的形容词和一个中点构成,这两个意义相反的描述性文字放在量表的两端,其间为多个等级（常见的是 7 或 5 等奇数等级）。一般设计成 7 点等级语义分量区,即每个题目都用 7 个等级来评定。每题从肯定的到否定的两级。如,从好到坏的评分依次为 7～1,共 7 个等级。得分越高,反映出被试者对某一对象的态度也就越确定。

测试时,让被试者在每一个维度上,选定一个适宜的位置来表明自己对这一态度对象的判断。如"你认为奥迪汽车的广告是……"

乏味的　　1　2　3　4　5　6　7　吸引人的

平淡的　　1　2　3　4　5　6　7　有震撼力的

差劲的 　1　2　3　4　5　6　7　优秀的

被试者选定的位置所带代表的各系列分值的总和就是他对有关对象的总的态度。

语义差异量表的优点在于适用于有一定文化和经验的人群;实施与积分均方便;可在较短时间内对众多的被试者施测,省时、省力、省钱;结果可作统计分析,进入深入的数据分析,较客观的反映被试者的主观态度。由于语义差别量表简单易行,所以应用很广泛。其方法的局限在于,设计时要求设计者全面考虑,否则容易造成一定的偏差;并且在选词上要求每一题的两端形容词在意义上相互对立。

2. 投射测验法

态度量表的测量方法使用的前提是假定被试者意识到并愿意表达他的态度。但是在某些敏感问题上被试者可能因为害羞、掩饰、紧张、寻求赞赏等心理,不愿意表达自己的态度,还可能被试者自身态度原本就不明显、无条理而无法作答,这时就需要采用间接方法。间接方法是使被试者意识不到自己受到评价,或者虽然被试者意识到但不知道评价的是什么。投射测验法就是间接方法。它适合探寻与深层动机相关的态度倾向。

投射测验多采用不完整或形象模糊的实验材料,要求被试者对实验材料作出解释说明。由于实验材料的不完整和模糊性,被试者在试图作解释说明时,不得不带有自己的主观经验,于是其真实态度就在无意中被反映出来。

投射测验有很多种类,常用的有以下几种:

(1)语句联想法

选择与调查内容有关的若干词组和句子,呈现给被试者,要求其展开自由联想或在一定范围内联想。语句测评法多用于对商品、品牌、广告语、产品代言人等知名度和印象的调查。

(2)逆境对话测试法(漫画测试法)

每张漫画图片上描画出两个以上的人物的心理纠葛场面,一个人的画框中有对话,而另一个受压抑的人说话部分空着,其中一人所讲的话足以使另一人生气或陷于挫折情境,要求被测验者依照后者当时的感受,让被测验者在空白处填写适合那个人物要说的话的内容。注意图像是模糊的而且没有任何解释,这么做是为了使受试者不会得到任何暗示,模棱两可是为了使受试者更随意地表现自己。

漫画测试法可适用于多种用途。可以用来了解对两种类型的商业机构的态度,了解这些商业机构特定产品之间是否协调。还可以测试对于某种产品或服务所持态度的强度。

(3)命题完成法(SCT 法)

也称作语句完成法。这个方法是把设置一些未完成的句子,让被试者把它补充成完整的有意义的语句,来测定对广告表现和广告商品的态度。如:

我觉得,( )牌的手机是质量最好的;

想买衣服时,人们都愿意到( )去逛逛

句子可以缺少主语或谓语。主语可以为第一人称,也可以为第三人称。根据"射影法"的原理,被试者往往更愿意用第三人称表达自己的态度。

(4)主题统觉法(TAT 法)

像被试者呈现一些含义模糊的图片,让被试者根据这些图片想象描述出一段故事情节。用这种方法探测他们欲求的态度。

(5)照片归类法

环球 BBDO 公司是美国最大的广告代理商,它开发出一种已注册成商标的技术——照片归类法。消费者通过一组特殊安排的照片来表述他们对品牌的感受。这组照片展示的是不同类型的人群,从高级白领到大学生。受试者将照片与他所认为的这个人应该使用的品牌连在一起。[1]

(6)第三人称法

这种方法不是直接询问受试者的感受,而是用"你认为大多数人会_____"、"你的朋友会_____"来表述问题。心理学认为,个体在推测他人想法时往往带有自己的感受。第三人称法既可以得到受试者的内心感受,又避免使其尴尬而掩饰态度。

上述这些方法可以巧妙地结合使用。投射法具有间接性和隐蔽性的特点,可以被用于测评消费者的深层动机和欲望。但是透射法主观性强,可能会出现严重的解释偏差,信度效度较低;投射法的实施过程需要严格的控制,需要专门的、训练有素的测试者来主持进行。

3. 问卷调查法

这种方法是通过编写一些问题让个体填写,回答出自己的观点、看法和

---

[1] 许春珍.广告心理学.合肥:合肥工业大学出版社 2005 年版,第 287 页。

主张等。问卷法有多种形式,有排序法,有半开放式。

(1)排序法

就是要求受试者对所有给出的内容进行排序,通过排序可以了解在受试者心中的被调查对象的差异程度。

例如,如果您要购买一部手机,请您按重要程度来为下列内容排序。

A. 品牌　　　B. 外形　　　C. 功能　　　D. 价格　　　E. 产地

(2)半开放式

这种问卷方法是采用半开放的问题,不使用一组特定指标,让受试者去讨论一些话题,从而体现其对广告、产品乃至品牌的态度。这种方法更自由,给受试者更多空间去发挥,因而经常可以得到意料之外的结果。

当然,除了上述主要方法,测量态度还可以使用行为观察法和生理反应法。行为观察法主要是观察外显行为推测受试者态度,而生理反应法是通过对科学仪器的使用,测量受众的各种生理指标,达到推测态度的目的。

总之,广告受众态度的测量方法多种多样,每一种都有其优势和不足,它们只是在某一程度上对受众态度进行测量。因此,测量受众态度的几种方法可以互为补充,结合使用,并不断吸收先进技术,总结经验,以求测量更加准确。

主 要 参 考 文 献

1. 黄合水著. 广告心理学. 北京:高等教育出版社,2005 年。

2. 王詠、管益杰编著. 现代广告心理学. 北京:首都经贸大学出版社,2005 年。

3. 许春珍主编. 广告心理学. 合肥:合肥工业大学出版社,2005 年。

4. 舒咏平主编. 广告心理学教程. 北京:北京大学出版社,2004 年。

5. 余小梅著. 广告心理学. 北京:北京广播学院出版社,2003 年。

6. 马谋超著. 广告心理学. 北京:中国物价出版社,2002 年。

7. 江波. 广告心理新论——现代广告运作中的攻心战略. 广东:暨南大学出版社,2002 年。

8. 黄希庭主编. 广告心理学. 上海:华东师范大学出版社,2002 年。

9. 马谋超、陆跃祥著. 广告与消费心理学. 北京:人民教育出版社,2000 年。

10. 尤建新、陆云帆、谢莉香编著. 广告心理学. 北京:中国建筑工业出版社,1997 年。

11. 李晓霞、刘剑主编. 消费心理学. 北京:清华大学出版社,2006 年。

12. 全国 13 所高等院校《社会心理学》编写组. 社会心理学. 天津:南开大学出版社,2003 年。

13. 郑瑞泽. 社会心理学. 台北:台湾中国行为科学发行,1987 年。

14. 彭聃龄主编. 普通心理学. 北京:北京师范大学出版社,2004 年。

15. 叶奕乾、何存道、梁宁建. 普通心理学. 上海:华东师范大学,2004 年。

16. 车文博主编. 心理咨询百科全书. 吉林:吉林人民出版社,1991 年。

17. 黄合水. 广告调研技巧. 厦门:厦门大学出版社 2003 年版。

18. 丁俊杰、康瑾著. 现代广告通论. 北京：中国传媒大学出版社，2007 年。

19. 何修猛. 现代广告学. 上海：复旦大学出版社，2002 年。

20. 刘平. 电视广告学. 四川：四川大学出版社，2004 年。

21. 陈培爱主编. 广告学概论. 北京：高等教育出版社，2004 年。

22. 于根元. 广告语言教程. 西安：陕西人民教育出版社，1998 年。

23. 王军元. 广告语言. 北京：汉语大词典出版社，2005 年。

24. 张道俊. 广告语言技巧. 北京：社会科学文献出版社，1996 年。

25. 王肖生. 广告设计基础. 上海：同济大学出版社，2000 年。

26. 牟跃. 广告设计. 北京：知识产权出版社，2006 年。

27. 陈亮. 智略：广告媒介投放实施方法. 机械工业出版社，2006 年。

28. 张树庭. 广告教育定位与品牌塑造. 北京：中国传媒大学出版社，2005 年。

29. 余阳明、朱纪达、肖俊崧著. 品牌传播学. 上海：上海交通大学出版社，2005 年。

30. 郭庆光. 传播学教程. 北京：中国人民大学出版社，1999 年。

31. 刘志明. 电视学原理. 北京：中国人民大学出版社，1993 年。

32. 叶家铮. 电视传播研究. 北京：北京师范大学出版社 2000 年。

33. 中国广告年鉴 2006. 北京：新华出版社，2006 年。

34. 中国广播电视年鉴 2006. 北京：中国广播电视年鉴社，2006 年。

35. 中国广播电视年鉴 2007. 北京：中国广播电视年鉴社，2007 年。

36. 2006 年：中国文化产业发展报告. 北京：社会科学文献出版社，2006 年。

37. 罗明、胡运芳主编. 中国电视观众现状报告. 北京：社会出版社，1998 年。

38. ［日］田中洋、丸堙吉人. 新广告心理学. 台北：台湾朝阳堂文化事业股份有限公司，1993 年。

39. ［日］赤尾昌也等执笔. 李直、李实、李华、孙静等译. 电通株式会社编. 广告用语词典. 北京：中国摄影出版社，1996 年。

40. ［美］斯蒂文·小约翰著. 陈德民、叶晓辉译. 传播理论. 北京：中国社会科学出版社，1999 年。

41. ［美］沃纳·赛佛林（Werner J. Severin），（美）小詹姆斯·坦卡德（James W. Tankard, Jr.）著. 郭镇之等译. 传播理论：起源、方法与应用. 北京：华夏出版社，1999 年。

42. ［美］戴维·迈尔斯著. 侯玉波、乐国安、张智勇等译. 社会心理学（第 8 版）. 北京：人民邮电出版社，2006 年。

43. [美]埃利奥特·阿伦森著.郑日昌、张珠江、王利群、李文莉译.社会行动物.北京:新华出版社,2002年。

44. [美]斯科特著.李旭大译.广告心理学.北京:中国发展出版,2004年。

45. [美]杰拉德.J.泰利斯著.李洋、张奕、晓卉译.广告效果评估.北京:中国劳动社会保障出版社,2005年。

46. William·wells、John·burnett、Sandra·moriarty著.张红霞、杨翌昀译.广告学原理和实务.昆明:云南大学出版社。

47. 希夫曼、卡纽克著.俞文钊、肖余春等译.消费者行为学(第七版).上海:华东师范大学出版社,2002年。

48. [法]古斯塔夫·勒庞.乌合之众——大众传播心理研究.北京:中央编译出版社,2005年。

49. Walter Dill Scott, *The Psychology of Advertising*, Small, Maynard & Company,1921.

50. William Wells, John Burnett, Sandra Moriarty (1989), *Advertising: Principle and Practice*, Prentice-Hall Inc.

51. Beleson, B, *Content Analysis in Communication*, Research, Free Press,1952.

52. 孔磊.论新消费者时代广告的变革与对策.科教文汇,2006年第1期。

53. 曾国平、朱芸、金镝.产品异质性与消费者行为的互动关系研究.商业研究,2004年第5期。

54. [韩]申光龙.整合营销传播IMC.IT经理世界,1999年第2期。

55. 谢泗薪、李荣.服务品牌战略管理与忠诚度的提升.企业研究,2006年第3期。

56. 黄升民、袁方、杜国清等.透视广告主的"公司观"——广告主专项研究报告之六.市场观察,2003年第3期。

57. JoJo博恩斯、DoRo安德森著、张令振译"看电视的认知卷入程度低吗?".北京广播学院学报,1991年第4期。

58. 雷龙云、吕卉.报纸读者流失状况分析——趋势、流向、成因、影响和应对措施.中国报业,2006年第9期。

59. Frank G. Coolsen, *Pioneers in the Development of Advertising*, Journal of Marketing, Vol. 12, No. 1 (Jul., 1947).

60. 张金海、程明、李如意.从过去走向未来:USP理论解析与透视:http://

journal. whu. edu. cn/research/read_research. php？id＝334

61. 沸石. 4C 理论与实践：http：//cq. focus. cn/msgview/1761/17031401. html

62. 品牌对于企业的作用：http：//www. pinsou. com/news/2006/12/13/ 200612131809521756. html

63. 品牌代言人策略分析：http：//www. 365u. com. cn/WenZhang/Detail/Article_39163. html

64. 消费者市场研究协会（ACR）网站：http：//www. acrwebsite. org/topic. asp？artid＝21

65. 消费者心理协会官方网站：http：//www. apa. org/about/division/div23. html

66. 广播：广告媒体组合中的独特力量：http：//xgf139. bloghome. cn/posts/137133. html

67. 广告对品牌的影响——广告受众的调查研究报告：http：//lib. fortunespace. net/Market/HTML/59785. shtml

68. 中国互联网络信息中心：www. cnnic. cn

69. CSM 媒介研究：http：//www. csm. com. cn/index. html

70. CTR 市场研究：www. ctrchina. cn

后　记

　　广告是现代社会的必需品，它实实在在地影响着我们的生活，我们期望她茁壮成长，健康发展。为此我们专注于广告心理学的研究。

　　本书的作者是中国传媒大学电视与新闻学院传播心理研究所的成员。书中凝聚了集体的智慧与力量。本书总体结构、章节设计和细目构思由余小梅确定；全书内容统合与文稿修改由余小梅完成。其中第一章由李冰撰写；第二章由袁佳瑜撰写；第三、四章由李莹撰写；第五、六章由胡玉婷撰写；第七、八章由周宇欣撰写；第九章由李冰撰写；第十章由李鑫撰写；第十一章由张文杰撰写。

　　感谢出版社的编辑李苗苗为本书付出的辛劳。虽然把书稿交给了编辑，但我们深知广告是个多么与时俱进的产物，我们仍要踏踏实实地继续努力。由于作者能力和水平的限制，书中会有疏漏与错误，恳请各位同仁和读者批评指正。

作者于中国传媒大学

2008 年 10 月